北京商务年鉴

（2022）

北京市商务局　编

图书在版编目（CIP）数据

北京商务年鉴 . 2022 / 北京市商务局编 . — 北京 : 中国商务出版社 , 2022.10

ISBN 978-7-5103-4506-7

Ⅰ . ①北… Ⅱ . ①北… Ⅲ . ①商务—北京— 2022 —年鉴 Ⅳ . ① F727.1-54

中国版本图书馆 CIP 数据核字 (2022) 第 193988 号

北京商务年鉴（2022）

BEIJING SHANGWU NIANJIAN (2022)

北京市商务局　编

出　　版： 中国商务出版社
地　　址： 北京市东城区安外东后巷 28 号　　**邮　　编：** 100710
责任部门： 教育事业部（010-64255862　cctpswb@163.com）
责任编辑： 刘　豪
直销客服： 010-64255862
总 发 行： 中国商务出版社发行部（010-64208388　64515150）
网购零售： 中国商务出版社淘宝店（010-64286917）
网　　址： http: //www.cctpress.com
网　　店： http: //shop595663922.taobao.com
邮　　箱： cctp@cctpress.com
排　　版： 德州华朔广告有限公司
印　　刷： 北京建宏印刷有限公司
开　　本： 889 毫米 × 1194 毫米　1/16
印　　张： 29　　**字　　数：** 650 千字
版　　次： 2022 年 10 月第 1 版　　**印　　次：** 2022 年 10 月第 1 次印刷
书　　号： ISBN 978-7-5103-4506-7
定　　价： 150.00 元

《北京商务年鉴（2022）》编辑委员会

《北京商务年鉴（2022）》编辑部

编 辑 说 明

一、《北京商务年鉴（2022）》（以下简称《年鉴》）由北京市商务局《年鉴》编辑委员会编纂，是本市商务领域唯一的权威性、综合性年鉴。该书的前身——《北京商务概览》创刊于2003年，2004年分为外经贸卷和内贸卷。2005年将两卷合一，更名为《北京商务年鉴》，并由内部刊印改为公开出版发行。

二、《年鉴》全面、系统地记述了上年北京市商务领域的基本情况和取得的成就。封面年号“2022”表示本期《年鉴》于2022年出版，主要包括2021年1月1日至12月31日期间的工作成果、相关数据，并在重要文献中涉及2022年全市商务工作安排。

三、《年鉴》的内容由商务部门各单位和海关、天竺综保区等单位提供，内容广泛，资料详实，数据准确，逐年出版，具有宝贵的文献保存价值。

四、《年鉴》不仅能为政府机关领导决策提供参考依据，也可为国内外商务领域和其他各界人士提供相关的法规、政策和数据资料。

五、创刊以来，《年鉴》承蒙供稿单位的大力支持，受到有关人士的欢迎和鼓励，在此谨致谢意，并希望继续得到各界人士的关心和支持。

《北京商务年鉴》编辑委员会

二〇二二年八月

Editor's Notes

Ⅰ. *Beijing Commercial Yearbook* (2022) (hereinafter abbreviated as the *Yearbook*), compiled by the editorial committee of the *Yearbook* of Beijing Municipal Bureau of Commerce, is the only authoritative and comprehensive yearbook in the commercial field in Beijing. The predecessor of the *Yearbook* is *Beijing Commercial Review* started publication in 2003. In 2004, the book was divided into two volume—Foreign Economy & Trade Volume and Domestic Trade Volume. In 2005, the two volumes were combined together as one book with the name *Beijing Commercial Yearbook*, which changed from a periodical for restricted circulation into a publicly published one.

Ⅱ. The *Yearbook* gives a comprehensive and systematic record of the basic situation and achievements in the commercial field in Beijing. "2022" in the cover means the *Yearbook* is published in 2022. The *Yearbook* mainly includes the achievements of work and related data from January 1 to December 31, 2021, and involves the commercial work arrangement of Beijing in 2022 in some important documents.

Ⅲ. The contents of the *Yearbook* come from various authorities of Commerce and other departments like the Customs and Beijing Tianzhu Free Trade Zone. With rich material, wide coverage and accurate data, the *Yearbook* is a valuable document.

Ⅳ. The *Yearbook* can not only provide reference for the leaders of government authorities to make decision but also provide the related materials of laws, regulations, policies and data for domestic and overseas personnel in the commercial field as well as other fields.

Ⅴ. We are deeply appreciative of the great support from the authorities providing articles, and the enthusiastic encouragement of the related personnel since the publication of the *Yearbook*. We hope we would be concerned and supported continuously in the future.

Editorial Committee of *Beijing Commercial Yearbook*

Aug. 2022

目　录

第一部分　重要文献

第二部分　法规、文件选编

第三部分 主要业务

第四部分　海　关

第五部分 开发区、综保区、行政区商务

第六部分 统计资料

第七部分　大　事　记

第八部分　附　　录

CONTENTS

Part Ⅰ Important Documents

Part Ⅱ Collection of Laws, Regulations and Documents

Part Ⅲ Main Work

Part Ⅳ Customs

Part Ⅴ Development Areas, Free Trade Zone and Districts

Part Ⅵ Statistical Data and Material

Part Ⅶ Major Events

Part Ⅷ Appendix

第一部分

重　要　文　献

杨晋柏副市长在2022年全市商务工作会议上的讲话

（2022年1月14日，根据录音整理）

同志们：

今天，我们召开视频会，研究部署2022年全市商务工作。主要目的是贯彻落实党的十九届六中全会精神、中央经济工作会议精神，落实全国商务工作会的要求，落实市委十八次全会、市“两会”，特别是市政府工作报告相关决策部署，总结去年的商务工作，研究部署今年的工作。

刚才志杰同志传达了全国商务工作座谈会上胡春华副总理的讲话摘要，以及全国商务工作会精神，分析形势、提出要求的针对性非常强，希望大家抓好落实。会议安排了交流发言和书面发言，材料我都看了，特别是刚才两个交流发言。东城区在文化消费领域打造消费新增长点大有可为，也是我们一直在积极推动的工作；通州区介绍了“两区”建设的一些做法，城市副中心是“两区”重要承载地，运河商务区是国际商务服务片区组团之一，在产业集聚、营商环境改造提升、招商引资等方面做了大量工作，也取得了很好的成效。另外几个书面发言材料也非常好，比如海淀区利用外资，还有连锁商业、餐饮、新消费品牌孵化、保供稳价、数字贸易等，都是商务领域的重点工作，从这个角度也可以看到我们过去一年做的工作。还有京东、三快、小米三家企业，是商务领域重点服务企业，去年发展形势非常好，收入和销售额都保持了30%的快速增长，令人振奋。交流发言和书面材料，大家有空可以多看看、多交流、多借鉴。刚才立刚同志作了工作报告，对去年工作进行了全面的总结，对今年工作进行了系统的部署，我都同意，请大家抓好落实。我再讲三点意见。

一、担当作为、不辱使命，2021年商务工作勇开新局

过去一年，在市委市政府坚强领导下，在各区和各有关部门共同努力下，我市商务工作实现了“十四五”良好开局，也为我市服务和融入新发展格局，迈好第一步、见到新气象作出积极的贡献。主要体现在几个方面。

运行指标好于预期。主要指标超额完成全年目标。前11个月全市总消费增速13.1%、社零额增速10.4%，前三季度批发零售业商品销售额增速23%，均远超预期目标（市里下达目标分别为7.5%、5%、1.5%，工作调度目标为11%、10%、12%）；建设提升基本便民商业网点612个，超额完成了全年400个的目标任务。部分指标领先全国。网上零售增速20.5%，餐饮收入增速31.7%，分别高出全国7.3、10.1个百分点，特别是网上零售一直是消费优势领域，两年平均增速25.3%，过去几年都保持两位数以上的快速增长，这与刚才说的小米、三快和京东等优势企业所作的贡献是分不开的；外贸三项指标创历史新高，增势均好于全国平均水平，1—11月进出口总额达2.77万亿元，增长30.3%，高出全国8.3个百分点，全年有望接近3万亿元；对外直接投资增速56.6%，大幅超出全国（4.2%）。部分指标量质齐升。合同外资成倍增长，1—11月新设外资企业1713家，增长53.2%，合同外资375亿美元，增长1.3倍，从一个侧面反映出“两区”建设的成效，也为我

市实际利用外资奠定了很好的基础，提前一个月完成全年 150 亿美元的目标，其中高技术服务业占比 65.4%，位居全国前列；外贸“双自主”企业达 800 多家，出口规模占比 25%，比上年又提高 1 个百分点，“双自主”企业和产业链都在北京，通过外贸支持产业发展，将对北京经济社会发展作出更大贡献；高新技术产品出口增长 89.4%，是全国增速的 4 倍多。

“两区”建设跑出北京“加速度”。一年内完成了国务院批复 3—5 年期任务的九成以上，国务院批复的 251 项任务，目前已经完成 235 项，完成率 93.6%。在全国率先实施 40 多项首创性首批性开放政策。10 项最佳实践案例向全国推广，占到过去五年服务业扩大开放综合试点期间推广案例总数的四成。自贸试验区以全市 7‰的面积贡献了全市近三成的外资企业增量和 12% 的进出口。累计入库的“两区”项目近 3600 个，预计投入资金超 1.4 万亿元。

国际消费中心城市建设全面启航。去年 7 月北京正式获批国际消费中心城市，从去年年初开始，市委书记、市长都很重视这项工作，“1+10+17”的实施方案体系于上半年完成编制，启动实施“十大专项行动”，形成“2+3+5”的常态化推进机制，多层级的消费地标加速布局，全年 173 项任务全面推进完成，31 个项目全部按期投产，22 个传统商圈和 20 家传统商场改造升级基本完成，3000 多场“北京消费季”活动贯穿全年、覆盖全市。从全年看，我们在抓商圈平台、全媒体宣传、监测评价指标体系建设等方面取得了较好的成效。抓商圈平台方面，线下商圈和线上平台是消费的主战场，50% 以上的商品消费是在线下商圈和线上平台完成的，去年 1—11 月全市 52 个重点商圈限额以上社零额增长 30.6%，两年平均增长 14.8%，其中近几年商圈改造、传统商场改造提升也发挥了很好的作用；网上零售是优势领域，长期保持两位数增长，由于基数大，发展有减缓趋势，但仍在全国保持领先。全媒体宣传方面，市委宣传部、北京电视台以及各区“一把手”亲自上阵，对方案进行全面解读，掀起了国际消费中心城市建设的宣传高潮。监测评价指标体系方面，市统计局牵头建立相关体系，目前已经有效运转大半年，指标体系反映出建设成效，国际消费中心城市建设有了可以衡量的指标，每次调度会都以此作为基础来调度工作。另外，探索望京小街“多方共管、行业自治”等管理模式，在全国商务工作会上被点名表扬，陈市长也给予高度肯定。

2021 年服贸会成功举办。构建常态化、市场化办会机制，克服疫情的不利影响，参与国家（地区）、成果数量和交易金额均超上届。去年服贸会是疫情多点散发以来第一场线下大规模展会，会前一周都无法预测是否能办，在各方面共同努力下，不仅如期举办，而且效果也非常好。市场开发迈出坚实步伐，首次对专业观众售票，政府办展很少收门票，我们迈出的第一步不在于收费多少，主要体现展会本身的品质，证明了展会的吸引力。2021 年服贸会市场化收入 7000 万元左右。机制化办会更多发挥市场主体作用，整体来说更加从容有序，办会效果也很不错。

我们还实施了空港口岸营商环境“百日攻坚”行动，历时 5 年出台新版总部政策，大兴综保区一期在海关总署、相关部委和北京海关支持下如期封关运行，首次出台市级层面支持综保区高质量发展实施意见，进一步夯实商务工作高质量发展的基础。

同志们，2021 年的商务工作开新局、建新功，成绩实属不易。我们做了一些以前没做的工作，比如“两区”建设和国际消费中心城市建设，虽然之前也做了服务业扩大开放和促消费的工作，但从去年开始，层级和要求更高，建设“两区”和国际消费中心城市是全市性工作，领导小组办公室、专班设在市商务局，这是开新局的体现。另外，在常规商务工作上，特别是在常态化疫情防控下，去年商务指标取得新进展，就是建新功。取得这个成绩非常不容易，克服了很大困难，得到了方方面面的大力支持，跟各区的努力也是分不开的。借此机会，我代表市政府对大家一年来的辛勤付出表示衷心的感谢和崇高的敬意！

二、认清形势、直面挑战，准确把握中央和市委市政府对商务工作的新要求

习近平总书记在中央经济工作会议上对国际经济环境进行了深刻阐述，指出“在世纪疫情冲击下，百年变局加速演进，外部环境更趋复杂严峻和不确定”，我国经济发展面临着需求收缩、供给冲击、预期转弱三重压力。

胡春华副总理在全国商务工作座谈会上也深刻分析了严峻的国际经贸形势。从外部环境看，世贸组织预测全球货物贸易增速将从10.8%降到4.7%，是一个大幅回落。全球初级产品价格大幅上涨，原材料成本上升，国际运输价格高涨。外部势力对我国的遏制打压变本加厉，美国对我国890个实体实施出口禁令或限制，北京有百余家企业被列入“实体名单”。从内部环境看，市政府工作报告指出，疫情仍是最大的不确定性因素，内需恢复偏弱，物价上涨压力较大，企业特别是小微企业生产经营面临多重困难。外部环境的挑战必然会通过外经贸等渠道向国内市场传导，内部环境的困难也肯定会影响到全市商务工作的方方面面。对此大家要有清醒的认识，不能因为去年商务工作取得了较好的成绩而自满乐观、放松警醒。

在挑战和困难叠加的大背景下，市委市政府对北京商务工作提出了新的更高要求，主要体现在支撑全市经济增长的各项指标上。2022年我市GDP增长目标是5%以上，要完成这个目标，通过市发展改革委的分解，总消费增长要实现7.5%左右，社零额增长要实现5.5%左右。对我们来说，完成消费指标的压力很大，但出于服务大局的要求，也为了贯彻落实市委市政府的统筹考虑，我们要力争完成。北京是首都，疫情防控从严从紧，相比国内其他城市更加严格，所以受京外关联疫情影响，近两年外来消费大幅减少。北京的消费构成，一方面是常住的2000多万人口消费，另一方面很大一部分是国外或京外的来京消费，近两年这部分受疫情影响大幅减少。另外，服务消费在全市消费中占比较重，也是我们的优势领域，但服务消费很多都是接触性的，受疫情影响恢复乏力。同时商品消费短板也很明显，穿类商品规模低于上海3000多亿元，汽车消费八成以上只能靠存量换新拉动。以前汽车消费占社零额比重最高达25%，近几年逐年下降，现在占12%左右，今年可能进一步下滑，这一点与国内其他城市不同，包括上海在内的其他城市，在汽车消费方面还有比较大的增量，而北京只能靠存量换新。近几年由于发展阶段不同以及减量发展的要求，北京的总消费、社零额增速一般比全国低3.5～5个百分点，过去5年基本是这个规律。但今年社零额增长要与全市GDP目标相当，我们的工作目标要与全国水平相当，过去5年的短板要通过今年的工作补上，挑战比较大。近几年全市社零额增速基本都低于5%，去年特殊情况在于前期基数较低，但也只恢复到2019年的水平。考虑到北京目前的客观条件，要完成今年的总消费和社零额增长目标，困难是很大的，压力也是空前的，必须举全市之力，迎难而上，担当作为。在市委全会上，蔡奇书记强调“经济主引擎在消费，要优化消费供给，充分释放消费潜能”。北京这样的超大型城市，消费在经济发展“三驾马车”里占比较高，目前占到60%左右，是拉动经济增长的主引擎，加上今年固定资产投资受占比约一半的房地产行业影响，形势也不乐观，所以蔡奇书记要求，今年经济主引擎在消费，要优化消费供给，充分释放消费潜能。陈吉宁市长在政府工作报告中指出“要深入开展国际消费中心城市专项行动”。市商务局已将总消费、社零额指标分解至各区，前段时间已经国际消费中心城市领导小组第一次会议审议通过，服务消费指标也已分解至行业主管部门，会后将正式下发。希望各区各部门要扛起责任，拿出务实有效的政策措施，尽心尽力完成好各自的全年指标。商务服务业营业收入是支撑GDP增长的一个重要指标，市里下达的目标是8%，难度也比较大。占比最高的几个行业受疫情影响，恢复情况不理想，从2021年1—10月的数据来看，广告业占比近38%，人力资源服务和企业总部管理占比分别超过10%，发展压力都比较大，广告业受平台经济规范发展、“双减”等多种因素影响增速放缓，市场企业受经济形势影响，在广告上的投入也相应减少。其他业态也不同程度受到疫情等因素的影响，下一步央企疏解将对企业总部管理造成影响，会展行业受疫情影响也很大。商务、市场监管要会同发改、统计等部门，将商务服务业8%的指标进一步分解下去，压实各方责任。广告、会计等重点行业管理部门，朝阳、西城等重点区，要加强市区联动，加强头部企业的服务和调度，努力完成这个指标。货物贸易去年实现高增长，今年在防疫物资出口、海外订单转移等非正常因素消退的情况下，要稳住基本盘。“不出现负增长”是胡春华副总理在全国商务工作座谈会上的要求，对我们来说，工作目标是货物贸易在全国位次不变（进口第3位、进出口第5位、出口第7位）、质量提升。防疫物资出口将造成比较大的影响，2021年预计全市仅疫苗出口就超过100亿美元，增长3600多倍，占出口比重接近60%，今年疫苗需求量减少、价格下降，将对出口造成较大冲击。另外，随着国外产业链恢复，我们的海外订单也会转移，货物贸易指标压力较大。服务贸易连续两年下降，2021年上半年恢复增长3.1%。总体来说，服务贸易是我们的优势领域，之前上海第一、北京第二，现在我们被广东反超。由于种种条件限制，我们相比其他省市复苏更加艰难，“十三五”时期服务贸易占比前五位的旅行、运输、其他商业服务、电子计算机和信息服务、建筑都受到疫情的冲击，境外旅行基本停止，国际航班停运，疫情前旅行、运输在服务贸易领域占比分别约为27%、23%，近几年快速下降到15%左右。由于受疫情管控的要求，具有代表性的运输服务跟其他兄弟省市相比，恢复比较慢，运输服务2021年上半年占全国比重较2020年下降8.2个百分点，而一些沿海省市则逆势增长。希望大家能够看到差距，正确认识困难。服务贸易是我们非常重视的领域，北京近几年来在做服务业扩大开放，成效好坏的一个重要指标就体现在服务贸易上，所以这个指标一定要上去，一定要打一个翻身仗，力争实现5%的增长目标。利用外资今年要再上一个新台阶，力保160亿美元、力争170亿美元。实现利用外资目标的压力不小，“双减”、平台经济规范发展对利用外资冲击较大。受产业结构影响，北京市制造业占比不高，没有其他省市几十亿美元的制造业大项目，项目比较小，也就不太好抓。而且，下一步存量项目中，一半以上合同外资与平台企业相关，随着平台企业规范发展，注资形势也不容乐观。所以今年的年度目标虽然只提高了10亿美元，实际上挑战也很大。

当然，完成指标也有一些有利条件。比如消费指标，有基础、有优势、有未来，未来最大的优势在于首都政治、文化、国际交往、科技创新“四个中心”的功能定位，这是其他省市不能比的。同时，在公共服务领域，比如教育、医疗、文化、体育、旅游等，我们的资源都非常丰富、聚集，优势独特。现在我们还没有把这些资源禀赋转化成消费，“变现”困难，我们一直在做这项工作，各部门也都很努力，但还是有很大可挖掘的潜力，要坚定信心。北京作为国际交往中心，消费市场比较大，消费创新主体多，高薪资人群也比较多，现在缺的不是消费能力，更多缺的是高品质消费供给。所以我们要看到面临的有利形势，坚定信心，充分发挥自身优势，以更加积极有为的姿态应对风险挑战，在不断前进中展现担当作为。

三、稳字当头、稳中求进，推动2022年商务高质量发展取得新佳绩

2022年是党的二十大召开之年，是北京的冬奥之年，也是实施“十四五”规划承上启下的重要一年。应该说全年大事多、喜事多，做好全市的商务工作意义重大。

（一）纵深推进“两子”，为“五子”联动融入新发展格局作出新贡献

新发展格局是国家战略层面的布局，“五子”是市委市政府的落子，“五子”联动融入新发展格局是全市上下的中心工作。商务工作直接牵头负责的有“两子”，专班办公室都设在市商务局，所以要纵深推进“两子”，为“五子”联动融入新发展格局作出新贡献。

第一“子”：积极推动“两区”建设走深走实。蔡奇书记在去年“两区”总结材料上专门批示：“两区”办在“两区”建设中发挥了很好的作用，新的一年要再接再厉，工作更上一层楼。这既是对我们工作的肯定，也是给我们的鞭策。2022年，我们将认真落实习近平总书记在服贸会上宣布支持北京的改革开放举措，努力打造“两区”建设升级版，进一步增强“两区”显示度。一是在先行先试上再突破，不断增强北京服务国家战略能力。对标国际高标准经贸规则，制定形成先行先试合作的北京方案。立足打造全球数字经济标杆城市，与数字贸易港建设相统筹，打造数字贸易示范区。积极争创国家服务贸易创新发展示范区，融入畅通国内国际双循环。“一个先行先试、两个示范区”是习近平总书记在去年服贸会上给北京的重大支持政策，也是政治任务，我们要在先行先试上再突破，增强北京服务国家战略的能力。二是在政策制度优化上再突破，加快构建系统化、集成化政策体系。继续争取国家层面的支持，抓紧完成251项任务中剩余16项任务，剩余任务都是难啃的硬骨头，含金量很高，要继续啃下去。比如口岸免税店任务，含金量很高，去年市财政局做了大量工作，也有了很好的进展，要继续抓好落实。部分制度创新、政策突破存在“碎片化”的现象，要推动全产业链全环节制度创新改革，围绕投资便利、贸易便利、时尚消费、买手经济等开展“政策会诊”，研究出台系统化、集成化改革方案。三是在体制机制创新上再突破，充分激发园区（组团）发展活力。巩固完善市区统筹协调机制，充分用好市领导联系服务工作机制，全面实施“两区”重点园区（组团）发展提升专项行动。四是在培育优质项目上再突破，实现开放型产业和特色优势产业聚集。完善投资促进体制机制，创新招商引资模式，进一步释放“两区”已出台政策的红利，继续实施“一库四机制”，持续加大招商力度，着力破解“外资项目、大项目、民

间项目”引资短板，推动“两区”项目增量提质创效。五是在跨区域协同开放上再突破，更深层次推动国内国际双循环相互促进。推进京津冀三地自贸试验区联动创新。协同服务业扩大开放试点城市，全面推进先行先试和差异化探索。“两区”建设方面，今年目标是增强“两区”建设显示度，打造“两区”建设升级版。五个“再突破”归纳起来，与一直讲的两条主线一脉相承，一个是政策主线，一个是项目主线。政策方面是为国家试政策，项目方面是为北京谋发展，政策、项目要齐头并进。服贸会作为重要开放平台，今年继续被列为中央政治局重点工作之一，要进一步完善筹办机制，发挥首都会展集团市场主体作用，打造市场开发专业运营团队；扩大展览面积，改进首钢场地配套设施，着力提升办展办会水平；充分利用服贸会数字平台线上线下举办活动，打造“永不落幕”服贸会；各区和经开区以及各组展组会单位要积极推进落地成果追踪，推进本届成果预筹。服贸会是今年重点工作，“全国对外开放三大平台之一”是胡春华副总理对服贸会的界定，虽然取得了一定成绩，但与其他两大平台相比仍有一定差距。要加大服贸会培育和建设力度，硬件条件上，今年要想办法继续挖掘潜力，去年不到20万平方米的面积，算不上大型展会；服务保障水平也有差距，去年两个场地服务保障工作挑战很大，首钢园区很有特色，但承办这种规模的展会，对石景山区、对首钢来说压力很大，还有很多改进空间。外汇交易体现不充分，服务展商客商、提升交易功能、市场化开发、国际化等方面还有很大提升空间，希望各区各相关部门继续大力支持。

第二“子”：全力推进国际消费中心城市建设。2021年开了好头，各项重点工作正在蹄疾步稳推进。但也要看到问题所在：“北京消费”全球影响力仍显不足，缺乏世界级地标性商圈。商业和服务设施供给有待提升，北京大型商业设施数量、面积仅为上海的92%和61%，国际展览数量和面积仅为上海的17.1%和6.2%。物流和农产品流通体系规划落地仍面临不少深层次问题，去年进行了多次协调，各区也比较努力，但规划落地机制上还存在问题，进度不尽如人意，还需要进一步加强。物流规划落地是基础性工作，物流成本降低对全市经济社会发展有促进作用，各行业都将受益，陈吉宁市长对此非常重视，我们要把这项工作继续抓下去。促消费政策精准度不够、系统性不强，已出台政策受惠面窄、企业获得感不强。去年12月30日陈吉宁市长主持召开市领导小组第一次全体会议，对下一步工作提出一系列要求。我们要认真贯彻落实会议精神，项目化、清单化推进，继续落实好“1+10+17”实施方案，深入推进十大专项行动，结合今年工作实际，进行再研究、再部署，形成2022年工作要点和新一轮五个清单。今年的工作要点和清单正在滚动更新，各区各部门如果有新增，要及时反馈，争取1月底前印发并抓紧实施。按照现在的清单，要抓好179项任务落实，确保37个今年投产的项目高质量落地；抓紧出台19项政策，同时也要常态化开展已出台政策的跟踪评估，要继续补充完善、滚动更新龙头企业清单，做好对龙头企业的精细化服务，努力调动市场主体积极性，开展好2022年北京消费季3000余场活动。领导小组第一次全体会议明确了优化消费业态营商环境、优化全市商圈布局、提振汽车消费、促进数字消费等12个方面的重点工作，这些都是长期制约我市消费的重大课题，是复杂的、深层次的问题。后续的领导小组办公室会议明确了相关牵头单位安排和相应时间节点要求，请相关责任单位深入开展调查研究，切实转变思想观念，积极深化改革创新，充分发挥市场机制作用，研究制定有针对性、能落地见效的政策举措，并及时提交专题会议研究。这次陈吉宁市长高位调度，希望相关单位抓住契机，把调研工作做深入、做扎实，提出有含金量、能落地的政策措施，破解深层次问题。要抓好重点工作的突破，力求取得更多标志性成果。推进国际消费中心城市建设，一方面是支撑和助力消费指标全面完成，另一方面要着眼长远，推动形成一批有影响力的成果。一个重点任务是商圈规划建设，今年要明确2到3个千亿元规模世界级商圈范围，明确商圈规划、配套措施政策。另一个重点任务是服务消费提质扩容，文化、旅游、科技是优势领域，要通过服务消费提质扩容来体现优势，特别是要抓住冬奥契机推动冰雪等体育消费再上一个台阶。北京是全世界唯一的“双奥之城”，冬奥在即，广大市民体育消费的热情很高，要抓住这个契机，推动体育消费，特别是冰雪消费再上新台阶。要加大新消费品牌孵化，吸引更多的首店、首发、首秀落户北京，推动业态融合，打造更多的网红打卡点；降低展会成本，特别是安保成本，陈吉宁市长有过批示，要通过降成本促进北京会展业发展；还有6个物流基地和4个农产品批发市场的规划建设、转型升级等。要进一步考虑，重点谋划今年在哪些点上要有标志性成果，一方面要根据实施方案进行谋划，今年是五年实施方案的第二年，我们应该在哪几个领域有突破；另一方面是怎样围绕北京优势领域，展现更大作为。这几个方面都要取得明显进展，让广大市民有更多获得感，进一步提升北京国际消费中心城市的国际知名度、消费繁荣度、商业活跃度、到达便利度、消费舒适度、政策引领度，也就是实施方案里“6个度”的要求。要把北京优势资源禀赋，通过国际消费中心城市建设转化成消费，目前我们在转化上做得还不够，比如东城的文化消费，蔡奇书记反复强调“文化好看不好吃”，看上去热闹，但是最后不能转化成消费，可持续性也比较差，更多是政府在做，这是全市上下要努力破解的问题；再比如体育消费要转变理念，每次体育活动办完以后，还可以促消费。希望今年通过国际消费中心城市建设，加强谋划，跟相关部门、各区一起努力，取得一些标志性成果。

（二）全力稳外贸稳外资，在“六稳”“六保”工作大局中展现新作为

“六稳”“六保”是全国工作大局，也是全市经济社会发展的工作大局。对商务部门来说，我们直接承担的工作是稳外贸、稳外资，在这方面要有新作为，作出新贡献。

多措并举积极稳外贸。要认真落实国务院出台的跨周期调节，进一步稳定外贸的15条政策措施，稳住货物贸易。要积极谋划新增量，争创进口创新示范区，培育“双自主”出口企业，大力发展高新技术产品出口，发展新产品、拓展新市场。要着力推动服务贸易创新发展，扩大航空运输、国际旅游，落实好《关于促进数字贸易高质量发展的若干措施》，这是去年经过调研出台的政策，数字贸易是北京发展的潜力所在、优势所在，今年要评估政策落实情况；培育特色服务贸易竞争新优势，挖潜重点企业和央企增量。要持续优化口岸营商环境，空运方面，“百日攻坚”行动取得了很好的成效，基本打通了空港口岸的信息孤岛，要持续巩固提升，商务和海关继续发挥双牵头作用，综保区管委会、首都机场集团与其他口岸运营主体要落实好具体工作；海运方面，要巩固京津工作机制，加强协调合作，推动口岸持续提效降费。综保区工作要以市政府发布的高质量发展实施意见为指导，各相关区要抓紧出台配套方案，

并抓好落实。天竺综保区整改二期围网建设要全速推进，力争4月具备封关验收条件，确保6月通过海关验收，这是硬任务，陈吉宁市长专门作过批示，目前进展比较顺利，顺义区做了大量工作，一定要按时完成；大兴机场综保区要做好封关后的运行管理，推动海关监管的货运量提升，目前受疫情防控和外围因素影响，进出口监管的货运量很少，要有所提升；要积极推进亦庄、海淀综保区的研究和申报工作。

市区协同全力稳外资。要围绕维护产业链供应链安全，着重稳住外资大项目，尽快完成1000万美元以上外资项目梳理全覆盖，加强对接服务；优化引资结构，引导外资投向先进制造业、现代服务业、高新技术、节能环保等领域，鼓励外资企业设立研发中心、地区总部等功能性机构；认真落实《北京市关于进一步加强稳外资工作的若干措施》；尽快推出市区标准版招商政策包；抓紧出台投资自由化便利化一揽子举措，全流程全环节梳理堵点痛点，进一步优化投资环境；围绕重点产业链供应链开展招商活动，市区协同开展招商工作，牢牢抓住在谈项目；高度重视存量企业，分层分类个性化服务，争取更多外资项目落户北京。

（三）统筹发展与安全，以首善标准服务保障好两件大事情

冬奥会冬残奥会和党的二十大这两件大事，是北京的政治任务，我们必须统筹发展与安全，商务部门必须以首善标准做好相关工作，这是底线要求，不能有任何闪失。

全力做好冬奥会冬残奥会和党的二十大两件大事的服务保障。首都商务工作必须始终牢记“看北京首先要从政治上看”的要求，切实扛起政治责任，认真总结服务保障经验，优化商务服务保障工作机制，持续提升重要会议重大活动的供应服务保障水平。“精精益求精、万万无一失”，全力完成冬奥会和冬残奥会食品原材料供应任务，做好奥运村商业服务保障工作；认真做好党的二十大以及全国“两会”等重要会议的供应服务保障。要推动重大活动保障与服务改善民生相融合相衔接，增强商务为民能力，增强市民群众获得感。服务保障工作有一定基础，能力也比较强，关键是细节不能出问题。希望商务部门齐心协力完成好这两项政治任务，特别是首农、京东、物美等主要企业在服务保障工作中担当作为，作出了很大贡献，也希望在今年这两件大事中继续发挥优势，完成好相关任务。

统筹抓好疫情防控、安全生产和保供稳价等工作。时刻紧绷疫情防控这根弦，强化批发市场、农贸市场、商超、餐饮等商业服务业疫情防控工作。巩固完善过去两年行之有效的工作机制，做好常态化疫情防控条件下生活必需品保供稳价工作。去年PPI创下10多年来的最大涨幅，后续极有可能会向CPI传导。去年猪肉价格较低，预计今年将明显回升，我们将面临更大的稳价压力，要积极稳妥地予以应对。特别是今年大事多、喜事多，老百姓对价格比较敏感，要通过平稳的价格为大事、喜事营造良好的氛围。要持续巩固产销合作，做好生活必需品的监测预警和粮食物资保障工作。今年开始，粮食安全党政同责，要求更高，我们要有更大的作为，特别是在全国考评上要好好分析，进一步提升，确保首都市场供应充足、价格平稳。要严格履行行业安全生产管理职责，认真做好商务安全生产保障、流通秩序和服务质量保障。

（四）弘扬伟大建党精神，激发磅礴奋进的商务力量

深入学习贯彻党的十九届六中全会精神。全市商务系统要把学习贯彻六中全会精神作为

当前和今后一个时期的重大政治任务，以学习贯彻六中全会精神为重点，把党史学习教育不断引向深入，弘扬伟大建党精神，从党的百年奋斗历程中汲取智慧和力量，把学习成效转化为首都商务高质量发展的工作动力。

深入推进全面从严治党。要增强政治意识，进一步加强党对商务工作的领导，把提高政治判断力、政治领悟力、政治执行力，体现到推动商务高质量发展的实际行动上。认真履行全面从严治党主体责任，持续强化党风廉政建设和作风建设，为圆满完成全年各项任务提供坚强保证。

加强干部队伍建设。要紧跟形势，加强学习，不断提升商务干部专业化水平、国际化视野。要把握商务工作市场化程度高的特点，促进有效市场和有为政府的良性互动，将工作重心下沉到基层、到企业，提升联系企业、服务企业的能力，打造一支素质过硬、专业过硬的商务干部队伍。客观来说，我们北京市商务系统的干部队伍素质比较高，但距离首都的要求，距离新形势新发展的要求还有提升空间，希望大家加快能力提升，主要集中在几个方面。一是要统筹好政府和市场的关系。商务领域市场化程度非常高，市场主体比较多元，市场主体和市场规则的自主决策行为较多，政府在构建市场环境上应该有所作为，市场机制作用发挥不好的地方，政府要上手破解问题，把握统筹好市场和政府这“两只手”，不能越位也不能缺位，要把握好“度”。市场主体的检查、监督、执法权限是在市场监管部门，所以商务部门要跟市场监管部门密切合作。二是要提高专业化水平。商务涵盖领域非常广，经济“三驾马车”里“两驾”与商务有关，而且很多业务对我们工作水平的要求非常高。比如“百日攻坚”行动，通过跟单了解货物从国外上船上飞机后的每一步流程，每个专业干部分管的领域要下功夫，要跟着看、跟着走，一定要把流程、业务理清楚，静下心来了解透彻。三是要提升服务企业的能力。如果不了解企业业务，很难跟企业交心，或者很难理解到位，要多到企业走走看看，把企业问题理解透彻，帮助企业解决问题。我们去年做了一些工作，也得到企业的认可，但还有进步的空间，特别是要重点服务保障好头部企业。四是要提高研究出台政策、落实政策的水平。有时候文件写得非常好，但是企业没有获得感，或者文件落实后解决不了问题，文件跟问题脱节，所以重点领域要定期评估，政策的制定出台，特别是落实能力还要提升。

同志们，做好商务工作需要各区、各有关部门的共同努力。市商务局要加强统筹，各区要把市委市政府决策部署和自身发展实际相结合，紧抓指标和任务落实，相关部门要从自身职责出发，大力支持商务工作。行业协会要发挥桥梁纽带作用，企业要积极参与到首都商务发展中来。各单位各主体齐心协力，推动形成促进首都商务高质量发展强大合力。2022 年商务工作任务重、责任大，我们要更加紧密地团结在以习近平同志为核心的党中央周围，按照市委市政府工作部署，凝心聚力，勇毅前行，全面完成各项目标任务，以优异成绩迎接党的二十大胜利召开。

谢谢！

坚持稳字当头 持续落子发力
推动首都商务高质量发展实现更大跃升

——北京市商务局党组书记、局长闫立刚在2022年全市商务工作会议上的报告

（2022年1月14日）

今天召开全市商务工作会议，总结2021年商务工作，部署2022年重点任务。

一、2021年工作回顾

在市委、市政府坚强领导下，我们坚持以习近平新时代中国特色社会主义思想为指导，深入贯彻习近平总书记对北京重要讲话精神，紧紧围绕“五子”发力，首都商务发展实现“十四五”良好开局。

——重点指标稳中有进。消费市场基本恢复至疫情前水平。全年总消费增长11.0%，两年平均增长1.7%。实现社会消费品零售总额1.48万亿元，增长8.4%，两年平均降幅收窄到0.7%。网上零售额在社零额中占比达36.3%。对外贸易创历史新高。全年货物进出口增长30.6%，高出全国9.2个百分点。“双自主”企业出口占比达25%。预计全年实现服务进出口8400亿元左右，服务贸易占贸易总额比重保持全国领先水平。双向投资结构优化。全年实际利用外资155.6亿美元，增长10.3%。服务业扩大开放重点领域引资占比超八成。对外直接投资额65.8亿美元，增长55.4%。对“一带一路”沿线国家投资增长近1.9倍。口岸运行规范有序。全年海关监管进出口货物超6300万吨，出入境人员超53万人次。

——重大任务开创新局。“两区”建设跑出北京“加速度”。国务院批复的251项任务完成235项。10项创新案例向全国复制推广，上百个突破性、标志性项目和平台落地。国际消费中心城市建设全面起航。搭建“1+6”框架体系，形成实施方案和6个配套文件，系统推进“十大专项行动”。2021年服贸会成功举办。达成各类成果1672个，成果数量和交易金额均超上届。

——重要实事落实落细。超额完成市政府民生实事任务，平均每百万人拥有连锁便利店由上年的282个提高到310个，全市社区基本便民商业服务功能实现全覆盖。疏解提升市场8个，改造提升样板社区菜市场10家。

过去的一年，我们重点做了以下工作：

（一）着力融入“五子”，高质量发展注入强劲新动力

一是高位统筹工作推进机制进一步强化。市委书记、市长亲自挂帅“两区”建设，市长挂帅国际消费中心城市建设，市领导牵头稳外资、农产品流通和物流基地建设等工作，20位市领导联系服务20家“两区”重点园区（组团），“一对一”联系19个重点商圈，实现上下联动一体化推进。

二是“两区”建设高开高走。搭建“17个区域+9大领域+4大要素”方案框架体系，形成市级抓政策创新、区级抓落地承载的工作格局。40多项全国或全市首创、首批政策率先实施，20余项体制机制创新在京推出，90余项配套文件推动出台，“两区”展示会客厅等一批可视化成果落地。自贸试验区以千分之七的面积

贡献了全市 12% 的进出口和约三成的外资企业增量。

三是国际消费中心城市建设稳步推进。建立任务、项目、政策、企业和活动工作推进框架，173 项任务年度目标已完成，31 个年度项目全部落地，61 项市级政策出台实施，22 个传统商圈和 20 家传统商场升级改造基本完成，全城联动开展“北京消费季”商旅文体活动 3000 余项。深入开展标准规范宣贯和服务质量评价，组织第十一届服务技能大赛，近 3.3 万名员工参训参赛。

四是服贸会再上新台阶。习近平总书记再次发表重要致辞，服贸会国际影响力进一步提升。常态化设立服贸会组委会和执委会，建立“事业单位 + 企业集团”运作模式，形成国家会议中心和首钢园区“一会两馆”办会新空间，积累了新形势下举办大型展会的经验做法。153 个国家和地区的 1.2 万家企业线上线下参展参会。组建全球服贸联盟取得实质性成效。

（二）着力“一促两稳”优环境，稳增长基础更加坚实

一是抓消费促回暖积极有效。王府井步行街获评国家级示范步行街，前门大栅栏商圈改造提升加快推进，推出新一批夜间消费特色场景。出台商圈发展、首店 2.0 版等支持政策；901 家首店在京落地，增长近 4 倍；北京老字号总数扩至 206 家；6 个新消费品牌孵化试点基地挂牌运营。跨境电商零售进口药品试点规模超上年 4 倍，717 家离境退税商店居全国首位。政企联合推动餐饮数字化赋能，超 6 万家商户参与，全市餐饮收入增速高于全国 8.9 个百分点。发展改革、经济和信息化、财政、农业农村、文化旅游、体育、交通、规划自然资源、民政等部门也出台了一系列促进消费的政策措施。

二是稳外贸稳外资多措并举。实施推进贸易高质量发展的 34 项行动措施，科技防疫物资出口增长 1.2 倍，出口占比达五分之一。在全国率先开展数字贸易统计，推出 20 条数字贸易支持措施。出台进一步加强稳外资工作的若干措施，开展线上线下招商推介超百场。出台首个支持综保区高质量发展的市级政策文件，大兴机场综保区一期封关运行。

三是总部会展等商务服务领域稳健发展。出台支持总部企业高质量发展的新政策，全市跨国公司地区总部累计达 201 家。大兴国际机场临空经济区国际会展中心选址确定，新国展二期开工建设。出台专业服务业助力“走出去”发展若干措施，“北京商务服务国际化发展地图”上线运行。

四是商务营商环境持续优化。京津联合制定实施优化口岸营商环境促进跨境贸易便利化专项行动方案，推出 25 条便利化改革举措。开展空港口岸跨境贸易营商环境“百日攻坚”行动，进口提货入出区时间压减 50% 以上。《北京市单用途预付卡管理条例》经市人大审议通过。深化“放管服”改革，推行“告知承诺”办理方式。商务行业安全形势持续稳定。

（三）着力商务为民，服务保障水平经受住实战考验

一是重大活动重要节日服务保障精益求精。高质量完成中国共产党成立 100 周年庆祝活动服务保障。高标准开展冬奥会和冬残奥会服务保障。制定市民群众在京过年实施方案，开展家政春节保供行动。

二是疫情防控下市民生活便利度不断提升。更新商超、餐饮等 12 个行业防控指引，引导企业严格落实防控措施。推进基本便民商业网点精准补建和接诉即办，首发北京生活服务业网点动态地图。全市社区菜市场“数字赋能”改造试点行动启动实施。全市首张便利店“一业

一证”经营许可落地，130家便利店门店进驻地铁站。

三是生活必需品保供稳价体系持续完善。在多次局部疫情反复中经受住实战考验。制定生活必需品市场供应、货运车辆交通受阻等应急预案。组织300余辆蔬菜直通车随时投入封闭小区应急保供。成功应对8月猪肉价格波动。加强粮油市场调控。北京鲜活农产品流通中心试营业。我市生活必需品量价稳定，蔬菜价格持续低位运行。

着力赋能增效，推动商务治理能力实现新提升。坚持把党的政治建设摆在首位，深入开展党史学习教育，扎实推进“我为群众办实事”实践活动，全力推进十二届市委第十一轮巡视整改。强化制度保障，有针对性地修订完善决策、党建、财务等制度措施。加强队伍建设，在疫情防控等重点工作中培养锻炼年轻干部。发挥规划导向作用，本市“十四五”时期开放型经济发展规划等印发实施。注重科技赋能，开展智慧商务行动。坚持依法行政、全面履职，办理人大建议和政协提案合计150件。

回顾2021年工作，全市商务系统将伟大建党精神转化为昂扬奋进的动力，把构建新发展格局贯穿到商务工作各领域、全过程，主动服务全市发展大局，展现了首都商务发展的新风貌。在庆祝中国共产党成立100周年之际和“十四五”开局之年，向市委、市政府，向全市人民交上了满意答卷。

成绩的取得，是市委、市政府坚强领导的结果，是各区、各相关部门共同努力和大力支持的结果，是全市广大商务企业、相关行业协会和全体商务人攻坚克难、团结奉献的结果。在此，我谨代表北京市商务局，向投身和支持商务事业发展的同志们表示衷心的感谢！

同时，我们清醒地看到工作中存在的问题和不足：“两区”制度创新集成化、成效显示度还不够；国际消费中心城市建设创新政策精准度、系统性、覆盖面还不足；服贸会国际化、专业化、市场化水平还需进一步提升；促进投资和消费举措还有待加强，服务群众存在短板，部分商务指标与先进省市相比还有差距。针对这些问题和困难，我们要坚定信心，坚持创新，尽心竭力加以解决。

二、2022年工作任务

2022年是党的二十大召开之年，是北京冬奥之年，也是实施“十四五”规划承上启下的重要一年，做好各项工作意义重大。商务工作是国内大循环的重要组成部分，是联结国内国际双循环的重要枢纽，在构建新发展格局中发挥着重要作用。我们要立足这“三个重要”的定位，在工作中展现更大作为，推动首都商务高质量发展实现更大跃升。

全市商务工作的总体要求是：以习近平新时代中国特色社会主义思想为指导，全面贯彻落实党的十九大和十九届历次全会及中央经济工作会议精神，深入贯彻习近平总书记对北京一系列重要讲话精神，贯彻落实市委十二届十八次全会精神，按照市委、市政府部署，弘扬伟大建党精神，完整、准确、全面贯彻新发展理念，以构建新发展格局为引领，以供给侧结构性改革为主线，坚持稳字当头、稳中求进，统筹疫情防控和商务发展，高标准建设“两区”，高水平举办服贸会，高质量建设国际消费中心城市，高品质保障冬奥会和冬残奥会，做好促消费、稳外贸、稳外资、保民生等各项商务工作，以优异成绩迎接党的二十大胜利召开。

全市商务发展主要预期目标是：市场总消费增长7.5%左右，其中社会消费品零售总额增长5.5%左右。餐饮业营业额增长8%左右。货物进出口保持稳定，实现“位次不降、结构优化”，“双自主”企业出口占比达到26%以上。服务进出口额力争增长5%左右。实际利用外资达到160亿美元，对外直接投资达到70亿美元，双向投资实现平稳有序发展。

为实现上述目标，重点做好以下六个方面工作：

（一）对标国际高标准，着力打造三个示范

一是开展先行先试改革新探索。深入贯彻落实习近平总书记2021年服贸会重要致辞精神，以三个示范区为引领，坚持高点定位，研究制定国际高水平自由贸易协定规则对接先行先试的北京方案、建设数字贸易示范区工作方案、争创服务贸易创新发展示范区行动方案，打造“两区”建设升级版。

二是增强开放改革的系统集成。推动制定全产业链开放行动方案、全环节改革方案，形成一揽子系统化政策措施。开展政策“会诊”，破解制约企业发展的政策障碍。进一步深化京津冀协同开放，探索三地自贸试验区联动模式。抓紧出台自贸试验区条例和制定综合示范区决定。

三是建设高标准开放政策承载区。全面实施重点园区（组团）发展提升专项行动，推出一批园区三年行动方案。立足打造“双枢纽”，推动口岸功能提升、贸易通关便利。建设以服务贸易为特色的天竺综保区，加快建设京冀共享的北京大兴国际机场综保区，加快研究制定新的综保区申报方案。积极争取创建进口贸易促进创新示范区。

（二）支撑国内国际双循环，重点健全四个体系

一是优化国际消费中心城市建设工作推进体系。认真贯彻落实领导小组第一次全体会议精神，统筹协调各责任单位扎实推进优化消费营商环境、优化商圈布局、加强消费分析评估、提振汽车消费、促进时尚消费、促进数字消费、促进文化消费、促进体育消费、促进养老消费等重点工作。全面推动完善新消费品牌孵化体系等179项任务年度目标落实，隆福文化街区修缮更新等37个年度项目落地，首店发展3.0版等19项年度政策出台实施。

二是统筹“6+4”物流基地和农产品流通体系。协调制定物流基地规划建设用地保障和配套设施建设政策，持续推动昌平、房山新增物流基地规划实施，积极推进通州马驹桥、顺义空港、大兴京南、平谷马坊物流基地转型升级，推动各区末端配送网点发展。继续推动新发地农产品批发市场转型升级，北京鲜活农产品流通中心全面营业，加快昌平和顺义新增市场规划建设进度。配合相关区加快区域性、专业性市场转型升级。新增10家以上样板社区菜市场。

三是筑牢生活必需品保供稳价和粮食物资保障体系。固化疫情防控常态化形势下保供稳价工作机制，不断健全监测、供应、储备、应急投放体系。强化保供协调机制，加强货源组织和应急调控，应对可能出现的季节性、周期性价格上涨压力。强化“两项考核”，压实粮食安全保障责任。加强市内粮油加工能力建设。推进市级救灾物资储备库建设。

四是完善便捷高效的口岸通关体系。推动大兴机场获批进境肉类、冰鲜水产品、水果指定监管场地。推动防疫国际商务综合体建设。开展“双枢纽”空港口岸跨境贸易营商环境优化提升行动，打造“通关+物流+安检”的智慧空港新模式。推进陆港口岸提升通关时效和服务水平，积极开拓铁路集装箱国际联运业务。

（三）突出市场化手段，积极用好三个机制

一是高水平筹办2022年服贸会。深入总结筹办经验，力促达成更多成果。深化与国际组织合作，共同办好全球服务贸易峰会。提升

服贸会市场化运营机制，完善“事业单位+企业集团”筹办模式。多渠道、国际化开发招商招展资源，力争邀请更多国家和地区参展参会。扩大展览展示规模，争取更多展会支持政策。坚持常态化办展办会，开展线上服贸会的商业化运营。尽快组建全球服务贸易联盟。

二是优化促消费市场化机制。开展“2022北京消费季”活动，举办冰雪节、购车节等二十余个消费节，鼓励龙头企业创新开展各具特色的促消费活动。推动制定商圈布局工作方案，建立全市商圈分级分类管理机制，常态化开展传统商场“一店一策”升级改造。推动制定消费业态健康发展隐性壁垒清理整治方案，健全商业服务业服务质量标准规范，研究出台单用途预付卡商务领域实施细则。

三是完善联系服务企业机制。服务保障好市领导联系重点园区（组团）、重点商圈、重点平台企业，推动解决制约发展的重点难点问题。探索建立商务服务业重点企业部门联动服务机制，协助重点区分批构建区级促进体系。关注市场主体均衡发展，联系服务好龙头企业，做好餐饮、会展等行业中小微企业帮扶工作。

（四）强化数字赋能，聚焦实施三个行动

一是实施“互联网+流通”行动。加大“互联网+流通”等政策支持。部门联动发力，加强数字消费研究促进力度，制定促进本市电商直播经济规范健康发展方案，打造更多的千亿级、百亿级、十亿级电商企业。

二是实施境外消费回流支撑行动。推进跨境电商综试区建设，鼓励企业在京扩大B2C、B2B业务规模，支持体验店、海外仓和保税仓建设。拓展“网购保税+线下自提”业务。进一步优化保税免税相衔接模式，扩大免税主体线上消费规模。继续增加离境退税商店数量。

三是实施多领域数字化升级行动。持续打造5个智慧街区、智慧商圈示范项目。鼓励商务服务企业、老字号企业数字化转型，优化升级商务服务业“走出去”地图。研究出台进一步促进生活性服务业转型升级的若干措施，拓展推动蔬菜零售、便利店等行业数字化升级。支持物流基地信息化、标准化、智能化改造提升。打造一批智慧商务应用场景。

（五）践行绿色发展理念，探索创新三条路径

一是拓展绿色消费和绿色流通的实践路径。协调出台老旧汽车淘汰更新鼓励政策，制定促进二手车流通政策。践行“光盘行动”，推广净菜上市，促进餐厨垃圾源头减量，推动餐饮、外卖、批发零售等重点领域减塑。持续推进商业企业高能耗设备升级改造，开展绿色商场创建活动。

二是实施对外贸易创新绿色发展路径。用足用好稳外贸各项政策，壮大“双自主”企业，引导培育“双循环”企业，鼓励扩大高新技术产品和优质消费品进口。支持内外销“同线同标同质”。协调推进新国展二、三期及大兴国际机场会展中心建设。落实促进数字贸易高质量发展的若干措施，加快推进服务贸易创新试点任务落地。研究推动离岸贸易发展。

三是优化双向投资提质增量实施路径。落实稳外资系列政策措施，强化项目跟踪服务。完善市区招商激励机制，精准化开展招商引资。提升对外投资合作项目可持续发展水平，推动绿色低碳技术“走出去”。依托京企“走出去”综合服务平台，建立多方位、全流程线上信息服务机制。

（六）做好服务和民生保障，倾心办好两件大事和三件实事

服务保障好冬奥会冬残奥会和党的二十大两件大事。办好市民、企业关切的三件实事。

一是完善便民商业网络的实事。优先配齐蔬菜零售、便利店、早餐等基本保障类业态，因地制宜发展品质提升类业态。规范和提升农村便民商业网络。二是推动解决生活服务业发展难题的实事。研究破解便民商业网点证照办理难的有效办法，研究推进家政服务业地方立法工作。三是“接诉即办”服务企业百姓的实事。规范工作流程，推动商务领域“接诉即办”向“未诉先办”延伸。

我们要深入学习贯彻习近平新时代中国特色社会主义思想和党的十九届六中全会精神，坚持和捍卫“两个确立”，切实增强“四个意识”，坚定“四个自信”，做到“两个维护”。增强政治意识，提升工作效能。对中央和市委、市政府决策部署扭住不放、狠抓落地。持续巩固深化党史学习教育和市委巡视反馈问题整改落实成果。层层压实全面从严治党主体责任。强化担当作为，加强队伍建设。健全专班推动工作机制，不断完善目标责任和考核体系，把抓落实作为开展工作的主要方式。优化老中青干部梯队，切实提高新发展格局下做好商务工作的系统性思维、市场化意识和专业化能力。持之以恒落实中央八项规定精神，坚持过紧日子，切实做到廉洁从政、勤政为民。树牢法治思维，统筹好发展和安全。自觉接受市人大、市政协的法律监督、工作监督和民主监督。贯彻总体国家安全观，筑牢开放型经济发展安全屏障。继续抓好常态化疫情防控。围绕重大活动安全保障，如期完成安全生产专项整治三年行动任务。春节将至，冬奥开幕在即，当前要重点做好春节、冬奥会的服务保障、疫情防控和安全生产工作。

同志们，2022年首都商务任务繁重、艰巨而光荣。让我们在市委、市政府的坚强领导下，进一步振奋“为民而商”的精气神，坚定信心、勇毅前行，为首都新发展作出更大贡献，以商务高质量发展的优异成绩迎接党的二十大胜利召开！

第二部分

法规、文件选编

2021 年国家制定修订的部分法律、法规目录

序　号	名　　称	发布日期	文　号
1	中华人民共和国噪声污染防治法	2021 年 12 月 24 日	主席令第 104 号
2	中华人民共和国湿地保护法	2021 年 12 月 24 日	主席令第 102 号
3	中华人民共和国反有组织犯罪法	2021 年 12 月 24 日	主席令第 101 号
4	中华人民共和国陆地国界法	2021 年 10 月 23 日	主席令第 99 号
5	中华人民共和国家庭教育促进法	2021 年 10 月 23 日	主席令第 98 号
6	中华人民共和国医师法	2021 年 8 月 20 日	主席令第 94 号
7	中华人民共和国法律援助法	2021 年 8 月 20 日	主席令第 93 号
8	中华人民共和国监察官法	2021 年 8 月 20 日	主席令第 92 号
9	中华人民共和国个人信息保护法	2021 年 8 月 20 日	主席令第 91 号
10	中华人民共和国反外国制裁法	2021 年 6 月 10 日	主席令第 90 号
11	中华人民共和国印花税法	2021 年 6 月 10 日	主席令第 89 号
12	中华人民共和国军人地位和权益保障法	2021 年 6 月 10 日	主席令第 86 号
13	中华人民共和国海南自由贸易港法	2021 年 6 月 10 日	主席令第 85 号
14	中华人民共和国数据安全法	2021 年 6 月 10 日	主席令第 84 号
15	中华人民共和国反食品浪费法	2021 年 4 月 29 日	主席令第 78 号
16	中华人民共和国乡村振兴促进法	2021 年 4 月 29 日	主席令第 77 号
17	中华人民共和国海警法	2021 年 1 月 22 日	主席令第 71 号
18	中华人民共和国工会法（2021 修正）	2021 年 12 月 24 日	主席令第 107 号
19	中华人民共和国民事诉讼法（2021 修正）	2021 年 12 月 24 日	主席令第 106 号
20	中华人民共和国种子法（2021 修正）	2021 年 12 月 24 日	主席令第 105 号
21	中华人民共和国科学技术进步法（2021 修订）	2021 年 12 月 24 日	主席令第 103 号
22	中华人民共和国审计法（2021 修正）	2021 年 10 月 23 日	主席令第 100 号
23	中华人民共和国人口与计划生育法（2021 修正）	2021 年 8 月 20 日	主席令第 96 号
24	中华人民共和国兵役法（2021 修订）	2021 年 8 月 20 日	主席令第 95 号
25	中华人民共和国安全生产法（2021 修正）	2021 年 6 月 10 日	主席令第 88 号
26	中华人民共和国军事设施保护法（2021 修订）	2021 年 6 月 10 日	主席令第 87 号
27	中国人民解放军选举全国人民代表大会和县级以上地方各级人民代表大会代表的办法（2021 修正）	2021 年 4 月 29 日	主席令第 82 号
28	中华人民共和国草原法（2021 修正）	2021 年 4 月 29 日	主席令第 81 号
29	中华人民共和国食品安全法（2021 修正）	2021 年 4 月 29 日	主席令第 81 号

（续）

序号	名称	发布日期	文号
30	中华人民共和国消防法（2021修正）	2021年4月29日	主席令第81号
31	中华人民共和国海关法（2021修正）	2021年4月29日	主席令第81号
32	中华人民共和国广告法（2021修正）	2021年4月29日	主席令第81号
33	中华人民共和国进出口商品检验法（2021修正）	2021年4月29日	主席令第81号
34	中华人民共和国民用航空法（2021修正）	2021年4月29日	主席令第81号
35	中华人民共和国道路交通安全法（2021修正）	2021年4月29日	主席令第81号
36	中华人民共和国教育法（2021修正）	2021年4月29日	主席令第80号
37	中华人民共和国海上交通安全法（2021修订）	2021年4月29日	主席令第79号
38	中华人民共和国香港特别行政区基本法附件二香港特别行政区立法会的产生办法和表决程序（2021修订）	2021年3月30日	主席令第76号
39	中华人民共和国香港特别行政区基本法附件一香港特别行政区行政长官的产生办法（2021修订）	2021年3月30日	主席令第75号
40	中华人民共和国全国人民代表大会议事规则（2021修正）	2021年3月11日	主席令第74号
41	中华人民共和国全国人民代表大会组织法（2021修正）	2021年3月11日	主席令第73号
42	中华人民共和国行政处罚法（2021修订）	2021年1月22日	主席令第70号
43	中华人民共和国动物防疫法（2021修订）	2021年1月22日	主席令第69号
44	证券期货行政执法当事人承诺制度实施办法	2021年10月26日	国务院令第749号
45	地下水管理条例	2021年10月21日	国务院令第748号
46	关键信息基础设施安全保护条例	2021年7月30日	国务院令第745号
47	中华人民共和国市场主体登记管理条例	2021年7月27日	国务院令第746号
48	建设工程抗震管理条例	2021年7月19日	国务院令第744号
49	行政事业性国有资产管理条例	2021年2月1日	国务院令第738号
50	防范和处置非法集资条例	2021年1月26日	国务院令第737号
51	排污许可管理条例	2021年1月24日	国务院令第736号
52	医疗保障基金使用监督管理条例	2021年1月15日	国务院令第735号
53	中华人民共和国烟草专卖法实施条例（2021修订）	2021年11月10日	国务院令第750号
54	中华人民共和国土地管理法实施条例（2021修订）	2021年7月2日	国务院令第743号
55	生猪屠宰管理条例（2021修订）	2021年6月25日	国务院令第742号
56	中华人民共和国民办教育促进法实施条例（2021修订）	2021年4月7日	国务院令第741号
57	粮食流通管理条例（2021修订）	2021年2月15日	国务院令第740号
58	医疗器械监督管理条例（2020修订）	2021年2月9日	国务院令第739号

（韩思超）

2021年商务部规章、部分公告目录

序号	名称	文号
1	阻断外国法律与措施不当域外适用办法	商务部令2021年第1号
2	农产品进口关税配额管理暂行办法（2021修订）	商务部令2021年第2号
3	对外贸易经营者备案登记办法	商务部令2021年第2号
4	对外援助项目实施企业资格认定办法（试行）	商务部令2021年第2号
5	海南自由贸易港跨境服务贸易特别管理措施（负面清单）（2021年版）	商务部令2021年第3号
6	外商投资准入特别管理措施（负面清单）（2021年版）	国家发展改革委、商务部令2021年第47号
7	自由贸易试验区外商投资准入特别管理措施（负面清单）（2021年版）	国家发展改革委、商务部令2021年第48号
8	商务部批准《家政服务信用档案建立基本要求》等7项国内贸易行业标准的公告	商务部公告2021年第1号
9	商务部关于原产于美国、欧盟及英国、日本的进口间甲酚反倾销调查最终裁定的公告	商务部公告2021年第2号
10	商务部关于英国脱欧后对欧和英贸易救济案件处理方式的公告	商务部公告2021年第3号
11	关于皇家艾维贝合作社公司继承艾维贝合作社公司在原产于欧盟和英国的进口马铃薯淀粉反倾销和反补贴措施中所适用税率的公告	商务部公告2021年第4号
12	关于对原产于美国、欧盟、日本的进口未漂白纸袋纸反倾销措施发起期终复审调查的公告	商务部公告2021年第5号
13	关于对原产于澳大利亚的进口相关葡萄酒反倾销调查最终裁定的公告	商务部公告2021年第6号
14	关于对原产于澳大利亚的进口相关葡萄酒反补贴调查最终裁定的公告	商务部公告2021年第7号
15	关于对原产于美国、欧盟、俄罗斯和台湾地区的进口锦纶6切片反倾销措施发起期终复审调查的公告	商务部公告2021年第8号
16	商务部批准《宴席节约服务规范》等4项国内贸易行业标准的公告	商务部公告2021年第9号
17	商务部关于两用物项出口经营者建立出口管制内部合规机制的指导意见	商务部公告2021年第10号
18	关于调整加工贸易禁止类商品目录的公告	商务部、海关总署公告2021年第12号
19	关于公布可供对外出口的新型冠状病毒疫苗产品清单的公告	商务部、工业和信息化部、卫生健康委、药监局公告2021年第13号
20	关于对原产于欧盟和英国的碳钢紧固件所适用的反倾销措施发起期终复审调查的公告	商务部公告2021年第14号
21	商务部关于对原产于日本、韩国和土耳其的进口腈纶所适用的反倾销措施发起期终复审调查的公告	商务部公告2021年第15号

（续）

序 号	名 称	文 号
22	关于对原产于日本、韩国和欧盟的进口取向电工钢所适用的反倾销措施发起期终复审调查的公告	商务部公告 2021 年第 16 号
23	关于对原产于美国的进口聚苯醚反倾销调查的延期公告	商务部公告 2021 年第 17 号
24	关于对原产于美国的进口聚苯醚反补贴调查的延期公告	商务部公告 2021 年第 18 号
25	关于原产于美国的进口相关乙二醇和丙二醇的单烷基醚反倾销调查的延期公告	商务部公告 2021 年第 19 号
26	关于原产于美国的进口相关乙二醇和丙二醇的单烷基醚反补贴调查的延期公告	商务部公告 2021 年第 20 号
27	关于对原产于美国的进口聚苯醚反倾销调查初步裁定的公告	商务部公告 2021 年第 21 号
28	中华人民共和国商务部 中共中央宣传部 中华人民共和国文化和旅游部 国家广播电视总局 公告 2021 年 第 22 号	商务部、中共中央宣传部、文化和旅游部、国家广播电视总局公告 2021 年第 22 号
29	关于废止一批行政规范性文件的公告	商务部公告 2021 年第 24 号
30	关于原产于美国的进口相关乙二醇和丙二醇的单烷基醚反倾销调查初步裁定的公告	商务部公告 2021 年第 25 号
31	关于原产于美国的进口相关乙二醇的单烷基醚反补贴调查初步裁定的公告	商务部公告 2021 年第 26 号
32	关于原产于美国的进口聚氯乙烯反倾销调查裁定的公告	商务部公告 2021 年第 27 号
33	关于原产于美国的进口聚氯乙烯反补贴调查裁定的公告	商务部公告 2021 年第 28 号
34	关于原产于美国的进口聚酰胺-6,6 切片反倾销措施期终复审裁定的公告	商务部公告 2021 年第 29 号
35	2022 年食糖、羊毛、毛条进口关税配额实施细则	商务部公告 2021 年第 30 号
36	关于对原产于美国的进口聚苯醚反补贴调查初步裁定的公告	商务部公告 2021 年第 31 号
37	2022—2023 年度钨、锑、白银出口国营贸易企业申报条件及申报程序	商务部公告 2021 年第 32 号
38	2022 年化肥进口关税配额总量、分配原则及相关程序	商务部公告 2021 年第 33 号
39	关于出光复合材料株式会社继承出光狮王塑料株式会社在聚苯硫醚反倾销措施中所适用税率的公告	商务部公告 2021 年第 34 号
40	公布货物出口配额总量（2022 年）	商务部公告 2021 年第 35 号
41	2022 年原油非国营贸易进口允许量总量、申请条件和申请程序	商务部公告 2021 年第 36 号
42	商务部关于终止对印度尼西亚广青镍业有限公司生产的进口不锈钢钢坯和不锈钢热轧板 / 卷倾销及倾销幅度期间复审调查的公告	商务部公告 2021 年第 38 号
43	2022 年蔺草及制品出口配额公开招标公告	商务部公告 2021 年第 39 号
44	关于 2022 年度甘草及甘草制品出口配额招标的公告	商务部公告 2021 年第 40 号
45	关于公布《自动进口许可管理货物目录（2022 年）》的公告	商务部、海关总署公告 2021 年第 51 号

（续）

序　号	名　　称	文　号
46	2022年成品油（燃料油）非国营贸易进口允许量申领条件、分配原则和相关程序	商务部公告2021年第41号
47	公布2022年进出口许可证件发证机构名录	商务部公告2020年第42号
48	2022年新西兰羊毛和毛条、澳大利亚羊毛 进口国别关税配额管理实施细则	商务部、海关总署公告2021年第43号
49	关于公布2022年度符合申领汽车、摩托车、非公路用两轮摩托车及全地形车出口许可证条件企业名单的公告	商务部、工业和信息化部、市场监管总局公告2021年第44号
50	关于发布综合保税区维修产品增列目录的公告	商务部、生态环境部、海关总署公告2021年第45号
51	关于对高氯酸钾实施出口管制的公告	商务部、海关总署公告2021年第46号
52	商务部关于对原产于日本和韩国的非色散位移单模光纤所适用的反倾销措施发起期终复审调查的公告	商务部公告2021年第47号
53	两用物项和技术进出口许可证管理目录	商务部、海关总署公告2021年第48号
54	关于公布《进口许可证管理货物目录（2022年）》的公告	商务部、海关总署公告2021年第49号
55	关于公布《出口许可证管理货物目录（2022年）》的公告	商务部、海关总署公告2021年第50号

（韩思超）

2021年其他有关部门规章目录（部分）

序　号	名　　称	发布日期	文　号
1	食品生产经营监督检查管理办法	2021年12月24日	国家市场监督管理总局令第49号
2	互联网信息服务算法推荐管理规定	2021年12月31日	国家互联网信息办公室、工业和信息化部、公安部、国家市场监督管理总局令第9号
3	网络安全审查办法（2021）	2021年12月28日	国家互联网信息办公室、国家发展和改革委员会、工业和信息化部、公安部、国家安全部、财政部、商务部、中国人民银行、国家市场监督管理总局、国家广播电视总局、中国证券监督管理委员会、国家保密局、国家密码管理局令第8号
4	医疗器械注册与备案管理办法	2021年8月26日	国家市场监督管理总局令第47号
5	体外诊断试剂注册与备案管理办法	2021年8月26日	国家市场监督管理总局令第48号
6	化妆品生产经营监督管理办法	2021年8月2日	国家市场监督管理总局令第46号
7	市场监督管理严重违法失信名单管理办法	2021年7月30日	国家市场监督管理总局令第44号
8	市场监督管理行政处罚信息公示规定	2021年7月30日	国家市场监督管理总局令第45号
9	家用汽车产品修理更换退货责任规定	2021年7月22日	国家市场监督管理总局令第43号
10	市场监督管理行政处罚听证办法（2021修正）	2021年7月2日	国家市场监督管理总局令第42号
11	市场监督管理行政处罚程序规定（2021修正）	2021年7月2日	国家市场监督管理总局令第42号
12	市场监督管理行政执法责任制规定	2021年5月26日	国家市场监督管理总局令第41号
13	机动车排放召回管理规定	2021年4月27日	国家市场监督管理总局、生态环境部令第40号
14	网络直播营销管理办法（试行）	2021年4月23日	国家互联网信息办公室、公安部、商务部、文化和旅游部、国家税务总局、国家市场监督管理总局、国家广播电视总局
15	检验检测机构监督管理办法	2021年4月8日	国家市场监督管理总局令第39号
16	大型游乐设施安全监察规定（2021修改）	2021年4月2日	国家市场监督管理总局令第38号
17	检验检测机构资质认定管理办法（2021修改）	2021年4月2日	国家市场监督管理总局令第38号
18	网络食品安全违法行为查处办法（2021修改）	2021年4月2日	国家市场监督管理总局令第38号
19	房地产广告发布规定（2021修改）	2021年4月2日	国家市场监督管理总局令第38号
20	计量授权管理办法（2021修改）	2021年4月2日	国家市场监督管理总局令第38号
21	网络交易监督管理办法	2021年3月15日	国家市场监督管理总局令第37号
22	化妆品注册备案管理办法	2021年1月7日	国家市场监督管理总局令第35号
23	中华人民共和国海关报关单位备案管理规定	2021年11月19日	海关总署令第253号

（续）

序　号	名　　称	发布日期	文　号
24	中华人民共和国海关进出口货物商品归类管理规定	2021 年 9 月 18 日	海关总署令 252 号
25	中华人民共和国海关注册登记和备案企业信用管理办法	2021 年 9 月 13 日	海关总署令第 251 号
26	中华人民共和国海关办理行政处罚案件程序规定	2021 年 6 月 15 日	海关总署令 250 号
27	中央预算内投资资本金注入项目管理办法	2021 年 6 月 19 日	国家发展和改革委员会令第 44 号
28	城镇供水价格管理办法	2021 年 8 月 3 日	国家发展和改革委员会、住房和城乡建设部令第 46 号
29	重要商品和服务价格指数行为管理办法（试行）	2021 年 6 月 12 日	国家发展和改革委员会令第 43 号
30	税务规范性文件制定管理办法（2021 修正）	2021 年 12 月 31 日	国家税务总局令第 53 号
31	重大税务案件审理办法（2021 修正）	2021 年 6 月 7 日	国家税务总局令第 51 号
32	保险中介行政许可及备案实施办法	2021 年 10 月 28 日	中国银行保险监督管理委员会令 2021 年第 12 号
33	银行保险机构许可证管理办法	2021 年 4 月 28 日	中国银行保险监督管理委员会令 2021 年第 3 号
34	北京证券交易所上市公司持续监管办法（试行）	2021 年 10 月 30 日	中国证券监督管理委员会令第 189 号
35	公司债券发行与交易管理办法	2021 年 2 月 26 日	中国证券监督管理委员会令第 180 号
36	证券市场资信评级业务管理办法	2021 年 2 月 26 日	中国证券监督管理委员会令第 181 号
37	中央预算内投资资本金注入项目管理办法	2021 年 6 月 19 日	国家发展和改革委员会令第 44 号
38	中央储备糖管理办法	2021 年 3 月 5 日	国家发展和改革委员会、财政部令 2021 年第 41 号
39	重要商品和服务价格指数行为管理办法（试行）	2021 年 6 月 12 日	国家发展和改革委员会令 2021 年第 43 号
40	道路交通事故社会救助基金管理办法	2021 年 12 月 1 日	财政部、中国银行保险监督管理委员会、公安部、国家卫生健康委员会、农业农村部令第 107 号
41	公证执业活动投诉处理办法	2021 年 11 月 30 日	司法部令第 147 号
42	汽车数据安全管理若干规定（试行）	2021 年 8 月 16 日	国家互联网信息办公室、国家发展和改革委员会、工业和信息化部、公安部、交通运输部令第 7 号
43	理财公司理财产品销售管理暂行办法	2021 年 5 月 11 日	中国银行保险监督管理委员会令 2021 年第 4 号
44	建设工程勘察质量管理办法（2021 修改）	2021 年 4 月 1 日	住房和城乡建设部令第 53 号
45	城市房地产抵押管理办法（2021 修改）	2021 年 3 月 30 日	住房和城乡建设部令第 52 号

（韩思超）

2021年国务院、商务部等有关部委和北京市相关文件目录（部分）

序号	名称	发布日期	文号
1	国务院关于进一步贯彻实施《中华人民共和国行政处罚法》的通知	2021年12月8日	国发〔2021〕26号
2	国务院关于开展营商环境创新试点工作的意见	2021年11月25日	国发〔2021〕24号
3	国务院关于支持北京城市副中心高质量发展的意见	2021年11月26日	国发〔2021〕15号
4	国务院关于深化“证照分离”改革进一步激发市场主体发展活力的通知	2021年6月3日	国发〔2021〕7号
5	国务院关于印发“十四五”就业促进规划的通知	2021年8月27日	国发〔2021〕14号
6	国务院关于印发2030年前碳达峰行动方案的通知	2021年10月26日	国发〔2021〕23号
7	国务院关于印发“十四五”国家知识产权保护和运用规划的通知	2021年10月28日	国发〔2021〕20号
8	国务院关于进一步深化预算管理制度改革的意见	2021年4月13日	国发〔2021〕5号
9	国务院关于落实《政府工作报告》重点工作分工的意见	2021年3月25日	国发〔2021〕6号
10	国务院关于“十四五”对外贸易高质量发展规划的批复	2021年11月23日	国函〔2021〕112号
11	国务院关于同意在全面深化服务贸易创新发展试点地区暂时调整实施有关行政法规和国务院文件规定的批复	2021年10月9日	国函〔2021〕94号
12	国务院关于同意在北京市暂时调整实施有关行政法规和经国务院批准的部门规章规定的批复	2021年10月18日	国函〔2021〕106号
13	国务院办公厅关于进一步加大对中小企业纾困帮扶力度的通知	2021年11月22日	国办发〔2021〕45号
14	国务院办公厅关于新形势下进一步加强督查激励的通知	2021年12月20日	国办发〔2021〕49号
15	国务院办公厅关于印发加强信用信息共享应用促进中小微企业融资实施方案的通知	2021年12月29日	国办发〔2021〕52号
16	国务院办公厅关于加快发展保障性租赁住房的意见	2021年7月2日	国办发〔2021〕22号
17	国务院办公厅关于加快发展外贸新业态新模式的意见	2021年7月9日	国办发〔2021〕24号
18	国务院办公厅关于印发全国深化“放管服”改革着力培育和激发市场主体活力电视电话会议重点任务分工方案的通知	2021年7月20日	国办发〔2021〕25号
19	国务院办公厅关于服务“六稳”“六保”进一步做好“放管服”改革有关工作的意见	2021年4月15日	国办发〔2021〕10号
20	国务院办公厅关于印发2021年政务公开工作要点的通知	2021年4月23日	国办发〔2021〕12号
21	国务院办公厅关于贯彻实施《政府督查工作条例》进一步加强和规范政府督查工作的通知	2021年2月10日	国办发〔2021〕5号

（续）

序　号	名　称	发布日期	文　号
22	国务院办公厅关于印发全国一体化政务服务平台移动端建设指南的通知	2021年11月12日	国办函〔2021〕105号
23	国务院办公厅关于成立中国国际服务贸易交易会组织委员会和执行委员会的通知	2021年6月1日	国办函〔2021〕54号
24	国务院办公厅关于文化市场综合行政执法有关事项的通知	2021年6月15日	国办函〔2021〕62号
25	培育国际消费中心城市总体方案	2021年10月26日	/
26	商务部中央宣传部等17部门关于支持国家文化出口基地高质量发展若干措施的通知	2021年10月12日	商服贸函〔2021〕519号
27	商务部关于进一步做好当前商务领域促消费重点工作的通知	2021年9月16日	商消费函〔2021〕491号
28	商务部办公厅关于印发《对外投资合作“双随机、一公开”监管工作细则（试行）》的通知	2021年9月6日	商办合规函〔2021〕289号
29	商务部推广10项北京市国家服务业扩大开放综合示范区建设经验做法	2021年9月3日	商资函〔2021〕469号
30	商务部、公安部、税务总局加快推进二手车异地交易登记跨省通办	2021年8月30日	/
31	关于支持线下零售、住宿餐饮、外资外贸等市场主体纾困发展有关工作的通知	2021年8月26日	商财函〔2021〕442号
32	商务部关于加强“十四五”时期商务领域标准化建设的指导意见	2021年8月17日	/
33	商务部办公厅关于做好两用物项和技术进出口许可无纸化工作的通知	2021年6月29日	商办安管函〔2021〕209号
34	商务部办公厅关于加强对外承包工程项目报告工作的通知	2021年6月11日	商办合函〔2021〕204号
35	商务部发展改革委工业和信息化部农业农村部海关总署市场监管总局中国贸促会关于印发《商品市场优化升级专项行动计划（2021—2025）》的通知	2021年5月13日	商流通函〔2021〕159号
36	商务部等12部门关于推进城市一刻钟便民生活圈建设的意见	2021年5月28日	商流通函〔2021〕176号
37	商务部办公厅关于印发《绿色商场创建评价指标（试行）》的通知	2021年5月25日	商办流通函〔2021〕186号
38	商务部办公厅关于做好2021年商务领域标准化工作的通知	2021年3月22日	商办建函〔2021〕116号
39	商务部、发展改革委、财政部、海关总署、税务总局、市场监管总局关于扩大跨境电商零售进口试点、严格落实监管要求的通知	2021年3月18日	商财发〔2021〕39号
40	关于2022年暂免征收加工贸易企业内销税款缓税利息的公告	2021年12月28日	财政部公告2021年第38号
41	关于出口货物保险增值税政策的公告	2021年12月22日	财政部税务总局公告2021年第37号

（续）

序　号	名　　称	发布日期	文　　号
42	法治市场监管建设实施纲要（2021—2025年）	2021年12月13日	国市监法发〔2021〕80号
43	国家发展改革委关于进一步推进投资项目审批制度改革的若干意见	2021年12月15日	发改投资〔2021〕1813号
44	关于印发“十四五”促进中小企业发展规划的通知	2021年12月11日	工信部联规〔2021〕200号
45	国家卫生健康委办公厅关于完善生育登记制度的指导意见	2021年12月9日	国卫办人口发〔2021〕21号
46	关于振作工业经济运行推动工业高质量发展的实施方案的通知	2021年12月8日	发改产业〔2021〕1780号
47	《道路机动车辆生产企业及产品》（第350批）、《新能源汽车推广应用推荐车型目录》（2021年第11批）、《享受车船税减免优惠的节约能源使用新能源汽车车型目录》（第三十三批）、《免征车辆购置税的新能源汽车车型目录》（第四十九批）	2021年12月7日	工业和信息化部公告2021年第36号
48	关于印发《中央引导地方科技发展资金管理办法》的通知	2021年11月30日	财教〔2021〕204号
49	中国银保监会关于银行业保险业支持高水平科技自立自强的指导意见	2021年11月26日	银保监发〔2021〕46号
50	关于规范国有金融机构资产转让有关事项的通知	2021年11月29日	财金〔2021〕102号
51	市场监管总局商务部关于推进内外贸产品“同线同标同质”工作的通知	2021年11月25日	国市监认证发〔2021〕76号
52	工业和信息化部关于印发“十四五”大数据产业发展规划的通知	2021年11月15日	工信部规〔2021〕179号
53	关于深化生态环境领域依法行政持续强化依法治污的指导意见	2021年11月9日	环法规〔2021〕107号
54	关于实施中央财政支持普惠金融发展示范区奖补政策的通知	2021年11月1日	财金〔2021〕96号
55	关于提前下达2022年中央引导地方科技发展资金预算的通知	2021年10月29日	财教〔2021〕246号
56	国家发展改革委等部门关于严格能效约束推动重点领域节能降碳的若干意见	2021年10月18日	发改产业〔2021〕1464号
57	关于在政府采购活动中落实平等对待内外资企业有关政策的通知	2021年10月13日	财库〔2021〕35号
58	国家税务总局关于进一步深化税务领域“放管服”改革培育和激发市场主体活力若干措施的通知	2021年10月12日	税总征科发〔2021〕69号
59	财政部科技部关于印发《国家重点研发计划资金管理办法》的通知	2021年9月29日	财教〔2021〕178号
60	关于进一步发挥质量基础设施支撑引领民营企业提质增效升级作用的意见	2021年9月28日	国市监质发〔2021〕62号
61	工业和信息化部关于加强车联网网络安全和数据安全工作的通知	2021年9月15日	工信部网安〔2021〕134号

（续）

序　号	名　称	发布日期	文　号
62	工业和信息化部关于加强车联网卡实名登记管理的通知	2021年9月13日	工信部网安函〔2021〕246号
63	人力资源社会保障部、国家发展改革委等20部门关于劳务品牌建设的指导意见	2021年8月24日	人社部发〔2021〕66号
64	关于进一步深化跨境贸易便利化改革优化口岸营商环境的通知	2021年8月20日	署岸发〔2021〕85号
65	市场监管总局关于发布《彩色电视机产品质量国家监督抽查实施细则（2021年版）》的公告	2021年8月11日	市场监管总局2021年第31号
66	关于深化代理记账行业“证照分离”改革进一步激发市场主体发展活力的通知	2021年7月23日	财办会〔2021〕20号
67	国家发展改革委、司法部关于进一步完善公证服务价格形成机制的指导意见	2021年7月22日	发改价格〔2021〕1081号
68	工业和信息化部关于加强智能网联汽车生产企业及产品准入管理的意见	2021年7月30日	工信部通装〔2021〕103号
69	人力资源社会保障部、司法部关于深化公共法律服务专业人员职称制度改革的指导意见	2021年7月27日	人社部发〔2021〕59号
70	市场监管总局关于印发《市场监督管理信用修复管理办法》的通知	2021年7月30日	国市监信规〔2021〕3号
71	国家发展改革委、国家能源局关于加快推动新型储能发展的指导意见	2021年7月15日	发改能源规〔2021〕1051号
72	市场监管总局办公厅关于开展打击网售假冒检验检测报告违法行为专项整治行动的通知	2021年7月15日	市监检测发〔2021〕54号
73	教育部等六部门关于推进教育新型基础设施建设构建高质量教育支撑体系的指导意见	2021年7月1日	教科信〔2021〕2号
74	市场监管总局等五部门关于印发《公平竞争审查制度实施细则》的通知	2021年6月29日	国市监反垄规〔2021〕2号
75	中国人民银行、银保监会、国家发展改革委、市场监管总局关于降低小微企业和个体工商户支付手续费的通知	2021年6月24日	银发〔2021〕169号
76	国家知识产权局、中国银保监会、国家发展改革委关于印发《知识产权质押融资入园惠企行动方案（2021—2023年）》的通知	2021年6月16日	国知发运字〔2021〕17号
77	民政部关于印发《最低生活保障审核确认办法》的通知	2021年6月11日	民发〔2021〕57号
78	工业和信息化部办公厅关于开展车联网身份认证和安全信任试点工作的通知	2021年6月8日	工信厅网安函〔2021〕148号
79	关于印发《中小企业发展专项资金管理办法》的通知	2021年6月4日	财建〔2021〕148号
80	国家税务总局、工业和信息化部关于发布《免征车辆购置税的设有固定装置的非运输专用作业车辆目录》（第二批）的公告	2021年6月3日	国家税务总局、工业和信息化部公告2021年第14号
81	民政部、国家发展改革委、市场监管总局关于开展行业协会商会乱收费专项清理整治工作的通知	2021年6月3日	民发〔2021〕52号
82	六部门关于加快培育发展制造业优质企业的指导意见	2021年6月1日	工信部联政法〔2021〕70号

（续）

序　号	名　　称	发布日期	文　　号
83	司法部关于印发《关于优化公证服务更好利企便民的意见》的通知	2021年5月28日	司发〔2021〕2号
84	四部委关于印发汽车产品生产者责任延伸试点实施方案的通知	2021年5月26日	工信部联节函〔2021〕129号
85	市场监管总局关于加强重点领域信用监管的实施意见	2021年5月19日	国市监信发〔2021〕28号
86	国家发展改革委关于印发《保障性租赁住房中央预算内投资专项管理暂行办法》的通知	2021年5月20日	发改投资规〔2021〕696号
87	关于进一步促进中央企业所属融资租赁公司健康发展和加强风险防范的通知	2021年5月19日	国资发资本规〔2021〕42号
88	国家知识产权局关于深化知识产权领域“放管服”改革优化创新环境和营商环境的通知	2021年5月10日	国知发服字〔2021〕10号
89	关于进一步加强农产品供应链体系建设的通知	2021年5月10日	财办建〔2021〕37号
90	国家发展改革委粮食和储备局关于印发《粮食等重要农产品仓储设施中央预算内投资专项管理办法》的通知	2021年4月22日	发改经贸规〔2021〕568号
91	关于调整免征车辆购置税新能源汽车产品技术要求的公告	2021年4月30日	工业和信息化部、财政部、税务总局2021年第13号
92	住房和城乡建设部、工业和信息化部关于确定智慧城市基础设施与智能网联汽车协同发展第一批试点城市的通知	2021年4月28日	建城函〔2021〕51号
93	关于实施重型柴油车国六排放标准有关事宜的公告	2021年4月25日	生态环境部、工业和信息化部、海关总署2021年第14号
94	关于继续实施小微企业融资担保业务降费奖补政策的通知	2021年4月25日	财建〔2021〕106号
95	工业和信息化部办公厅关于开展第三批专精特新“小巨人”企业培育工作的通知	2021年4月19日	工信厅企业函〔2021〕79号
96	关于印发《汽车零部件再制造规范管理暂行办法》的通知	2021年4月14日	发改环资规〔2021〕528号
97	住房和城乡建设部等部门关于加快发展数字家庭提高居住品质的指导意见	2021年4月6日	建标〔2021〕28号
98	关于做好标准化物流周转箱推广应用有关工作的通知	2021年4月1日	交办运〔2021〕30号
99	关于2021—2030年支持新型显示产业发展进口税收政策管理办法的通知	2021年3月31日	财关税〔2021〕20号
100	国家税务总局、工业和信息化部关于发布《免征车辆购置税的设有固定装置的非运输专用作业车辆目录》（第一批）的公告	2021年3月31日	国家税务总局、工业和信息化部公告2021年第7号
101	关于印发《加快培育新型消费实施方案》的通知	2021年3月22日	发改就业〔2021〕396号
102	关于加快推动制造服务业高质量发展的意见	2021年3月16日	发改产业〔2021〕372号
103	国家药监局关于发布《化妆品注册备案资料管理规定》的公告	2021年2月26日	药监局公告2021年第32号

（续）

序 号	名 称	发布日期	文 号
104	关于进一步扩大增值税电子发票电子化报销、入账、归档试点工作的通知	2021年2月22日	档办发〔2021〕1号
105	科技部财政部印发《国家技术创新中心建设运行管理办法（暂行）》的通知	2021年2月10日	国科发区〔2021〕17号
106	市场监管总局、商务部、文化和旅游部关于以标准化促进餐饮节约反对餐饮浪费的意见	2021年1月25日	国市监标技发〔2021〕7号
107	关于支持“专精特新”中小企业高质量发展的通知	2021年1月23日	财建〔2021〕2号
108	关于开展政府采购备选库、名录库、资格库专项清理的通知	2021年1月19日	财办库〔2021〕14号
109	工业和信息化部办公厅关于引入政府性融资担保工具支持产业基础能力提升的通知	2021年1月14日	工厅规〔2021〕21号
110	交通运输部关于服务构建新发展格局的指导意见	2021年1月22日	交规划发〔2021〕12号
111	交通运输部办公厅、公安部办公厅、商务部办公厅、文化和旅游部办公厅、应急管理部办公厅、市场监管总局办公厅关于进一步加强和改进旅游客运安全管理工作的指导意见	2021年1月13日	交办运〔2021〕6号

（韩思超）

2021年北京市法规、规章目录（部分）

序号	名称	发布日期	文号
1	北京历史文化名城保护条例	2021年1月27日	北京市人民代表大会（十五届）第四次会议第3号
2	北京市促进私营个体经济发展条例北京市促进私营个体经济发展条例（2021修正）	2021年3月13日	北京市第十五届人民代表大会常务委员会第二十九次会议
3	北京市专利保护和促进条例北京市促进私营个体经济发展条例（2021修正）	2021年3月13日	北京市第十五届人民代表大会常务委员会第二十九次会议
4	北京市实施《中华人民共和国母婴保健法》办法北京市促进私营个体经济发展条例（2021修正）	2021年3月13日	北京市第十五届人民代表大会常务委员会第二十九次会议
5	北京市中小学生人身伤害事故预防与处理条例北京市促进私营个体经济发展条例（2021修正）	2021年3月13日	北京市第十五届人民代表大会常务委员会第二十九次会议
6	北京市水利工程保护管理条例北京市促进私营个体经济发展条例（2021修正）	2021年3月13日	北京市第十五届人民代表大会常务委员会第二十九次会议
7	北京市技术市场条例北京市促进私营个体经济发展条例（2021修正）	2021年3月13日	北京市第十五届人民代表大会常务委员会第二十九次会议
8	北京市生态涵养区生态保护和绿色发展条例	2021年4月21日	北京市人民代表大会常务委员会公告〔十五届〕第49号
9	北京市地方金融监督管理条例	2021年4月21日	北京市人民代表大会常务委员会公告〔十五届〕第48号
10	北京市保守国家秘密条例	2021年4月21日	北京市人民代表大会常务委员会公告〔十五届〕第47号
11	北京市区、乡、民族乡、镇人民代表大会代表选举实施细则（2021修正）	2021年5月27日	北京市第十五届人民代表大会常务委员会第三十一次会议
12	北京市反食品浪费规定	2021年5月27日	北京市人民代表大会常务委员会公告〔十五届〕第52号
13	北京市院前医疗急救服务条例（2021修正）	2021年5月27日	北京市第十五届人民代表大会常务委员会第三十一次会议
14	北京市户外广告设施、牌匾标识和标语宣传品设置管理条例	2021年6月23日	北京市人民代表大会常务委员会公告〔十五届〕第51号
15	北京市实验动物管理条例（2021修正）	2021年7月31日	北京市第十五届人民代表大会常务委员会第三十二次会议
16	北京市禁毒条例	2021年8月6日	北京市人民代表大会常务委员会公告〔十五届〕第59号
17	北京市接诉即办工作条例	2021年9月24日	北京市人民代表大会常务委员会公告〔十五届〕第62号
18	北京市城乡规划条例（2021修正）	2021年9月24日	北京市第十五届人民代表大会常务委员会第三十三次会议

（续）

序　号	名　　称	发布日期	文　　号
19	北京市水污染防治条例（2021 修正）	2021 年 9 月 24 日	北京市第十五届人民代表大会常务委员会第三十三次会议
20	北京市市容环境卫生条例（2021 修正）	2021 年 9 月 24 日	北京市第十五届人民代表大会常务委员会第三十三次会议
21	北京市机动车停车条例（2021 修正）	2021 年 9 月 24 日	北京市第十五届人民代表大会常务委员会第三十三次会议
22	北京市道路运输条例（2021 修正）	2021 年 9 月 24 日	北京市第十五届人民代表大会常务委员会第三十三次会议
23	北京市招标投标条例（2021 修正）	2021 年 9 月 24 日	北京市第十五届人民代表大会常务委员会第三十三次会议
24	北京市控制吸烟条例（2021 修正）	2021 年 9 月 24 日	北京市第十五届人民代表大会常务委员会第三十三次会议
25	北京市无障碍环境建设条例	2021 年 9 月 27 日	北京市人民代表大会〔十五届〕第三十三次会议第 63 号
26	北京市献血条例	2021 年 11 月 6 日	北京市人民代表大会常务委员会公告〔十五届〕第 66 号
27	北京市国际交往语言环境建设条例	2021 年 11 月 26 日	北京市人民代表大会常务委员会公告〔十五届〕第 64 号
28	北京市人口与计划生育条例（2021 修正）	2021 年 11 月 26 日	北京市第十五届人民代表大会常务委员会第三十五次会议
29	北京市各级人民代表大会常务委员会规范性文件备案审查条例（2021 修正）	2021 年 11 月 26 日	北京市第十五届人民代表大会常务委员会第三十五次会议
30	北京市单用途预付卡管理条例	2021 年 11 月 30 日	北京市人民代表大会常务委员会公告〔十五届〕第 68 号
31	北京市人民代表大会常务委员会关于加强市级预算审查监督的决定	2021 年 12 月 28 日	北京市人民代表大会常务委员会公告〔十五届〕第 70 号
32	北京市人民政府关于废止《北京市街道办事处工作规定》的决定	2021 年 3 月 30 日	北京市人民政府令〔2021〕298 号
33	北京市居民委员会选举办法（2021 修改）	2021 年 3 月 30 日	北京市人民政府令〔2021〕297 号
34	北京市促进人力资源市场发展办法	2021 年 4 月 2 日	北京市人民政府令〔2021〕299 号
35	北京市建筑工程施工许可办法（2021 修改）	2021 年 10 月 1 日	北京市人民政府令〔2021〕300 号
36	北京市人民政府关于废止《北京市社会抚养费征收管理办法》和《北京市流动人口计划生育管理规定》的决定	2021 年 12 月 30 日	北京市人民政府令〔2021〕302 号
37	北京市公安机关警务辅助人员管理办法（2021 修改）	2021 年 12 月 20 日	北京市人民政府令〔2021〕301 号
38	北京市储备粮管理办法（2021 修改）	2021 年 12 月 30 日	北京市人民政府令〔2021〕302 号
39	北京市实施《工伤保险条例》若干规定（2021 修改）	2021 年 12 月 30 日	北京市人民政府令〔2021〕302 号
40	北京市生产经营单位安全生产主体责任规定（2021 修改）	2021 年 12 月 30 日	北京市人民政府令〔2021〕302 号
41	北京市劳动合同规定（2021 修改）	2021 年 12 月 30 日	北京市人民政府令〔2021〕302 号
42	北京市城市公共供水管理办法（2021 修改）	2021 年 12 月 30 日	北京市人民政府令〔2021〕302 号

（续）

序 号	名 称	发布日期	文 号
43	北京市实行婚前医学检查管理规定（2021 修改）	2021 年 12 月 30 日	北京市人民政府令〔2021〕302 号
44	北京市人民防空工程和普通地下室安全使用管理办法（2021 修改）	2021 年 12 月 30 日	北京市人民政府令〔2021〕302 号
45	北京市清洁燃料车辆加气站管理规定（2021 修改）	2021 年 12 月 30 日	北京市人民政府令〔2021〕302 号
46	北京市行政处罚听证程序实施办法（2021 修改）	2021 年 12 月 30 日	北京市人民政府令〔2021〕302 号

（韩思超）

2021年商务局规范性文件目录

序　号	名　　称	发布日期	文　号
1	关于印发《关于跨国公司在京地区总部认定事项告知承诺制度的实施意见（试行）》的通知	2021年2月7日	京商总部字〔2021〕4号
2	关于印发《对外劳务合作经营资格核准部分事项告知承诺实施意见（试行）》的通知	2021年3月31日	京商经字〔2021〕2号
3	关于申报2021年度商业流通发展项目的通知	2021年4月1日	京商财务字〔2021〕5号
4	关于申报2021年度第一批外经贸发展项目的通知	2021年4月6日	京商财务字〔2021〕6号
5	关于申报2021年应对新冠肺炎疫情影响促进展会发展项目（第一批）的通知	2021年7月7日	京商会展字〔2021〕10号
6	关于2021年度鼓励发展商业品牌首店项目申报指南的补充通知	2021年7月23日	京商消促字〔2021〕25号
7	关于开展2021年度外经贸发展专项资金（进口贴息事项）申报工作的通知	2021年7月30日	京商外运字〔2021〕18号
8	关于2021年度服务贸易及服务外包专项资金申报工作的通知	2021年8月6日	京商服贸字〔2021〕31号
9	关于印发《北京市外经贸发展资金支持北京市外贸企业提升国际化经营能力实施方案》的通知	2021年9月16日	京商财务字〔2021〕33号
10	关于印发《北京市外经贸发展资金支持北京市跨境电子商务发展实施方案》的通知	2021年9月16日	京商财务字〔2021〕34号
11	关于印发《关于外资研发总部认定事项告知承诺的实施意见（试行）》的通知	2021年9月18日	京商总部字〔2021〕18号
12	关于印发《北京市外商投资企业投诉工作管理办法（修订）》的通知	2021年9月24日	京商函字〔2021〕1056号
13	关于鼓励企业创新开展北京消费季促消费活动的通知	2021年9月26日	京商消促字〔2021〕32号
14	关于印发《从事拍卖业务许可事项告知承诺实施意见（试行）》的通知	2021年9月29日	京商流通字〔2021〕9号
15	关于申报2021年度新消费品牌孵化项目的通知	2021年9月30日	京商流通字〔2021〕10号
16	关于做好2021年中国（北京）跨境电子商务综合试验区服务体系建设资金重点工作的通知	2021年9月30日	京商电商字〔2021〕14号
17	关于印发《北京市关于促进数字贸易高质量发展的若干措施》的通知	2021年10月14日	京商服贸字〔2021〕36号
18	关于印发《外经贸发展专项资金支持北京市参加第四届中国国际进口博览会征集通知》的通知	2021年11月17日	京商会展字〔2021〕26号
19	关于印发《关于北京市专业服务业助力“走出去”发展若干措施》的通知	2021年11月19日	京商经字〔2021〕10号

（续）

序　号	名　　称	发布日期	文　号
20	关于印发《申报北京市末端共同配送创新试点点位》的通知	2021年12月16日	京商电商字〔2021〕18号
21	关于印发《北京市关于进一步加强稳外资工作的若干措施》的通知	2021年12月29日	京商资发字〔2021〕14号

（韩思超）

关于印发《关于跨国公司在京地区总部认定事项告知承诺制度的实施意见（试行）》的通知

京商总部字〔2021〕4号

各相关单位：

为贯彻落实《北京市优化营商环境条例》，按照《北京市依申请政务服务事项告知承诺审批管理办法》要求，现将《关于跨国公司在京地区总部认定事项告知承诺制度的实施意见（试行）》印发给你们，请认真贯彻落实。

特此通知。

北京市商务局

2021年2月8日

关于跨国公司在京地区总部认定事项告知承诺制度的实施意见（试行）

为贯彻落实《北京市优化营商环境条例》，按照《北京市依申请政务服务事项告知承诺审批管理办法》要求，现就跨国公司在京地区总部认定事项实行告知承诺制度，制定本意见。

一、告知承诺的含义

本意见所称告知承诺，是指由市商务局一次性告知申请人事项办理的标准、申请材料、需要履行的法律责任，申请人以书面形式承诺其符合办理条件，并承担相应违反承诺的后果，市商务局直接作出同意决定的方式。申请人可选择告知承诺方式办理，也可选择一般方式办理。

二、办理事项与条件

（一）跨国公司在京地区总部认定

同时符合下列条件的，可申请认定为地区总部：

1. 具有独立法人资格的外商投资企业；

2. 境外母公司资产总额不低于2亿美元；

3. 境外母公司在京累计实缴注册资本总额不低于1000万美元。

（二）跨国公司在京地区总部更换证书

符合下列条件的，需更换跨国公司在京地区总部确认证书：

1. 跨国公司在京地区总部名称变更；

2. 证书有效期到期。

（三）跨国公司在京地区总部证书注销

跨国公司在京地区总部注销或迁往京外地区的，需注销跨国公司在京地区总部确认证书。

三、办理流程

（一）一般方式

按一般方式办理跨国公司在京地区总部认定事项，时限为3个工作日；办理跨国公司在京地区总部更换证书、跨国公司在京地区总部证书注销，时限为2个工作日。

1. 提交申请。申请人通过北京市政务服务中心综合窗口提交申报材料，材料齐全的予以受理，材料不齐全的退回。

2. 审查与决定。市商务局驻市行政服务中心工作人员对申请人提交的材料进行审查，对申报材料齐全、信息完整、符合要求的予以认定。

3. 颁证与送达。申请人直接到北京市政务服务中心综合窗口领取证书或通过邮寄方式送达证书。

（二）告知承诺方式

按告知承诺方式办理跨国公司在京地区总部认定、更换证书手续的，当场制发《跨国公司在京地区总部确认证书》；当场办理注销手续。

1. 提交申请。申请人通过北京市政务服务中心综合窗口提交《告知承诺书》及相关材料。

2. 作出决定。对申请人现场提交的材料进行形式审查，符合规定的予以受理，当场作出同意决定，并制发《跨国公司在京地区总部确认证书》；不符合规定的，不予受理并告知理由。

四、申报材料

（一）跨国公司在京地区总部认定

1. 承担地区总部职能的企业法定代表人签署的申请书（境外母公司基本情况、在华投资情况及累计实缴注册资本总额、母公司在中国投资企业的组织架构图、申请企业简介及申请事项等）（纸质原件 1 份）；

2. 境外母公司法定代表人签署的设立地区总部及履行基本职能的授权文件（纸质原件 1 份）；

3. 经市场监督管理部门档案查询机构加盖查询有效章或经公证认证的境外母公司注册登记文件（纸质原件 1 份）；

4. 境外母公司经依法审计的近 1 年内资产负债表或企业年报（审计报告如为外文的，须一并提交加盖公章的中文翻译件）（纸质 1 份）。

（二）跨国公司在京地区总部更换证书

1. 跨国公司在京地区总部更换证书申请书（申请企业简介、认定时间、申请事项等）；

2. 原跨国公司在京地区总部确认证书。

（三）跨国公司在京地区总部证书注销

1. 证书注销申请书（包括申请企业简介、认定时间、申请事项等）；

2. 原跨国公司在京地区总部确认证书。

五、日常监管

1. 市商务局驻行政事务服务中心工作人员对企业提供的资料进行全覆盖核查，制作工作记录，补充到企业档案中。

2. 通过核查发现申请人实际情况与承诺内容不符的，区分情况依法处理。轻微违诺失信和一般违诺失信的，责令限期整改，逾期不整改或整改后仍未达到条件的，撤销《跨国公司在京地区总部确认证书》；对于严重违诺失信的，直接撤销《跨国公司在京地区总部确认证书》，并依法追究申请人相应法律责任。

六、信用监管及惩戒措施

（一）未履行承诺行为分类

核查情况纳入北京市公共信用信息服务平台，实行差异化信用管理。未履行承诺行为分为轻微违诺失信、一般违诺失信和严重违诺失信三种情形。

轻微违诺失信，是指因无故提供资料不齐全或信息不准确等行为。一般违诺失信，是指提供资料与事实有出入或不能提供必要的准确材料等行为。严重违诺失信，是指提供虚假材料、逾期不整改、整改后仍达不到要求等行为。

一年内，申请人办理跨国公司在京地区总部认定事项累计发生轻微违诺失信行为三次以上（含）的，按一般违诺失信情节处理；申请人办理跨国公司在京地区总部认定事项累计发生一般违诺失信行为两次以上（含）的，按严重违诺失信情节处理。

（二）惩戒措施

轻微违诺失信行为信息纳入北京市公共信

用信息服务平台，只记录不公示。

一般违诺失信行为信息纳入北京市公共信用信息服务平台，并对外公示，公示期最短为一个月，最长为六个月。

严重违诺失信行为信息纳入北京市公共信用信息服务平台，并对外公示，公示期最短为六个月，最长为一年。

（三）失信修复

申请人可以采取作出信用承诺、完成信用整改等方式进行信用修复。信用修复完成后，可以视情况将公示期相应缩短1—6个月。对于完成信用修复的申请人，应当停止公示其失信信息，并将违诺主体修复信息纳入北京市公共信用信息服务平台。

七、申诉渠道

申请人对确认过程及决定存在异议的，可以向市商务局政务服务大厅进行说明，无法解决的可以向市商务局进行申诉，或者通过政府网站等途径进行咨询或投诉。

申请人认为北京市公共信用信息服务平台记载的申请人违诺失信信息与事实不符或者依法不应当公开的，可以向市经济信息化部门书面提出异议申请，并提供相关证明材料。

八、生效时间

本意见自公布之日起实施。

相关附件：

附件1：跨国公司在京地区总部认定告知承诺书

附件2：跨国公司在京地区总部更换证书告知承诺书

附件3：跨国公司在京地区总部证书注销告知承诺书

附件1

跨国公司在京地区总部认定告知承诺书

一、基本信息

（一）政府部门

名称：市商务局

咨询电话：市商务局政务服务大厅窗口010-89150491

（二）申请人

名称：__________

统一社会信用代码：__________

联系人：__________

联系方式：__________

（三）委托代理人

姓名：__________

联系方式：__________

证件类型：__________

证件编号：__________

二、政府部门告知

（一）办理事项

名称：跨国公司在京地区总部认定

（二）事项依据

《北京市促进总部企业高质量发展的相关规定》（京政发〔2021〕3号）

（三）认定条件

1. 具有独立法人资格的外商投资企业；

2. 境外母公司资产总额不低于2亿美元；

3. 境外母公司在京累计实缴注册资本总额不低于1000万美元。

（四）办理流程

1. 提交申请。申请人可以通过北京市政务服务中心综合窗口提交《跨国公司在京地区总部认定告知承诺书》。

2. 作出决定。对申请人现场提交的相关材料进行形式审查，符合规定的予以受理，当场作出同意决定，并制发《跨国公司在京地区总部确认证书》；不符合规定的，不予受理并告知理由。

（五）申报材料

1. 承担地区总部职能的企业法定代表人签署的申请书（境外母公司基本情况、在华投资情况及累计实缴注册资本总额、母公司在中国投资企业的组织架构图、申请企业简介及申请事项等）（纸质原件 1 份）；

2. 境外母公司法定代表人签署的设立地区总部及履行基本职能的授权文件（纸质原件 1 份）；

3. 经市场监督管理部门档案查询机构加盖查询有效章或经公证认证的境外母公司注册登记文件。（纸质原件 1 份）；

4. 境外母公司经依法审计的近 1 年的资产负债表或企业年报（审计报告如为外文的，须一并提交经翻译公司翻译并加盖公章的翻译件）（纸质 1 份）。

（六）日常监管

市商务局行政事务服务中心对企业提供的资料进行全覆盖核查，制作工作记录，补充到企业档案中。

通过核查发现申请人实际情况与承诺内容不符的，区分情况依法处理。轻微违诺失信和一般违诺失信的，责令限期整改，逾期不整改或整改后仍未达到条件的，撤销《跨国公司在京地区总部确认证书》；对于严重违诺失信的，直接撤销《跨国公司在京地区总部确认证书》，并依法追究申请人相应法律责任。

（七）违诺失信惩戒

1. 未履行承诺行为分类。核查情况纳入北京市公共信用信息服务平台，实行差异化信用管理。未履行承诺行为分为轻微违诺失信、一般违诺失信和严重违诺失信三种情形。轻微违诺失信，是指因无故提供资料不齐全或信息不准确等行为。一般违诺失信，是指提供资料与事实有出入或不能提供必要的准确材料等行为。严重违诺失信，是指提供虚假材料、逾期不整改、整改后仍达不到要求等行为。

一年内，申请人办理跨国公司在京地区总部认定事项累计发生轻微违诺失信行为三次以上（含）的，按一般违诺失信情节处理；申请人办理跨国公司在京地区总部认定事项累计发生一般违诺失信行为两次以上（含）的，按严重违诺失信情节处理。

2. 惩戒措施。轻微违诺失信行为信息纳入北京市公共信用信息服务平台，只记录不公示。一般违诺失信行为信息纳入北京市公共信用信息服务平台，并对外公示，公示期最短为一个月，最长为六个月。严重违诺失信行为信息纳入北京市公共信用信息服务平台，并对外公示，公示期最短为六个月，最长为一年。

3. 失信修复。申请人可以采取作出信用承诺、完成信用整改等方式进行信用修复。信用修复完成后，可以视情况将公示期相应缩短 1—6 个月。对于完成信用修复的申请人，应当停止公示其失信信息，并将违诺主体修复信息纳入北京市公共信用信息服务平台。

（八）申诉渠道

申请人对确认过程及决定存在异议的，可以向市商务局政务服务大厅进行说明，无法解决的可以向市商务局进行申诉，或者通过政府网站等途径进行咨询或投诉。

申请人认为公共信用信息服务平台记载的申请人违诺失信信息与实施不符或者依法不应当公开的，可以向市经济信息化部门书面提出异议申请，并提供相关证明材料。

三、申请人承诺

申请人现自愿作出下列承诺：

1. 所填写的基本信息、提交的所需材料真实、合法、有效、完整；

2. 已经知晓政府部门告知的全部内容；

3. 已达到相应的标准，具体是：____；

4. 愿意承担未履行承诺、虚假承诺的法律责任，以及政府部门告知的各项惩戒措施；

5. 所作承诺是申请人真实意思的表示。

（以下内容为二选一）

☐ 1. 申请人作出承诺的

申请人签名/签章：____________

日期：____年____月____日

☐ 2. 由委托代理人代替申请人作出承诺的

委托代理人签名：____________

日期：____年____月____日

政府部门（章）：____________

日期：____年____月____日

（本文书一式两份，政府部门与申请人各执一份）

附件 2

跨国公司在京地区总部更换证书告知承诺书

一、基本信息

（一）政府部门

名称：市商务局

咨询电话：市商务局政务服务大厅窗口010-89150491

（二）申请人

名称：____________

统一社会信用代码：____________

联系人：____________

联系方式：____________

（三）委托代理人

姓名：____________

联系方式：____________

证件类型：____________

证件编号：____________

二、政府部门告知

（一）办理事项

名称：跨国公司在京地区总部更换证书

（二）事项依据

《北京市促进总部企业高质量发展的相关规

定》（京政发〔2021〕3号）

（三）办理流程

1. 提交申请。申请人可以通过北京市政务服务中心综合窗口提交《跨国公司在京地区总部更换证书告知承诺书》。

2. 作出决定。对申请人现场提交的相关材料进行形式审查，符合规定的予以受理，当场作出同意决定，并制发《跨国公司在京地区总部确认证书》；不符合规定的，不予受理并告知理由。

（四）申报材料

1. 跨国公司在京地区总部更换证书申请书；

2. 原跨国公司在京地区总部确认证书。

（五）日常监管

市商务局行政事务服务中心对企业提供的资料进行全覆盖核查，制作工作记录，补充到企业档案中。

通过核查发现申请人实际情况与承诺内容不符的，区分情况依法处理。轻微违诺失信和一般违诺失信的，责令限期整改，逾期不整改或整改后仍未达到条件的，撤销《跨国公司在京地区总部确认证书》；对于严重违诺失信的，直接撤销《跨国公司在京地区总部确认证书》，并依法追究申请人相应法律责任。

（六）违诺失信惩戒

1. 未履行承诺行为分类。核查情况纳入北京市公共信用信息服务平台，实行差异化信用管理。未履行承诺行为分为轻微违诺失信、一般违诺失信和严重违诺失信三种情形。轻微违诺失信，是指因无故提供资料不齐全或信息不准确等行为。一般违诺失信，是指提供资料与事实有出入或不能提供必要的准确材料等行为。严重违诺失信，是指提供虚假材料、逾期不整改、整改后仍达不到要求等行为。

一年内，申请人办理跨国公司在京地区总部认定事项累计发生轻微违诺失信行为三次以上（含）的，按一般违诺失信情节处理；申请人办理跨国公司在京地区总部认定事项累计发生一般违诺失信行为两次以上（含）的，按严重违诺失信情节处理。

2. 惩戒措施。轻微违诺失信行为信息纳入北京市公共信用信息服务平台，只记录不公示。一般违诺失信行为信息纳入北京市公共信用信息服务平台，并对外公示，公示期最短为一个月，最长为六个月。严重违诺失信行为信息纳入北京市公共信用信息服务平台，并对外公示，公示期最短为六个月，最长为一年。

3. 失信修复。申请人可以采取作出信用承诺、完成信用整改等方式进行信用修复。信用修复完成后，可以视情况将公示期相应缩短1—6个月。对于完成信用修复的申请人，应当停止公示其失信信息，并将违诺主体修复信息纳入北京市公共信用信息服务平台。

（七）申诉渠道

申请人对确认过程及决定存在异议的，可以向市商务局政务服务大厅进行说明，无法解决的可以向市商务局进行申诉，或者通过政府网站等途径进行咨询或投诉。

申请人认为公共信用信息服务平台记载的申请人违诺失信信息与实施不符或者依法不应当公开的，可以向市经济信息化部门书面提出异议申请，并提供相关证明材料。

三、申请人承诺

申请人现自愿作出下列承诺：

1. 所填写的基本信息、提交的所需材料真实、合法、有效、完整；

2. 已经知晓政府部门告知的全部内容；

3. 已达到相应的标准，具体是：__________

____

______________________________________；

4. 愿意承担未履行承诺、虚假承诺的法律责任，以及政府部门告知的各项惩戒措施；

5. 所作承诺是申请人真实意思的表示。

（以下内容为二选一）

☐ 1. 申请人作出承诺的

申请人签名 / 签章：____________________

日期：______年____月____日

☐ 2. 由委托代理人代替申请人作出承诺的

委托代理人签名：____________________

日期：______年____月____日

政府部门（章）：____________________

日期：______年____月____日

（本文书一式两份，政府部门与申请人各执一份）

附件 3

跨国公司在京地区总部证书注销告知承诺书

一、基本信息

（一）政府部门

名称：市商务局

咨询电话：市商务局政务服务大厅窗口010-89150491

（二）申请人

名称：____________________

统一社会信用代码：____________________

联系人：____________________

联系方式：____________________

（三）委托代理人

姓名：____________________

联系方式：____________________

证件类型：____________________

证件编号：____________________

二、政府部门告知

（一）办理事项

名称：跨国公司在京地区总部证书注销

（二）事项依据

《北京市促进总部企业高质量发展的相关规定》（京政发〔2021〕3 号）

（三）办理流程

1. 提交申请。申请人可以通过北京市政务服务中心综合窗口提交《跨国公司在京地区总部证书注销告知承诺书》。

2. 作出决定

对申请人现场提交的相关材料进行形式审查，符合规定的予以受理，当场作出同意决定，并制发《跨国公司在京地区总部确认证书》；不符合规定的，不予受理并告知理由。

（四）申报材料

1. 跨国公司在京地区总部证书注销申请书；

2. 原跨国公司在京地区总部确认证书。

（五）日常监管

市商务局行政事务服务中心对企业提供的资料进行全覆盖核查，制作工作记录，补充到企业档案中。

通过核查发现申请人实际情况与承诺内容不符的，区分情况依法处理。轻微违诺失信和一般违诺失信的，责令限期整改，逾期不整改或整改后仍未达到条件的，撤销《跨国公司在京地区总部确认证书》；对于严重违诺失信的，直接撤销《跨国公司在京地区总部确认证书》，并依法追究申请人相应法律责任。

（六）违诺失信惩戒

1. 未履行承诺行为分类。核查情况纳入北京市公共信用信息服务平台，实行差异化信用管理。未履行承诺行为分为轻微违诺失信、一般违诺失信和严重违诺失信三种情形。轻微违诺失信，是指因无故提供资料不齐全或信息不准确等行为。一般违诺失信，是指提供资料与事实有出入或不能提供必要的准确材料等行为。严重违诺失信，是指提供虚假材料、逾期不整改、整改后仍达不到要求等行为。

一年内，申请人办理跨国公司在京地区总部认定事项累计发生轻微违诺失信行为三次以上（含）的，按一般违诺失信情节处理；申请人办理跨国公司在京地区总部认定事项累计发生一般违诺失信行为两次以上（含）的，按严重违诺失信情节处理。

2. 惩戒措施。轻微违诺失信行为信息纳入北京市公共信用信息服务平台，只记录不公示。一般违诺失信行为信息纳入北京市公共信用信息服务平台，并对外公示，公示期最短为一个月，最长为六个月。严重违诺失信行为信息纳入北京市公共信用信息服务平台，并对外公示，公示期最短为六个月，最长为一年。

3. 失信修复。申请人可以采取作出信用承诺、完成信用整改等方式进行信用修复。信用修复完成后，可以视情况将公示期相应缩短1—6个月。对于完成信用修复的申请人，应当停止公示其失信信息，并将违诺主体修复信息纳入北京市公共信用信息服务平台。

（七）申诉渠道

申请人对确认过程及决定存在异议的，可以向市商务局政务服务大厅进行说明，无法解决的可以向市商务局进行申诉，或者通过政府网站等途径进行咨询或投诉。

申请人认为公共信用信息服务平台记载的申请人违诺失信信息与实施不符或者依法不应当公开的，可以向市经济信息化部门书面提出异议申请，并提供相关证明材料。

三、申请人承诺

申请人现自愿作出下列承诺：

1. 所填写的基本信息、提交的所需材料真实、合法、有效、完整；

2. 已经知晓政府部门告知的全部内容；

3. 已达到相应的标准，具体是：__________

____

_____________________________；

4. 愿意承担未履行承诺、虚假承诺的法律责任，以及政府部门告知的各项惩戒措施；

5. 所作承诺是申请人真实意思的表示。

<table>
<tr><td>（以下内容为二选一）
□ 1. 申请人作出承诺的
申请人签名 / 签章：____________
日期：______年____月____日
□ 2. 由委托代理人代替申请人作出承诺的
委托代理人签名：____________
日期：______年____月____日</td><td>政府部门（章）：____________
日期：______年____月____日</td></tr>
</table>

（本文书一式两份，政府部门与申请人各执一份）

关于印发《对外劳务合作经营资格核准部分事项告知承诺实施意见（试行）》的通知

京商经字〔2021〕2号

各相关单位：

为贯彻落实《北京市优化营商环境条例》，按照《北京市依申请政务服务事项告知承诺审批管理办法》要求，现将《对外劳务合作经营资格核准部分事项告知承诺实施意见（试行）》印发给你们，请认真贯彻落实。

特此通知。

北京市商务局

2021年3月18日

对外劳务合作经营资格核准部分事项告知承诺实施意见（试行）

为深入贯彻市政府、商务部总体工作要求，持续优化营商环境，简化审批方式，完善事中事后监管机制，依据《北京市优化营商环境条例》，按照《北京市依申请政务服务事项告知承诺审批管理办法》（京审改办发〔2020〕1号），《对外劳务合作风险处置备用金管理办法（试行）》《北京市对外劳务合作经营资格暂行管理办法》等法律法规的规定，确定对外劳务合作经营资格核准事项中的“提交对外劳务合作风险处置备用金缴存凭证”“退还对外劳务合作风险处置备用金或撤销保函”“提交企业年度经营情况报告”“变更《对外劳务合作经营资格证书》”“补发《对外劳务合作经营资格证书》”“换领《对外劳务合作经营资格证书》”等6个子项实施告知承诺。实施意见如下：

一、告知承诺含义

本意见所称告知承诺，是指有关政府部门一次性公布告知申请人所申请事项的办理条件、标准、技术要求、所需材料，申请人以书面（含电子文本）形式承诺其符合办理条件并承担相应违反承诺的后果，有关政府部门直接作出同意决定的方式。

公开后可能危及国家安全、公共安全、经济安全、社会稳定的政府信息，不予公开。

二、办理流程

（一）申请人可以通过首都之窗、市商务局网站自行下载打印或在办理场所索取所办理事项对应的告知承诺书。

（二）申请人按照办理事项所对应的告知承诺书的约定，提交相关申请材料。

（三）审批部门接收申请人签署的告知承诺书以及告知承诺书约定的申请材料后，对申请材料进行审查，对符合规定的，予以受理，当场作出对应的同意决定，完成对应事项所需完成的工作，并依法送达或者告知申请人，对不符合规定的，不予受理。

（四）告知承诺书一式两份，经审批部门盖章、申请人签字或盖章后生效，一份由申请人留存，一份由审批部门存入档案。

（五）委托他人代为办理的，应出具授权委托书，交审批部门留存入档。

三、监管措施

（一）审批部门在作出相应决定后3个月内，应通过资料核对等方式对申请人的承诺内容是否属实进行全覆盖核对。

（二）通过核对发现申请人实际情况与承诺内容不符的，区分情况依法处理：未履行承诺的，责令其限期整改，其中，轻微违诺整改时限为15日，一般违诺整改时限为20日，逾期不整改或整改后仍未达到办理条件的，撤销决定；作出严重违诺和虚假承诺的，直接撤销决定，按照相关规定追究相应的法律责任。

四、信用监管及惩戒措施

（一）轻微违诺的行为分类

1. 变更、补发证书内容有误；

2. 证书换领逾期；

3. 缴存备用金逾期。

（二）一般违诺的行为分类

1. 缴存备用金方式与规定不符；

2. 缴存备用金金额或期限与规定不符。

（三）严重违诺和虚假承诺的行为分类

1. 伪造、变造身份证明、遗失作废声明等申请材料；

2. 退备用金前未对派出的尚在国外工作的劳务人员作出妥善安排，并将安排方案报商务主管部门备案；

3. 企业隐瞒有关信息或者提供虚假信息；

4. 审批部门认定的其他虚假违诺行为。

（四）申请人轻微违诺失信行为信息纳入北京市公共信用信息服务平台，只记录不公示；一般违诺失信行为信息纳入北京市公共信用信息服务平台，并对外公示，最短公示期为一个月，最长公示期为六个月；严重违诺和虚假承诺失信行为信息纳入北京市公共信用信息服务平台，并对外公示，最短公示期六个月，最长公示期为一年。公示期届满的违诺失信信息不再公示，未履行违诺失信惩戒的除外。

（五）一年内，申请人在对外劳务合作行业领域内累计发生轻微违诺失信行为三次以上（含）的，按一般违诺失信情节处理；一年内，申请人在对外劳务合作行业领域内累计发生一般违诺失信行为两次以上（含）的，按严重违诺失信情节处理。

（六）失信的申请人可以采取完成信用整改、通过信用核查等方式开展信用修复。信用修复完成后，可以视情况将公示期相应缩短一至六个月。对于完成信用修复的申请人，应当停止公示其失信信息，并将违诺主体修复信息纳入北京市公共信用信息服务平台。

（七）申请人未履行承诺或作出虚假承诺造成的法律后果，由申请人承担。

五、申诉渠道

申请人对审批过程及相关决定存在异议，可以向审批部门进行说明、申辩，或者向审批部门公布的电话、上级主管部门、“12345热线”投诉。

申请人认为北京市公共信用信息服务平台记载的申请人违诺失信信息与事实不符或者依法不应当公开的，可以向市经济和信息化部门书面提出异议申请，并提供相关证明材料。

六、生效时间

本意见自2021年4月1日起生效。

相关附件：

附件1：北京市政务服务事项告知承诺书（变更《对外劳务合作经营资格证书》）

附件2：北京市政务服务事项告知承诺书（补发《对外劳务合作经营资格证书》）

附件3：北京市政务服务事项告知承诺书（换领《对外劳务合作经营资格证书》）

附件4：北京市政务服务事项告知承诺书（提交企业年度经营情况报告）

附件5：北京市政务服务事项告知承诺书［对外劳务合作企业（含对外承包工程企业）提交对外劳务合作风险处置备用金缴存凭证］

附件6：北京市政务服务事项告知承诺书［对外劳务合作企业（含对外承包工程企业）退还对外劳务合作风险处置备用金或撤销保函］

附件1

北京市政务服务事项告知承诺书

（变更《对外劳务合作经营资格证书》）

一、基本信息

（一）政府部门

名称：＿＿＿＿＿＿＿＿＿＿＿＿＿＿＿＿

咨询方式：＿＿＿＿＿＿＿＿＿＿＿＿＿＿

（二）申请人

（以下内容为二选一）

□ 1. 申请人为自然人

姓名：＿＿＿＿＿＿＿＿＿＿＿＿＿＿＿＿

联系方式：＿＿＿＿＿＿＿＿＿＿＿＿＿＿

证件类型：＿＿＿＿＿＿＿＿＿＿＿＿＿＿

证件编号：＿＿＿＿＿＿＿＿＿＿＿＿＿＿

□ 2. 申请人为法人 / 非法人组织

名称：＿＿＿＿＿＿＿＿＿＿＿＿＿＿＿＿

统一社会信用代码：＿＿＿＿＿＿＿＿＿＿

联系人：＿＿＿＿＿＿＿＿＿＿＿＿＿＿＿

联系方式：＿＿＿＿＿＿＿＿＿＿＿＿＿＿

（三）委托代理人

姓名：＿＿＿＿＿＿＿＿＿＿＿＿＿＿＿＿

联系方式：＿＿＿＿＿＿＿＿＿＿＿＿＿＿

证件类型：＿＿＿＿＿＿＿＿＿＿＿＿＿＿

证件编号：＿＿＿＿＿＿＿＿＿＿＿＿＿＿

二、政府部门告知

（一）办理事项

名称：变更《对外劳务合作经营资格证书》。

（二）事项依据

《北京市对外劳务合作经营资格暂行管理办法》第十一条规定：《资格证书》须妥善保管，不得涂改、倒卖、出租、出借或者以其他形式非法转让。

（三）办理所需的材料

1.《对外劳务合作经营资格证书》变更申请表。

2. 经营公司变更经营资格证书相关事项的申请。

3.《对外劳务合作经营资格证书》原证。

（四）违诺失信惩戒

如未如实报告，按《北京市商务局对外劳务合作经营资格核准事项告知承诺实施意见（试行）》相关条款执行。

（五）政府部门职责

采取现场核对等监管方式，具体见《北京市商务局对外劳务合作经营资格核准事项告知承诺实施意见（试行）》。

（六）申诉渠道

申请人认为公共信用信息服务平台记载的申请人违诺失信信息与事实不符或者依法不应当公开的，可以向市经济信息化部门书面提出异议申请，并提供相关证明材料，按照相关程序处理。

申请人对未履行承诺、作出虚假承诺的认定有异议，可向市商务局提出异议申请，并提供相关证明材料。市商务局收到申请后，应当在10个工作日内进行核对，并根据核对情况作出处理决定。

三、申请人承诺

申请人现自愿作出下列承诺：

（一）所填写的基本信息、提交的所需材料真实、合法、有效、完整；

（二）已经知晓政府部门告知的全部内容；

（三）已达到相应的条件、标准和要求，具体是：____；

（四）愿意承担未履行承诺、虚假承诺的法律责任，以及政府部门告知的各项惩戒措施；

（五）所作承诺是申请人真实意思的表示。

（以下内容为二选一）

□ 1. 申请人作出承诺的

申请人签名 / 签章：____________________

日期：______年____月____日

□ 2. 由委托代理人代替申请人作出承诺的

委托代理人签名：____________________

日期：______年____月____日

政府部门（章）：____________________

日期：______年____月____日

（本文书一式两份，政府部门与申请人各执一份）

附件 2

北京市政务服务事项告知承诺书

（补发《对外劳务合作经营资格证书》）

一、基本信息

（一）政府部门

名称：____________________

咨询方式：____________________

（二）申请人

（以下内容为二选一）

□ 1. 申请人为自然人

姓名：____________________

联系方式：____________________

证件类型：____________________

证件编号：____________________

□ 2. 申请人为法人 / 非法人组织

名称：____________________

统一社会信用代码：____________________

联系人：____________________

联系方式：____________________

（三）委托代理人

姓名：____________________

联系方式：____________________

证件类型：____________________

证件编号：____________________

二、政府部门告知

（一）办理事项

名称：补发《对外劳务合作经营资格证书》。

（二）事项依据

《北京市对外劳务合作经营资格暂行管理办法》第十一条规定：《资格证书》须妥善保管，不得涂改、倒卖、出租、出借或者以其他形式非法转让。

（三）办理所需的材料

1.《对外劳务合作经营资格证书及年审申请表》。

2. 经营公司申请补发证书的申请。

3. 全国性报刊遗失作废声明。

（四）违诺失信惩戒

如未如实报告，按《北京市商务局对外劳务合作经营资格核准事项告知承诺实施意见（试行）》相关条款执行。

（五）政府部门职责

采取现场核对等监管方式，具体见《北京市商务局对外劳务合作经营资格核准事项告知承诺实施意见（试行）》。

（六）申诉渠道

申请人认为公共信用信息服务平台记载的申请人违诺失信信息与事实不符或者依法不应当公开的，可以向市经济信息化部门书面提出异议申请，并提供相关证明材料，按照相关程序处理。

申请人对未履行承诺、作出虚假承诺的认定有异议，可向市商务局提出异议申请，并提供相关证明材料。市商务局收到申请后，应当在10个工作日内进行核对，并根据核对情况作出处理决定。

三、申请人承诺

申请人现自愿作出下列承诺：

（一）所填写的基本信息、提交的所需材料真实、合法、有效、完整；

（二）已经知晓政府部门告知的全部内容；

（三）已达到相应的条件、标准和要求，具体是：______________________________

____

____；

（四）愿意承担未履行承诺、虚假承诺的法律责任，以及政府部门告知的各项惩戒措施；

（五）所作承诺是申请人真实意思的表示。

（以下内容为二选一）

□ 1. 申请人作出承诺的

申请人签名 / 签章：____________________

日期：______年____月____日

□ 2. 由委托代理人代替申请人作出承诺的

委托代理人签名：______________________

日期：______年____月____日

政府部门（章）：____________________

日期：______年____月____日

（本文书一式两份，政府部门与申请人各执一份）

附件 3

北京市政务服务事项告知承诺书

（换领《对外劳务合作经营资格证书》）

一、基本信息

（一）政府部门

名称：____________________

咨询方式：____________________

（二）申请人

（以下内容为二选一）

□ 1. 申请人为自然人

姓名：____________________

联系方式：____________________

证件类型：____________________

证件编号：____________________

□ 2. 申请人为法人 / 非法人组织

名称：____________________

统一社会信用代码：____________________

联系人：____________________

联系方式：____________________

（三）委托代理人

姓名：____________________

联系方式：____________________

证件类型：____________________

证件编号：____________________

二、政府部门告知

（一）办理事项

名称：换领《对外劳务合作经营资格证书》。

（二）事项依据

《北京市对外劳务合作经营资格暂行管理办法》第十一条规定：《资格证书》不再进行年审，企业每年 3 月 30 日前向北京市商务委员会提交上一年度经营情况、劳务纠纷及处理情况报告。

（三）办理所需的材料

1.《对外劳务合作经营资格证书及年审申请表》。

2. 经营公司申请换领证书的申请。

3.《对外劳务合作经营资格证书》原证。

（四）违诺失信惩戒

如未如实报告，按《北京市商务局对外劳务合作经营资格核准事项告知承诺实施意见（试行）》相关罚则执行。

（五）政府部门职责

采取现场核对等监管方式，具体见《北京市商务局对外劳务合作经营资格核准事项告知承诺实施意见（试行）》。

（六）申诉渠道

申请人认为公共信用信息服务平台记载的申请人违诺失信信息与事实不符或者依法不应当公开的，可以向市经济信息化部门书面提出异议申请，并提供相关证明材料，按照相关程序处理。

申请人对未履行承诺、作出虚假承诺的认定有异议，可向市商务局提出异议申请，并提供相关证明材料。市商务局收到申请后，应当在 10 个工作日内进行核对，并根据核对情况作出处理决定。

三、申请人承诺

申请人现自愿作出下列承诺：

（一）所填写的基本信息、提交的所需材料真实、合法、有效、完整；

（二）已经知晓政府部门告知的全部内容；

（三）已达到相应的条件、标准和要求，具体是：____；

（四）愿意承担未履行承诺、虚假承诺的法律责任，以及政府部门告知的各项惩戒措施；

（五）所作承诺是申请人真实意思的表示。

（以下内容为二选一）

☐ 1. 申请人作出承诺的

申请人签名／签章：____________

日期：____年____月____日

☐ 2. 由委托代理人代替申请人作出承诺的

委托代理人签名：____________

日期：____年____月____日

政府部门（章）：____________

日期：____年____月____日

（本文书一式两份，政府部门与申请人各执一份）

附件 4

北京市政务服务事项告知承诺书

（提交企业年度经营情况报告）

一、基本信息

（一）政府部门

名称：____________

咨询方式：____________

（二）申请人

（以下内容为二选一）

☐ 1. 申请人为自然人

姓名：____________

联系方式：____________

证件类型：____________

证件编号：____________

☐ 2. 申请人为法人／非法人组织

名称：____________

统一社会信用代码：____________

联系人：____________

联系方式：____________

（三）委托代理人

姓名：____________

联系方式：____________

证件类型：____________

证件编号：________________

二、政府部门告知

（一）办理事项

名称：提交企业年度经营情况报告。

（二）事项依据

《北京市对外劳务合作经营资格暂行管理办法》第十一条规定：《资格证书》不再进行年审，企业每年3月30日前向北京市商务委员会提交上一年度经营情况、劳务纠纷及处理情况报告。

（三）办理所需的材料

1. 上一年度经营情况、劳务纠纷及处理情况报告。

2.《对外劳务合作经营资格证书》原证。

（四）违诺失信惩戒

如未如实报告，按《北京市商务局对外劳务合作经营资格核准事项告知承诺实施意见（试行）》相关条款执行。

（五）政府部门职责

采取现场核对等监管方式，具体见《北京市商务局对外劳务合作经营资格核准事项告知承诺实施意见（试行）》。

（六）申诉渠道

申请人认为公共信用信息服务平台记载的申请人违诺失信信息与事实不符或者依法不应当公开的，可以向市经济信息化部门书面提出异议申请，并提供相关证明材料，按照相关程序处理。

申请人对未履行承诺、作出虚假承诺的认定有异议，可向市商务局提出异议申请，并提供相关证明材料。市商务局收到申请后，应当在10个工作日内进行核对，并根据核对情况作出处理决定。

三、申请人承诺

申请人现自愿作出下列承诺：

（一）所填写的基本信息、提交的所需材料真实、合法、有效、完整；

（二）已经知晓政府部门告知的全部内容；

（三）已达到相应的条件、标准和要求，具体是：________________
____
________________；

（四）愿意承担未履行承诺、虚假承诺的法律责任，以及政府部门告知的各项惩戒措施；

（五）所作承诺是申请人真实意思的表示。

（以下内容为二选一）

□ 1. 申请人作出承诺的

申请人签名 / 签章：________________

日期：______年____月____日

□ 2. 由委托代理人代替申请人作出承诺的

委托代理人签名：________________

日期：______年____月____日

政府部门（章）：________________

日期：______年____月____日

（本文书一式两份，政府部门与申请人各执一份）

附件 5

北京市政务服务事项告知承诺书

[对外劳务合作企业（含对外承包工程企业）提交对外劳务合作风险处置备用金缴存凭证]

一、基本信息

（一）政府部门

名称：______________________

咨询方式：______________________

（二）申请人

（以下内容为二选一）

□ 1. 申请人为自然人

姓名：______________________

联系方式：______________________

证件类型：______________________

证件编号：______________________

□ 2. 申请人为法人 / 非法人组织

名称：______________________

统一社会信用代码：______________________

联系人：______________________

联系方式：______________________

（三）委托代理人

姓名：______________________

联系方式：______________________

证件类型：______________________

证件编号：______________________

二、政府部门告知

（一）办理事项

名称：对外劳务合作企业（含对外承包工程企业）提交对外劳务合作风险处置备用金缴存凭证。

（二）事项依据

1. 中华人民共和国国务院令第 620 号《对外劳务合作管理条例》第九条规定：对外劳务合作企业应当自工商行政管理部门登记之日起 5 个工作日内，在负责审批的商务主管部门指定的银行开设专门账户，缴存不低于 300 万元人民币的对外劳务合作风险处置备用金（以下简称备用金）。备用金也可以通过向负责审批的商务主管部门提交等额银行保函的方式缴存。

2. 中华人民共和国国务院令第 527 号《对外承包工程管理条例》第十五条规定：对外承包工程的单位应当按照国务院商务主管部门和国务院财政部门的规定，及时存缴备用金。

3. 商务部、财政部令 2014 年第 2 号《对外劳务合作风险处置备用金管理办法（试行）》第六条规定：对外劳务合作企业应当自获得对外劳务合作经营资格并在工商行政管理部门登记之日起 5 个工作日内，在指定银行缴存备用金。第二十三条规定对外承包工程的单位应当自收到中标文件或签署项目商务合同后 15 个工作日内，在指定银行缴存备用金。备用金缴存标准为 300 万元人民币，以现金或等额银行保函形式缴存。对外承包工程的单位已取得对外劳务合作经营资格并足额缴存备用金的，不需依照本条再次缴存备用金。

4.《关于做好对外承包工程资格审批取消后有关政策衔接工作的通知》（京商务经字〔2017〕24 号）第二条第一款规定：对外承包工程的企业应当按照商务部令 2017 年第 3 号《关于废止和修改部分规章的决定》修订后的《对

外劳务合作风险处置备用金管理办法（试行）》（商务部、财政部令2014年第2号）第二十三条规定缴存备用金。

（三）办理所需的材料

1. 以现金形式缴存备用金的，需缴存到市商务局、市财政局指定的“中国银行北京东城支行”，需签订《对外劳务合作风险处置备用金存款协议书》，并将复印件（加盖公章）送市商务局备案。

2. 以保函形式缴存备用金，需提交对外劳务合作风险处置备用金保函原件（北京市行政区域内商业银行开具，两年以上有效期）。

（四）违诺失信惩戒

如未如实报告，按《对外劳务合作经营资格核准部分事项告知承诺实施意见（试行）》相关条款执行。

（五）政府部门职责

采取现场核对等监管方式，具体见《北京市商务局对外劳务合作经营资格核准事项告知承诺实施意见（试行）》。

（六）申诉渠道

申请人认为公共信用信息服务平台记载的申请人违诺失信信息与事实不符或者依法不应当公开的，可以向市经济信息化部门书面提出异议申请，并提供相关证明材料，按照相关程序处理。

申请人对未履行承诺、作出虚假承诺的认定有异议，可向市商务局提出异议申请，并提供相关证明材料。市商务局收到申请后，应当在10个工作日内进行核对，并根据核对情况作出处理决定。

三、申请人承诺

申请人现自愿作出下列承诺：

（一）所填写的基本信息、提交的所需材料真实、合法、有效、完整；

（二）已经知晓政府部门告知的全部内容；

（三）已达到相应的条件、标准和技术要求，具体是：____________________

____

___________________________；

（四）愿意承担未履行承诺、虚假承诺的法律责任，以及政府部门告知的各项惩戒措施；

（五）所作承诺是申请人真实意思的表示。

（以下内容为二选一）

□ 1. 申请人作出承诺的

申请人签名 / 签章：____________________

日期：______年____月____日

□ 2. 由委托代理人代替申请人作出承诺的

委托代理人签名：____________________

日期：______年____月____日

政府部门（章）：____________________

日期：______年____月____日

（本文书一式两份，政府部门与申请人各执一份）

附件 6

北京市政务服务事项告知承诺书

[对外劳务合作企业（含对外承包工程企业）退还对外劳务合作风险处置备用金或撤销保函]

一、基本信息

（一）政府部门

名称：______

咨询方式：______

（二）申请人

（以下内容为二选一）

□ 1. 申请人为自然人

姓名：______

联系方式：______

证件类型：______

证件编号：______

□ 2. 申请人为法人 / 非法人组织

名称：______

统一社会信用代码：______

联系人：______

联系方式：______

（三）委托代理人

姓名：______

联系方式：______

证件类型：______

证件编号：______

二、政府部门告知

（一）办理事项

名称：对外劳务合作企业（含对外承包工程企业）退还对外劳务合作风险处置备用金或撤销保函。

（二）事项依据

1. 商务部、财政部令 2014 年第 2 号《对外劳务合作风险处置备用金管理办法（试行）》第十七条规定：对外劳务合作企业停止开展对外劳务合作的，应当对其派出的尚在国外工作的劳务人员作出妥善安排，并将安排方案连同 2 年内有效的备用金缴存凭证或者保函报商务主管部门备案。对外劳务合作企业自备案之日起 2 年内未发生针对其的劳务纠纷投诉或者诉讼的，商务主管部门应出具书面通知和《取款通知书》，指定银行根据书面通知和《取款通知书》，退还其缴存的备用金或允许其撤销保函。第二十四条规定：本办法施行前从事对外劳务合作经营的企业，如不再从事对外劳务合作经营的，应向商务主管部门、财政部门申请退还备用金；如继续从事对外劳务合作经营的，应按照《对外劳务合作管理条例》和本办法的有关规定及时缴存备用金。

2.《关于做好对外承包工程资格审批取消后有关政策衔接工作的通知》（京商务经字〔2017〕24 号）》第二条第三款规定：在国务院第 676 号令公布前已取得《资格证书》，但不再从事对外承包工程业务的企业，可向市商务委申请退还备用金或撤销保函，具体办理按《对外劳务合作风险处置备用金管理办法（试行）》第十七条执行，申请退还备用金或撤销保函企业需提交材料包括：退还备用金的申请书（加盖公章）。

（三）办理所需的条件

对外劳务合作经营资格撤销已满 2 年（或

对外承包工程业务结束已满2年），在国外工作的劳务人员已全部回国，并在2年内未发生针对其的劳务纠纷投诉或者诉讼（或已全部处理完毕）。

（四）办理所需的材料

退还备用金的申请书原件。

（五）违诺失信惩戒

如未如实报告，按《对外劳务合作经营资格核准部分事项告知承诺实施意见（试行）》相关条款执行。

（六）政府部门职责

采取现场核对等监管方式，具体见《北京市商务局对外劳务合作经营资格核准事项告知承诺实施意见（试行）》。

（七）申诉渠道

申请人认为公共信用信息服务平台记载的申请人违诺失信信息与事实不符或者依法不应当公开的，可以向市经济信息化部门书面提出异议申请，并提供相关证明材料，按照相关程序处理。

申请人对未履行承诺、作出虚假承诺的认定有异议，可向市商务局提出异议申请，并提供相关证明材料。市商务局收到申请后，应当在10个工作日内进行核对，并根据核对情况作出处理决定。

三、申请人承诺

申请人现自愿作出下列承诺：

（一）所填写的基本信息、提交的所需材料真实、合法、有效、完整；

（二）已经知晓政府部门告知的全部内容；

（三）已达到相应的条件、标准和技术要求，具体是：________________________________；

（四）愿意承担未履行承诺、虚假承诺的法律责任，以及政府部门告知的各项惩戒措施；

（五）所作承诺是申请人真实意思的表示。

（以下内容为二选一）

☐ 1. 申请人作出承诺的

申请人签名 / 签章：____________

日期：_____年____月____日

☐ 2. 由委托代理人代替申请人作出承诺的

委托代理人签名：____________

日期：_____年____月____日

政府部门（章）：____________

日期：_____年____月____日

（本文书一式两份，政府部门与申请人各执一份）

关于申报2021年度商业流通发展项目的通知

京商财务字〔2021〕5号

各区商务局、北京经济技术开发区商务金融局、市属国有企业集团、总部企业、有关单位：

为进一步增强消费动力，提升开放水平，改善民生品质，聚焦创新发展，优化营商环境，全面推动北京商务高质量发展。根据《北京市商务委员会 北京市财政局关于印发〈北京市商业流通发展资金管理暂行办法〉的通知》（京商务财务字〔2017〕47号）及《北京市商务局 北京市财政局关于〈北京市商业流通发展资金管理暂行办法〉的补充通知》（京商财务字〔2019〕7号），现将申报2021年度商业流通发展项目的有关事项通知如下：

一、支持方向和重点

主要支持10个方向，重点支持商务发展领域内符合首都城市战略定位的促消费、稳增长项目；促进生活性服务业品质提升，推动商业便民利民发展项目；创新现代流通方式，推动流通产业结构调整项目等。优先支持符合政策的公共平台建设和典型示范类项目。对符合标准和要求的项目采取项目补助、以奖代补等形式给予支持。

二、申报条件

（一）在北京地区注册且具有独立法人资格，从事商贸流通业经营、服务、管理的企业、机构、经济组织等单位；

（二）项目申报单位经营状况良好，财务管理制度健全；

（三）申报项目能够按计划实施；

（四）项目获得中央财政资金支持或其他市级财政资金支持的不得重复申报；

（五）有下列情形的不予支持：列入《北京市新增产业的禁止和限制目录》禁止类和限制类范围的；纳入全市联合惩戒“黑名单”的；纳入北京市商务领域不良信用记录名单，受到“不予支持”信用惩戒的；经审议其他不予支持的。

（六）除上述申报条件外，各申报指南中有明确要求的应从其要求。

三、申报材料要求

（一）项目申报书（见附表1）；

（二）项目已发生费用明细表（见附表2）；

（三）项目申报单位承诺书（见附表3）；

（四）2021年商业流通发展项目申报情况表（见附表4）；

（五）项目单位法人证明文件复印件（营业执照副本、统一社会信用代码证书、法定代表人身份证明等）；

（六）项目单位近三年财务报表（资产负债表、损益表、现金流量表）；

（七）升级改造类项目应提供改造前后的对比资料；

（八）其他与项目相关的材料。

除上述材料外，各申报指南中有明确材料要求的还应一并提供。项目申请材料一式两份，应按顺序装订成册，并加盖单位公章。项目申报材料不予退回。

四、申报流程

（一）项目申报。自通知发布之日起，项目

申报单位根据隶属关系将申报材料报各区商务局、北京经济技术开发区商务金融局、市属国有企业集团或总部企业。

（二）项目审核。按照隶属关系，由各区商务局、北京经济技术开发区商务金融局、市属国有企业集团和总部企业对申报项目进行初审；通过初审的项目汇总后报市商务局进行复审。

五、申报时限

凡符合申报条件的企业可于通知发布之日起申报项目，市商务局将根据申报项目内容择优予以支持。为提高项目申报、审核效率，各区商务局、北京经济技术开发区商务金融局、市属国有企业集团和总部企业于 2021 年 4 月 30 日前汇总上报第一批项目，年中收到项目及时审核及时上报，并于 2021 年 12 月 20 日前汇总上报最后一批项目（传统商场“一店一策”升级改造项目、鼓励发展商业品牌首店示范项目按申报指南要求申报时限上报）。

六、工作要求

（一）各项目申报单位应确保申报材料真实、准确、完整，保证项目各项建设手续合规、按时间进度推进。

（二）对于伪造、提供虚假材料的项目申报单位，按《北京市商务领域不良信用记录名单管理办法（试行）》规定进行处理。

（三）获得资金支持的项目申报单位应积极配合相关监督检查、审计等工作。

（四）各初审单位应积极组织项目申报，切实做好指导与审核，严格把关，按照规定程序做好相关工作。

（五）各初审单位应加强对已支持项目的后续指导和跟踪监管，确保项目实施效果，充分发挥财政资金使用效益。

（六）项目单位收到财政资金后，应按照《财政部关于印发修订〈企业会计准则第 16 号——政府补助〉的通知》（财会〔2017〕15 号）相关规定进行账务办理，相关法律法规另有规定的从其规定。

（七）对于截留、挪用、骗取财政资金等违法行为，依照《财政违法行为处罚处分条例》（国务院令第 427 号，根据 2011 年国务院令第 588 号修订）等有关规定进行处理处罚。构成犯罪的，依法移交司法机关追究其刑事责任。

七、其他事项

（一）具体支持内容及咨询电话，详见附件 1—10。

（二）市商务局对本通知负责解释。

（联系人：财务处 邵婷；联系电话：55579333）

附件 1：促进生活服务业发展项目申报指南

附件 2：农产品批发市场建设项目申报指南

附件 3：传统商场“一店一策”升级改造项目申报指南

附件 4：鼓励发展商业品牌首店项目申报指南

附件 5：“互联网 + 流通”创新示范项目申报指南

附件 6：促进商贸物流发展项目申报指南

附件 7：老字号传承发展项目申报指南

附件 8：总部经济公共服务平台建设项目申报指南

附件 9：推进汽车流通规范化发展项目申报指南

附件 10：商业流通领域节能减排项目申报指南

附表 1：项目申报书

附表 2：项目已发生费用明细表

附表 3：项目申报单位承诺书

附表 4：2021 年商业流通发展项目申报情况汇总表

附件1

促进生活服务业发展项目申报指南

一、支持方向和内容

（一）建设提升基本便民商业网点（设施）项目

1. 鼓励企业扩大经营规模，网点增量发展，对营业执照取得日期①在2020年1月1日（含）以后的蔬菜零售（社区菜店、生鲜超市）、便民早餐、便利店（社区超市）、末端配送网点（智能快件箱）、家政服务、洗染、理发、便民维修、摄影等新建连锁直营便民商业网点（设施），以及在2020年1月1日（含）以后服务社区的蔬菜直通车给予支持。支持新建连锁直营便民商业网点（设施）的店面装修、硬件设备购置、房屋租金等费用；支持蔬菜直通车等移动便民设施、摄影网点的店面装修和硬件设备购置费用。

2. 支持社区菜市场（农贸市场）（以下简称“菜市场”）转型升级。支持菜市场设计和建设标准化、特色化场地环境的改造费用；支持菜市场购置电子智能秤、无接触测温设备等自动化、信息化、智能化程度高的设备费用。

建设提升基本便民商业网点（设施）符合相关规范标准，纳入各区2021年精准补建台账的新建网点优先支持。

（二）促进餐饮业发展项目

1. 鼓励企业扩大经营规模，网点增量发展，支持餐饮企业品牌连锁发展，新建连锁直营餐厅，建设中央厨房（主食加工配送中心）；

2. 支持建设“深夜食堂”特色餐饮街区，鼓励餐厅夜间延时经营；

3. 支持开展“厕所革命”，提升餐饮业卫生环境设施和服务管理水平；

4. 支持开展“绿色餐饮”，鼓励企业升级改造高效油烟净化装置和使用厨余垃圾就地处理设施。

新建连锁直营餐厅营业执照取得日期和中央厨房（主食加工配送中心）项目建设时间应在2020年1月1日（含）以后。“深夜食堂”“绿色餐饮”“厕所革命”项目建设时间应在2021年1月1日（含）以后。

促进餐饮业发展项目支持内容包括项目工程建设费用和硬件设备购置费用。

（三）促进连锁超市等发展项目

1. 鼓励连锁超市新建直营门店，支持装修、软硬件设备购置等。

2. 鼓励连锁超市新建或改造配送中心，支持装修、软硬件设备购置等。

3. 鼓励连锁超市开展农超对接，支持服务于农产品直采直供的分拣加工设备购置，以及销售直采农产品门店的生鲜区域改造和设备购置等。

4. 鼓励连锁零售企业创新转型，支持采用电子价签、智能货架、刷脸支付等数字化手段改造升级卖场，支持软硬件设备购置等。

5. 鼓励连锁企业通过直营、加盟等方式新建或规范提升乡村店，支持装修、设备购置等。

新建直营门店的证照取得日期和其他方向项目的建设时间均应在2020年1月1日（含）以后。

---

① 本文所指营业执照取得日期：对于初次领取营业执照的网点，以其营业执照上成立日期为准。

二、支持条件及标准

各项目具体支持条件及标准见附件 1-1。

三、最低经营期限

申报主体应承诺获得财政资金支持的项目自获得补助资金之日起持续经营时间不得少于 1 年；对获得财政资金支持的项目 1 年内有拆迁、停止营业、被吊销营业执照等情形的，应在原址附近补建或退回相应补助资金，所补建项目不得再重复申报下一年度资金补助。

四、其他

除统一要求提交的申报材料外，新建基本便民商业网点项目还需提交房屋租赁合同、租金银行转账凭证及发票（其中房屋产权自有的网点项目需提交房屋产权证、房屋购买合同等相关材料）的复印件，原件待查；蔬菜直通车等移动便民设施项目还需提交设施明细表、服务社区明细表及与有关部门备案、签订的服务协议等相关材料的复印件，原件待查。

附件：

1-1 促进生活服务业发展项目补助标准

1-2 便民早餐网点建设指引

1-3 中央厨房（主食加工配送中心）建设指引

1-4“深夜食堂”特色餐饮项目建设指引

1-5 餐厅卫生间建设指引

［蔬菜零售（社区菜店、生鲜超市）、末端配送网点（智能快件箱）项目联系人：生活服务业处 张爽；联系电话：55579588

便民早餐项目联系人：生活服务业处 王会俊；联系电话：55579417

便利店（社区超市）项目联系人：生活服务业处 姚诚；联系电话：55579753

家政服务项目联系人：生活服务业处 胡滨；联系电话：55579419

洗染、理发、便民维修、摄影项目联系人：生活服务业处 林英杰；联系电话：55579570

菜市场项目联系人：市场建设处 杨鹏；联系电话：55579573

促进餐饮业发展项目联系人：生活服务业处 王会俊、李威；联系电话：55579417、55579420

促进连锁超市等发展项目联系人：流通发展处 魏新宇；联系电话：55579589］

附件 1-1

促进生活服务业发展项目补助标准

序号	类别	支持条件	支持标准	负责处室
1	建设提升基本便民商业网点（设施）项目	申报主体原则上为品牌连锁经营企业，实行“统一品牌、统一管理、统一标准、统一服务、统一核算”，在本市行政区域内至少开设 3 家直营门店（含新建网点）。社区菜市场（农贸市场）转型升级项目不受门店数量限制。同一品牌连锁企业可采取母子公司（子公司应由母公司绝对控股）、总分公司联合方式申报项目。	资金支持比例不超过各项投入审定实际投资额 50%。房屋租金核定标准上限不超过 6 元/㎡/日。每个品牌连锁企业总支持金额不超过 500 万元（社区菜市场（农贸市场）除外）。	

（续）

序号	类别	支持条件	支持标准	负责处室
1.1	蔬菜零售网点	1. 社区菜店：面积不低于30平方米。单个网点支持面积不超过500平方米。 2. 生鲜超市：面积不低于500平方米。单个网点支持面积不超过1000平方米。 3. 菜市场：申报主体原则上为具有开办资质、向若干个经销商提供摊位、以零售为主的菜市场的开办企业或单位。	1. 社区菜店：新增单个网点补助金额最高不超过70万元，其中租金补助不超过30万元。 2. 生鲜超市：单个网点补助金额最高不超过150万元，其中租金补助不超过50万元。 3. 菜市场：单个项目补助金额最高不超过150万元。	1、2：生活服务业处 3：市场建设处
1.2	便民早餐网点	面积不低于60平方米。营业执照经营范围含餐饮，经营早餐品种不少于10种。单个网点支持面积不超过500平方米。	新增单个网点补助金额最高不超过50万元，其中租金补助不超过30万元。	生活服务业处
1.3	便利店、社区超市网点	面积不低于30平方米。社区超市参照便利店经营标准规范。单个网点支持面积不超过300平方米。	新增单个网点补助金额最高不超过30万元，其中租金补助不超过10万元。	生活服务业处
1.4	智能快件箱	智能快件箱应符合邮政行业规范标准。	智能快件箱：新增每组补助金额最高不超过1万元。	生活服务业处
1.5	家政服务网点	面积不低于50平方米。单个网点支持面积不超过500平方米。	新增单个网点补助金额最高不超过20万元，其中租金补助不超过10万元。	生活服务业处
1.6	洗染门店、洗衣代收网点	面积不低于15平方米。单个网点支持面积不超过300平方米。	1. 洗染门店：新增单个网点补助金额最高不超过20万元，其中租金补助不超过10万元。 2. 洗衣代收网点：新增单个网点补助金额最高不超过10万元，其中租金补助不超过5万元。	生活服务业处
1.7	理发网点	面积不低于60平方米。单个网点支持面积不超过400平方米。	新增单个网点补助金额最高不超过30万元，其中租金补助不超过15万元。	生活服务业处
1.8	便民维修网点	面积不低于10平方米。单个网点支持面积不超过200平方米。	新增单个网点补助金额最高不超过20万元，其中租金补助不超过10万元。	生活服务业处
1.9	摄影网点	面积不低于100平方米（其中摄影室面积不低于20平方米）。	新增单个网点补助金额最高不超过20万元。	生活服务业处
1.10	蔬菜直通车	符合《社区蔬菜（肉类）直通车设置和管理规范》。	1. 已在市商务局备案公示的规范化社区蔬菜直通车，2020年以来每服务1个社区满1年给予所属企业1.5万元的奖励。每个企业补助金额最高不超过150万元。 2. 2020年以来，按要求对规范化蔬菜直通车进行统一标识喷涂，按每辆车喷涂实际发生费用给予奖励，最高不超过2000元。	生活服务业处

（续）

序号	类别	支持条件	支持标准	负责处室
2	促进餐饮业发展项目	1. 申报新建连锁直营餐厅的主体原则上为品牌连锁经营企业，实行“统一品牌、统一管理、统一标准、统一服务、统一核算”，在本市行政区域内至少开设5家直营门店（含新建网点）。同一品牌连锁企业可采取母子公司（子公司应由母公司绝对控股）、总分公司联合方式申报项目。 2. 项目建设应符合食品安全、生产安全等各项法律法规有关规定，同时运营管理符合相关标准和规范。 （1）新建连锁直营餐厅项目：实行连锁直营。 （2）中央厨房（主食加工配送中心）项目：符合《中央厨房（主食加工配送中心）建设指引》。 （3）“深夜食堂”项目：符合《“深夜食堂”特色餐饮项目建设指引》。 （4）“绿色餐饮”项目：符合《餐饮业大气污染物排放标准》（DB11/1488-2018）。 （5）“厕所革命”项目：符合《餐厅卫生间建设指引》。	项目资金支持比例不超过该项目审定实际投资额的50%。每个品牌连锁企业总支持金额不超过500万元。其中： 1. 每个新增连锁直营餐厅支持金额不超过40万元。 2. 每个“深夜食堂”特色餐饮街区支持金额不超过200万元，“深夜食堂”特色餐饮街区内新建的“深夜食堂”门店每个支持金额不超过50万元。 3. 每个中央厨房（主食加工配送中心）支持金额不超过300万元。 4. 每个餐厅“绿色餐饮”项目支持金额不超过10万元。 5. 每个餐厅“厕所革命”项目支持金额不超过5万元。	生活服务业处
3	促进连锁超市等发展项目	1. 申报项目的连锁企业应具有良好的品牌影响力，并在本市行政区域内至少拥有5家直营门店；申报新建或改造配送中心方向的企业，应在本市行政区域内至少拥有10家直营门店。 2. 新建直营门店的证照取得日期和其他方向项目的建设时间均应在2020年1月1日（含）以后。 3. 申报农超对接方向的企业，果蔬生鲜商品年直采量不低于2000万元（应提供对应的直采清单）。 4. 申报在乡村地区新建或规范提升便民店的连锁企业，应统一门店品牌、形象，实行集中采购、统一配送管理。 5. 对积极采购扶贫产品和京郊滞销农产品的企业予以优先支持。	资金支持比例不超过项目审定实际投资额的50%，最高不超过500万元。	流通发展处

备注：上述网点年租金和其他实际投资由市商务局委托第三方评审机构审定。网点面积低于经营要求限定标准的不予支持，高于租金支持面积的按同比口径核减租金。

附件1-2

便民早餐网点建设指引

1. 有固定营业场所，现场加工制售早餐食品，食品、卫生、防疫、环保等符合国家有关标准，面积不低于60平方米。

2. 证照齐全，经营规范，依法办理营业执照、食品经营许可证等，营业执照经营范围含餐饮服务，食品经营许可证经营项目含热食类食品制售、预包装食品销售等。

3. 加工食品的工具、器具等设备设施齐全，供应符合市民饮食习惯的早餐食品，经营早餐品种不少于 10 种。

4. 每日开业时间不晚于早上 7 点，供应早餐时间不少于 2 个小时。

5. 明示服务项目、收费标准及其他特殊规定，严格按明码标价销售食品，并提供就餐场所、餐饮用具等消费设施。

6. 有专用的清洗、消毒设备，有防蝇、防鼠、防虫、防潮及垃圾处理等设施和措施。

附件 1-3

中央厨房（主食加工配送中心）建设指引

1. 选址。符合或有利于执行国家有关标准和卫生规范要求。

2. 区域布局。遵循“洁净区非洁净区分开、粗精加工分开、生熟分开、荤蔬分开、生进熟出、人物分流、经济适用、布局合理、功能齐全”原则，工作区划分仓储区、加工区、配送区和办公区等。

3. 建筑面积。以加工面积为主，不小于 2000 平方米，并辅以适度比例的仓储、洗消、包装、分发、配送等面积。

4. 产能。日均产能不少于 5 万个（件、份）。

5. 资质。具备合法经营的资质要求，证照齐全，手续完备。主要包括营业执照、生产许可、环保许可、食品安全认证等，通过 ISO22000 质量管理体系或 ISO9000 系列、HACCP 一种认证。

6. 仓储。具有与库存物资相适应的各类仓库及设备设施和工具，保管人员对采购物资进行验货、分类、码放、标注、盘点、出货、销毁、记账，负责在库存期间的存储与管理。

7. 设施设备。具有与生产品种和规模相适应的加工设备及消防设施，具有仓储区相关的清洁、照明、通风、制冷、制热等相关设备，具有对原料、辅料、产成品、半成品进行理化、微生物、农药残留化验、检测、评价、留样的仪器与设备，配送车辆具有全程冷链及相应清洗消毒设施。

8. 安全。具有专业安全保障，包括人员、物料、水质、气流、流程安全等，具有生产运行记录和突发公共卫生与食品安全事件应对措施，健全完善食品安全管理相关制度。各类产品应明确标注生产日期和保质期，及时销毁超过保质期或不合格的产成品、半成品。

附件 1-4

“深夜食堂”特色餐饮项目建设指引

一、基本要求

1. 项目符合城市功能定位和城市规划，特色元素较为显著，具有良好的社会效益和经济效益。

2. 项目营业时间一般应到 24：00 时（含 24 小时经营店，夏秋季可适当延长），符合相关经营规范。

二、“深夜食堂”特色餐饮街区建设及运营标准

1. 具备“业态丰富、特色鲜明、消费便利、市场繁荣”特征，在本市餐饮消费市场享有较高的知名度。

2. 餐饮街区长度一般不小于 100 米，餐饮企业数量一般不少于 20 家。

3. 街区夜间景观建设特色、美观，管理规范。

4. 街区内餐饮企业符合本市餐饮行业经营规范，营业时间到 24：00 时及以后的餐饮企业不低于 30%。

5. 具有较好的公共配套设施和经营环境。

三、“深夜食堂”门店延时经营标准

1. 应为品牌连锁餐饮企业，经营品种丰富，特色鲜明。

2. 符合相关厕所建设和管理标准，厕所干净、卫生、无异味。

3. 符合餐饮油烟排放标准。

4. 餐厅管理规范。

附件 1-5

餐厅卫生间建设指引

1. 符合《城市公共厕所设计标准》(CJJ14—2016）等标准规范。

2. 具备明确指示标识，原则上应向社会公众开放。

3. 应采用节水、节电、除臭等有利于节约资源、保护环境的技术和设备；适当增加女厕数量，优化女厕蹲位；有条件的可设置母婴、老年人、残疾人专用厕位或专用卫生间等无障碍设施，方便特殊人群使用。

4. 地面一般应防滑，室内具备照明、通风设备以及防蚊蝇、防老鼠等设施。

5. 小便厕位可设置隔断板，大便厕位应设置隔断板和门，具备挂衣钩、手纸架、废纸容器等设施，门锁应能显示有（无）人上厕。

6. 具备温度调节装置（空调或其他供暖供冷设备)、自动洗手设备、干手设备（烘手器或提供纸巾)、洗手液、面镜和除臭设备等设施。

7. 悬挂或粘贴“禁止室内吸烟”等公益标识，有条件的可悬挂或粘贴艺术装饰画，并摆放相关艺术品、绿植和花卉，开放时间内播放背景音乐。

8. 有条件的企业可在公共卫生间内部增设 LED 显示屏，实时显示厕所使用情况，提供无线网络、路线查询、活动宣传等服务，延伸公共卫生间功能。

9. 应安排专职或兼职清洁人员加强维护管理，具有清洁工作记录簿并按要求登记，达到“四净、三无、两通、一明”（地面净、墙壁净、厕位净、周边净；无溢流、无蚊蝇、无异味；水通、电通；电明）。

10. 符合国家和本市其他法律法规、规章制度和标准规范。

附件 2

农产品批发市场建设项目申报指南

一、支持方向及内容

支持符合本市农产品流通体系发展规划的农产品批发市场，进一步优化空间布局，升级改造，转变经营方式和交易模式，不断增强农产品日常供应保障能力，持续提升满足市民多样化需求的供给水平。支持完善标准化交易专区、集配中心、冷藏冷冻、电子结算、信息化、电子商务平台、检验检测、废弃物循环利用与处理、安全监控等设施设备和平和建设投入。

二、支持条件

（一）农产品批发市场应符合农产品流通体系规划，市场具有较好的社会效益和经济效益。

（二）农产品批发市场升级改造应符合《农产品批发市场管理技术规范》(GB/T19575—2004)。

（三）项目实施时间应在 2020 年 1 月 1 日（含）以后。

三、支持标准

资金支持比例不超过项目审定实际投资额的 50%，最高不超过 500 万元（市政府及中央部门确定的重点项目除外）。

（联系人：储备调控处　褚志磊；联系电话：55579559）

附件 3

传统商场“一店一策”升级改造项目申报指南

一、支持方向及内容

支持传统商场（指本市具有一定规模的购物中心、百货店、专业专卖店等经营场所）外立面改造、店内装修更新、设备购置及水电气热等配套设施建设等。

二、支持条件

（一）申报主体的营业面积：购物中心、百货店应大于 5000 平方米，专业专卖店应大于 2000 平方米。

（二）申报主体实际产生升级改造投资：购物中心、百货店在 2000 万元以上，专业专卖店在 100 万元以上。

（三）升级改造后，经营稳定，业绩良好，日均客流量、销售额等主要经营业绩高于升级改造前。

（四）项目实施时间应在 2019 年 1 月 1 日（含）以后。

三、支持标准

对传统商场升级改造项目进行一次性奖励，资金支持比例不超过审定实际投资额的 4.35%（参照一年期贷款基准利率）。单个项目支持金额不超过 500 万元。

四、其他

（一）除统一要求提交的申报材料外，应提交贷款相应凭证（如有），开户行许可证、房屋所有权证、租赁合同、租金银行转账凭证及发票等材料复印件。

（二）申报截止日为2021年6月30日，凡符合申报条件的企业应在申报指南发布之日起至截止日间申报，为提高项目申报、审核效率，各区商务局第一批项目请于2021年5月30日前汇总上报。第二批项目请于2021年6月30日前汇总上报。

（联系人：规划建设处 孙健；联系电话：55579393）

附件4

鼓励发展商业品牌首店项目申报指南

一、支持方向及内容

（一）支持国际品牌①（不含港澳台）企业和本土自主品牌②（含港澳台）企业及授权代理商在本市开设亚洲首店③、中国（内地）首店④、北京首店⑤和旗舰店⑥的示范店。

1. 支持店面装修（含设备购置及配套硬件设施建设）费用以及12个月房租。

2. 支持国际品牌的授权代理商海外版权代理费。

（二）支持中介服务机构、商业场所业主或实际经营单位、互联网平台企业等，2020年1月1日（含）以后引进线下实体亚洲首店、中国（内地）首店、北京首店和旗舰店的示范店。

（三）支持品牌首店、本土知名品牌、商业综合体、商业运营机构等2021年1月1日（含）以后在京开展具有国际国内影响力的大型新品发布活动场租、搭建费用。

二、支持条件

（一）申报首店、旗舰店示范店的鼓励对象，应符合以下条件：

1. 支持的首店、旗舰店示范店应在北京注册登记，在2020年1月1日（含）以后新设⑦，并连续经营12个月以上。

2. 国际品牌企业在本市开设首店、旗舰店示范店实际产生的连续12个月房租和店面装修应超过100万元；本土品牌企业在本市开设首店（旗舰店）示范店实际产生的连续12个月房租和店面装修应超过50万元；国际品牌授权代理商的海外版权代理费应超过100万元。

3. 鼓励对象入驻北京后，运营稳定，业绩良好，具有一定影响力和示范效应。

（二）申报引进线下实体亚洲首店、中国

---

① 在中国行政区域（不含香港、澳门、台湾）范围内进行登记注册的外资零售企业旗下品牌。

② 在中国行政区域（含香港、澳门、台湾）范围内进行登记注册的内资零售企业旗下品牌。

③ 国际品牌、本土品牌在亚洲开设的首家实体门店。

④ 国际品牌、本土品牌在中国（内地）开设的首家实体门店。

⑤ 国际品牌、本土品牌在北京行政区域内开设的首家实体门店。

⑥ 面积在500平方米以上（含）且超过北京市本品牌其他实体店，商品类别涵盖该品牌一级目录下所有类别的实体门店。

⑦ 指营业执照注册登记日期为2020年1月1日（含）以后的首店、旗舰店，或者营业执照注册登记在2020年（含）之前，但是在2020年1月1日（含）以后成为旗舰店的。

（内地）首店、北京首店、旗舰店示范店的，应符合以下条件：

1. 新引进的国际品牌首店、旗舰店示范店实际产生的连续 12 个月房租和店面装修应超过 100 万元；本土品牌企业在本市开设首店、旗舰店示范店实际产生的连续 12 个月房租和店面装修应超过 50 万元。

2. 新引进的首店、旗舰店示范店自注册登记起连续经营 12 个月以上，并签订 2 年以上入驻协议。

三、支持标准

（一）申报首店、旗舰店示范店支持资金

1. 对符合条件的项目按不同支持比例、不超过最高限额给予资金支持，如果申报主体同时符合多个支持类别，只能选择一个类别进行申报。

序号	申报主体	申报类别	最高限额（人民币）
1	国际品牌企业	亚洲首店	500 万元
2		中国（内地）首店	200 万元
3		北京首店	50 万元
4		旗舰店	50 万元
5	本土自主品牌企业	中国（内地）首店	200 万元
6		北京首店	50 万元
7		旗舰店	50 万元
8	国际品牌授权代理商	亚洲首店	500 万元
9		中国（内地）首店	200 万元
10		北京首店	50 万元
11		旗舰店	50 万元

2. 对店面装修建设、租金等总体投资，国际品牌和本土自主品牌企业分别按照不超过审定实际投资额的 50% 和 20%、最高 500 万元和 200 万元给予资金支持。

3. 对国际品牌的授权代理商海外版权代理费按照不超过审定实际投资额的 50%、最高 500 万元给予资金支持。

（二）申报引进线下实体首店、旗舰店示范店奖励资金

1. 对成功引进亚洲首店、中国（内地）首店、北京首店、旗舰店并签订 2 年以上入驻协议的引进企业[①]，按照每新增引进 1 个首店、旗舰店示范店最高给予 10 万元奖励的标准，给予资金支持。

2. 对于纳入首店在谈项目库并最终落地经营首店、旗舰店示范店的引进企业，在原奖励标准基础上，每新增引进 1 个首店、旗舰店示范店，额外奖励引进企业最高 2 万元。

（三）申报大型新品发布活动支持资金

对品牌首店、本土知名品牌、商业综合体、商业运营机构等在京开展具有国际国内影响力的大型新品发布活动的场租、搭建总费用的 50%、最高给予 100 万元支持。

四、最低经营期限

申报主体应承诺获得财政资金支持的项目自获得补助资金之日起持续经营时间不得少于 1 年；对获得财政资金支持的项目 1 年内有拆迁、停止营业、被吊销营业执照等情形的，应退回相应补助资金。

五、其他要求

（一）除统一要求提交的申报材料外，申报鼓励发展商业品牌首店项目的企业，还应在项目申报书中明确申报类别并提供相应的支撑材料（首店说明、代理协议、引进协议、场地租赁协议、营业中的首店照片、首发首秀活动照片等）。

（二）凡符合 2021 年度鼓励发展商业品牌首店项目申报条件的企业，应于 2021 年 11 月

① 包括但不限于中介服务机构、商业场所业主或实际经营单位、将线上品牌引入线下开设实体首店的互联网平台企业。

20日前完成项目申报，各区商务局、经济技术开发区商务金融局、市属国有企业集团和总部企业应及时完成项目初审，于2021年12月1日前将相关材料汇总上报市商务局财务处，逾期不予受理。

（联系人：消费促进处　葛西来；联系电话：55579555）

附件5

“互联网+流通”创新示范项目申报指南

一、支持方向

（一）鼓励发展网络直播销售等促销新方式

鼓励商贸流通企业通过自建或对接网络直播平台、搭建专业或独立的网络直播场景、升级直播软硬件设备等方式，进一步拓展网络销售渠道，提升线上消费体验。鼓励网络直播平台开展商家直播赋能、直播带货等项目建设，助力传统商贸企业触网直播。支持网络直播平台信息化建设、直播相关软硬件设备购置及网络直播场景化改造。

（二）鼓励发展末端配送新模式

1. 鼓励电商、快递企业与超市、便利店、社区商业综合体、社区物业、商务楼宇、乡村便民网点等合作开展末端共同配送，进一步提升末端配送集约化水平。

2. 鼓励末端配送第三方公共服务平台建设，主要为电商、快递、外卖等企业提供数据共享、订单匹配、路径优化、定位追踪等服务，支持相关企业自建平台或对接公共服务平台。

（三）鼓励发展智慧流通新模式、新业态

1. 支持商贸流通企业、品牌厂商等应用大数据、云计算、人工智能、5G、区块链等新技术、新设备创新服务模式，完善自身供应链体系，提高交易效率与安全性，进一步加快品牌孵化，扩大线上销售规模。鼓励发展线上线下融合的新零售、智能消费体验中心或体验店等新模式、新业态，通过现场演示、智能体验等线上线下互动方式，打造沉浸式、体验式消费场景，支持信息化软硬件设备及相关智能设施购置。

2. 支持主要面向商品性消费、生活服务性消费相关领域的电商服务平台建设，为商贸流通企业、生活性服务业企业、消费者等提供产品在线交易、消费评价及推荐、消费大数据分析等综合服务。

（四）支持数字化农副产品平台建设

鼓励电商平台、农贸企业、家庭农场等自建或对接农副产品线上交易平台，提升产销对接、信息整合、营销推广、在线交易、物流配送等综合服务能力，优先支持助力京郊、北京对口帮扶地区优质特色农产品线上销售的相关建设项目。

二、支持内容

对建设项目的系统平台研发、项目相关的软硬件设备购置、末端共同配送信息化及配套设施建设等相关费用给予支持。

三、支持条件

（一）网络直播平台应已在“全国网络视听平台信息管理系统”登记备案，并符合国家关于网络直播销售、网络视听服务管理的相关规定及要求。

（二）相关品牌厂商、供应商应具备独立的商贸销售主体，年均（项目建设期内自然年）网络零售额[①]不低于500万元。

（三）相关涉农企业应具备独立的商贸销售主体，线上平台年均（项目建设期内自然年）交易额不低于500万元。

（四）末端配送新模式类项目实施时间应在2019年1月1日（含）以后，其他项目实施时间应在2020年1月1日（含）以后。

四、支持标准

资金支持比例不超过该项目审定实际投资额的50%，最高不超过500万元。

（联系人：电子商务处 刘扬阳；联系电话：55579370）

附件6

促进商贸物流发展项目申报指南

一、支持方向

符合首都城市战略定位，以生活必需品、日用消费品等商贸领域物流为重点，促进商贸物流降本增效、提升商贸物流服务保障的能力和水平、加快商贸物流转型升级，推动物流信息化、智能化、集约化、标准化发展、具有一定示范效应的商贸物流项目。

（一）支持商贸物流智能化发展项目。支持利用5G、物联网、人工智能、大数据等现代技术提升物流自动化、智能化、集约化水平，支持流通供应链上下游企业打通信息流、物流，促进实现物流标准化一贯化衔接、信息协同化共享，提高流通供应链协同运作效率和水平。

（二）支持服务城市运行保障的商贸物流新模式示范项目。推进商贸物流转型升级，鼓励共同配送、统一配送、集中配送等模式发展，支持绿色物流技术和模式创新应用。

（三）支持冷链物流发展项目。支持商贸流通领域冷链物流装备与技术升级，发展全程冷链物流服务，鼓励冷链配送模式多元化创新发展。

二、支持内容

商贸物流基础设施现代化建设和升级改造；物流智能化、信息化、标准化软件开发及硬件采购；自动分拣设备购置；1.2m×1.0m标准化托盘、标准化周转筐等标准载具及与其配套的货架等设施设备购置；电动叉车、手持终端设备、GS1信息采集和处理设备、物流作业监控等物流设备采购；物流环保节能技术应用及升级改造投入；冷链物流设备与技术应用及升级改造投入。

三、申报要求

（一）项目建设应符合《北京城市总体规划（2016年—2035年）》及本指南支持方向。

（二）项目建设应取得所需的相关政府部门许可文件。

（三）申报的物流建设项目应已建设完成并已投入使用，项目建设时间应为2020年1月1

---

① 包括但不限于中介服务机构、商业场所业主或实际经营单位、将线上品牌引入线下开设实体首店的互联网平台企业。

日至2021年6月30日。

四、支持标准

资金支持比例不超过项目审定实际投资额的50%，最高不超过500万元。

（联系人：物流发展处　余博、卓海静；联系电话：55579410、55579409）

附件7

老字号传承发展项目申报指南

一、支持方向及内容

（一）支持技艺传承，内容包括传承人工作室的装修改造、软硬件设备购置；

（二）支持博物馆、史料馆、品牌展览馆、非遗展厅等建设，鼓励挖掘、宣传、展示老字号文化、技艺，内容包括装修改造、软硬件设备购置；

（三）支持商标、专利注册申请等品牌建设，内容包括注册、续展、认证等相关费用；

（四）支持新建或改造老字号门店，鼓励恢复原店原貌，改善消费环境，内容包括装修改造和软硬件设备购置；

（五）支持开展直播销售、快闪等营销模式创新，内容包括直播场景化改造、直播软硬件及相关信息化设备购置、快闪店搭建等；

（六）支持产品和服务创新、鼓励开展跨界合作，内容包括产品包装改良和创新设计、企业整体形象升级、新产品及文创产品设计研发等。

二、支持条件和要求

1. 老字号传承发展项目申报主体应为经商务部认定的中华老字号或北京老字号协会认定的北京老字号。

2. 新建门店的证照取得日期和其他方向项目的建设时间均应在2020年1月1日（含）以后。

三、支持标准

资金支持比例不超过项目审定实际投资额的50%，最高不超过300万元。

（联系人：流通发展处　王翰阳；联系电话：55579591）

附件8

总部经济公共服务平台建设项目申报指南

一、支持方向

支持符合条件的园区公共服务设施改造升级、公共信息系统建设等相关项目，提升园区综合服务能力与服务品质，为跨国公司地区总部、总部企业提供政策信息咨询、综合政务服务、展览展示、会议推介、企业孵化等公益性综合服务，助力总部企业提质增效。

（一）公共服务信息系统建设项目：建设与

改造园区信息化系统、智能化办公系统。

（二）公共服务设施改造升级项目：新建或改建展览展示厅、会议室等服务设施。

二、支持条件

（一）申报项目所在地应为科技园区、创新示范区、经市人才局认定的国际人才社区等总部企业集中的区域。

（二）项目建成后为包括但不限于本园区10家以上本市总部企业提供公共服务，积极吸引或培育跨国公司地区总部或总部企业入驻园区，社会效益明显。

（三）园区服务水平、企业满意度明显提升。

（四）项目建设时间应在2020年1月1日（含）以后。

三、支持标准

资金支持比例不超过该项目审定实际投资额的50%，最高不超过300万元。

（联系人：商务环境协调推进处（总部经济发展处）杜大琳；联系电话：55579300）

附件9

推进汽车流通规范化发展项目申报指南

一、支持方向和内容

（一）报废汽车回收拆解企业购置现代拆解设备，进行软硬件升级改造、提升信息化水平。

（二）二手车交易市场软硬件升级改造，二手车经营企业新建或升级二手车交易平台。

二、支持条件

（一）报废汽车回收拆解企业、二手车交易市场和二手车经营主体应在我市商务部门备案且项目建设相关手续合规。

（二）项目建设时间应在2020年1月1日（含）以后。

三、支持标准

资金支持比例不超过项目审定实际投资额的50%，最高不超过100万元。

（联系人：流通发展处　曹民；联系电话：55579418）

附件10

商业流通领域节能减排项目申报指南

一、支持方向及内容

（一）鼓励企业开展节能改造项目。支持企业开展动力、照明、供暖制冷、通风空调、冷冻冷藏、电梯、厨房设备等能耗设施设备的节能改造。

（二）鼓励企业合理利用新能源、分布式能源，提倡推广LED、热泵、蓄冷蓄热、变频等新产品、新设备、新技术应用。

（三）鼓励企业采用信息化、自动化等先进技术和手段，提高设备能源利用效率，提高企业节能低碳管理水平。

（四）支持企业开展“绿色商场”创建活动。

二、支持条件

（一）节能改造项目综合节能率不小于15%。

（二）新产品、新能源、新技术应用项目覆盖率达80%以上。

（三）能源管理项目主门店二级计量器具配备率达95%以上，实现在线监测率达90%以上。

（四）“绿色商场”项目符合行业标准（SB/T 11135—2015）相关要求。

（五）项目实施时间应在2020年1月1日（含）以后。

三、支持标准

资金支持比例不超过项目审定实际投资额的50%，最高不超过100万元。单个“绿色商场”项目奖励资金不超过10万元。

（联系人：服务质量促进处　孙景东，联系电话：55579320）

附表1

项目申报书（4张表）

项目申报表

项目名称	
项目单位	
企业注册地	
申报日期	

项目信息表

项目名称			申报方向	
项目负责人			手机电话	
单位地址			邮政编码	
注册资本			办公电话	
上年收入			企业规模	
项目申请理由及项目主要内容				
项目经济效益				
项目社会效益				
阶段性目标	实施阶段	目标内容	起止时间（年月）	
	第一阶段			
	第二阶段			
	第三阶段			
项目组织实施条件				

项目支出预算明细表

项目支出预算及测算依据	项目资金来源	来源项目	申报额（万元）
		项目总投资	
		其中：自筹资金	
		银行贷款	
	项目支出明细预算	支出明细项目	金额（万元）
		合计	
	预算依据及说明		

项目可行性执行报告

一、基本状况
二、必要性与可行性
三、实施条件

附表 2

项目已发生费用明细表

填报单位：（公章）

序号	记账时间	会计凭证号	发票号码	费用名称	金额（元）
1					
2					
3					
4					
5					
6					
7					
8					
9					
10					
11					
12					
13					
14					
15					
16					
17					
18					
19					
20					
	合计				

注：项目已发生费用明细按时间先后顺序填写。

附表 3

项目申报单位承诺书

北京市商务局：

我单位将严格按照《北京市商务委员会、北京市财政局关于印发〈北京市商业流通发展资金管理暂行办法〉的通知》（京商务财务字〔2017〕47 号）、《北京市商务局、北京市财政局关于〈北京市商业流通发展资金管理暂行办法〉的补充通知》（京商财务字〔2019〕7 号）及《北京市商务局关于申报 2021 年度商业流通发展项目的通知》（京商财务字〔2021〕5 号）及相关配套管理办法的有关规定组织实施____________项目，保证向市商务局及有关部门提供的资料真实、有效，项目建设各项手续齐全、合规，项目建设资金落实到位，项目按计划实施，确保项目建设效果。

我单位承诺申报项目未获得其他部门资金支持，保证不出现任何项目建设违法违规行为，如出现上述问题我单位将承担一切责任。

项目单位法人代表（签字）：____________

单位公章

年　月　日

附表 4

2021 年商业流通发展项目申报情况汇总表

填报单位：（盖章）　　　　　　　　　　　　　　　　　　　　单位：万元

序号	项目单位	项目名称	申报方向	计划投资			企业性质	企业注册资金	项目已投资	项目进度		项目负责人	办公电话	手机	项目主要内容	项目主要支出预算
				总额	自筹资金	银行贷款				开工时间	完工时间					
总计																

填报人：　　　　　　　　　　　　　审核人：

备注：此表由项目申报单位填写，由区商务局、经济技术开发区商务金融局、市属商业企业集团、总部企业汇总。

关于申报2021年度第一批外经贸发展项目的通知

京商财务字〔2021〕6号

各区商务局、北京经济技术开发区商务金融局、相关企业：

为培育外贸增长新动能，促进对外投资健康稳定发展。依据《北京市商务委员会 北京市财政局关于印发〈北京市外经贸发展资金管理实施细则〉（修订稿）的通知》（京商财务字〔2018〕23号）及相关资金实施方案规定，现将申报2021年度第一批外经贸发展项目的有关事项通知如下：

一、支持方向和重点

主要支持跨境电子商务发展，有序开展对外投资合作，对符合标准和要求的项目采取补助、以奖代补等形式给予支持。

二、申报条件

（一）项目申报单位经营状况良好，财务管理制度健全。

（二）项目获得中央财政资金支持或其他市级财政资金支持的不得重复申报。

（三）申报企业近三年在外经贸业务管理、财务管理、税收管理、外汇管理、海关管理、统计管理等方面不存在严重违法违规行为的。

（四）有下列情形的不予支持：列入《北京市新增产业的禁止和限制目录》禁止类和限制类范围的；纳入全市联合惩戒“黑名单”的；纳入北京市商务领域不良信用记录名单，应受到“不予支持”信用惩戒的；经审议其他不予支持的。

（五）除上述申报条件外，各申报指南中有明确要求的应从其要求。

三、申报流程

（一）项目申报原则上按照属地管理，由区商务局、北京经济技术开发区商务金融局初审后上报市商务局。

（二）经市商务局复审通过的项目，委托中介机构进行项目评审或资金审核。

四、工作要求

（一）各项目申报单位应确保申报材料真实、准确、完整，并向市商务局作出书面承诺。

（二）对于伪造相关材料，提供虚假发票和虚假材料的项目申报单位，取消其当年申报资格，且三年内不得申报专项资金支持。

（三）获得专项资金支持的项目申报单位应积极配合相关监督检查、审计等工作。

（四）各初审单位应积极组织项目申报，切实做好指导与审核，严格把关，按照规定程序做好相关工作。

（五）各初审单位应加强对已支持项目的后续指导和跟踪监管，确保项目实施效果，充分发挥财政资金使用效益。

（六）项目单位收到财政资金后，应按照《财政部关于印发修订〈企业会计准则第16号——政府补助〉的通知》（财会〔2017〕15号）相关规定进行账务办理，相关法律法规另有规定的从其规定。

五、其他事项

（一）各支持方向具体支持内容、申报条件、申报材料要求、项目申报流程、申报时限及咨询电话，详见附件1和附件2。

（二）市商务局对本通知负责解释。

相关附件：

附件 1：2021 年支持跨境电子商务发展项目申报指南

附件 2：2021 年北京市对外投资合作项目申报指南

附件 1

2021 年支持跨境电子商务发展项目申报指南

一、支持对象

（一）跨境电子商务企业。包括自建跨境电子商务销售平台的进出口企业、利用第三方跨境电子商务平台开展进出口业务的企业和第三方跨境电子商务平台企业。

（二）跨境电子商务服务企业。包括为跨境电子商务企业提供交易、支付、通关、仓储、物流等相关服务的企业（含跨境电子商务产业园运营主体）。

二、支持方向及内容

（一）支持企业通过自建跨境电子商务销售平台（含相关信息系统及移动应用程序、微信小程序等）、建设第三方跨境电子商务平台和对接应用第三方跨境电子商务平台开展进出口业务，拓宽线上业务渠道。支持内容包括软件开发及配套硬件设施建设等。

（二）支持用于跨境电子商务通关服务的项目建设。支持内容包括安检设备、查验设备、机检线、监控系统等设施设备购置和管理信息系统开发等。

（三）支持海外仓（含海外运营中心）、保税仓（含跨境电子商务医药产品专用仓）、智能口岸仓、出口集货仓等跨境电子商务仓储物流设施建设。支持内容包括货架（货柜）、仓储搬运设备、分拣机、查验设备、监控系统、温湿度检测及调节系统等设施设备购置，仓储管理信息系统开发等。

（四）支持跨境电子商务产业园建设发展。支持内容包括开展跨境电子商务服务相关的配套设施建设等。

三、支持方式及标准

（一）贷款贴息。对企业开展以上业务取得银行贷款给予贴息支持，其中：人民币贷款贴息率，按照不超过资金申报截止日前中国人民银行公布的最近一期人民币一年期贷款市场报价利率计算，外币贷款贴息率，按照不超过 3% 计算，上述贴息率均不超过项目实际贷款利率。

（二）资金补助。依据审定实际投资给予不超过 50% 的资金支持，单个项目最高支持额度不超过 500 万元。

四、申报条件

（一）在本市依法注册登记，具有独立法人资格，工商营业执照等法律必备证照齐全有效。

（二）投入运营的自建海外仓（海外仓储物流等综合服务设施）总面积不低于 5000 平方米，配套完善的仓储管理信息化系统和线上信息平台（如 ERP、WMS 系统等），服务企业数量不低于 100 家，对当地跨境电商 B2B 业务有较强带动作用。能够为企业开拓市场提供国际仓储和物流配送服务的同时，还能提供如下所列明2项以上（含）内容的服务，包括：国际货运代理、通关服务、营销推广、金融保险服务对接、售后维修服务、退换货服务。非自建海外仓总面积不低于1000平方米，由项目申报单位（或其境外全资子公司）自主运营，配套完善的仓储管理信息化系统和线上信息平台（如ERP、WMS系统等），具有跨境电子商务经营实绩。

（三）项目已投资额不低于计划总投资额的70%，申报项目能够按申报计划组织实施。

（四）对已在北京跨境电商综试区线上综合服务平台（https：//www.bjkjb2c.com）注册备案的项目申报单位，同等条件下给予优先支持。

五、申报材料要求

（一）项目申报书（含项目可行性报告）；

（二）项目已发生费用明细表；

（三）项目申报情况表；

（四）项目申报单位承诺书；

（五）项目单位法人证明文件复印件（营业执照、法定代表人身份证明等）；

（六）项目单位近两年财务报表（资产负债表、损益表、现金流量表）；

（七）其他与项目相关的证明材料。

项目申报材料一式两份，按顺序装订成册，并加盖单位公章。项目申报材料不予退回。

六、申报流程

（一）项目申报单位将申报材料上报各区（含北京经济技术开发区）商务主管部门，各区（含北京经济技术开发区）商务主管部门初审合格后，提交市商务局。

（二）市商务局按照项目资金管理相关办法，组织开展项目评审、公示及资金拨付等工作。

附件：

1-1 项目申报书

1-2 项目已发生费用明细表

1-3 2021年外经贸发展项目申报情况汇总表

1-4 项目申报单位承诺书

（联系人：宫运晓；联系电话：55579731）

附件1-1

项目申报书（4张表）

项目申报表

项目名称	
项目单位	
企业注册地	
申报日期	

项目信息表

<table>
<tr><td>项目名称</td><td colspan="2"></td><td>申报方向</td><td></td></tr>
<tr><td>项目负责人</td><td colspan="2"></td><td>手机电话</td><td></td></tr>
<tr><td>单位地址</td><td colspan="2"></td><td>邮政编码</td><td></td></tr>
<tr><td>注册资本</td><td colspan="2"></td><td>办公电话</td><td></td></tr>
<tr><td>上年收入</td><td colspan="2"></td><td>企业规模</td><td></td></tr>
<tr><td>项目申请理由及项目主要内容</td><td colspan="4"></td></tr>
<tr><td>项目经济效益</td><td colspan="4"></td></tr>
<tr><td>项目社会效益</td><td colspan="4"></td></tr>
<tr><td rowspan="5">阶段性目标</td><td>实施阶段</td><td colspan="2">目标内容</td><td>起止时间（年月）</td></tr>
<tr><td>第一阶段</td><td colspan="2"></td><td></td></tr>
<tr><td>第二阶段</td><td colspan="2"></td><td></td></tr>
<tr><td>第三阶段</td><td colspan="2"></td><td></td></tr>
<tr><td>...</td><td colspan="2"></td><td></td></tr>
<tr><td>项目组织实施条件</td><td colspan="4"></td></tr>
</table>

项目支出预算明细表

<table>
<tr><td rowspan="27">项目支出预算及测算依据</td><td rowspan="8">项目资金来源</td><td>来源项目</td><td>申报额（万元）</td></tr>
<tr><td>项目总投资</td><td></td></tr>
<tr><td>其中：自筹资金</td><td></td></tr>
<tr><td>银行贷款</td><td></td></tr>
<tr><td></td><td></td></tr>
<tr><td></td><td></td></tr>
<tr><td></td><td></td></tr>
<tr><td></td><td></td></tr>
<tr><td rowspan="18">项目支出明细预算</td><td>支出明细项目</td><td>金额（万元）</td></tr>
<tr><td>合计</td><td></td></tr>
<tr><td></td><td></td></tr>
<tr><td></td><td></td></tr>
<tr><td></td><td></td></tr>
<tr><td></td><td></td></tr>
<tr><td></td><td></td></tr>
<tr><td></td><td></td></tr>
<tr><td></td><td></td></tr>
<tr><td></td><td></td></tr>
<tr><td></td><td></td></tr>
<tr><td></td><td></td></tr>
<tr><td></td><td></td></tr>
<tr><td></td><td></td></tr>
<tr><td></td><td></td></tr>
<tr><td></td><td></td></tr>
<tr><td></td><td></td></tr>
<tr><td></td><td></td></tr>
<tr><td>预算依据及说明</td><td colspan="2"></td></tr>
</table>

项目可行性执行报告

一、基本状况

二、必要性与可行性

三、实施条件

附件 1-2

项目已发生费用明细表

填报单位：（公章）

序号	记账时间	会计凭证号	发票号码	费用名称	金额（元）
1					
2					
3					
4					
5					
6					
7					
8					
9					
10					
11					
12					
13					
14					
15					
16					
17					
18					
19					
20					
	合计				

注：项目已发生费用明细按时间先后顺序填写。

附件 1-3

2021 年外经贸发展项目申报情况汇总表

填报单位：（盖章） 单位：万元

序号	项目单位	项目名称	申报方向	计划投资			企业性质	企业注册资金	项目已投资	项目进度		项目负责人	办公电话	手机	项目主要内容	项目主要支出预算
				总额	自筹资金	银行贷款				开工时间	完工时间					
总计																

填报人： 审核人：

备注：此表由项目申报单位填写，由区商务局、北京经济技术开发区商务管理部门汇总。

附件 1-4

项目申报单位承诺书

北京市商务局：

我单位将严格按照《北京市外经贸发展专项资金管理实施细则》（京商财务字〔2018〕23 号）及相关配套实施方案的有关规定组织实施____________________项目，保证向市商务局及有关部门提供的资料真实、有效，项目建设各项手续齐全、合规，项目建设资金落实到位，项目按计划实施，确保项目建设效果。

我单位承诺保证不出现任何项目建设违法违规行为，如出现上述问题我单位将承担一切责任。

项目单位法人代表（签字）：________

单位公章

年　月　日

附件 2

2021 年北京市对外投资合作项目申报指南

一、资金支持重点、内容、方式及标准

以推进“一带一路”国际合作为重点，根据国家有关重点规划和北京市“四个中心”建设，鼓励相关领域重点项目建设，支持重要农产品等对外投资项目。支持开展交通运输、电力、通信设施、化工、冶金、建材等领域的对外承包工程项目，鼓励企业以建设运营一体化、投资建设运营一体化方式实施项目。支持设计、咨询企业开展国际化经营，推动中国技术和标准“走出去”。支持开展品牌、营销网络等领域的境外并购，打造国际品牌。建设省级境外企业和对外投资联络服务平台。

按照《商务部财政部国务院扶贫办共青团中央关于印发〈进一步加大对外劳务扶贫力度工作方案〉的通知》（商合函〔2017〕967 号）和《商务部外交部公安部工商总局关于印送对外劳务合作服务平台建设试行办法的函》（商合函〔2010〕484 号）规定，支持对外劳务扶贫和公共服务平台提升服务质量，强化信息咨询、素质培训、权益保障、规范引导等服务功能，实现跨区域提供服务，对提升贫困县外派劳务人员报名、培训、输送等公共服务能力建设给予重点支持。

以上支持重点的依据为财建〔2020〕109 号文件，待 2021 年财政部商务部关于 2021 年外经贸发展专项资金重点工作通知发布后，如有变化，变化内容以新通知为准。

2021 年北京市对外投资合作专项资金支持的内容、方式及标准见此通知的附件 2-1，同一申报企业当年获得本专项资金支持总金额不超过1000万元人民币。

二、申请企业和项目的基本条件

（一）申请企业必须具备以下条件

1. 在我市依法注册，具有独立企业法人资格，已经市商务局或由市商务局报经商务部批准（核准或备案）开展对外投资合作业务的本市地方企业（对于境外渔业合作的企业根据国家有关规定在口岸城市或港口城市注册的，可不受注册地必须为我市的相关限制）；

2. 按照商务部、国家统计局《对外直接投资统计制度》《对外承包工程业务统计制度》和《对外劳务合作业务统计制度》的规定，按时向北京市商务局报送业务统计资料和项目进展情况；

3. 其他按规定应满足的条件。

（二）申请项目应具备以下条件

1. 经有关部门批准、登记或备案。

2. 在项目所在国（地区）依法注册、登记或备案，项目依法生效。

3. 项目金额标准：

境外投资：境外投资项目中方直接投资额不低于500万美元或等值货币。

重点支持方向金额标准：在“一带一路”沿线国家及年度重点投资方向和领域新设或并购企业，境内投资者拥有该境外企业30%（含）以上权益的境外投资，中方投资总额超过300万美元的；涉及装备制造和国际产能合作（钢铁企业、水泥企业、平板玻璃生产企业、火力发电厂、水利发电厂、核能发电厂、风力发电厂、太阳能光伏电站、汽车生产）的境外投资，中方占有该境外企业10%以上权益，中方投资总额超过300万美元的；涉及境外主要矿产资源开发（能源类矿产、金属矿产、非金属矿产）的境外投资，中方占有该境外企业10%以上权益，中方投资总额超过300万美元的；能够带动北京市企业技术转型升级，填补我市企业在技术方面的空白的并购项目，中方占有该境外企业30%以上权益，中方投资总额超过300万美元的；在境外设立研发中心、实验室及科技企业孵化器，中方占有该境外企业50%以上权益，中方投资总额超过100万美元的；能够带动“中华传统文化”走出去，有利于传播优秀传统文化的境外投资，中方投资总额超过50万美元的；在境外开展农业种植、畜禽养殖、奶业生产加工，农产品生产加工，参与海外农业技术示范项目和农业科技合作示范园区建设的境外投资，中方占有该境外企业50%以上权益，中方投资总额超过50万美元的。

对外承包工程：对外承包工程项目合同额不低于500万美元或等值货币（设计、咨询类项目除外）。

对外劳务合作：对按商务部、北京市规定开展对外劳务人员适应性培训的企业，根据实际派出人数进行补助。

4. 项目适用时间：

（1）申请贷款贴息的项目，项目合同和贷款合同须为在资金支持年度内正在执行并按合同支付利息的；

（2）申请一次性直接补助的境外投资项目，新设（并购）境外企业须在资金支持年度内备案并设立；

（3）申请对外承包工程营业额直接补助的，项目须在资金支持年度内正在执行项目所形成的营业额；

（4）申请外派劳务人员直接补助的，项目须在资金支持年度内实际派出劳务人员；

（5）申请海外投资保险保费直接补助的，项目须为资金支持年度执行的投保协议并支付保费的；

（6）申请资源回运保费的直接补助，其项

目合同（协议）在资金支持年度内正在执行，并在此期间内运回权益内资源产品（以海关报关单为准）；

（7）申请对外承包工程项目投标、履约保函费用的直接补助，项目须为资金支持年度内正在执行的项目开具的保函并支付费用的；

（8）申请外派中方人员安全保险费用补助的，相关人员须在资金支持年度内实际派出，其项目须为资金支持年度执行的投保协议并支付相关费用的；

（9）申请接入省级境外企业和对外投资联络服务分平台，其项目应在资金支持年度接入省级分平台，并已支付各项接入费用的。

（以上项目适用时间：2020年1月1日至2020年12月31日）

三、申报材料要求

符合条件的企业，根据申报通知提供书面申报材料（一式两份，申报材料及样表见此通知的附件2-2、附件2-3）并在“商务部外经贸发展专项资金管理系统”上进行项目申报；同一单位申报境外投资、对外承包工程、对外劳务合作业务资金的材料必须分别装订；项目申报材料中须报送“项目申报书”和提供我驻项目所在国使馆“经商参处（室）意见”，如有外文须附加中文译本；申报材料中的具体数据要按资料要求的币种及单位填写，汇率按2020年12月31日汇率计算，并保留两位小数；复印件须加盖单位公章。

四、工作进度及时间安排

（一）2021年4月15日14：30—16：30项目申报培训，本年度培训会采用线上方式，请参会人员自行下载会议软件（腾讯会议号：腾讯会议号：293 616 629）。

（二）2021年5月17日至5月21日项目集中申报，逾期不予受理。报送地点：北京西城区广莲路1号建工大厦1201室；联系电话：13426110825，13811218417。各申报企业报送申请材料前请将《北京市使用对外投资合作资金申请表》《对外投资合作资金项目申报书》《申报项目明细表》的电子版发送到外经处邮箱（wjc@sw.beijing.gov.cn）。

联系人：薛俊芳（外经处）

联系电话：55579386

附件：

2-1 2021年北京市对外投资合作专项资金的支持方式、内容、标准明细表

2-2 2021年对外投资合作专项资金申报材料清单

2-3 2021年对外投资合作专项资金申报样表

附件 2-1

2021年北京市对外投资合作专项资金的支持方式、内容、标准明细表

序号	支持方式	支持内容	支持标准
1	贷款贴息	为一年以上（含一年）中长期境内非政策性贷款，贷款可从境内银行取得，也可由我国企业在境外设立的控股企业从我国银行在境外的分支机构取得；	用于支持对外投资合作项目的贷款贴息，不超过贷款实际支付利息的50%；每个项目可获得累计不超过3年的贷款贴息支持，每年度不超过500万元人民币。
		特许经营类对外承包工程项目的贷款可由境外项目公司从境内银行取得，也可从我国银行在境外的分支机构取得；	
		贷款用于对外投资合作项目的建设及运营；	
		申报项目贷款额不超过《企业境外投资证书》备案的贷款额度和对外承包工程项目合同额；	
		人民币贷款帖息率不超过中国人民银行公布执行的基准利率，实际利率低于基准利率的，不超过实际利率；	
		外币贷款年贴息率不超过3%，实际利率低于3%的，不超过实际利率。	
2	境外投资的直接补助	申请境外投资项目直接补助的须是经市商务委或经市商务委报经商务部备案或核准取得《企业境外投资证书》，已在项目所在国（地区）依法注册，已履行完境内外全部手续。	境外投资项目在申报年度内直接投资额超过500万美元的投资，给予额度不超过100万元人民币的一次性补助；符合支持重点且在申报年度内累计中方直接投资完成中方投资额60%以上的，一般给予额度不超过50万元人民币的一次性直接补助。
		在“一带一路”沿线国家新设或并购企业，境内投资者拥有该境外企业30%（含）以上权益的境外投资，中方投资总额超过300万美元的；涉及装备制造和国际产能合作（钢铁企业、水泥企业，平板玻璃生产企业，火力发电厂、水力发电厂、核能发电厂、风力发电厂、太阳能光伏电站、汽车生产）的境外投资，中方占有该境外企业10%以上权益，中方投资总额超过300万美元的；涉及境外主要矿产资源开发（能源类矿产、金属矿产、非金属矿产）的境外投资，中方占有该境外企业10%以上权益，中方投资总额超过300万美元的；能够带动北京市企业技术转型升级，填补我市企业在技术方面的空白的并购项目，中方占有该境外企业30%以上权益，中方投资总额超过300万美元的；在境外设立研发中心、实验室及科技企业孵化器，中方占有该境外企业50%以上权益，中方投资总额超过100万美元的；能够带动“中华传统文化”走出去，有利于传播优秀传统文化的境外投资，中方投资总额超过50万美元的；在境外开展农业种植、畜禽养殖、奶业生产加工，农产品生产加工，参与海外农业技术示范项目和农业科技合作示范园区建设的境外投资，中方占有该境外企业50%以上权益，中方投资总额超过50万美元的。	

（续）

序号	支持方式	支持内容	支持标准
3	对外承包工程的直接补助	对企业取得对外承包工程项目发生的投标、履约保函费用及形成营业额进行直接补助； 申请对外承包工程直接补助的应为企业直接中标项目，合同总额大于500万美元（设计、咨询类项目除外）； 以联营体形式承包工程的，企业承担项目情况按合同比例计算工程合同额。	对外承包工程项目营业额补助，按照不超过项目申报期内已完成营业额的0.5%进行补助，一个项目当年补助额最高不超过100万元人民币。 用于支持企业对外承包工程项目投标、履约保函费用的补助，不超过实际支付费用的50%，一个项目当年补助额最高不超过100万元人民币。
4	外派劳务人员的直接补助	对按商务部和北京市规定开展对外劳务人员适应性培训的企业进行直接补助；	适应性培训每人补助不超过500元人民币。
		对外派劳务人员户籍所在地为“京津冀”协同发展区域内或全国范围内“国家级贫困县”的企业、符合打造对外劳务合作“北京服务”品牌高端劳务的企业进行直接补助。	对派出人员户籍所在地为“京津冀”协同发展区域内或全国范围内“国家级贫困县”的，每人补助不超过1000元人民币。
5	资源回运运保费的直接补助	我市企业开展境外能源资源开发，将其所获合作权益以内的产品运回国内，对从境外起运至国内口岸间的运保费给予补助； 计算运保费的资源产品进口数量以海关统计数据为准； 企业实施对外承包工程项目换回的，不超过与外方签署的开发投资合作协议合同总金额的资源产品运回国内，对从境外起运地至国内口岸间的运保费给予补助；享受补助的回运资源种类比照上述境外资源、能源开发合作项目执行。	企业申报资源回运运保费支持金额不超过实际支付费用的50%，一个项目当年补助额最高不超过500万元人民币。
6	海外投资保险保费的直接补助	对企业开展对外投资合作业务投保海外投资保险的保费进行补助。	给予不超过申请企业实际支付保险费用50%的补助，一个项目当年补助额最高不超过500万元人民币。
7	对外投资合作业务促进活动的直接补助	对受主管部门委托的企业（单位）为促进我市企业开展对外投资合作业务而组织的促进活动，按组织开展促进活动实际发生的费用进行补助。	按实际发生的费用予以补助。
8	外派中方人员安全保险费用补助	对企业为外派中方人员购买在国外工作期间人身意外伤害险、绑架与赎金综合保障险、传染病及医疗保险，海外救援服务等保障外派中方人员人身安全的产品的费用给与补助。	按每人实际发生保费的50%，给予不超过1000元人民币的补助，一个申报企业当年补助额最高不超过100万元人民币。
9	省级分平台接入费用补助	对企业为接入省级分平台的各项实际费用给与补助。	实际接入费用按照不超过50%给与补助。
10	企业补助上限	同一申报企业当年获得本专项资金支持总金额不超过1000万元。	

附件 2-2

2021年对外投资合作专项资金申报材料清单

一、申请贷款贴息提供如下材料

1. 北京市使用对外投资合作专项资金申请表。

2. 申请报告。包括项目基本情况、项目贷款、项目预期收益情况分析和发展前景等。

3. 申请企业营业执照复印件。

4. 企业持有的有效的《企业境外投资证书》《对外劳务合作经营资格证书》《对外承包工程项目投（议）标许可》或《对外承包工程项目备案表》等证书复印件。

5. 境外企业或机构注册文件复印件或合作项目合同副本。

6. 申报单位承诺书。

7. 与承贷金融机构签订的贷款合同及合同项下的借据及利息结算清单复印件。

8. 申请企业近两年的年度审计报告。

9. 要求报送的其他材料。

二、申请直接补助提供如下材料

企业除提供上述第一款中1至6项所列材料外，还需提供如下材料：

1. 以对外承包工程项目提出申请的，需提供项目有效中标的证明文件（中标通知书、正式签订的合同、使馆经商参处意见、对外承包工程项目投（议）标备案（核准）表等材料复印件），规定期内完成营业额的情况说明材料，申请投标、履约保函费用补助的还需提供保函复印件及费用支付票据。

2. 以对外投资项目提出申请的，需外汇核准文件和资金汇出证明（在当地或第三国融资、企业内部从第三国调动资金等方式的，可不提供外汇核准文件和资金汇出证明，但须提供相关证明）、项目所在国有关机构的验资证明、以设备等实物投资的须提供海关报关单复印件等证明项目已经实施的材料。

3. 以保费补助项目提出申请的，需提供投保保单、保费发票、合同等材料。

4. 受主管部门委托的企业（单位）为促进我市企业开展对外投资合作业务，组织开展的促进工作为由提出申请的，需提供促进活动已经开展的证明材料（开展促进活动文件、机票、合同及发票等）。

5. 以对外劳务人员适应性培训提出申请的，需提供培训的相关证明材料及外派劳务人员的户籍证明材料。

6. 第三方评审公司要求报送的其他材料。

申报单位报送的材料凡与申请有关的外文资料，须同时报送中文译本，复印件须加盖单位公章，一式两份，按上述所列文件顺序列出规定文件目录并装订成册。

附件 2-3

2021 年对外投资合作专项资金申报样表

表 1

项目申报书

一、基本情况

（一）项目单位情况

（二）项目基本情况

1. 项目投资情况

2. 项目建设具体情况（项目建设完成数量、项目实施进度、项目完成质量情况）

二、项目组织情况

三、项目实施效果

（一）项目实施背景（企业实施该项目受益情况分析、企业对该项目需求分析等）

（二）项目实施的社会效益（务必结合项目本身实际情况进行量化的分析，便于后期考核）

（三）项目实施的经济效益（务必结合项目本身实际情况进行量化的分析，便于后期考核，切勿夸大数据）

表 2

申报单位承诺书应包含的主要内容

一、了解合作资金管理制度并严格按照资金管理制度组织实施；

二、本次申报中提供的所有申报文件和资料真实有效，并承担相应法律责任；

三、接受有关部门及市商务局审计联席工作小组指派的审计机构和评估机构的监督、评估；

四、如违反资金管理制度或有违法违纪行为，将承担一切责任并如数退还资金；

五、法定代表人或负责人签字及单位公章。

表3

北京市使用对外投资合作资金申请表

1. 申请单位名称		2. 法定代表人姓名	
3. 联系人		4. 联系电话	
5. 开户银行名称		6. 银行账号	
7. 账户名称			

8. 申请资金支持的境外企业（机构），对外承包劳务项目	名称	批准证书、资格证书号或批准文件

9. 贷款贴息申请

贷款金融机构	贷款期限	贷款金额	贷款用途	本次申请贴息起止时间	支付利息额	资金贴息次数

10. 资金补助申请

项目名称、合同额、申报期完成营业额（万美元）	申请补助的类型①	申请补助金额	资金补助次数

11. 本次申请共计：

申请贴息项目________个，申请贴息__________万元人民币；

申请资金补助项目______个，申请补助金额__________万元人民币。

备注：

法定代表人（签字）： 单位盖章：

申报日期： 年 月 日

填表须知：1. 申报单位按此表样制作、填写并打印报送；2. 申报单位银行账户信息若有变动，请及时报告；3. 资金单位为万元（人民币或外币）；4. 项目较多时，可将表中8、9、10栏按表中栏目式样另纸制表并加盖公章，作为本表附件，并在本表备注栏说明。本表相应栏目不再填写。

注释①：按《实施细则》第七条（二）至（六）项划分。填写时，分别对应以下简称：对外承包工程类、对外投资类、对外劳务类、保险费用类、促进工作类。

表 4

驻外经济商务参赞处（室）意见

申报企业名称（盖章）：		
项目名称：		
项目所在国家、城市：		
项目是否正常运营：		
合作项目合同起止日期：		
是否为进入经确认的境外经贸合作区项目：		
经济商务参赞处（室）意见：		
参赞：	（签字）	经商处（室）盖章：
日期：　　年　月　日		
经商处（室）联系人：		
电话：	传真：	电子邮件：

表 5

外派劳务人员适应性培训审查明细表

申报单位名称：

序号	姓名	外派劳务人员（研修生）培训合格证编号	护照号	护照复印件	项目审查表	项目或雇主名称	出境期间	工作准证复印件	省级审核情况
上述内容审核完毕，共计________名人员符合条件。 主管负责人签字：（公章）									

注：1. 表内所列资料另行报送商务主管部门，无须装订入册。

2. 内地输港澳劳务人员持往来港澳通行证代替护照。

3. 外派海员持海员证代替护照，以出境记录代替“工作准证”。

4. 对台渔渔船船员持《大陆居民往来台湾通行证》或《对台劳务人员登轮作业证》代替护照；持台湾“渔业署”颁发的《大陆地区渔船船员来台履行海峡两岸渔船船员劳务合作协议许可证》代替“工作准证”。

表 6

外派劳务人员补助审查明细表
（京津冀区域和国家级贫困县）

申报单位名称：

序号	姓名	外派劳务人员户籍所在地（省 / 市 / 县）	（研修生）培训合格证编号	护照号	身份证号	身份证复印件	护照复印件	项目审查表	项目或雇主名称	出境期间	工作准证复印件	省级审核情况
上述内容审核完毕，共计______名人员符合条件。 主管负责人签字：　　　　　　（公章）												

注：1. 表内所列资料另行报送商务主管部门，无须装订入册。

2. 内地输港澳劳务人员持往来港澳通行证代替护照。

3. 外派海员持海员证代替护照，以出境记录代替“工作准证”。

4. 对台渔渔船船员持《大陆居民往来台湾通行证》或《对台劳务人员登轮作业证》代替护照；持台湾“渔业署”颁发的《大陆地区渔船船员来台履行海峡两岸渔船船员劳务合作协议许可证》代替“工作准证”。

表 7

申请贴息项目基本情况及 2020 年度银行贷款付息一览表

<table>
<tr><td>申请企业名称</td><td colspan="3"></td></tr>
<tr><td>借款企业名称</td><td colspan="3">（公章）</td></tr>
<tr><td>项目名称</td><td></td><td>申报补贴类型</td><td></td></tr>
<tr><td>项目总金额（万美元）</td><td></td><td>贷款银行</td><td></td></tr>
<tr><td>中方投资金额（万美元）</td><td></td><td>贷款合同号</td><td></td></tr>
<tr><td>境外企业名称</td><td></td><td>贷款金额（万元）</td><td></td></tr>
<tr><td>境外企业注册登记时间</td><td></td><td>贷款起止时间</td><td></td></tr>
<tr><td>项目有效期</td><td></td><td>贷款利率</td><td></td></tr>
<tr><td colspan="4">本项目已获得贷款贴息的年度：20__年、20__年、20__年</td></tr>
</table>

<table>
<tr><td rowspan="3">提款情况</td><td></td><td>提款时间</td><td>提款金额
（万元）</td><td>提款凭证（借款借据）
复印件页码</td><td>备注</td></tr>
<tr><td>第一次</td><td></td><td></td><td></td><td></td></tr>
<tr><td>…</td><td></td><td></td><td></td><td></td></tr>
<tr><td rowspan="3">还款情况</td><td></td><td>还款时间</td><td>还款金额
（万元）</td><td>还款凭证复印件页码</td><td>备注</td></tr>
<tr><td>第一次</td><td></td><td></td><td></td><td></td></tr>
<tr><td>…</td><td></td><td></td><td></td><td></td></tr>
</table>

<table>
<tr><td colspan="5">2020 年付息情况</td></tr>
<tr><td>付息时间</td><td>利息所属
期间</td><td>付息金额
（人民币元）</td><td>付息凭证复印件页码</td><td>备注</td></tr>
<tr><td></td><td></td><td></td><td></td><td></td></tr>
<tr><td></td><td></td><td></td><td></td><td></td></tr>
<tr><td colspan="2">合计</td><td></td><td></td><td></td></tr>
</table>

备注：1. 提款、还款情况和年度付息情况行数不够及多笔贷款情况可复印本表，但须加盖公司印章。

2. 境外企业投资额以境外企业批准证书上相应金额填，其他类项目以项目合同签订金额填列。

表 8

银行贷款收息结算情况表

申请企业名称：　　　　　　　　　　　　　　　　　　　　　　　　金额单位：

利息清单序号	放贷银行	贷款合同号	贷款本金	贷款利率	贷款期间	申请贴息期间	贴息天数	本次贴息期间应支付利息	本次贴息期间已支付利息

备注：贴息期为 2020 年 1 月 1 日至 12 月 31 日；贴息天数为贷款期与贴息期的重合期间。

企业不存在欠息情况

放贷银行签章：　　　　　　日期：　　　　　　银行经办人签名：

企业存在欠息情况（请注明欠息金额及欠款所属期间）

放贷银行签章：　　　　　　日期：　　　　　　银行经办人签名：

本表由放贷银行填报，仅证明企业银行贷款及付息情况的真实性。

表 9

直接补助项目基本情况及费用支出情况明细表

申请企业名称：　　　　项目名称：　　　　项目总金额：　　万美元

境外企业名称：　　　　境外公司注册登记时间：　　　　中方投资额：　　万美元

序号	费用名称	费用金额人民币元	支付凭证				费用合同				费用发票				备注
			金额			页码	金额			页码	金额			页码	
			原币（× 币种）	期末汇率	折合人民币		原币（× 币种）	期末汇率	折合人民币		原币（× 币种）	期末汇率	折合人民币		
合计		—	—		—		—		—		—		—		

注：1. 支付凭证要求提供费用支付的银行单据，如果存在代付转付情况，需附各环节银行支付单据及相关说明。

2. 境外企业投资额以境外企业批准证书上相应金额填列，其他类项目以项目合同签订金额填列。

3. 原币（× 币种）由申请企业填写。

4. 支付凭证、费用合同、费用发票金额不一致时，取最小值填入费用金额列。

表 10

资源回运费用单据明细表——陆运项目

项目名称：　　　　　　　　　　　　　　　　　编制单位：

项目期间：　　　　　　权益数量：　　　　　　编制人：　　　　　　日期：

序号	海关报关单		购货发票			提单项目			保险发票			保险单			运费发票		实际支付运费		实际支付保险费用	
	编号	数量（×）	数量（×）	单价（×币种）	总计（×币种）	号码	数量（×）	湿重（×）	数量（×）	单价（×币种）	金额（×币种）	运费（×币种）	保险总额（×币种）	保险费（×币种）	数量（×）	运费发票（×币种）	原币（×币种）	折合人民币	原币（×币种）	折合人民币
合计																				

备注：1. 实际以外币支付的运费及保险费按照年末汇率中间价折合成人民币金额，在合计栏中填列。如果是人民币支付直接填人民币金额。

2. 购货发票、提单项目、运费发票、保险费用发票中的数量单位未标注，由申请企业自行填写数量单位。一般木材回运数量单位填写立方米，渔业和矿业数量单位填写吨。由企业自行填列。

表 11

资源回运费用单据明细表——海运项目

项目名称：　　　　　　　　　　　　　　编制单位：

项目期间：　　　　　　权益产量：　　　　编制人：　　　　　　日期：

序号	海关报关单项目				购货发票项目			提单项目			运费发票				保险费用发票			实际支付运费		实际支付保险费用	
	编号	毛重（kg）	净重（kg）	数量（kg）	湿重（×）	干重（×）	总计金额（×币种）	号码	数量（×）	湿重（×）	提单号码	数量（×）	单价	运费（×币种）	提单号码	数量（×）	保费（×币种）	原币（×币种）	折合人民币	原币（×币种）	折合人民币
合计																					

备注：1. 实际以外币支付的运费及保险费按照年末汇率中间价折合成人民币金额，在合计栏中填列。如果是人民币支付直接填人民币金额。

2. 购货发票、提单项目、运费发票、保险费用发票中的数量单位未标注，由申请企业自行填写数量单位。一般木材回运数量单位填写立方米，渔业和矿业数量单位填写吨。由企业自行填列。

表 12

资源回运费用单据明细表——渔业项目

项目名称：　　　　　　　　　　　　　　　编制单位：

项目期间：　　　　　权益产量：　　　　　编制人：　　　　　日期：

序号	海关报关单项目				运费发票			提单项目		实际支付运费	
	编号	毛重（kg）	净重（kg）	数量（kg）	提单号码	数量（吨）	运费（× 币种）	号码	毛重（kg）	原币（× 币种）	折合人民币
合计		—	—	—		—	—		—	—	—

备注：实际以外币支付的运费按照年末汇率中间价折合成人民币金额，在合计栏中填列。如果是人民币支付直接填人民币金额。

表 13

对外投资合作资金到账确认函

北京市商务局：

我单位已收到贵局拨付的2021年对外投资合作资金×××万元。我公司承诺将严格按照资金使用管理相关规定使用，不出现任何违法违规行为。具体信息确认如下：

<table>
<tr><td>申请企业名称</td><td colspan="2"></td><td>备注</td></tr>
<tr><td>申请项目名称</td><td colspan="2"></td><td></td></tr>
<tr><td>资金到账金额</td><td colspan="2"></td><td></td></tr>
<tr><td>到账日期</td><td colspan="2"></td><td></td></tr>
<tr><td>企业联系人</td><td colspan="2"></td><td></td></tr>
<tr><td>联系电话/手机</td><td colspan="2"></td><td></td></tr>
<tr><td>申请企业法人或授权人签字</td><td></td><td>申请企业盖章</td><td></td></tr>
</table>

表 14

2021年对外投资合作资金申报项目明细表

序号	申请企业名称	注册地所在区	项目名称	项目国别（地区）	项目业务类型	申请支持方式	境外投资中方投资额（万美元）	对外承包工程项目合同总金额（万美元）	对外投资合作资金申报金额	往年享受对外投资合作资金支持年度贴息起止时间	是否已享受其他资金情况	项目的社会经济效益
1	××××××公司											
2												
3												
4												
5												
说明	1. 项目业务类型包括：对外投资、对外承包工程、对外劳务合作； 2. 项目支持方式包括：直接补助、贷款贴息； 3. 往年享受对外投资合作资金支持年度：请注明往年该项目享受对外投资合作资金支持的年度； 4. 项目的社会经济效益请注明该项目是否获取世界领先技术或重要资源，以及该项目是否形成重大国际影响等。											

关于申报2021年应对新冠肺炎疫情影响促进展会发展项目（第一批）的通知

京商会展字〔2021〕10号

各有关单位：

为落实市政府办公厅印发《关于支持中小微企业和个体工商户做好常态化疫情防控加快恢复发函的若干措施》（京政办发〔2021〕4号）文件精神，促进商业展会继续在京举办，现将申报2021年应对新冠肺炎疫情影响促进展会发展项目（第一批）有关事项通知如下：

一、支持范围

本市2021年1至4月份期间受疫情影响暂停举办且年内继续在京举办的商业展会项目。

二、支持标准

对于符合申报条件的商业展会项目，按照不超过实际缴纳场租费用50%的标准给予支持，补助金额不超过50万元。

三、申报条件

（一）申报展会项目因疫情影响暂停举办且在本年度（2021年）内继续举办并执行完毕；

（二）申报单位须为承担申报项目展会场租费用，且在北京市登记注册、具有独立法人资格的企业或单位；

（三）申报单位未涉及《北京市外经贸发展资金管理实施细则》（京商务财务字〔2018〕23号）第十条规定的不予支持情形。

四、申报材料

（一）基本材料

1. 申报单位的营业执照或法人登记证书（统一社会信用代码证书）、开户许可证（复印件）；

2. 展会项目延期举办情况表（详见附件1）；

3. 如承担申报展会项目场租费用为多家的（含主办、承办单位等），须提供授权委托书，授权其中一家提交申报材料，并明确补贴资金分配比例；

4. 资金申请承诺书（详见附件2）。

（二）项目材料

1. 因疫情原因暂停举办展会项目的原场馆租赁合同、解约说明（复印件）；

2. 因疫情延期展会项目再次举办的场馆租赁合同、付款凭证及发票（复印件）；

3. 参展企业明细表（详见附件3）；

4. 项目主办单位为申报单位出具的授权申报证明（申报单位为主办单位的可不提供）；

5. 其他申请资金支持需提供的材料。

注：以上所有材料均须加盖申报单位公章（材料为多页的加盖骑缝章）。申报材料需按上述顺序装订成册，一式两份。

五、资金申报及审核

（一）项目申报

拟申报第一批资金支持的项目，请于2021年8月20日前提交项目申报材料。

（二）资金审核

市商务局对申报单位提交的申报材料依据本通知相关规定进行初审后，交由第三方机构对申报材料进行审核。同时，第三方机构进行资金审核需查验相关票据及支付凭证原件，请各单位留存备查。审核通过的展会项目，将在市商务局网站进行公示，公示期为7天。公示期满无异议后按国库管理制度相关规定办理资金拨付手续。

六、其他要求

（一）申报单位应在规定时间内将申报材料提交至北京市商务局会展处（地址：通州区运河东大街57号院5号楼415室，联系人：李其，电话：55579402）。

（二）申报单位应保证申报材料真实、准确、完整。对提供假发票、假资质文件等虚假材料的单位，经查属实的，根据《财政违法行为处罚处分条例》（国务院令第427号）移送相关部门予以处理。

特此通知。

相关附件：

附件1：展会项目延期举办情况表

附件2：资金申请承诺书

附件3：参展企业明细表

附件1

展会项目延期举办情况表

主办单位 （项目组织方为多家的均需列明）	
承办单位名称	
展会名称	
原展出日期	
原展会地点及面积	
调整后展出日期	
调整后展会地点及面积	
调整后参展企业总数	
联系人	
联系人电话	
法定代表人（本人）签字：	
申请时间： 年 月 日	

附件 2

资金申请承诺书

北京市商务局：

我单位已认真阅读《北京市商务局关于申报 2021 年应对新冠肺炎疫情影响促进展会发展项目（第一批）的通知》，经自查认为符合该通知规定的所有申请条件，承诺全部申请资料真实、合规、有效，并对申请材料真实性负责，如有虚假，将依法承担相应责任。

申请单位法定代表人（本人签字）：

法定代表人手机号：

单位名称：

（加盖公章）

年 月 日

附件 3

参展企业明细表

展会项目名称：

主办单位及申报单位（盖章）：

序号	参展单位名称	统一社会信用代码	联系人	手机

关于 2021 年度鼓励发展商业品牌首店项目申报指南的补充通知

京商消促字〔2021〕25 号

各区商务局、北京经济技术开发区商务金融局、市属国有企业集团、总部企业、有关单位：

为发挥《关于鼓励发展商业品牌首店的若干措施（2.0 版）》（京商消促字〔2020〕39 号）引领作用，进一步做好 2021 年度鼓励发展商业品牌首店项目申报工作，现将有关事宜通知如下：

一、支持方向及内容

（一）支持国际品牌［注 1］（不含港澳台）企业和本土自主品牌［注 2］（含港澳台）企业及授权代理商在本市开设亚洲首店［注 3］、中国（内地）首店［注 4］、北京首店［注 5］和旗舰店［注 6］的示范店。优先支持服装鞋帽类首店、旗舰店的示范店。

1. 支持店面装修（含设备购置及配套硬件设施建设）费用以及已支出的房租（不超过 12 个月）。

2. 支持国际品牌的授权代理商海外版权代理费。

（二）支持中介服务机构、商业场所业主或实际经营单位、互联网平台企业等，2020 年 1 月 1 日（含）以后引进线下实体亚洲首店、中国（内地）首店、北京首店和旗舰店的示范店。优先支持引进服装鞋帽类首店、旗舰店的示范店。

（三）支持品牌首店、本土知名品牌、商业综合体、商业运营机构等 2021 年 1 月 1 日（含）以后在京开展具有国际国内影响力的大型新品发布活动场租、搭建费用。

二、支持条件

（一）项目申报单位应符合以下条件：

1. 在北京地区注册且具有独立法人资格，从事商贸流通业经营、服务、管理的企业、机构、经济组织等单位，且项目申报单位应为实际投资单位。

2. 项目申报单位经营状况良好，财务管理制度健全。

3. 申报项目能够按计划实施。

4. 项目获得中央财政资金支持或其他市级财政资金支持的不得重复申报。

5. 有下列情形的不予支持：列入《北京市新增产业的禁止和限制目录》禁止类和限制类范围的；纳入全市联合惩戒“黑名单”的；纳入北京市商务领域不良信用记录名单，受到“不予支持”信用惩戒的；经审议其他不予支持的。

（二）申报首店、旗舰店示范店的鼓励对象，还应符合以下条件：

1. 支持的首店、旗舰店示范店应在北京注册登记，在 2020 年 1 月 1 日（含）以后新设［注 7］。

2. 国际品牌企业在本市开设首店、旗舰店示范店实际产生的店面装修、已支出的房租（不超过 12 个月）之和应超过 100 万元；本土品牌企业在本市开设首店、旗舰店示范店实际产生的店面装修、已支出的房租（不超过12个月）之和应超过50万元；国际品牌授权代理商的海外版权代理费应超过100万元。

3. 鼓励对象入驻北京后，运营稳定，业绩良好，具有一定影响力和示范效应。

（三）申报引进线下实体亚洲首店、中国（内地）首店、北京首店、旗舰店示范店的，还应符合以下条件：

1. 新引进的国际品牌首店、旗舰店示范店实际产生的店面装修、已支出的房租（不超过12个月）之和应超过100万元；本土品牌企业在本市开设首店、旗舰店示范店实际产生的店面装修、已支出的房租（不超过12个月）之和应超过50万元；引进的首店、旗舰店示范店应具有一定影响力和示范效应。

2. 新引进的首店、旗舰店示范店应签订2年以上入驻协议。

三、支持标准

（一）申报首店、旗舰店示范店支持资金

1. 对符合条件的项目按不同支持比例、不超过最高限额给予资金支持，如果申报主体同时符合多个支持类别，只能选择一个类别进行申报。

申报主体	申报类别	最高限额（人民币）
国际品牌企业	亚洲首店	500万元
	中国（内地）首店	200万元
	北京首店	50万元
	旗舰店	50万元
国际品牌授权代理商	亚洲首店	500万元
	中国（内地）首店	200万元
	北京首店	50万元
	旗舰店	50万元
本土品牌企业	中国（内地）首店	200万元
	北京首店	50万元
	旗舰店	50万元

2. 对店面装修建设、已支出的房租（不超过12个月）等总体投资，国际品牌和本土自主品牌企业分别按照不超过审定实际投资额的50%和20%、最高500万元和200万元给予资金支持。

3. 对国际品牌的授权代理商海外版权代理费按照不超过审定实际投资额的50%、最高500万元给予资金支持。

（二）申报引进线下实体首店、旗舰店示范店奖励资金

1. 对成功引进亚洲首店、中国（内地）首店、北京首店、旗舰店并签订2年以上入驻协议的引进企业[注8]，按照每新增引进1个首店、旗舰店示范店最高给予10万元奖励的标准，给予资金支持。

2. 登录北京市商务局网站http://sw.beijing.gov.cn，在“专题链接”中点击“首店、旗舰店在谈项目库”，注册后可填报。对于纳入“首店、旗舰店在谈项目库”并最终落地经营首店、旗舰店示范店的引进企业，在原奖励标准基础上，每新增引进1个首店、旗舰店示范店，额外奖励引进企业最高2万元。

（三）申报大型新品发布活动支持资金

对品牌首店、本土知名品牌、商业综合体、商业运营机构等在京开展具有国际国内影响力

的大型新品发布活动的场租和搭建总费用，按照不超过审定实际投资额的50%、最高给予100万元支持。

四、最低经营期限

申报首店、旗舰店示范店支持资金的单位，应承诺获得财政资金之日起持续经营时间不得少于1年；对获得财政资金支持的项目1年内有拆迁、停止营业、被吊销营业执照等情形的，应退回相应补助资金。

五、申报材料

项目申报材料一式两份，应按顺序装订成册，加盖单位公章（全套申报材料需扫描电子版一并提交）。项目申报材料不予退回。申报材料如下：

（一）资金申请表（附件1）。

（二）项目已发生费用明细表（附件2）。

（三）项目申报单位承诺书（附件3）。

（四）2021年商业流通发展项目申报情况汇总表（附件4）。

（五）项目单位法人文件复印件（营业执照副本、统一社会信用代码证书、法定代表人身份证等）。

（六）项目单位近三年财务报表（资产负债表、损益表、现金流量表）。

（七）支撑材料：

1. 申报首店、旗舰店示范店支持资金的单位，应提供品牌首店类型说明、品牌商标注册和使用情况、营业中的店铺照片、店铺营业执照等支撑材料。

2. 申报引进首店、旗舰店示范店奖励资金的单位，应提供引进协议、品牌首店类型说明、品牌商标注册和使用情况、营业中的店铺照片、店铺营业执照以及引进的首店、旗舰店示范店投资成本达到相应条件等支撑材料。

3. 申报新品发布活动的单位，应提供活动方案、新品发布流程及新品名称、活动总结报告、活动现场照片、活动宣传情况等支撑材料。

（八）其他与项目相关的材料。

六、申报流程

（一）项目申报。自通知发布之日起，项目申报单位根据隶属关系将申报材料报各区商务局、北京经济技术开发区商务金融局、市属国有企业集团和总部企业。

（二）项目审核。各区商务局、北京经济技术开发区商务金融局、市属国有企业集团和总部企业对申报项目进行初审，通过初审的项目汇总报市商务局。市商务局对项目进行复核，对于通过复核的项目，由市商务局委托第三方评审机构对项目申报方向、实际投资额度、支出进度、项目申报单位财务状况进行评审，出具评审意见。

七、申报时限

凡符合2021年度鼓励发展商业品牌首店项目申报条件的企业，应于2021年11月20日前完成项目申报，各区商务局、北京经济技术开发区商务金融局、市属国有企业集团和总部企业应及时完成项目初审，于2021年12月1日前将相关材料汇总上报市商务局财务处，逾期不予受理。

八、工作要求

（一）各项目申报单位应确保申报材料真实、准确、完整，保证项目各项建设手续合规、按时间进度推进。

（二）对于伪造、提供虚假材料的项目申报单位，按《北京市商务领域不良信用记录名单管理办法（试行）》规定进行处理。

（三）获得资金支持的项目申报单位应积极配合相关监督检查、审计等工作。

（四）各初审单位应积极组织项目申报，切实做好指导与审核，严格把关，按照规定程序做好相关工作。

（五）各初审单位应加强对已支持项目的后续指导和跟踪监管，确保项目实施效果，充分发挥财政资金使用效益。

（六）项目单位收到财政资金后，应按照《财政部关于印发修订〈企业会计准则第16号——政府补助〉的通知》（财会〔2017〕15号）相关规定进行账务办理，相关法律法规另有规定的从其规定。

（七）对于截留、挪用、骗取财政资金等违法行为，依照《财政违法行为处罚处分条例》（国务院令第427号，根据2011年国务院令第588号修订）等有关规定进行处理处罚。构成犯罪的，依法移交司法机关追究其刑事责任。

（八）已经按照《北京市商务局关于申报2021年度商业流通发展项目的通知》（京商财务字〔2021〕5号），提交首店、旗舰店示范店的项目申报材料，通过初审、复核、评审的项目仍然有效，不需要重复申报。未通过初审、复核、评审的项目可按照本通知相关要求重新进行申报。

（九）截至本通知发布之日，未提交过首店、旗舰店示范店项目申报材料的项目应按照本通知相关要求进行申报。

（十）本通知自发布之日起执行，《北京市商务局关于申报2021年度商业流通发展项目的通知》（京商财务字〔2021〕5号）中关于“商业品牌首店项目申报”的内容与本通知不一致的，以本通知为准。

特此通知。

（业务咨询联系人：消费促进处　葛西来 55579555；项目申报联系人：财务处　邵婷 55579333）

注释：

［注1］在中国行政区域（不含香港、澳门、台湾）范围内进行登记注册的外资零售企业旗下品牌。

［注2］在中国行政区域（含香港、澳门、台湾）范围内进行登记注册的内资零售企业旗下品牌。

［注3］国际品牌、本土品牌在亚洲开设的首家实体门店。

［注4］国际品牌、本土品牌在中国（内地）开设的首家实体门店。

［注5］国际品牌、本土品牌在北京行政区域内开设的首家实体门店。

［注6］面积在500平方米以上（含）且超过北京市本品牌其他实体店，商品类别涵盖该品牌一级目录下所有类别的实体门店。

［注7］指营业执照注册登记日期为2020年1月1日（含）以后，或者营业执照注册登记在2020年1月1日之前，但是在2020年1月1日（含）以后开业。

［注8］包括但不限于中介服务机构、商业场所业主或实际经营单位、将线上品牌引入线下开设实体首店的互联网平台企业。

相关附件：

附件1：资金申请表

附件2：项目已发生费用明细表

附件3：项目申报单位承诺书

附件4：2021年商业流通发展项目申报情况汇总表

附件 1

资金申请表

表 1

资金申请表（品牌首店、旗舰店示范店）

<table>
<tr><td>项目名称</td><td></td><td>申报日期</td><td>年　月　日</td></tr>
<tr><td>项目申报单位名称</td><td></td><td>统一社会信用代码</td><td></td></tr>
<tr><td>项目申报单位注册地址</td><td></td><td>法定代表人</td><td></td></tr>
<tr><td>项目联系人</td><td></td><td>联系电话 / 手机</td><td></td></tr>
<tr><td>银行账号</td><td></td><td>开户银行</td><td></td></tr>
<tr><td>申报类型（限选一项）</td><td colspan="3">1. 国际品牌企业：□亚洲首店　□中国（内地）首店　□北京首店　□旗舰店
2. 国际品牌授权代理商：□亚洲首店　□中国（内地）首店　□北京首店　□旗舰店
3. 本土自主品牌企业：□中国（内地）首店　□北京首店　□旗舰店</td></tr>
<tr><td>首店、旗舰店营业执照登记日期</td><td>年　月　日</td><td>首店、旗舰店开业日期</td><td>年　月　日</td></tr>
<tr><td rowspan="4">项目实际投资额（万元）</td><td colspan="2">店面装修（含设备购置及配套硬件设施建设）费用</td><td></td></tr>
<tr><td colspan="2">房租（已实际支出且在 12 个月之内，不含物业费、管理费）</td><td></td></tr>
<tr><td colspan="2">国际品牌授权代理商海外版权代理费</td><td></td></tr>
<tr><td colspan="2">合计</td><td></td></tr>
<tr><td>品牌介绍（品牌名称、品牌创建时间、商标注册情况、发展经过、商品和服务面向群体）</td><td colspan="3"></td></tr>
<tr><td>首店、旗舰店基本情况（店铺地理位置、经营面积、经营内容、经营业绩、短期和长期经营目标等）</td><td colspan="3"></td></tr>
<tr><td>首店、旗舰店的影响力和示范效应</td><td colspan="3"></td></tr>
<tr><td>各区商务局、经济技术开发区商务金融局、市属国有企业集团、总部企业审核意见</td><td colspan="3">（盖章）
年　月　日</td></tr>
</table>

表 2

资金申请表（引进品牌首店、旗舰店示范店）

项目名称		申报日期	年　月　日
项目申报单位名称		统一社会信用代码	
项目申报单位注册地址		法定代表人	
项目联系人		联系电话 / 手机	
银行账号		开户银行	
引进品牌首店、旗舰店示范店数量（个）		引进的品牌首店、旗舰店示范店，纳入首店、旗舰店在谈项目库数量（个）	
引进品牌首店、旗舰店示范店情况介绍（逐个介绍引进示范店的实际投资额、品牌名称、品牌创建时间、商标注册情况、店铺地理位置、店铺登记和开业日期、店铺经营面积、店铺经营内容、店铺经营业绩、店铺的影响力和示范效应）			
各区商务局、经济技术开发区商务金融局、市属国有企业集团、总部企业审核意见	（盖章） 年　月　日		

表 3

资金申请表（大型新品发布活动）

<table>
<tr><td>项目名称</td><td></td><td>申报日期</td><td>年　月　日</td></tr>
<tr><td>项目申报单位名称</td><td></td><td>统一社会信用代码</td><td></td></tr>
<tr><td>项目申报单位注册地址</td><td></td><td>法定代表人</td><td></td></tr>
<tr><td>项目联系人</td><td></td><td>联系电话 / 手机</td><td></td></tr>
<tr><td>银行账号</td><td></td><td>开户银行</td><td></td></tr>
<tr><td>活动举办日期</td><td></td><td>活动举办地点</td><td></td></tr>
<tr><td rowspan="3">活动实际投资额（万元）</td><td>场租费用</td><td colspan="2"></td></tr>
<tr><td>搭建费用</td><td colspan="2"></td></tr>
<tr><td>合计</td><td colspan="2"></td></tr>
<tr><td>发布品牌新品名称（多个品牌新品需要逐个列出）</td><td colspan="3"></td></tr>
<tr><td>活动效果（参与人员情况、活动成效、媒体宣传情况等）</td><td colspan="3"></td></tr>
<tr><td>各区商务局、经济技术开发区商务金融局、市属国有企业集团、总部企业审核意见</td><td colspan="3">（盖章）
年　月　日</td></tr>
</table>

附件 2

项目已发生费用明细表

填报单位：（公章）

序号	记账时间	会计凭证号	发票号码	费用名称	金额（元）
1					
2					
3					
4					
5					
6					
7					
8					
9					
10					
11					
12					
13					
14					
15					
16					
17					
18					
19					
20					
	合计				

注：项目已发生费用明细按时间先后顺序填写。

附件 3

项目申报单位承诺书

北京市商务局：

我单位将严格按照《北京市商务委员会、北京市财政局关于印发〈北京市商业流通发展资金管理暂行办法〉的通知》（京商务财务字〔2017〕47 号）、《北京市商务局 北京市财政局关于〈北京市商业流通发展资金管理暂行办法〉的补充通知》（京商财务字〔2019〕7 号）及《北京市商务局关于2021 年度鼓励发展商业品牌首店项目申报指南的补充通知》及相关配套管理办法的有关规定组织实施____________________项目，保证向市商务局及有关部门提供的资料真实、有效，项目建设各项手续齐全、合规，项目建设资金落实到位，项目按计划实施，确保项目建设效果。

我单位承诺申报项目未获得其他部门资金支持，保证不出现任何项目建设违法违规行为，如出现上述问题我单位将承担一切责任。

项目单位法人代表（签字）：____________

单位公章

年　月　日

附件 4

2021 年商业流通发展项目申报情况汇总表

填报单位：（盖章）　　　　单位：万元

序号	项目单位	项目名称	申报方向	计划投资			企业性质	企业注册资金	项目已投资	项目进度		项目负责人	办公电话	手机	项目主要内容	项目主要支出预算
				总额	自筹资金	银行贷款				开工时间	完工时间					
总计																

填报人：　　　　审核人：

备注：此表由项目申报单位填写，由区商务局、经济技术开发区商务金融局、市属商业企业集团、总部企业汇总。

关于开展2021年度外经贸发展专项资金（进口贴息事项）申报工作的通知

京商外运字〔2021〕18号

各区商务局，开发区商务金融局，各有关单位：

根据《财政部、商务部关于印发〈外经贸发展专项资金管理办法〉的通知》（财企〔2014〕36号，以下简称《资金办法》）、《财政部 商务部关于2021年度外经贸发展专项资金重点工作的通知》（财行〔2021〕183号）及《北京市外经贸发展资金管理实施细则》（修订稿）（京商务财务字〔2018〕23号，以下简称《实施细则》）的有关规定，为做好2021年度进口贴息项目申报工作，现将有关事项通知如下：

一、基本情况

进口贴息实行目录管理，本次进口贴息申报目录依据国家发展改革委、财政部、商务部发布的《鼓励进口技术和产品目录（2016年版）》。该目录包括鼓励引进的先进技术、鼓励进口的重要装备和鼓励发展的重点行业三部分内容。我局服务贸易处负责鼓励引进的先进技术部分，外贸运行处负责鼓励进口的重要装备和鼓励发展的重点行业部分。

二、企业申请条件

（一）符合《资金办法》第十一条及不违反《实施细则》第十条所规定的基本条件。

（二）以一般贸易方式、边境贸易方式进口列入国家发展改革委、财政部、商务部发布的《鼓励进口技术和产品目录（2016年版）》（以下简称《目录》），或自非关联企业引进列入《目录》中的技术。

（三）进口产品的申请企业应当是《进口货物报关单》上的消费使用单位；进口技术的申请企业应当是《技术进口合同登记证书》上的技术使用单位。

（四）进口产品应当在2020年7月1日至2021年6月30日期间完成进口报关（以海关结关日期为准）；进口技术应当在2020年7月1日至2021年6月30日期间执行合同，并取得银行出具的付汇凭证。

（五）技术进口合同中不含违反《中华人民共和国技术进出口管理条例》（国务院令第331号）规定的条款。

（六）进口《目录》中“鼓励发展的重点行业”项下的设备，未列入《国内投资项目不予免税的进口商品目录（2012年调整）》（财政部、国家发展改革委、海关总署、国家税务总局公告2012年第83号）。

（七）符合以上条件的进口产品及技术总额不低于50万美元。

三、申报材料

（一）企业法定代表人签字的申请文件（附件1），包括：企业基本情况、进口用途、预计可产生的效益、项目绩效目标（工作和目标完成情况）等。

（二）《2021年进口贴息事项申报说明》（附件2）及电子数据。

（三）企业营业执照（复印件）。

（四）《2021 年进口贴息事项申请表》（附件 3）及电子数据。

（五）进口产品订货合同或技术进口合同（复印件，非中文合同需提供中文版翻译件）。

（六）进口产品的，需提供《中华人民共和国海关进口货物报关单》（企业留存联复印件或打印件）。

（七）进口技术的，需提供《技术进口合同登记证书》、《技术进口合同数据表》及银行出具的注明技术进口合同号的付汇凭证（复印件），技术使用单位与付汇单位不一致的，需提供双方的代理合同。技术进口额是指通过转让、许可、委托开发、合作开发、技术咨询等方式自非关联企业引进《目录》内技术所支付的技术费金额（不含设备、培训、调试、差旅等费用，不含以年度销售额、利润等为基数按比例支付的技术引进费）。付汇凭证上请注明技术引进合同号、技术名称和符合贴息条件的付汇金额。

（八）进口“鼓励发展的重点行业”项下的设备，需提供《国家鼓励发展的内外资项目确认书》（或海关出具的《适用鼓励类产业政策条目确认通知单》，含进口设备清单，复印件）、《进出口货物征免税证明》（复印件）及《进口货物报关单》（复印件）。如因关税为零无法获得免税证明，可不提交免税证明，但应在申请报告中说明有关情况；属于《目录》第三部分“鼓励发展的重点行业”中“国家级工程（技术）研究中心、国家工程实验室、国家认定的企业技术中心、重点实验室、高新技术创业服务中心、新产品开发设计中心、科研中试基地、实验基地建设”的，申报时不需提交《国家鼓励发展的内外资项目确认书》，但需提交科技部、发展改革委等部门关于国家级研究中心的认定文件。

（九）重要装备有技术参数要求的，需提供列明商品技术参数的进口合同或产品说明书等相关证明材料。

（十）引进技术的应说明是否从关联企业引进，企业更名的应说明相关情况并附证明材料。

以上材料均需加盖企业公章。

四、工作进度和申报时间

（一）2021 年 8 月 2 日至 8 月 6 日提交书面材料（一式一份）。

（二）2021年8月9日至8月11日核对原件，同时提交装订好的纸质材料（带页码）一式三份及电子数据（以 U 盘方式报送）。

五、递交材料地点及方式

地点：申报材料交至北京市朝阳区朝阳公园西里南区 6 号楼配楼二层大会议室

方式：为全力做好疫情预防控制工作，避免因人群聚集可能带来的传染风险，本年度进口贴息报送材料采取预约制，请提前一天拨打预约电话预约，预约请留人员姓名及手机号。

递交材料预约时间：（9：00—17：30）

业务咨询电话（产品）：55579511

业务咨询电话（技术）：55579489

特此通知。

相关附件：

附件 1：申请文件（模板）

附件 2：2021 年进口贴息事项申报说明

附件 3：2021 年进口贴息事项申请表

附件 1

申请文件（模板）

一、企业基本情况

企业简介及所属行业、职工人数、技术人员占比、年纳税额、产品名称、上一年及当年进出口情况、是否被市商务局认定为双自主企业（即拥有自主品牌和自主知识产权）；近五年有无严重违法违规行为；有无拖欠应交还的财政性资金等情况。

二、项目基本情况

1. 项目实施情况，包括但不限于项目批复、备案情况，资金来源、采购方式、进度等情况。引进技术的应说明是否从关联企业引进。企业更名的应说明相关情况并附证明材料。

2. 进口产品主要用途，包括但不限于自用、销售、研发、填补国内空白、消化吸收再创新及其他。

三、项目绩效情况

（一）项目实施预计可产生的效益，包括社会效益和经济效益（务必结合项目本身实际情况进行量化的分析，便于后期考核）。

（二）项目实施的主要效果，包括但不限于：支持企业引进消化吸收再创新、促进产业结构优化升级、优化进口产品结构、提高企业国际竞争力扩大出口、促进节能减排等方面，需使用具体数据和案例进行详细说明。

附件 2

2021年进口贴息事项申报说明

<table>
<tr><td>申请企业名称</td><td colspan="3"></td></tr>
<tr><td>法定代表人姓名</td><td></td><td>企业注册地址</td><td>省　市</td></tr>
<tr><td>企业性质</td><td></td><td></td><td></td></tr>
<tr><td>通信地址</td><td></td><td>邮政编码</td><td></td></tr>
<tr><td colspan="4">申请人郑重声明如下：
1. 申请人共上报申报文件资料____页；
2. 申请人依法注册，具有独立法人资格，并合法经营；
3. 申请人申报的所有文件、单证和资料是准确、真实、完整和有效的；
4. 申请人申报的所有复印件均与原件核对，完全一致；
5. 申请人承诺接受有关主管部门为审核本申请而进行的必要核查。

申请企业法定代表人或授权人：（签名）

申请企业盖章：
日期：　　年　月　日</td></tr>
<tr><td>开户银行账户账号</td><td></td><td>开户银行账户户名</td><td></td></tr>
<tr><td>开户银行名称</td><td></td><td>开户行地址</td><td></td></tr>
<tr><td>企业联系人</td><td></td><td>联系电话</td><td></td></tr>
<tr><td>电子邮件</td><td></td><td>移动电话</td><td></td></tr>
<tr><td>联系传真</td><td></td><td></td><td></td></tr>
</table>

说明：1. 申请企业法定代表人或授权人签名栏必须手签，使用名章无效；
2. 若由授权人签署，需提交由法定代表人手签并加盖公司印章的授权书原件；
3. 银行账户信息必须为公司账户，用于拨付贴息资金，务必正确填写；
4. 企业性质：国有、集体、民营、三资、研究院所、高校、其他。

附件 3

2021 年进口贴息事项申请表

申请企业：

序号	海关报关单号（技术进口填合同号）	商品税号（技术进口不填）	商品名称 / 技术名称	商品技术参数（技术进口不填）	实际进口额（美元）	原产地	商品 / 技术在目录中的序号
总计							

中央部门（机构），省、自治区、直辖市、计划单列市商务厅（委、局）意见： （盖章） 年　月　日	省、自治区、直辖市、计划单列市财政厅（局）意见： （盖章） 年　月　日

填表要求：

1. 本表应按海关报关单列明的项目逐项填报，不得将相同商品合计填报。申报进口产品的，应在“海关报关单号”栏中准确填写 18 位海关报关单号。
2. 对进口产品有技术参数要求的，应在本表“商品技术参数”栏内，填写该产品对应的实际参数，并注明参数在所附材料中的页码。
3. 《进口货物报关单》或《付汇凭证》以非美元作为计价币种的，应将进口额折算成美元。折算率按照国家外汇管理局 2021 年 6 月底公布的《各种货币对美元折算率表》（国家外汇管理局网址：http：//www.safe.gov.cn ）计算。

企业联系人：　　　　联系电话：

关于2021年度服务贸易及服务外包专项资金申报工作的通知

京商服贸字〔2021〕31号

各区商务局、北京经济技术开发区商务金融局、相关单位：

根据《财政部、商务部关于2021年度外经贸发展专项资金重点工作的通知》要求，依据《北京市商务委员会、北京市财政局关于印发〈北京市外经贸发展专项资金管理实施细则〉（修订稿）的通知》（京商务财务字〔2018〕23号）等规定，现将2021年度我市服务贸易及服务外包专项资金申报工作有关事项通知如下：

一、支持内容

（一）促进服务外包发展。对国际资质认证、新录用人员补助、培训机构培训后补助、服务外包业务贴息、创新研发和在职人员专业资格认证、境外设点、实习生经济补贴、北京服务外包行业整体促进、办公用房租赁补贴、离岸业务奖励等11项内容予以支持。

（二）支持试点地区及示范城市服务贸易创新发展。对公共服务平台建设、重点服务进口等2项内容予以支持。

（三）支持服务贸易境外拓展。对服务贸易出口贴息、鼓励会计事务所参与国际竞争等2项内容予以支持。

二、申报材料

（一）申请“支持内容（一）”的单位，请参照《2021年度促进服务外包发展资金申报指南》（附件1）执行。

（二）申请“支持内容（二）”的单位，请参照《2021年度支持试点地区及示范城市服务贸易创新发展资金申报指南》（附件2）执行。

（三）申请“支持内容（三）”的单位，请参照《2021年度支持服务贸易境外拓展资金申报指南》（附件3）执行。

（四）相关附件及附表请从北京市商务局官方网站通知公告栏下载。

三、申报要求

（一）有下列情形之一的不予支持：申报企业被列入《北京市新增产业的禁止和限制目录》禁止类和限制类范围的；申报企业被纳入北京市商务领域不良信用记录名单应受到“不予支持”信用惩戒或全市联合惩戒“黑名单”的；同一项目重复申报、多头申报财政资金支持的；申报企业近三年在外经贸业务管理、财务管理、税收管理、外汇管理、海关管理、统计管理等方面存在严重违法违规行为，拖欠应缴还财政性资金的；经审议其他不予支持的。

（二）各项目申报单位应确保申报材料真实、准确、完整。对于伪造相关材料，提供虚假发票和虚假材料的项目申报单位，取消其当年申报资格，且三年内不得申报专项资金支持。

（三）各区商务局、经济技术开发区商务金融局应积极组织项目申报，严格把关，切实做好指导与审核等相关工作。

（四）各项目申报单位于2021年8月27日（星期五）前将申报材料（含电子版）一式两份

报各辖区商务局、经济技术开发区商务金融局（北京服务外包行业整体促进项目、公共服务平台建设项目按申报指南要求执行）。

各区商务局、经济技术开发区商务金融局对申报材料进行初审，于9月10日（星期五）前将初审情况报告和初审通过的项目汇总表、企业申报材料各1份（含电子版刻制光盘）报市商务局。

市商务局委托第三方会计师事务所进行项目复审。对复审通过的项目，在市商务局官方网站上予以公示，公示期为7天，公示期满无异议后按规定办理资金拨付手续。

特此通知。

相关附件：

附件1：2021年度促进服务外包发展资金申报指南

附件2：2021年度支持试点地区及示范城市服务贸易创新发展资金申报指南

附件3：2021年度支持服务贸易境外拓展资金申报指南

附件1

2021年度促进服务外包发展资金申报指南

一、支持内容

支持在2020年7月1日至2021年6月30日期间（以下简称“规定期间”）发生的服务外包业务，主要包括：

（一）国际资质认证项目

（二）新录用人员补助项目

（三）培训机构培训后补助项目

（四）服务外包业务贴息项目

（五）创新研发项目

（六）在职人员专业资格认证项目

（七）境外设点项目

（八）实习生经济补贴项目

（九）北京服务外包行业整体促进项目

（十）办公用房租赁补贴项目

（十一）离岸业务奖励项目

二、申请条件

1. 申报单位应当符合当年申报通知的有关要求，同时还应满足以下条件：

（1）在我市行政区域内依法登记注册、具有独立法人资格。

（2）申报单位通过商务部业务系统统一平台“服务外包信息管理应用”如实填报《服务外包统计报表制度》规定的报表。

（3）以“服务外包信息管理应用”核准的实际执行额为依据，2020年7月1日至2021年6月30日期间的国际服务外包执行额不低于50万美元。

2. 申报培训机构应具有符合条件的场地、设施、专业教材和师资力量。

3. 申报“支持内容”第（九）项的单位，符合《中华人民共和国政府采购法》《北京市财政局关于推进和完善服务项目政府采购有关问题的通知》（京财采购〔2014〕1152号）等有关法规要求。

三、支持方式

对在2020年7月1日至2021年6月30日

期间发生，并在“商务部服务贸易统计监测管理信息系统（服务外包信息管理应用）”中核准的实际执行额进行支持。对每个符合条件的申请企业资金支持不超过500万元，其中对每个符合条件的申请培训机构资金支持不超过100万元。具体支持方式如下：

（一）国际资质认证项目。对服务外包企业取得的以下认证及认证的系列维护、升级给予支持，额度不超过认证费用支出的50%，每个企业支持项目不超过5个，每个项目补助不超过50万元。包括：软件能力成熟度模型认证（CMM）、软件能力成熟度模型集成认证（CMM（I））、人力资本成熟度模型（PCMM）、信息安全管理认证（ISO27001/BS7799）、信息技术服务管理体系认证（ISO20000）、服务提供商环境安全性认证（SAS70）、国际实验动物饲养评估认证（AAALAC）、药物非临床研究质量管理规范（GLP）、信息技术基础架构库规范（ITIL）、客户服务提供商标准（COPC）、环球同业银行金融电讯协会认证（SWIFT）、国际质量管理体系标准（ISO9001）、业务连续性管理标准（ISO22301）、环境管理体系认证（ISO14001）、能源管理体系标准（ISO50001）、职业健康安全管理体系认证（OHSAS18001）、客户中心能力成熟度模型认证（CC-CMM）、支付卡行业数据安全标准（PCI DSS）等。

（二）新录用人员补助项目。对服务外包企业在规定期间内新录用大学本科以上学历的员工（2019—2021年毕业），在职满1年或申报审核期间在职的，按照每人不超过7000元的标准给予企业补助。申请人数按企业在规定期间内离岸外包业务收入测算出的人数进行核定。测算人数=规定期间内离岸外包业务额（万美元）÷4（万美元/人）。如企业实际申请人数小于测算人数，则受补助人数不大于企业实际申请人数；如企业实际申请人数大于测算人数，则受补助人数不大于测算人数。

（三）培训机构培训后补助项目。对培训机构新培训从事服务外包业务、大学本科以上学历人员，通过服务外包业务专业知识和技能培训考核的，按照每人不超过500元的标准给予培训机构培训后补助。

（四）服务外包业务贴息项目。以规定期间内在商务部“服务外包信息管理应用”核准通过实际发生的服务外包业务收汇金额（人民币金额）作为计算贴息的本金（汇率按中国人民银行公布的2021年6月30日人民币汇率中间价计算），按照不超过中国人民银行公布的2021年6月30日前最近一期人民币一年期贷款市场报价利率（LPR）给予贴息支持（实际贴息金额按当年支持资金总体规模、实际业务核准额度及申报企业数量综合确定）。

（五）创新研发项目。对在规定期间内通过自主研发取得的专利、注册商标、软件著作权等给予注册费和代理服务费的实际支出额不超过50%的资金支持。其中，给予每个企业发明专利不超过20万元、国际专利不超过20万元、实用新型专利不超过5万元、外观设计专利不超过5万元、注册商标不超过5万元、软件著作权不超过5万元。

（六）在职人员专业资格认证项目。对服务外包企业在规定期间连续任职3年以上（含3年）员工进行在职能力培训，并取得以下认证的，给予不高于考试认证费用50%的补助，每个企业当年支持金额不超过100万元。包括：国家计算机技术与软件专业技术中、高级专业资格（水平）、项目管理专业人士资格（PMP）、网络高级工程师、网络安全专家、解决方案开发专家、执业药师等相关认证。

（七）境外设点项目。每个境外分支机构或

办事机构支持30万元。采取分期拨付方式，首次申请拨付支持总额的50%，2021年7月1日至2022年6月30日上报运行情况报告，如经营正常拨付后续50%。原则上一家企业申请境外分支机构或办事机构累计不超过三个。一家企业在同一国别或地区申请境外分支机构或办事机构累计不超过两个。

（八）实习生经济补贴项目。与京内高校签订共建北京服务外包实习实训基地协议的服务外包企业可申请该项目。对在实习实训基地内实习的在京高校学生，实习期在3个月以上，且由企业提供生活或实习补助的，给予企业每人每月不超过500元的实习补贴，补贴期不超过6个月。

（九）北京服务外包行业整体促进项目。对促进我市服务外包业务整体发展的项目按照相关规定予以资金支持。

（十）办公用房租赁补贴项目。以规定期间内在商务部“服务外包信息管理应用”核准通过实际发生的离岸服务外包业务额达到1500万美元（含）以上，且同比有增长的服务外包企业，可以申请该项目。办公用房租赁补贴面积按企业离岸业务年收入测算出的有效面积核定。有效面积测算基准为每人每年4万美元产值、每人办公用建筑面积10平方米［测算面积（㎡）=规定期间内离岸外包业务额（万美元）÷4（万美元）×10㎡］。如测算面积大于企业在京实际办公用房租赁建筑面积，以在京实际办公用房租赁建筑面积为补贴面积。补贴标准为不超过20元/每平方米/月标准，且企业租房费用应大于享受补贴费用，每家企业年补贴金额不超过300万元。

（十一）离岸业务奖励项目。以规定期间内在商务部“服务外包信息管理应用”核准通过实际发生的离岸外包业务额达到1000万美元（含）以上，且同比有增长的企业可以申请该项目。离岸外包业务额较2019年7月1日至2020年6月30日增长超过300万美元的企业，奖励金额不超过50万元；增长超过500万美元的企业，奖励金额不超过100万元；增长超过1000万美元的企业，奖励金额不超过200万元。

四、申报材料

（一）基本材料

1. 由申请企业法定代表人签字的《承接国际服务外包业务资金补助申请报告》，内容包括：企业基本情况，开展服务外包业务情况，申请项目执行或完成情况，近三年无严重违法违规行为、无拖欠应缴还的财政性资金、同一项目未申请或享受其他财政资金等；

2. 申请单位法律地位文件复印件；

3. 经会计师事务所审计的2020年度财务会计报告复印件；

4. 规定期间内服务外包业务专项审计报告原件；

5. 规定期间内服务外包合同或协议的复印件；

6. 规定期间内离岸服务外包业务年度收入明细表；

7. 结汇凭证及涉外收入申报单复印件（承接跨国公司的离岸服务外包业务，而由跨国公司境内机构代为支付的服务外包业务收入，须提供相关业务凭证复印件）；

8. 由企业法定代表人签字的《北京市服务外包业务专项资金申请承诺书》。

（二）项目申请材料

1. 申请国际资质认证项目时还需提供：

（1）北京市服务外包企业国际资质认证补助申请表；

（2）国际资质认证证书复印件；

（3）与相关国际认证评估顾问公司签订的

合同协议复印件；

（4）缴纳认证费用凭证的复印件，包括认证费用发票和相对应的银行出具的支付凭证。

2. 申请新录用人员补助项目时还需提供：

（1）北京市服务外包企业新录用人员补助申请表；

（2）新录用人员若属于分公司，需提供分公司营业执照复印件；

（3）新录用人员身份证复印件、大学本科以上学历证明，以及签订 1 年以上的《劳动合同》的复印件；

（4）企业为新录用人员缴纳的社会保险证明或个税证明（时间由入职至申报当月）的复印件。

3. 申请培训机构培训后补助项目时还需提供：

（1）北京市服务外包培训机构培训后补助申请表；

（2）培训人员身份证复印件、大学以上学历证明；

（3）培训机构颁发被培训人员专业知识和技能培训考核合格证书，以及被培训人员缴费凭证的复印件。培训机构为学校的需提供《全国普通高等学校毕业生就业协议书》（协议三方为：培训学校、服务外包企业、毕业学生）复印件；其他培训机构需提供培训人员缴费证明、与在我市“服务外包业务管理和统计系统”中登记的服务外包企业签订 1 年以上的《劳动合同》的复印件（或培训人员为近三年在京大学毕业的，提供毕业证书复印件）。

4. 申请服务外包业务贴息项目时还需提供：

（1）北京市服务外包企业服务外包业务贴息申请表；

（2）企业规定期间内在商务部“服务外包信息管理应用”核准通过的实际离岸服务外包业务额情况清单及相关凭证。

5. 申请创新研发项目还需提供：

（1）北京市服务外包企业创新研发补助申请表；

（2）企业所获得的专利证书、商标注册证书、软件著作权证书复印件；

（3）专利、商标、软件著作权等申请过程中的注册费用凭证复印件。

6. 申请在职人员专业资格认证项目时还需提供：

（1）北京市服务外包企业在职人员专业资格认证补助申请表；

（2）申请人员身份证复印件，在企业连续任职满 3 年以上的任职证明（包括个人简历、任职情况等）、劳动合同，企业为申请人员在任职期间连续缴纳社会保险满 3 年（含 3 年）以上的证明复印件；

（3）通过相关专业资格考试的证书复印件；

（4）企业报销报名考试费用相关凭证或企业银行付款凭证复印件。

7. 申请境外设点项目时还需提供：

（1）北京市服务外包企业境外设点补助申请表；

（2）商务主管部门颁发的《企业境外投资证书》、《企业境外机构证书》复印件；

（3）境外注册文件、境外企业房产证明或租房协议；

（4）外派人员护照、签证；

（5）境外设点专项审计报告（复印件、翻译件）；

（6）境外设点运行情况报告。

8. 申请实习生经济补贴项目时还需提供：

（1）北京市服务外包企业实习生经济补贴申请表；

（2）校企合作协议；

（3）企业和实习生的实习协议书；

（4）实习登记表；

（5）实习学生学历证明或在学证明；

（6）实习学生名单（含身份证号）；

（7）实习生津贴发放凭证。

9. 申请北京服务外包行业整体促进项目还需：

根据《中华人民共和国政府采购法》《北京市财政局关于推进和完善服务项目政府采购有关问题的通知》（京财采购〔2014〕1152号）等有关法规执行。

10. 申请办公用房租赁补贴项目时还需提供：

（1）北京市服务外包企业办公用房租赁补贴申请表；

（2）企业在商务部“服务外包信息管理应用”核准通过的2020年7月1日至2021年6月30日和2019年7月1日至2020年6月30日实际离岸服务外包业务执行情况清单及收入凭证；

（3）办公用房租赁协议、房租支付凭证及房屋产权证明；

（4）企业租赁办公用房情况的专项审计报告。

11. 申请离岸业务奖励项目时还需提供：

（1）北京市服务外包企业离岸业务奖励申请表；

（2）企业在商务部“服务外包信息管理应用”核准通过的2020年7月1日至2021年6月30日和2019年7月1日至2020年6月30日期间实际离岸服务外包业务执行情况清单及收入凭证。

五、申报工作要求：

（一）8月27日前，请各项目申报单位将申报材料一式两份（含电子版）报辖区商务局、经济技术开发区商务金融局。

（二）9月10日前，各辖区商务局、经济技术开发区商务金融局将初审情况报告和初审通过的项目汇总表、企业申报材料各1份（含电子版刻制光盘）报市商务局。服务外包整体促进项目按政府采购网公示时间为准执行。

（三）市商务局委托第三方会计师事务所进行项目复审。对复审通过的项目，在市商务局官方网站上予以公示，公示期为7天，公示期满无异议后按规定办理资金拨付手续。

联系人：许鑫　于新成；

电　话：55579495/9491

邮　箱：xx@sw.beijing.gov.cn

附件 1-1

促进服务外包发展专项资金申请承诺书

____________公司郑重承诺：

我单位申请 2021 年度促进服务外包发展专项资金所提供的申报材料均真实、准确、合法。如有不实之处，愿负相应法律责任，并承担由此产生的一切后果。

特此承诺。

申请人：（法人代表签字并加盖公章）

申请日期：　　年　　月　　日

注：1. 法人代表签字必须手签，盖名章无效；

2. 如代签，需附法人代表授权委托书原件。

促进服务外包发展专项资金使用承诺书

____________公司郑重承诺：

为确保 2021 年度促进服务外包发展专项资金安全、高效使用，保证做到：

一、自觉接受市商务局、市财政局对服务外包业务专项资金使用情况进行的监督、检查，并接受同级及上级审计部门的审计检查。

二、积极配合专项资金绩效考评工作，按要求及时向市、区商务及财政主管部门提供专项资金使用绩效报告。

三、如在专项审计与监督检查中存在严重问题，除按要求退还所得资金外，自发现之日起三年内不得申报政府专项资金支持。

特此承诺。

（法人代表签字并加盖公章）

年　　月　　日

企业银行账户账号信息

开户银行名称：　　　　联系人：

开户银行地址：　　　　联系电话与传真：

银行账户户名：　　　　手机号码：

银行账户账号：　　　　电子邮箱：

附件 1-2

北京市服务外包企业国际资质认证补助申请表

（申报年度）

申报单位（盖章）：　　　　页码 / 总页

序号	国际认证名称	证书号	获得日期 （年 / 月 / 日）	认证、维护费 （万元）	备注

联系人：　　　　联系电话：

附件 1-3

北京市服务外包企业新录用人员补助申请表

（申报年度）

申报单位（盖章）：　　　　页码 / 总页

序号	姓名	性别	身份证号	毕业院校	所学专业	学历	毕业日期 （　年　月　日）	劳动合同签订日期 （　年　月　日— 年　月　日）	缴纳社保日期 （　年　月　日— 年　月　日）	备注

联系人：　　　　联系电话：

附件 1-4

北京市服务外包培训机构培训后补助申请表

（申报年度）

申报单位（盖章）：　　　　　　　　　　　　　　　　　　　　页码 / 总页

序号	姓名	性别	身份证号	毕业院校、接收服务外包企业	培训内容	学历	培训日期（　年　月　日—　年　月　日）	培训费用（万元）	备注

联系人：　　　　　　　　　　　　　　　　　　联系电话：

附件 1-5

北京市服务外包企业服务外包业务贴息申请表

（申报年度）

序号	企业名称	离岸业务额（人民币）	贷款市场报价利率（LPR）	拟补贴金额（万元）
	合　　计			

联系人：　　　　　　　　　　　　　　联系电话：

附件 1-6

北京市服务外包企业创新研发补助申请表

（申报年度）

申报单位（盖章）：　　　　　　　　　　　　　　　　　　　　　　　　页码 / 总页

序号	专利证书、商标注册证书、软件著作权登记证书名称	证书号	专利号、登记号	获得日期（　年　月　日）	费用（万元）	备注
	合　　计					

联系人：　　　　　　　　　　　　　　　　联系电话：

附件 1-7

北京市服务外包企业在职人员专业资格认证补助申请表

（申报年度）

申报单位（盖章）： 页码 / 总页

序号	姓名	性别	身份证号	学历	职务	任职日期（ 年 月 日— 年 月 日）	培训院校（机构）	培训内容	培训日期（ 年 月 日— 年 月 日）	获得证书名称	培训费用（万元）	备注

联系人： 联系电话：

附件 1-8

北京市服务外包企业境外设点补助申请表

（申报年度）

申报单位（盖章）：

序号	企业（投资主体）名称	境外机构国别或地区	境外机构名称	设立时间	批准证书号及批准时间	申请金额（万元）	拟拨付金额（万元）
	合　计						

联系人：　　　　　　　　　　　　联系电话：

附件 1-9

北京市服务外包企业实习生经济补贴申请表

（申报年度）

申报单位（盖章）： 页码 / 总页

<table>
<tr><th>序号</th><th>企业名称</th><th>实习生人数</th><th>资金补贴期数（月）</th><th>申请补贴金额</th><th>拟补贴金额</th></tr>
<tr><td rowspan="6"></td><td rowspan="6"></td><td></td><td>1</td><td></td><td rowspan="6"></td></tr>
<tr><td></td><td>2</td><td></td></tr>
<tr><td></td><td>3</td><td></td></tr>
<tr><td></td><td>4</td><td></td></tr>
<tr><td></td><td>5</td><td></td></tr>
<tr><td></td><td>6</td><td></td></tr>
<tr><td rowspan="6"></td><td rowspan="6"></td><td></td><td>1</td><td></td><td rowspan="6"></td></tr>
<tr><td></td><td>2</td><td></td></tr>
<tr><td></td><td>3</td><td></td></tr>
<tr><td></td><td>4</td><td></td></tr>
<tr><td></td><td>5</td><td></td></tr>
<tr><td></td><td>6</td><td></td></tr>
<tr><td></td><td colspan="3">合　计</td><td></td><td></td></tr>
</table>

联系人： 联系电话：

附件 1-10

北京市服务外包企业办公用房租赁补贴申请表

（申报年度）

申报单位（盖章）：

序号	企业名称	去年离岸业务额（万美元）	前年离岸业务额（万美元）	增长率（%）	折算补贴面积（平方米）	实际用房面积（平方米）	补贴面积（平方米）	拟补贴金额（万元）
	合　计							

联系人：　　　　　　　　　　　　　　　　联系电话：

附件 1-11

北京市服务外包企业离岸业务奖励申请表

（申报年度）

申报单位（盖章）：

序号	企业名称	去年离岸业务额（万美元）	前年离岸业务额（万美元）	去年相对前年增长量（万美元）	奖励基准	拟奖励金额（万元）
	合　计					

联系人：　　　　　　　　　　　　　　联系电话：

附件 1-12

20XX 年 XXXX 公司离岸服务外包业务收入明细表

序号	合同号	合同名称	发包商	发包商国别	实际发包商	实际发包商国别	合同金额（万美元）	实际收入金额（万美元）
1								
2								
3								
4								
5								
6								
7								
8								
9								
10								
11								
离岸服务外包业务额合计								
外包企业声明	郑重声明： 1. 上述内容准确、真实、完整和有效； 2. 对应资料已完整存档，随时备查； 3. 承诺接受有关审核部门为审核本申请而进行的必要核查和相关法律责任。 法人签字：　　　盖章							

附件 2

2021 年度支持试点地区及示范城市服务贸易创新发展资金申报指南

一、提升公共服务能力项目

（一）支持对象

1. 服务贸易公共服务平台。

2. 服务外包公共服务平台。

3. 促进数字、中医药服务等特色服务出口基地建设的相关公共服务平台。

（二）支持方式

对 2020 年 7 月 1 日至 2021 年 6 月 30 日期间（以下简称“规定期间”）在建或已完成公共服务平台项目给予支持。资金用于公共服务平台所需设备购置、运营及维护，为服务贸易企业提供共性技术支撑、云服务、检验检测、统计监测、信息共享、品牌及宣传推广、人才培养和引进、贸易促进、知识产权、专业培训等公共服务。

在建平台项目支持资金不超过项目建设所需设备购置、软件购置（或委托开发）费用的 50%，支持金额不超过 200 万元；已完成平台项目支持资金不超过项目建设所需设备购置、软件购置（或委托开发）费用的 40%，支持金额不超过 200 万元；运营及维护项目费用按照年度实际发生费用的 50% 给予支持，支持金额不超过 50 万元，原则上支持年限不超过三年。

（三）申请条件

项目申报单位须符合以下条件：

1. 在京注册，具有独立的企业法人资格，且为公共服务平台项目的实际投资运营单位；

2. 服务的对象包括承接国际服务贸易（服务外包）业务的企业及培训机构；

3. 具有一定数量与业务相适应的专业人员、管理人员，具备满足公共服务平台运营必要的场地、设备；

4. 公共服务平台建设和运营的所有相关工作符合国家有关法律法规的要求。

（四）申报材料

项目申报单位应提供如下材料：

1. 在建公共服务平台项目

（1）《提升公共服务能力事项申报说明》《提升公共服务能力事项申请表》。

（2）项目申请报告及项目申请承诺书，由法定代表人签字并加盖公章。

（3）项目可行性研究报告，包含项目设立背景和基本情况、国内外相关产业发展与市场情况说明、项目申报单位基本情况和已有工作基础、项目具体实施方案、预期达到的技术经济指标及效果、承担项目的可行性分析、项目进度安排与考核指标、经费预算和使用方案等。可行性研究报告需经法定代表人签字、加盖公章，并将作为后续专家评审及项目验收的主要依据。

（4）项目申报单位法律地位文件复印件以及 2020 年度审计报告（加盖公章）。

（5）公共服务平台设备购置、系统和软件购置（或委托开发）清单，已实施部分需提供付款凭证。

2. 已完成的公共服务平台项目

（1）《提升公共服务能力事项申报说明》《提升公共服务能力事项申报表》；

（2）项目申请报告及项目申请承诺书，由法定代表人签字并加盖公章；

（3）项目完成验收报告，公共服务平台项目目前运行情况与服务企业情况等；

（4）项目申报单位法律地位文件复印件以及2020年度审计报告（加盖公章）；

（5）完成项目的专项报告（含平台设备购置、系统和软件购置（或委托开发）清单及付款凭证）。

3. 平台运营维护项目

（1）《提升公共服务能力事项申报说明》《提升公共服务能力事项申请表》；

（2）项目申请报告及项目申请承诺书，由法定代表人签字并加盖公章；

（3）项目运行情况报告，包含项目申报单位基本情况、项目基本情况及运营情况、运营和维护费用明细、申请资金补助的金额、项目规定期间运营及维护费用支出审计报告等，项目运行情况报告需由法定代表人签字并加盖公章；

（4）规定期间项目运营及维护费用支出凭证复印件；

（5）项目申报单位法律地位文件复印件以及2020年度审计报告（加盖公章）。

（五）申报流程

1. 9月10日前，项目申报单位将申报材料（一式两份）提交至市商务局。

2. 市商务局对申报材料进行审核，并将审核结果公示后拨付资金。市商务局和市财政局可视情况聘请中介机构开展专项审核工作。

3. 在建项目，预拨补助金额的70%，项目完成并通过市商务局组织的验收后，拨付剩余资金；已建成公共服务平台项目、运营及维护费项目，根据审定的补助金额予以拨付。

二、鼓励重点服务进口项目

（一）申请条件

1. 申请单位应当在京注册，具有独立法人资格或相关部门颁发的执业资质、正常经营。

2. 对发生在2020年7月1日至2021年6月30日（以下简称“规定期间”）期间的实际服务进口业务进行支持，该进口的服务应符合商务部等相关部门发布的《鼓励进口服务目录》（2019版），其中技术进口业务需在商务部服务贸易统计监测管理信息系统“技术贸易管理信息应用”中进行登记。其他服务进口业务，需在商务部“服务贸易统计监测管理信息系统”中进行登记。

3. 相关业务应当在规定期间取得银行出具的进口服务付汇凭证，且付汇金额不低于50万美元。

（二）支持方式

对申请单位在2020年7月1日至2021年6月30日期间取得付汇凭证的服务进口业务，以服务进口的付汇金额（人民币金额）作为计算贴息的本金（汇率按中国人民银行公布的2021年6月30日人民币汇率中间价计算），按照不超过中国人民银行公布的2021年6月30日前最近一期人民币一年期贷款市场报价利率（LPR）给予贴息支持（实际贴息金额按当年支持资金总体规模、实际业务核准额度及申报企业数量综合确定）。每户贴息金额不超过500万元人民币。

（三）申报材料

1. 企业法定代表人签字的申请文件，包括：企业基本情况、进口用途、预计可产生的效益等，企业更名的应说明相关情况并附证明材料；

2.《服务进口贴息事项申报说明》《服务进口贴息事项申报表》及项目申请承诺书；

3. 企业营业执照（复印件）、进口服务合同（复印件）及付汇凭证（复印件）。

以上材料均需加盖企业公章。

（四）、申报工作要求：

（一）8月27日前，请各项目申报单位将申报材料一式两份（含电子版）报辖区商务局、经济技术开发区商务金融局。

（二）9月10日前，各辖区商务局、经济技术开发区商务金融局将初审情况报告和初审通过的项目汇总表、企业申报材料各1份（含电子版刻制光盘）报市商务局。

（三）市商务局将托第三方会计师事务所进行项目复审。对复审通过的项目，在市商务局官方网站上予以公示，公示期为7天，公示期满无异议后按规定办理资金拨付手续。

联系人：郑勇　赵亚东；

电　话：55579489 15801291638；

邮　箱：zhengyong@sw.beijing.gov.cn

附件 2-1

提升公共服务能力项目申请承诺书

（　　年度）

根据2021年度支持试点地区及示范城市服务贸易创新发展资金申报指南有关要求，我单位（单位名称　　　　）拟申请提升公共服务能力。

并作出以下承诺：

1. 已认真阅读和全面了解专项资金申报规定及资金使用管理办法，承诺严格符合申报条件和要求，并将严格按照专项资金管理办法组织项目的实施；

2. 保证提供的所有申报文件和资料真实有效，并承担相应的法律责任；

3. 接受有关部门及市商务局、市财政局组织的验收及指派的审计机构和评估机构的监督、评估；

4. 如违反专项资金管理制度或有违法违纪行为，将承担一切责任，并在规定的时限内如数退还资金；

5. 保证配合相关部门工作要求，按期提供申报项目相关信息和统计数据。

申请人：（法人签字并加盖公章）

申请日期：　　　年　　月　　日

（说明：法人必须手签字，盖名章无效；如授权签字需付授权委托书原件）

附件 2-2

提升公共服务能力事项申报说明

（　　年度）

<table>
<tr><td>申请企业名称</td><td colspan="3"></td></tr>
<tr><td>法定代表人姓名</td><td></td><td>企业注册地址</td><td></td></tr>
<tr><td>企业性质</td><td></td><td></td><td></td></tr>
<tr><td>通信地址</td><td></td><td>邮政编码</td><td></td></tr>
<tr><td colspan="4">申请人郑重声明如下：
1. 申请人共上报申报文件资料______页；
2. 申请人依法注册，具有独立法人资格，并合法经营；
3. 申请人申报的所有文件、单证和资料是准确、真实、完整和有效的；
4. 申请人申报的所有复印件均与原件核对，完全一致；
5. 申请人承诺接受有关主管部门为审核本申请而进行的必要核查。

申请企业法定代表人或授权人：（签名）

申请企业盖章：
日期：　　年　　月　　日</td></tr>
<tr><td>开户银行账户账号</td><td></td><td>开户银行账户户名</td><td></td></tr>
<tr><td>开户银行名称</td><td></td><td>开户行地址</td><td></td></tr>
<tr><td>企业联系人</td><td></td><td>联系电话</td><td></td></tr>
<tr><td>电子邮件</td><td></td><td>移动电话</td><td></td></tr>
<tr><td>联系传真</td><td></td><td></td><td></td></tr>
</table>

说明：1. 申请企业法定代表人或授权人签名栏必须手签，使用名章无效；

2. 若由授权人签署，需提交由法定代表人手签并加盖公司印章的授权书原件；

3. 银行账户信息必须为公司账户，用于拨付贴息资金，务必正确填写；

4. 企业性质：国有、集体、民营、三资、研究院所、高校、其他。

附件 2-3

提升公共服务能力事项申报表

（　　年度）

<table>
<tr><td colspan="8">一、申报单位基本情况</td></tr>
<tr><td>名称</td><td colspan="7"></td></tr>
<tr><td>企业代码</td><td colspan="3"></td><td colspan="2">信用等级</td><td colspan="2"></td></tr>
<tr><td>单位负责人</td><td colspan="3"></td><td colspan="2">联系电话（手机）</td><td colspan="2"></td></tr>
<tr><td>主管部门</td><td colspan="7"></td></tr>
<tr><td>注册登记类型</td><td colspan="7">1. 国有企业　2. 集体企业　3. 股份合作企业　4. 联营企业　5. 有限责任公司
6. 股份有限公司　7. 私营企业　8. 外商投资企业　9. 其他（请注明：　　　　　　）</td></tr>
<tr><td>注册资金</td><td colspan="3">万元</td><td colspan="2">其中外资（含港澳台）比例</td><td colspan="2">%</td></tr>
<tr><td>职工总数</td><td>人</td><td>其中本科以上</td><td>人</td><td colspan="2">其中研究开发人员</td><td colspan="2">人</td></tr>
<tr><td colspan="2">上年度企业总收入</td><td colspan="2">万元</td><td colspan="2">上年度企业净利润</td><td colspan="2">万元</td></tr>
<tr><td colspan="2">上年末企业总资产</td><td colspan="2">万元</td><td colspan="2">上年度企业交税总额</td><td colspan="2">万元</td></tr>
<tr><td colspan="2">获得的相关企业认证</td><td colspan="2"></td><td colspan="2">获得的专利</td><td colspan="2"></td></tr>
<tr><td colspan="2">通过的相关产品认证</td><td colspan="2"></td><td colspan="2">企业拥有的品牌</td><td colspan="2"></td></tr>
<tr><td colspan="8">申报单位简介（限 500 字以内）：</td></tr>
<tr><td colspan="8">二、项目基本情况</td></tr>
<tr><td>项目名称</td><td colspan="7"></td></tr>
<tr><td>合作单位名称</td><td colspan="7"></td></tr>
<tr><td>项目起始时间</td><td colspan="3">年　　月</td><td colspan="2">项目计划完成时间</td><td colspan="2">年　　月</td></tr>
<tr><td>项目负责人</td><td colspan="3"></td><td colspan="2">联系电话（手机）</td><td colspan="2"></td></tr>
<tr><td>项目现处阶段</td><td colspan="7">1. 新建阶段，已做的相关准备：________________
2. 在建（或已建成）阶段，已开展的服务内容：________________</td></tr>
</table>

（续）

<table>
<tr><td>项目主要
建设内容</td><td colspan="5">（限 500 字以内）</td></tr>
<tr><td>项目实施场地</td><td colspan="5"></td></tr>
<tr><td>现有服务设施</td><td colspan="5"></td></tr>
<tr><td>技术来源</td><td colspan="5">□ 1. 自有技术　□ 2. 产学研合作开发技术　□ 3. 国内其他单位技术　□ 4. 引进技术本企业消化创新　□ 5. 国外技术</td></tr>
<tr><td>项目主要优势</td><td colspan="5">□ 1. 市场发展前景很好　□ 2. 产品或工艺创新性突出　□ 3. 经济效益显著　□ 4. 社会效益显著　□ 5. 其他（请注明：　　　　　）</td></tr>
<tr><td>项目完成后
验收指标</td><td colspan="5">1.
2.
3.</td></tr>
<tr><td>项目完成后
计划实现指标</td><td colspan="5"></td></tr>
<tr><td colspan="6">三、项目资金情况</td></tr>
<tr><td colspan="2" rowspan="3">项目计划总投资金额</td><td colspan="2">合　计</td><td colspan="2">万元</td></tr>
<tr><td colspan="2">固定资产投资</td><td colspan="2">万元</td></tr>
<tr><td colspan="2">流动资金投资</td><td colspan="2">万元</td></tr>
<tr><td rowspan="4">已投资金额</td><td>企业自筹</td><td colspan="4">万元</td></tr>
<tr><td>银行贷款</td><td colspan="4">万元</td></tr>
<tr><td>财政拨款</td><td colspan="4">万元</td></tr>
<tr><td>其他</td><td colspan="4">万元</td></tr>
<tr><td rowspan="5">计划新增
投资来源</td><td>企业自筹</td><td colspan="4">万元</td></tr>
<tr><td>银行贷款</td><td colspan="4">万元</td></tr>
<tr><td rowspan="2">财政拨款</td><td rowspan="2">万元</td><td colspan="2">其中专项资金资助</td><td>万元</td></tr>
<tr><td colspan="2">其中地方政府配套</td><td>万元</td></tr>
<tr><td>其他</td><td colspan="4">万元</td></tr>
<tr><td colspan="3">本次计划申请专项资金资助金额</td><td colspan="3">万元</td></tr>
<tr><td>申请专项资金
用途</td><td colspan="5">（请选择并另附费用计划使用明细）
1. 固定资产购置费用　2. 运营维护费用　3. 与项目相关的其他支出</td></tr>
</table>

附件 2-4

重点服务进口项目申请承诺书

（ 年度）

根据 2021 年度支持试点地区及示范城市服务贸易创新发展资金申报指南有关要求，我单位（单位名称 ）拟申请重点服务进口项目。

并作出以下承诺：

1. 已认真阅读和全面了解专项资金申报规定及资金使用管理办法，承诺严格符合申报条件和要求，并将严格按照专项资金管理办法组织项目的实施；

2. 保证提供的所有申报文件和资料真实有效，并承担相应的法律责任；

3. 接受有关部门及市商务局、市财政局组织的验收及指派的审计机构和评估机构的监督、评估；

4. 如违反专项资金管理制度或有违法违纪行为，将承担一切责任，并在规定的时限内如数退还资金；

5. 保证配合相关部门工作要求，按期提供申报项目相关信息和统计数据。

申请人：（法人签字并加盖公章）

申请日期： 年 月 日

（说明：法人必须手签字，盖名章无效；如授权签字需付授权委托书原件）

附件 2-5

2021 年服务进口贴息事项申报说明

（　　年度）

<table>
<tr><td>申请企业名称</td><td colspan="3"></td></tr>
<tr><td>法定代表人姓名</td><td></td><td>企业注册地址</td><td>省　市</td></tr>
<tr><td>企业性质</td><td></td><td></td><td></td></tr>
<tr><td>通信地址</td><td></td><td>邮政编码</td><td></td></tr>
<tr><td colspan="4">申请人郑重声明如下：
1. 申请人共上报申报文件资料______页；
2. 申请人依法注册，具有独立法人资格，并合法经营；
3. 申请人申报的所有文件、单证和资料是准确、真实、完整和有效的；
4. 申请人申报的所有复印件均与原件核对，完全一致；
5. 申请人承诺接受有关主管部门为审核本申请而进行的必要核查。

申请企业法定代表人或授权人：（签名）

申请企业盖章：
日期：　年　月　日</td></tr>
<tr><td>开户银行账户账号</td><td></td><td>开户银行账户户名</td><td></td></tr>
<tr><td>开户银行名称</td><td></td><td>开户行地址</td><td></td></tr>
<tr><td>企业联系人</td><td></td><td>联系电话</td><td></td></tr>
<tr><td>电子邮件</td><td></td><td>移动电话</td><td></td></tr>
<tr><td>联系传真</td><td></td><td></td><td></td></tr>
</table>

说明：1. 申请企业法定代表人或授权人签名栏必须手签，使用名章无效；

2. 若由授权人签署，需提交由法定代表人手签并加盖公司印章的授权书原件；

3. 银行账户信息必须为公司账户，用于拨付贴息资金，务必正确填写；

4. 企业性质：国有、集体、民营、三资、研究院所、高校、其他。

附件 2-6

2021 年服务进口贴息事项申请表

（　　年度）

上报单位

序　号	服务进口合同号	服务代码及名称	服务描述	实际服务进口额（人民币）	进口服务国别地区
总　计					

联系人：　　　　　　　　　　　　联系电话：

附件 3

2021 年度支持服务贸易境外拓展资金申报指南

一、支持范围

支持内容以商务部 2016 年第 58 号公告提出的《服务出口重点领域指导目录》为基础，重点支持北京市服务业扩大开放综合试点的六个领域：科学技术服务领域、互联网和信息服务领域、文化教育服务领域、商务及旅游服务领域、健康医疗服务领域的服务贸易出口，以及北京加快培育的金融、科技、信息、文化创意、商务服务等现代服务业领域的相关服务贸易出口。

二、申请条件

1. 依法在北京登记注册，具有独立法人资格；

2. 按照有关规定已取得开展相关业务资格或已进行核准或备案；

3. 通过商务部业务系统统一平台中的“技术贸易管理信息应用”或“服务贸易统计监测管理业务应用”如实填报有关统计资料。

三、支持项目

（一）服务贸易出口贴息项目

1. 支持内容

对上述所列支持范围中的服务贸易出口给予贴息支持，优先支持其中的技术出口项目。技术出口，是指我国境内企业通过贸易、投资或经济技术合作方式向境外实施的专利权转让、专利申请权转让、专利实施许可、专有技术转让或许可等技术转移，以及技术转让或许可合同项下提供的技术服务。不包括《中国禁止出口限制出口技术目录》（商务部、科技部令 2008 年第 12 号）所列的出口技术。重点支持具有国际竞争力、成熟的产业化技术出口及技术服务出口。

2. 申报单位除满足基本条件外还应满足以下条件：

（1）技术出口业务应根据《中华人民共和国技术进出口管理条例》（中华人民共和国国务院令第 331 号），已在商务部“服务贸易统计监测管理信息系统（技术贸易管理信息应用）”中登记 2020 年 7 月 1 日至 2021 年 6 月 30 日（以下简称“规定期间”）的实际出口额。其他服务贸易业务，应在商务部“服务贸易统计监测管理信息系统”中登记规定期间的实际出口额。

（2）相关业务应当在规定期间取得银行出具的收汇凭证，实际出口额应达到 50 万美元（含）以上。

3. 支持标准和方式

对申报单位在规定期间取得收汇凭证的服务贸易出口业务，以审定的出口收汇金额（汇率按中国人民银行公布的 2021 年 6 月 30 日人民币汇率中间价计算）作为计算贴息的本金，按照不超过中国人民银行公布的 2021 年 6 月 30 日前最近一期一年贷款市场报价利率（LPR）给予贴息支持（实际贴息金额按支持资金总体规模、实际业务核准额及申报企业数量综合确定）。对同一申报单位的贴息总额最高不超过 500 万元人民币。

4. 申报材料

（1）由法定代表人签字的项目申请报告，内容包括：申报单位基本情况、出口概要、本申报单位近三年无严重违法违规行为，是否拖欠政府性资金、同一项目是否已申请或享受其他财政资金等，以及申报说明；

（2）《服务贸易境外拓展资金项目申请表》；

（3）由法定代表人签字的《服务贸易境外拓展资金项目申请承诺书》；

（4）营业执照复印件或相关部门颁发的执业许可证；

（5）服务贸易出口合同复印件；

（6）银行出具的收汇凭证复印件（收汇凭证以非人民币作为计价币种的，应将出口额换算成人民币）；

（7）相关涉外收入申报单复印件；

（8）涉及专利权转让的单位需提供著录项目变更手续合格通知书复印件；

（9）经会计师事务所审计的2020年度财务会计报告复印件；

（10）技术出口项目还要提供《技术出口合同登记证书》和《技术出口合同数据表》及《技术出口数据变更记录表》复印件。

以上材料均须加盖申报单位公章。

（二）鼓励会计事务所参与国际竞争项目

1. 支持对象

（1）会计师事务所应在北京市注册登记，并具有经北京市财政局行政许可的会计师事务所执业证书；

（2）会计师事务所近三年以来无严重违法违规行为。

2. 支持标准和方式

（1）鼓励会计师事务所在境外以自有品牌设立分支机构（含并购吸收所在国家和地区的会计师事务所成为其成员所）。规定期间内，每在境外自主设立一家分支机构（含并购吸收所在国家和地区的会计师事务所成为其成员所），实现品牌统一，正常开展业务，经申请审核，给予15万元奖励，每年每家会计师事务所奖励最高限额为100万元。

（2）鼓励会计师事务所以自有品牌参与权威国际会计公司网络排名。规定期间内，会计师事务所在境外以自有品牌设立分支机构两家以上，并以自有品牌参与权威国际会计公司网络排名，分三档进行奖励：进入全球前30名，一次性给予30万元奖励；进入全球前20名，一次性给予40万元奖励；进入全球前10名，一次性给予50万元奖励。国际排名名次以会计师事务所2020年度参与权威国际会计公司网络排名较为靠前的名次为准，符合条件的会计师事务所不重复享受奖励。

3. 申报材料

（1）由法定代表人签字的《服务贸易海外拓展资金项目申请表》，内容包括：企业基本情况、出口概要、本企业近三年无严重违法违规行为，是否拖欠政府性资金、同一项目是否已申请或享受其他财政资金等，以及申报说明；

（2）会计师事务所执业证书；

（3）由法定代表人签字的《服务贸易海外拓展资金项目申请承诺书》；

（4）经会计师事务所审计的2020年度财务会计报告复印件；

（5）以自主品牌参与权威国际会计公司网络排名所获得较高名次的证明材料（中英文）；

（6）事务所自主品牌情况说明。

以上材料均须加盖企业公章。

四、申报工作要求

（一）8月27日前，请各项目申报单位将申报材料一式两份（含电子版）报辖区商务局、经济技术开发区商务金融局。

（二）9月10日前，各辖区商务局、经济技术开发区商务金融局将初审情况报告和初审通过的项目汇总表、企业申报材料各1份（含电子版刻制光盘）报市商务局。

（三）市商务局委托第三方会计师事务所进行项目复审。对复审通过的项目，在市商务局官方网站上予以公示，公示期为7天，公示期满无异议后按规定办理资金拨付手续。

联系人：郑勇　赵亚东；
电　话：55579489 15801291638；
邮　箱：zhengyong@sw.beijing.gov.cn

附件 3-1

服务贸易境外拓展资金项目申报说明

（　　年度）

<table>
<tr><td>申请企业名称</td><td colspan="3"></td></tr>
<tr><td>企业注册地址</td><td></td><td>法定代表人姓名</td><td></td></tr>
<tr><td>办 公 地 址</td><td></td><td>邮政编码</td><td></td></tr>
<tr><td colspan="4">申请人郑重声明如下：
1. 申请人共上报申报文件资料____页；
2. 申请人依法注册，具有独立法人资格，并合法经营；
3. 申请人申报的所有文件、单证和资料是准确、真实、完整和有效的；
4. 申请人申报的所有复印件均与原件核对，完全一致；
5. 申请人承诺接受有关主管部门为审核本申请而进行的必要核查。

申请企业法定代表人或授权人：（签名）
申请企业盖章：
日　期：　年　月　日</td></tr>
<tr><td>申请项目
（请在申请的项目前的方框内画√）</td><td colspan="3">□服务贸易出口贴息项目
其中：□技术出口贴息项目
　　　□其他服务出口贴息项目
□鼓励会计师事务所参与国际竞争项目</td></tr>
<tr><td>银行账户账号</td><td></td><td>银行账户户名</td><td></td></tr>
<tr><td>开户银行名称</td><td></td><td>开户行地址</td><td></td></tr>
<tr><td>企业联系人</td><td></td><td>联系电话</td><td></td></tr>
<tr><td>电子邮件</td><td></td><td>移动电话</td><td></td></tr>
<tr><td>联系传真</td><td></td><td></td><td></td></tr>
</table>

备注：1. 申请企业法定代表人或授权人签名栏必须手签，使用名章无效；

2. 若由授权人签署，需提交由法定代表人手签并加盖公司印章的授权书原件；

3. 银行账户信息必须为公司账户，用于拨付贴息资金，务必正确填写。

附件 3-2

服务贸易境外拓展资金项目申请承诺书

（　　年度）

根据20____年度北京市外经贸发展资金支持北京市服务贸易境外拓展实施方案的有关要求，我单位（单位名称　　　　）拟申请□服务贸易出口贴息项目或□鼓励会计事务所参与国际竞争项目专项资金项目（请在申请的项目前的方框内画√）。

并作出以下承诺：

1. 已认真阅读和全面了解专项资金申报规定及资金使用管理办法，承诺严格符合申报条件和要求，并将严格按照专项资金管理办法组织项目的实施；

2. 保证提供的所有申报文件和资料真实有效，并承担相应的法律责任；

3. 接受有关部门及市商务局、市财政局组织的验收及指派的审计机构和评估机构的监督、评估；

4. 如违反专项资金管理制度或有违法违纪行为，将承担一切责任，并在规定的时限内如数退还资金；

5. 保证配合相关部门工作要求，按期提供申报项目相关信息和统计数据。

申请人：（法人签字并加盖公章）

申请日期：　　年　月　日

（说明：法人必须手签字，盖名章无效；如授权签字需付授权委托书原件）

附件 3-3

服务贸易境外拓展资金申请表（服务贸易出口贴息项目）

（　　年度）

申请企业（加盖单位公章）：　　　　企业注册地：

序号	合同登记证书号（技术出口企业填此项）	合同号	合同名称	合同金额（原币）	涉外收入申报单号	××××年实际出口额（原币）	××××年实际出口额（人民币）	备注
合计								

企业联系人：　　　　联系电话：

附件 3-4

服务贸易境外拓展资金申请汇总表（服务贸易出口贴息项目）

（ 年度）

区（开发区）：

序号	企业名称	合同数量	实际出口总额（人民币）	备注
1				
2				
3				
4				
5				
6				
7				
8				
9				
10				
11				
12				
13				
14				
15				
16				
17				
18				
19				
20				
21				
22				
23				
24				
25				
26				
27				
28				
总计				

商务部门联系人： 联系电话：

关于印发《北京市外经贸发展资金支持北京市外贸企业提升国际化经营能力实施方案》的通知

京商财务字〔2021〕33号

各有关单位：

根据《北京市商务委员会、北京市财政局关于印发〈北京市外经贸发展专项资金管理实施细则〉（修订稿）的通知》（京商务财务字〔2018〕23号），为支持我市外贸企业提升国际化经营能力，市商务局和市财政局结合北京市实际情况，联合修订了《北京市外经贸发展资金支持北京市外贸企业提升国际化经营能力实施方案》，现将该方案印发给你们，请遵照执行。

特此通知。

北京市商务局　北京市财政局

2021年9月8日

北京市外经贸发展资金支持北京市外贸企业提升国际化经营能力实施方案

根据《北京市商务委员会、北京市财政局关于印发〈北京市外经贸发展专项资金管理实施细则〉（修订稿）的通知》（京商务财务字〔2018〕23号），为支持我市外贸企业提升国际化经营能力，特制定以下实施方案：

一、支持对象和申报条件

外贸企业独立开展提升国际化经营能力的项目为企业项目；符合条件的企业或社会团体（以下简称“项目组织单位”）组织外贸企业参加培训的项目为团体项目。

（一）申请企业项目的外贸企业应符合以下条件

1. 在北京地区办理工商注册，依法取得进出口经营资格或依法办理对外贸易经营者备案登记（已确认为自贸区范围内的外贸企业无须提供“对外贸易经营者备案登记”）的企业法人。

2. 拥有从事国际市场开拓的专业人员，对开拓国际市场有明确的工作安排和市场开拓计划。

3. 企业分类：

（1）中小外贸企业

除满足第1、第2条规定的外贸企业条件外，上年度海关统计进出口额应低于6500万美元。

（2）“双自主”企业

除满足第1、第2条规定的外贸企业条件外，还应符合下列条件之一：

①拥有境内及出口市场（含港、澳、台地区，下同）注册商标；

②拥有境内及出口市场专利（包括发明专利、实用新型专利和外观设计专利，下同）；

③拥有出口市场注册商标及出口市场专利；

商标及专利持有者原则上应为申请支持资金的企业（以下简称“该企业”）。

以下情形视同该企业持有商标及专利：

一是持有者为全资控股该企业的境内母公司；

二是持有者为该企业全资控股的境内子公司；

三是持有者为该企业全资控股的境内子公司在境内独立投资设立的子公司。

④获得商务部认定的“中华老字号”企业。

（3）外贸综合服务企业

外贸综合服务企业是指具备对外贸易经营者资质，接受国内外客户委托，为客户提供报关报检、物流、退税、结算、融资、信用保险、保理、供应链管理等综合服务的企业。

除满足第1、第2条规定的外贸企业条件外，还应当为已经纳入商务部外贸综合服务试点企业或北京市认定的外贸综合服务示范企业。

（4）中国（北京）自由贸易试验区外贸企业

在中国（北京）自由贸易试验区注册且开展国际市场开拓业务的外贸企业。

（5）获得国家高新技术认定的外贸企业

获得国家高新技术认定，取得国家“高新技术企业证书”且在证书有效期内开展国际市场开拓业务的外贸企业。

（二）申请团体项目的项目组织单位应符合下列条件：

在北京市注册，组织外贸企业培训且内容以企业提升国际化经营能力为目的，且未拖欠应缴还财政性资金。其中，申请团体项目的企业还应符合如下条件：为外贸企业提供报关报检、物流、退税、融资、信保等服务的企业及其他承担外贸公共服务职能的企业。

二、资金支持方向

（一）企业项目

支持方向包括：国际性展会、管理体系认证、产品认证、境外专利申请、商标注册、境外广告、国际市场宣传推介、外贸软件云服务等信息化建设、国际市场考察（国际性展会参展人员费）、境外投（议）标、提高经营管理信息化水平、提高经营管理科学决策水平、改善融资服务、线上国际展会、经授权使用“三同”（“同线、同标、同质”）产品标识等15类项目。

各类企业自愿申报，可申报项目详见企业支持方向表。

（二）团体项目

支持方向为企业培训。

三、支持重点

（一）优先支持拥有自主品牌、自主知识产权的“双自主”企业开拓国际市场的活动；

（二）优先支持在中国（北京）自由贸易试验区注册的外贸企业和取得国家高新技术认定的外贸企业开拓国际市场等相关活动；

（三）优先支持企业参加国际性展会、取得产品认证、境外商标注册及境外专利申请等活动；

（四）优先支持面向拉美、非洲、中东、东欧、东南亚和中亚等新兴国际市场的拓展。

四、资金支持标准

（一）对于符合支持内容且支出金额大于1万元（含1万元）的项目予以支持（国际市场考察、线上国际展会、改善融资服务项目支出金额可小于1万元）。

（二）支持比例一般为50%，拓展面向拉美、非洲、中东、东欧、东南亚和中亚等新兴国际市场的支持比例可提高到70%；产品认证费、资信产品购买费、出口企业内外销产品“三同”标识许可使用费、线上国际展会（境内外）展位费支持比例可提高到70%。

（三）每个企业项目支持金额最高不超过30万元（改善融资服务、产品认证项目除外）。

（四）每个企业当年累计获得市场开拓资金支持最多不超过 100 万元（“双自主”企业及外贸综合服务企业除外）。

五、资金申请程序

自愿申请支持资金的企业申请程序包括企业注册申请、企业注册确认结果公示、项目计划申请、项目计划审核结果公示、资金拨付申请、资金拨付申请材料及原始票据与记账凭证审核、资金拨付审核结果公示和资金拨付等 8 个环节。

（一）企业注册申请及企业注册确认结果公示

符合支持条件的各类企业和项目组织单位在“外经贸发展专项资金网络管理系统”（https://zxkt.mofcom.gov.cn/，以下简称“项目申报系统”）和北京市商务局门户网站首页商务专题，北京市外贸稳增长项下“外贸企业库”（http://sw.beijing.gov.cn/zt/wmwzz/index.html）上提交注册申请。

1. 在项目申报系统注册后，工商注册地在大兴区、北京经济技术开发区、延庆区、通州区、西城区的企业、外贸综合服务企业和项目组织单位的注册书面申请材料报到北京市商务局进行确认。工商注册地在东城区、海淀区、丰台区、石景山区、门头沟区、昌平区、房山区、平谷区、密云区、怀柔区、朝阳区及顺义区的企业，注册书面申请材料报到所属区商务局（以下简称“经授权的区商务局”）进行确认。市、区商务局确认后在申报系统上进行公示。

2. 在外贸企业信息管理系统注册后，各类企业需联系所属区商务局在管理系统上进行确认。确认通过的企业如需申请“双自主”企业，需将书面申请材料报送到北京市商务局。

（二）项目计划申请及审核结果公示

1. 企业注册申请并确认通过的项目单位，按照北京市商务局通知要求，通过项目申报系统提交当前年度项目计划申请。

2. 北京市商务局在资金预算额度内，择优选择项目列入年度项目计划，列入年度计划的项目在项目申报系统公示，公示期为七天。

（三）资金拨付申请

列入年度计划的项目实施完成后，项目单位按照北京市商务局通知要求，通过项目申报系统提交资金拨付申请。经授权的区商务局受理工商注册地在本行政区域内的企业提交的资金拨付书面申请材料。北京市商务局受理工商注册地在大兴区、北京经济技术开发区、延庆区、通州区、西城区的企业以及项目组织单位的资金拨付书面申请材料。

（四）资金拨付申请材料及原始票据与记账凭证审核

1. 经授权的区商务局对工商注册地在本行政区域内的企业提交的资金拨付书面申请材料进行完整性审核后报北京市商务局进行合规性和真实性审核；北京市商务局对工商注册地在大兴区、北京经济技术开发区、延庆区、通州区、西城区的企业以及项目组织单位提交的资金拨付书面申请材料进行审核。

2. 资金拨付书面申请材料审核通过的项目单位按照北京市商务局通知要求，参加第三方机构对企业申报项目材料所对应的原始票据与记账凭证的审核，审核结果由北京市商务局最终审定。

（五）资金拨付审核结果公示和资金拨付

通过原始票据与记账凭证审核的项目分别在项目申报系统及北京市商务局门户网站进行公示，公示期为七天。

公示期结束后，北京市商务局按照相关规定拨付资金。

六、其他事项

在 2020 年 12 月 31 日之前发生的提升国际化经营能力项目适用《北京市外经贸发展资金支持北京市外贸企业提升国际化经营能力实施方案》（京商务财务字〔2018〕24 号）。在 2021 年 1 月 1 日以后发生的提升国际化经营能力项目适用本方案。

相关附件：

附件 1：企业项目支持方向表

附件 2：支持北京市外贸企业提升国际化经营能力支持内容及标准

附件 1

企业项目支持方向表

（标注 √ 为可申报项目）

	中小外贸企业	“双自主”企业 外贸综合服务企业	在中国（北京）自由贸易试验区注册的外贸企业、获得国家高新技术认定的外贸企业
（一）国际性展会	√	√	√
（二）管理体系认证	√	√	√
（三）产品认证	√	√	√
（四）境外专利申请	√	√	√
（五）商标注册	√	√	√
（六）境外广告	√	√	√
（七）国际市场宣传推介	√	√	√
（八）外贸软件云服务等信息化建设		√	√
（九）国际市场考察（国际性展会参展人员费）		√	√
（十）境外投（议）标		√	√
（十一）提高经营管理信息化水平	√	√	√
（十二）提高经营管理科学决策水平	√	√	√
（十三）改善融资服务	√	√	√
（十四）线上外贸展会	√	√	√
（十五）“三同”标识使用相关费用	√	√	√

附件 2

支持北京市外贸企业提升国际化经营能力支持内容及标准

<table>
<tr><th>序号</th><th colspan="2">支持方向及内容</th><th>最高支持比例（%）</th><th>每个项目最高支持限额（人民币）</th><th>备注</th></tr>
<tr><td rowspan="2">一</td><td rowspan="2">国际性展会</td><td>展位费</td><td>50 或 70</td><td>3 万元 / 展位（9 平方米），企业可申请多个展位，支持不超过 30 万元。</td><td>只支持展位费，不支持企业注册费和展位搭建费。</td></tr>
<tr><td>其他费用（大型展品回运费）</td><td>50 或 70</td><td>10 万元</td><td>大型展品回运费只支持单个展品达到体积 1 立方米且重量 1 吨以上的大型展品回运费用。</td></tr>
<tr><td>二</td><td>管理体系认证</td><td>ISO 9000 系列质量管理体系标准认证、ISO 14000 系列环境管理体系标准认证、职业安全管理体系认证、卫生管理体系认证等管理体系认证</td><td>50</td><td>5 万元</td><td>1. 认证机构应经中国认证认可监督管理委员会批准（可通过 http://www.cnca.gov.cn/ 进行查询）。
2. 企业须在认证结束并取得相应认证证书的当年提交资金拨付申请。
3. 支持企业初次认证费及再认证，不支持年度审核费、咨询费、培训费。</td></tr>
<tr><td>三</td><td>产品认证</td><td>开发能力成熟度模型集（CMMI）认证、开发能力成熟度模型（CMM）认证、人力资源成熟度模型（PCMM）认证、信息安全管理认证、IT 服务管理认证、服务提供商环境安全性认证、GCF 测试认证、EMVCO 认证费等</td><td>70</td><td>100 万元</td><td>1. 支持根据产品进口国的有关法规或合同要求进行的产品认证（国内认证不支持）。
2. 产品认证机构应具有产品认证资格。
3. 产品认证须在认证结束并取得相应资质证书的年度申请资金支持。只支持认证费、认证过程中的检测费。</td></tr>
<tr><td rowspan="3">四</td><td rowspan="3">境外专利申请</td><td>发明专利</td><td>50 或 70</td><td>5 万元</td><td rowspan="3">1. 专利申请项目是指中小企业通过巴黎公约或 PCT 专利合作条约（PATENT COOPERATION TREATY）成员国提出的专利申请。
2. 专利申请须在申请获得通过并取得专利证书的当年申请资金支持。
3. 只支持注册费，不支持支付境内中介机构的代理费。不同类别的专利项目应分别申请。每个专利最多支持在 5 个国家的申请。</td></tr>
<tr><td>实用新型专利</td><td>50 或 70</td><td>5 万元</td></tr>
<tr><td>外观设计专利</td><td>50 或 70</td><td>5 万元</td></tr>
</table>

（续）

序号	支持方向及内容		最高支持比例（%）	每个项目最高支持限额（人民币）	备注
五	商标注册	境外商标注册	50 或 70	5 万元	每个企业每种产品在一个国别（地区）只支持一次商标注册费用，应在取得注册证书的当年申请资金支持。
六	国际市场宣传推介	宣传材料制作	50	1.5 万元	1. 宣传材料和宣传视频至少具有一种外国文字或语音。 2. 宣传材料不少于 2000 份，宣传视频不少于 5 分钟。 3. 不支持产品外包装的制作费。 4. 宣传材料和宣传视频应分别申请。
		宣传视频制作		2 万元	
七	外贸软件云服务等信息化建设	创建中小企业网站	50	5 万元	1. 信息化建设项目的实施，应有助于企业开拓国际市场。 2. 企业网站应具有较丰富的内容，至少有一种外国文字或语言。 3. 企业网络营销活动是指企业在国内、国际有影响的互联网网站进行广告宣传、商品营销等活动。 4. 企业信息管理系统是指开发外贸业务单证管理、客户供应商管理、产品管理等外贸业务流程一体化的信息化管理项目。 5. 为企业提供信息化建设活动的服务商，应是依法注册、具有相应资质的法人企业。 6. 创建企业网站和开发信息管理系统只支持一次性的建设开发费用，不支持后期维护、改版、升级等费用。 7. 此项目依据评审结果给予资金支持，不超过政策规定最高限额。
		企业网络营销活动	50	5 万元	
		企业信息管理系统	50	5 万元	
八	境外广告	境外广告	50 或 70	5 万元	1. 境外广告只支持面向境外客户的报刊、杂志广告。 2. 报刊、杂志广告需在样品中注明广告位置及相应中文翻译。

（续）

序号	支持方向及内容		最高支持比例（%）	每个项目最高支持限额（人民币）	备注
九	国际市场考察（国际性展会参展人员费）	交通费	50或70		1. 企业参加境外展览会支持出访国家（地区）为1个、支持人数不超过2人。参展天数为会期加上布展和撤展各一天，总天数不超过6天。 2. 交通费只支持国际航班的往返经济舱费用。生活补贴（包括住宿费和伙食费）按国家规定的访问国补助标准核算。
		生活补助	50或70		
十	境外投（议）标	标书购置费	50或70	3万元	1. 只支持未中标企业开展的境外投（议）标活动。 2. 境外投（议）标项目包括：成套设备和大型单机境外投（议）标、对外工程承包投（议）标和大宗商品采购投（议）标等。 3. 标书购置费指企业从项目发标方直接购买标书所支出的费用；项目设计费指企业委托专门设计研究机构进行设计所支出的费用。 4. 考察交通费与国际市场考察项目中的交通费核算方法相同。 5. 境外投（议）标项目应在投（议）标工作结束的当年申请，同一个项目只能申请一次。
		项目设计费	50或70	5万元	
		境外市场考察交通费	50或70		
十一	提高经营管理信息化水平	系统对接改造费用	50	1. 外贸综合服务企业20万元； 2. “双自主”企业10万元； 3. 中小外贸企业5万元。	支持外贸企业外贸软件（ERP）云服务平台与中国出口信用保险公司“信保通”系统实现电子数据交换，系统对接过程发生的系统改造费用。
十二	提高经营管理科学决策水平	资信产品购买费用	70	1. 外贸综合服务企业30万元； 2. “双自主”企业15万元； 3. 中小外贸企业10万元。	支持外贸企业购买获得财政部批准开展信用保险业务保险公司的海外企业标准资信报告、海外目标国家指定产品进口采购分析报告、海外采购商（供应商）名录报告、重点行业研究报告及重点国别风险分析报告所发生的费用。 此项目依据评审结果给予资金支持，不超过政策规定最高限额。

（续）

<table>
<tr><th>序号</th><th colspan="2">支持方向及内容</th><th>最高支持比例（%）</th><th>每个项目最高支持限额（人民币）</th><th>备注</th></tr>
<tr><td>十三</td><td>改善融资服务</td><td>融资贷款贴息</td><td>50</td><td>1. 外贸综合服务企业500万元；
2. “双自主”企业100万元；
3. 中小外贸企业20万元。</td><td>支持外贸企业利用出口信用保险保单质押项下的贸易融资，以及在外经贸担保服务平台和“政保贷”融资服务平台项下的融资。对于贷款利息给予一定比例支持。</td></tr>
<tr><td rowspan="2">十四</td><td rowspan="2">企业培训</td><td rowspan="2">培训会务费</td><td rowspan="2">50</td><td>2.2万元
（50—99家企业）</td><td rowspan="2">1. 企业培训项目只支持为提高北京地区中小企业国际竞争力，在本市组织的免费培训，参加的中小企业不少于50家。
2. 企业培训项目按照实际费用给予支持，主要包括培训资料费、场地租赁费等，人均标准一般不超过200元，资料费不得超过会务费的10%。
3. 依据实际费用按比例给予支持，不超过政策规定最高限额。</td></tr>
<tr><td>5万元
（100家企业以上）</td></tr>
<tr><td>十五</td><td>出口企业内外销产品“三同”标识许可使用费</td><td>“三同”标志的许可使用及相关费用</td><td>70</td><td>入驻“三同”公共信息服务平台并经授权使用“三同”产品标识的企业（最高支持50万元，同一企业连续支持不超过3年）</td><td>支持企业发展“同线同标同质”，入驻“三同”公共信息服务平台并经授权使用“三同”产品标识内销产品。</td></tr>
<tr><td rowspan="2">十六</td><td rowspan="2">线上国际展会（境内外）</td><td>线上国际展会展位费</td><td>70</td><td>2万元/个展位，（每个企业当年最高支持不超过10个项目）</td><td>支持企业参加境内外线上国际展会展位费（购买基础页面）</td></tr>
<tr><td>线上国际展会其他费用（线上对接洽谈、线上产品发布、搜索类）</td><td>50</td><td>支持不超过5个项目，每个项目最高支持不超过5万元</td><td>支持企业参加线上国际展会其他增值服务费用。包括购买线上对接洽谈、线上产品发布、提高搜索产品曝光等宣传类费用。</td></tr>
</table>

注：支持比例一般为50%；拓展面向拉美、非洲、中东、东欧、东南亚和中亚等新兴国际市场的支持比例可提高到70%，产品认证、资信产品购买费、出口企业内外销产品“三同”标识许可使用费、线上国际展会（境内外）展位费支持比例可提高到70%。

关于印发《北京市外经贸发展资金支持北京市跨境电子商务发展实施方案》的通知

京商财务字〔2021〕34号

各有关单位：

根据《北京市商务委员会、北京市财政局关于印发〈北京市外经贸发展专项资金管理实施细则〉（修订稿）的通知》（京商务财务字〔2018〕23号），为充分发挥财政资金支持引导作用，促进本市跨境电子商务发展，市商务局和市财政局结合北京市实际情况，联合修订了《北京市外经贸发展资金支持北京市跨境电子商务发展实施方案》，现将该方案印发给你们，请遵照执行。

特此通知。

北京市商务局　北京市财政局

2021年9月8日

北京市外经贸发展资金支持北京市跨境电子商务发展实施方案

为进一步促进北京市跨境电子商务创新发展，完善跨境电子商务服务支撑体系，全面协调推进中国（北京）跨境电子商务综合试验区建设，制定本方案。

一、支持对象

（一）跨境电子商务平台及平台内经营者。包括自建跨境电子商务销售平台的进出口企业、第三方跨境电子商务平台和对接应用第三方跨境电子商务平台开展进出口业务的企业。

（二）跨境电子商务服务企业。包括为跨境电子商务企业提供交易、金融、支付、通关、仓储、物流等相关服务的企业（含跨境电子商务产业园运营主体）。

（三）在市内开设跨境电子商务体验店（含线下自提店），采取线上下单、线下展示销售等方式，开展跨境电子商务销售的企业；积极引进培育跨境电子商务体验店的商业主体。

（四）具备一定实力，通过完善海外仓和海外运营中心等服务设施，为企业开拓市场提供综合配套服务的跨境电子商务企业。优先支持在“一带一路”沿线国家建设海外仓。

（五）为中国（北京）跨境电子商务综合试验区服务支撑体系建设提供支持的其他企业或服务主体。

二、支持方向

（一）支持跨境电子商务平台及平台内经营者发展

支持企业通过自建跨境电子商务销售平台（含相关信息系统及移动应用程序、微信小程序等）、建设第三方跨境电子商务平台和对接应用第三方跨境电子商务平台开展跨境电子商务业务，提供跨境电子商务交易、支付、物流等各类服务。鼓励跨境电子商务平台扩大销售或服务规模。

（二）支持跨境电子商务产业园建设发展

支持本市跨境电子商务产业园建设发展，完善园区服务支撑体系。鼓励园区扩大招商引资，促进跨境电子商务产业集聚发展。

（三）支持在京开展跨境电子商务通关业务

支持用于跨境电子商务通关服务的项目建设。鼓励企业在北京口岸开展跨境电子商务B2C、B2B通关申报业务。

（四）支持跨境电子商务仓储物流建设

支持海外仓（或海外运营中心）、保税仓（含跨境电子商务医药产品专用仓）、智能口岸仓、出口集货仓等跨境电子商务仓储物流服务设施及配套信息系统的建设，提升跨境电子商务仓储物流支撑能力。

（五）支持发展线上线下相结合的跨境体验消费

支持新开设跨境电子商务体验店的建设和运营。鼓励跨境电子商务体验店扩大销售规模。支持引导商场、超市、产业园区等主体积极引进培育跨境电子商务体验店。

（六）支持北京跨境电商综试区服务支撑体系建设

支持建设完善综试区线上综合服务平台、统计监测、信息共享、智能物流、金融服务、电商诚信、风险防控、市场开拓、人才培育和营销等服务体系。

（七）对财政部、商务部等国家部委确定的其他相关项目给予支持

三、支持方式及标准

（一）贷款贴息。对企业开展跨境电子商务相关业务取得银行贷款给予贴息支持，其中：人民币贷款贴息率，按照不超过资金申报截止日前中国人民银行公布的最近一期人民币一年期贷款市场报价利率计算，外币贷款贴息率，按照不超过3%计算，上述贴息率均不超过项目实际贷款利率。

（二）资金补助。对于跨境电子商务平台、产业园、体验店以及仓储物流、通关服务设施建设等投资类项目，依据其信息系统研发、软硬件设施设备购置、项目运营等相关费用给予支持。申报项目已投资额不低于计划总投资额的70%，能够按申报计划组织实施。

1. 对新建跨境电子商务体验店的支持标准：

体验店租金支持标准：参照本市基本便民商业网点租金等相关支持标准，并结合跨境电商发展实际情况，在年度项目征集工作通知中明确细化。单店年度租金支持金额不超过200万元。

对除租金外其他投资，按照不超过审定实际投资50%的标准给予资金支持。

2. 对其他项目支持标准：依据审定实际投资给予不超过50%的资金支持。

（三）以奖代补。鼓励跨境电子商务平台扩大销售或服务规模、产业园扩大招商引资、企业在京开展跨境电子商务通关申报、通过引进培育及建设运营体验店促进线上线下融合消费等业务。

以上三种支持方式下，单个项目支持资金最高不超过500万元。

（四）对于北京跨境电商综试区线上综合服务平台相关项目，依据第三方评审、招投标等方式确定的成本费用给予支持。

本“实施方案”涉及的具体支持内容和要求，将结合每年的跨境电商发展实际情况，在年度项目征集工作通知中予以细化。

四、支持条件

（一）项目申报主体需在北京市注册，具有独立法人资格，工商营业执照等法律必备证照齐全有效。

（二）项目申报单位经营状况良好，财务管

理制度健全。

（三）中央年度外经贸重点工作通知中已明确相关支持条件的，从其规定。

（四）其他按规定应满足的条件。

五、申报材料

（一）项目申报书（含项目可行性报告）；

（二）项目已发生费用明细表；

（三）项目申报情况表；

（四）项目申报单位承诺书；

（五）项目单位法人证明文件复印件（营业执照、法定代表人身份证明等）；

（六）项目单位近两年财务报表（资产负债表、损益表、现金流量表）；

（七）其他与项目相关的证明材料。

项目申报材料一式两份，按顺序装订成册，并加盖单位公章。项目申报材料不予退回。

六、申报流程

（一）企业申报的项目原则上按照属地管理，由区商务局、北京经济技术开发区商务主管部门初审后上报市商务局。北京跨境电商综试区线上综合服务平台相关项目由市商务局直接进行审核。

（二）市商务局按照项目资金管理相关办法，组织开展项目评审、资金拨付等工作。

本实施方案自2021年9月9日起实施。《北京市商务委员会、北京市财政局关于印发〈北京市外经贸发展资金支持北京市跨境电子商务发展实施方案〉的通知》（京商务财务字〔2018〕25号）同时废止。

关于印发《关于外资研发总部认定事项告知承诺的实施意见（试行）》的通知

京商总部字〔2021〕18号

各相关单位：

为贯彻落实《北京市优化营商环境条例》，按照《北京市人民政府关于印发〈北京市促进总部企业高质量发展的相关规定〉的通知》（京政发〔2021〕3号）和《北京市政务服务事项告知承诺审批管理办法》要求，我局制定了《关于外资研发总部认定事项告知承诺的实施意见（试行）》。现印发给你们，请认真贯彻落实。

特此通知。

（联系人：商务环境协调推进处　杜大琳；联系电话：55579300）

北京市商务局关于外资研发总部认定事项告知承诺的实施意见（试行）

为贯彻落实《北京市优化营商环境条例》，按照《北京市促进总部企业高质量发展的相关规定》（京政发〔2021〕3号）和《北京市政务服务事项告知承诺审批管理办法》要求，就外资研发总部认定事项实行告知承诺，制定本意见。

一、告知承诺的含义

本意见所称告知承诺，是指由市商务局一次性告知申请人事项办理的标准、申请材料、需要履行的法律责任，申请人以书面（含电子文本）形式承诺其符合办理条件，并承担违反承诺的相应后果，市商务局直接作出是否同意的方式。

申请人可选择告知承诺方式办理，也可选择一般方式办理。

二、办理事项及认定条件

（一）外资研发总部认定

外资研发总部是指境外母公司授权、在京累计实缴注册资本200万美元以上（含）的专业研发或以研发为主的外商投资企业和机构。

同时符合下列条件的，可申请认定为外资研发总部：

1. 具有独立法人资格的外商投资企业或内设机构；

2. 在京累计实缴注册资本200万美元以上（含）；

3. 有固定研发场所、有专职研发人员；

4. 母公司授权承担科学研究、产品开发等研发总部职能；

5. 承担相关科技领域研究、产品开发等研发项目。

市科委、中关村管委会认定的研发中心符合本《实施意见》认定条件的可直接认定为外资研发总部。对于知名或突出贡献外商投资企业可适当放宽条件。

（二）外资研发总部更换确认证书

1. 外资研发总部名称等信息变更；

2. 确认证书有效期满。

（三）外资研发总部确认证书注销

外资研发总部注销或迁往京外地区的，需注销外资研发总部确认证书。

三、办理方式和流程

企业和机构可通过首都之窗在线申请或线下通过北京市政务服务中心窗口提出申请，可选择一般方式办理，也可按告知承诺方式办理。

（一）一般方式

按一般方式办理外资研发总部认定事项，时限为3个工作日；办理外资研发总部更换确认证书、外资研发总部确认证书注销，时限为2个工作日。

1. 提交申请。申请人通过北京市政务服务中心提交申报材料。

2. 审查与决定。市商务局工作人员对申请人提交的材料进行审查，对申报材料齐全、信息完整、符合要求的予以认定。

3. 颁证与送达。申请人直接到北京市政务服务中心领取确认证书或通过邮寄方式送达。

（二）告知承诺方式

按告知承诺方式办理外资研发总部认定、更换确认证书手续的，当场制发《外资研发总部确认证书》或办理注销手续。对于网上办理的时限不超过0.5个工作日。

1. 提交申请。申请人通过北京市政务服务中心提交《告知承诺书》及相关材料。

2. 作出决定。对申请人现场提交的材料进行形式审查，符合规定的予以受理，当场作出同意决定，并制发《外资研发总部确认证书》；不符合规定的，不予受理并告知理由。

四、申报材料

线下办理提交纸质材料1份，线上办理上传扫描件。

（一）外资研发总部认定

1. 承担研发总部职能的企业法定代表人签署的申请书（境外母公司基本情况、母公司在中国投资企业的组织架构图、外资研发总部简介及申请事项、申报企业情况汇总表等）（加盖单位公章的原件）；

2. 母公司法定代表人签署的授权书原件或在京公司章程、董事会决议等注明的设立研发总部及履行基本职能的文件（加盖单位公章的复印件）；

3. 经市场监督管理部门档案查询机构加盖查询有效章或经公证认证的境外母公司注册登记文件（加盖单位公章的复印件）；

4. 研发场所租赁合同、管理人员和核心技术人员人数、上一年度验资报告或审计报告、近三年研发投入、重点研发项目介绍等相关证明材料（加盖单位公章的复印件）。

（二）外资研发总部更换确认证书

1. 外资研发总部更换确认证书申请书（申请企业简介、认定时间、申请事项等，加盖单位公章的原件）；

2. 原外资研发总部确认证书。

（三）外资研发总部确认证书注销

1. 确认证书注销申请书（包括认定时间、申请事项等，加盖单位公章的原件）；

2. 原外资研发总部确认证书。

五、可享受的服务

符合条件的外资研发总部可享受本市总部企业、外资研发中心相关政策；市总部经济联席会议成员单位为外资研发总部提供政策培训和辅导；提供宣传推介平台。

六、日常监管

1. 市商务局工作人员对企业提供的材料进行全覆盖核查，制作工作记录，建立专项档案。

2. 通过核查发现申请人实际情况与承诺内容不符的，区分情况依规依法处理。轻微违诺失信和一般违诺失信的，责令限期整改，逾期不整改或整改后仍未达到条件的，撤销《外资研发总部确认证书》；对于严重违诺失信的，直接撤销《外资研发总部确认证书》，并依法追究申请人相应法律责任。

七、信用监管及惩戒措施

（一）未履行承诺行为分类

核查情况纳入北京市公共信用信息服务平台，实行差异化信用管理。未履行承诺行为分为轻微违诺失信、一般违诺失信和严重违诺失信三种情形。

轻微违诺失信，是指无故提供材料不齐全或信息不准确等行为。一般违诺失信，是指提供材料与事实有出入或不能提供必要的准确材料等行为。严重违诺失信，是指提供虚假材料、逾期不整改、整改后仍达不到要求等行为。

一年内，申请人办理外资研发总部认定事项累计发生轻微违诺失信行为三次以上（含）的，按一般违诺失信情节处理；申请人办理外资研发总部认定事项累计发生一般违诺失信行为两次以上（含）的，按严重违诺失信情节处理。

（二）惩戒措施

轻微违诺失信行为信息纳入北京市公共信用信息服务平台，只记录不公示。

一般违诺失信行为信息纳入北京市公共信用信息服务平台，并对外公示，公示期最短为一个月，最长为六个月。

严重违诺失信行为信息纳入北京市公共信用信息服务平台，并对外公示，公示期最短为六个月，最长为一年。

（三）失信修复

申请人可以采取作出信用承诺、完成信用整改等方式进行信用修复。信用修复完成后，可以视情况将公示期相应缩短1—6个月。对于完成信用修复的申请人，应当停止公示其失信信息，并将违诺失信主体修复信息纳入北京市公共信用信息服务平台。

八、申诉渠道

申请人对认定过程及决定存在异议的，可以向市政务服务大厅说明，无法解决的可以向市商务局申诉，或者通过政府网站等途径咨询或投诉。

申请人认为北京市公共信用信息服务平台记载的申请人违诺失信信息与事实不符或者依法不应当公开的，可以向市经济信息化部门书面提出异议申请，并提供相关证明材料。

九、生效时间

本意见自公布之日起实施。

相关附件：

附件1：外资研发总部认定告知承诺书

附件2：外资研发总部更换确认证书告知承诺书

附件3：外资研发总部确认证书注销告知承诺书

附件 1

外资研发总部认定告知承诺书

一、基本信息

（一）政府部门

名称：市商务局

咨询电话：市商务局政务服务大厅窗口 010-89150491

（二）申请人

名称：________________

统一社会信用代码：________________

联系人：________________

联系方式：________________

（三）委托代理人

姓名：________________

联系方式：________________

证件类型：________________

证件编号：________________

二、政府部门告知

（一）办理事项

名称：外资研发总部认定

（二）事项依据

《北京市促进总部企业高质量发展的相关规定》（京政发〔2021〕3 号）

（三）认定条件

1. 具有独立法人资格的外商投资企业或内设机构；

2. 在京累计实缴注册资本 200 万美元以上（含）；

3. 有固定研发场所、有专职研发人员；

4. 母公司授权承担科学研究、产品开发等研发总部职能；

5. 承担相关科技领域研究、产品开发等研发项目。

市科委、中关村管委会认定的研发中心符合本《实施意见》条件的可直接认定为外资研发总部。对于知名或突出贡献外商投资企业可适当放宽条件。

（四）办理流程

1. 提交申请。企业和机构可通过首都之窗在线申请，可以通过北京市政务服务中心提交《外资研发总部认定告知承诺书》。

2. 作出决定。对现场提交的相关材料进行形式审查，符合规定的予以受理，当场作出同意决定，并制发《外资研发总部确认证书》；不符合规定的，不予受理并告知理由。对于网上办理的时限不超过 0.5 个工作日。

（五）申报材料

1. 承担研发总部职能的企业法定代表人签署的申请书（境外母公司基本情况、母公司在中国投资企业的组织架构图、外资研发总部简介及申请事项、申报企业情况汇总表等）（加盖单位公章的原件）；

2. 母公司法定代表人签署的授权书原件或在京公司章程、董事会决议等注明的设立研发总部及履行基本职能的文件（加盖单位公章的复印件）；

3. 经市场监督管理部门档案查询机构加盖查询有效章或经公证认证的境外母公司注册登记文件（加盖单位公章的复印件）；

4. 研发场所租赁合同、管理人员和核心技术人员人数、上一年度验资报告或审计报告、上一年度研发投入、重点研发项目介绍等相关证明材料（加盖单位公章的复印件）。

（六）日常监管

市商务局工作人员对企业提供的材料进行全覆盖核查，制作工作记录，补充到企业档案中。

通过核查发现申请人实际情况与承诺内容不符的，区分情况依法处理。轻微违诺失信和一般违诺失信的，责令限期整改，逾期不整改或整改后仍未达到条件的，撤销《外资研发总部确认证书》；对于严重违诺失信的，直接撤销《外资研发总部确认证书》，并依法追究申请人相应法律责任。

（七）违诺失信惩戒

1. 未履行承诺行为分类。核查情况纳入北京市公共信用信息服务平台，实行差异化信用管理。未履行承诺行为分为轻微违诺失信、一般违诺失信和严重违诺失信三种情形。轻微违诺失信，是指无故提供材料不齐全或信息不准确等行为。一般违诺失信，是指提供材料与事实有出入或不能提供必要的准确材料等行为。严重违诺失信，是指提供虚假材料、逾期不整改、整改后仍达不到要求等行为。

一年内，申请人办理外资研发总部认定事项累计发生轻微违诺失信行为三次以上（含）的，按一般违诺失信情节处理；申请人办理外资研发总部认定事项累计发生一般违诺失信行为两次以上（含）的，按严重违诺失信情节处理。

2. 惩戒措施。轻微违诺失信行为信息纳入北京市公共信用信息服务平台，只记录不公示。一般违诺失信行为信息纳入北京市公共信用信息服务平台，并对外公示，公示期最短为一个月，最长为六个月。严重违诺失信行为信息纳入北京市公共信用信息服务平台，并对外公示，公示期最短为六个月，最长为一年。

3. 失信修复。申请人可以采取作出信用承诺、完成信用整改等方式进行信用修复。信用修复完成后，可以视情况将公示期相应缩短1—6个月。对于完成信用修复的申请人，应当停止公示其失信信息，并将违诺失信主体修复信息纳入北京市公共信用信息服务平台。

（八）申诉渠道

申请人对确认过程及决定存在异议的，可以向市商务局政务服务大厅进行说明，无法解决的可以向市商务局进行申诉，或者通过政府网站等途径进行咨询或投诉。

申请人认为公共信用信息服务平台记载的申请人违诺失信信息与事实不符或者依法不应当公开的，可以向市经济信息化部门书面提出异议申请，并提供相关证明材料。

三、申请人承诺

申请人现自愿作出下列承诺：

1. 所填写的基本信息、提交的所需材料真实、合法、有效、完整；

2. 已经知晓政府部门告知的全部内容；

3. 已达到相应的标准，具体是：__________

____

______________________________________；

4. 愿意承担未履行承诺、虚假承诺的法律责任，以及政府部门告知的各项惩戒措施；

5. 所作承诺是申请人真实意思的表示。

（以下内容为二选一）

☐ 1. 申请企业作出承诺的

法人签字 / 签章：____________________

日期：______年____月____日

☐ 2. 由委托代理人代替申请人作出承诺的

委托代理人签名：____________________

日期：______年____月____日

政府部门（章）：____________________

日期：______年____月____日

（本文书一式两份，政府部门与申请人各执一份）

附件 2

外资研发总部更换确认证书告知承诺书

一、基本信息

（一）政府部门

名称：市商务局

咨询电话：市商务局政务服务大厅窗口 010-89150491

（二）申请人

名称：____________________

统一社会信用代码：____________________

联系人：____________________

联系方式：____________________

（三）委托代理人

姓名：____________________

联系方式：____________________

证件类型：____________________

证件编号：____________________

二、政府部门告知

（一）办理事项

名称：外资研发总部更换证书

（二）事项依据

《北京市促进总部企业高质量发展的相关规定》（京政发〔2021〕3 号）

（三）办理条件

1. 外资研发总部名称等变更；

2. 确认证书有效期满。

（四）办理流程

1. 提交申请。企业和机构可通过首都之窗在线申请，可以通过北京市政务服务中心提交《外资研发总部认定告知承诺书》。

2. 作出决定。对现场提交的相关材料进行形式审查，符合规定的予以受理，当场作出同意决定，并制发《外资研发总部确认证书》；不符合规定的，不予受理并告知理由。对于网上办理的时限不超过 0.5 个工作日。

（五）申报材料

1. 外资研发总部更换确认证书申请书（申请企业简介、认定时间、申请事项等，加盖单位公章的原件）；

2. 原外资研发总部确认证书。

（六）日常监管

市商务局工作人员对企业提供的材料进

行全覆盖核查，制作工作记录，补充到企业档案中。

通过核查发现申请人实际情况与承诺内容不符的，区分情况依法处理。轻微违诺失信和一般违诺失信的，责令限期整改，逾期不整改或整改后仍未达到条件的，撤销《外资研发总部确认证书》；对于严重违诺失信的，直接撤销《外资研发总部确认证书》，并依法追究申请人相应法律责任。

（七）违诺失信惩戒

1. 未履行承诺行为分类。核查情况纳入北京市公共信用信息服务平台，实行差异化信用管理。未履行承诺行为分为轻微违诺失信、一般违诺失信和严重违诺失信三种情形。轻微违诺失信，是指无故提供材料不齐全或信息不准确等行为。一般违诺失信，是指提供材料与事实有出入或不能提供必要的准确材料等行为。严重违诺失信，是指提供虚假材料、逾期不整改、整改后仍达不到要求等行为。

一年内，申请人办理外资研发总部认定事项累计发生轻微违诺失信行为三次以上（含）的，按一般违诺失信情节处理；申请人办理外资研发总部认定事项累计发生一般违诺失信行为两次以上（含）的，按严重违诺失信情节处理。

2. 惩戒措施。轻微违诺失信行为信息纳入北京市公共信用信息服务平台，只记录不公示。一般违诺失信行为信息纳入北京市公共信用信息服务平台，并对外公示，公示期最短为一个月，最长为六个月。严重违诺失信行为信息纳入北京市公共信用信息服务平台，并对外公示，公示期最短为六个月，最长为一年。

3. 失信修复。申请人可以采取作出信用承诺、完成信用整改等方式进行信用修复。信用修复完成后，可以视情况将公示期相应缩短1—6个月。对于完成信用修复的申请人，应当停止公示其失信信息，并将违诺失信主体修复信息纳入北京市公共信用信息服务平台。

（八）申诉渠道

申请人对确认过程及决定存在异议的，可以向市商务局政务服务大厅进行说明，无法解决的可以向市商务局进行申诉，或者通过政府网站等途径进行咨询或投诉。

申请人认为公共信用信息服务平台记载的申请人违诺失信信息与事实不符或者依法不应当公开的，可以向市经济信息化部门书面提出异议申请，并提供相关证明材料。

三、申请人承诺

申请人现自愿作出下列承诺：

1. 所填写的基本信息、提交的所需材料真实、合法、有效、完整；

2. 已经知晓政府部门告知的全部内容；

3. 已达到相应的标准，具体是：__________

____

____；

4. 愿意承担未履行承诺、虚假承诺的法律责任，以及政府部门告知的各项惩戒措施；

5. 所作承诺是申请人真实意思的表示。

（以下内容为二选一） □ 1. 申请企业作出承诺的 法人签字 / 签章：____________________ 日期：______年____月____日 □ 2. 由委托代理人代替申请人作出承诺的 委托代理人签名：____________________ 日期：______年____月____日	政府部门（章）：____________________ 日期：______年____月____日

（本文书一式两份，政府部门与申请人各执一份）

附件 3

外资研发总部确认证书注销告知承诺书

一、基本信息

（一）政府部门

名称：市商务局

咨询电话：市商务局政务服务大厅窗口 010-89150491

（二）申请人

名称：____________________

统一社会信用代码：____________________

联系人：____________________

联系方式：____________________

（三）委托代理人

姓名：____________________

联系方式：____________________

证件类型：____________________

证件编号：____________________

二、政府部门告知

（一）办理事项

名称：外资研发总部证书注销

（二）事项依据

《北京市促进总部企业高质量发展的相关规定》（京政发〔2021〕3 号）

（三）办理条件

外资研发总部注销或迁往京外地区的，需注销外资研发总部确认证书。

（四）办理流程

1. 提交申请。企业和机构可通过首都之窗在线申请，可以通过北京市政务服务中心提交《外资研发总部认定告知承诺书》。

2. 作出决定。对现场提交的相关材料进行形式审查，符合规定的予以受理，当场作出同意决定，并制发《外资研发总部确认证书》；不符合规定的，不予受理并告知理由。对于网上办理的时限不超过 0.5 个工作日。

（五）申报材料

1. 确认证书注销申请书（包括认定时间、申请事项等，加盖单位公章的原件）；

2. 原外资研发总部确认证书。

（六）日常监管

市商务局工作人员对企业提供的材料进行全覆盖核查，制作工作记录，补充到企业档案中。

通过核查发现申请人实际情况与承诺内容不符的，区分情况依法处理。轻微违诺失信和一般违诺失信的，责令限期整改，逾期不整改或整改后仍未达到条件的，撤销《外资研发总部确认证书》；对于严重违诺失信的，直接撤销《外资研发总部确认证书》，并依法追究申请人相应法律责任。

（七）违诺失信惩戒

1. 未履行承诺行为分类。核查情况纳入北京市公共信用信息服务平台，实行差异化信用管理。未履行承诺行为分为轻微违诺失信、一般违诺失信和严重违诺失信三种情形。轻微违诺失信，是指无故提供材料不齐全或信息不准确等行为。一般违诺失信，是指提供材料与事实有出入或不能提供必要的准确材料等行为。严重违诺失信，是指提供虚假材料、逾期不整改、整改后仍达不到要求等行为。

一年内，申请人办理外资研发总部认定事项累计发生轻微违诺失信行为三次以上（含）的，按一般违诺失信情节处理；申请人办理外资研发总部认定事项累计发生一般违诺失信行为两次以上（含）的，按严重违诺失信情节处理。

2. 惩戒措施。轻微违诺失信行为信息纳入北京市公共信用信息服务平台，只记录不公示。一般违诺失信行为信息纳入北京市公共信用信息服务平台，并对外公示，公示期最短为一个月，最长为六个月。严重违诺失信行为信息纳入北京市公共信用信息服务平台，并对外公示，公示期最短为六个月，最长为一年。

3. 失信修复。申请人可以采取作出信用承诺、完成信用整改等方式进行信用修复。信用修复完成后，可以视情况将公示期相应缩短1—6个月。对于完成信用修复的申请人，应当停止公示其失信信息，并将违诺失信主体修复信息纳入北京市公共信用信息服务平台。

（八）申诉渠道

申请人对确认过程及决定存在异议的，可以向市商务局政务服务大厅进行说明，无法解决的可以向市商务局进行申诉，或者通过政府网站等途径进行咨询或投诉。

申请人认为公共信用信息服务平台记载的申请人违诺失信信息与事实不符或者依法不应当公开的，可以向市经济信息化部门书面提出异议申请，并提供相关证明材料。

三、申请人承诺

申请人现自愿作出下列承诺：

1. 所填写的基本信息、提交的所需材料真实、合法、有效、完整；

2. 已经知晓政府部门告知的全部内容；

3. 已达到相应的标准，具体是：__________

____

____；

4. 愿意承担未履行承诺、虚假承诺的法律责任，以及政府部门告知的各项惩戒措施；

5. 所作承诺是申请人真实意思的表示。

（以下内容为二选一） □ 1. 申请企业作出承诺的 法人签字 / 签章：____________ 日期：____年____月____日 □ 2. 由委托代理人代替申请人作出承诺的 委托代理人签名：____________ 日期：____年____月____日	政府部门（章）：____________ 日期：____年____月____日

（本文书一式两份，政府部门与申请人各执一份）

关于印发《北京市外商投资企业投诉工作管理办法（修订）》的通知

京商函字〔2021〕1056号

各区政府、经开区管委会、各有关部门：

根据贯彻落实《中华人民共和国外商投资法》《中华人民共和国外商投资法实施条例》《外商投资企业投诉工作办法》等法律规章的要求，市商务局联合北京市投资促进服务中心对《北京市外商投资企业投诉工作管理办法》（京商函字〔2019〕1272号）进行了修订。现将修订后的办法印发给你们，请遵照执行。

收文后，请各区政府、经开区管委会根据管理办法第七条，向社会公示受理投诉的咨询电话、通信地址、电子邮箱、接待场所和来访接待时间等信息，并将上述信息于9月24日前反馈市外资企业投诉工作受理机构（市投资促进服务中心）；请各有关部门根据管理办法第六条，于9月24日前向市外资企业投诉工作受理机构（市投资促进服务中心）反馈本部门投诉工作联系人信息。

特此通知。

北京市外商投资企业投诉工作管理办法（修订）

第一条　为贯彻落实《中华人民共和国外商投资法》《中华人民共和国外商投资法实施条例》《外商投资企业投诉工作办法》等法律规章的要求，完善本市外商投资企业投诉机制，保护外商投资企业合法权益，优化营商环境，特制定本办法。

第二条　本办法所称外商投资企业投诉，是指：

（一）外商投资企业、外国投资者（以下统称“投诉人”），认为其合法权益受到本市各级行政机关（包括法律、法规授权的具有管理公共事务职能的组织）及其工作人员（以下统称“被投诉人”）行政行为的侵害，提请投诉受理机构协调解决的行为；

（二）投诉人向投诉受理机构反映本市投资环境方面存在的问题，建议完善有关政策措施的行为。

前款所称投诉受理机构，是指政府设立的依法受理投诉人投诉的公共服务机构，包括市、区两级外商投诉受理机构。

本办法所称外商投资企业投诉，不包括外商投资企业、外国投资者申请协调解决与其他自然人、法人或者其他组织之间民商事纠纷的行为。

第三条　本市设立市外商投诉协调机构和市外商投诉受理机构，共同办理外商投资企业投诉事项。

市外商投诉协调机构设在市商务局，负责协调、指导和监督全市外商投资企业投诉工作，召开局际联席会议，协调投诉中的重大问题，并负责向市政府反映影响重大的投诉事项，与商务部外商投资企业投诉工作部际联席会议办公室的工作衔接。

第四条 市外商投诉受理机构设在市投资促进服务中心，在市外商投诉协调机构的指导下开展工作，负责受理以下投诉事项：

（一）涉及北京市人民政府有关部门、区人民政府（含北京经济技术开发区管委会）及其工作人员行政行为的；

（二）建议北京市人民政府有关部门、区人民政府（含北京经济技术开发区管委会）完善相关政策措施的；

（三）在本市范围内有重大影响，市外商投诉受理机构认为可以由其处理的。

市外商投诉受理机构负责与全国外商投资企业投诉中心和各区外商投诉受理机构的工作衔接。

第五条 区外商投诉受理机构由各区人民政府及北京经济技术开发区管委会设立，在市外商投诉受理机构的指导下开展工作，负责受理以下投诉事项：

（一）涉及区级人民政府（含北京经济技术开发区管委会）有关部门、乡镇人民政府和街道办事处及其工作人员行政行为的；

（二）建议区级人民政府（含北京经济技术开发区管委会）有关部门完善本地区投资环境相关政策措施的。

第六条 本市各级行政主管部门按照职责分工，确定各自投诉处理的工作程序、联系人及联系方式。当投诉事项涉及本部门时，及时向投诉受理机构反馈处理意见。

第七条 投诉人提出投诉时，应当一事一诉并提交书面投诉材料。投诉材料可以通过信函、电子邮件等方式向投诉受理机构提交，也可直接向投诉受理机构现场提交。

市、区两级投诉受理机构应向社会公示受理投诉的咨询电话、通信地址、电子邮箱、接待场所和来访接待时间等信息，便利投诉人提出投诉事项。

第八条 属于本办法第二条第一款第（一）项规定的投诉的，投诉材料应当包括下列内容：

（一）投诉人的姓名或者名称、通信地址、邮编、有关联系人和联系方式，主体资格证明材料，提出投诉的日期；

（二）被投诉人的姓名或者名称、通信地址、邮编、有关联系人和联系方式；

（三）明确的投诉事项和投诉请求；

（四）有关事实、证据和理由，如有相关法律依据可以一并提供；

（五）是否存在本办法第十一条第（七）、（八）、（九）项所列情形的说明。

属于本办法第二条第一款第（二）项规定的投诉的，投诉材料应当包括前款第（一）项规定的信息、投资环境方面存在的相关问题以及具体政策措施建议。

投诉人提交的投诉材料应当用中文书写。有关证据和材料原件以外文书写的，应当提交准确、完整的中文翻译件。

第九条 投诉人可以委托他人进行投诉。投诉人委托他人进行投诉的，除本办法第八条规定的材料以外，还应当向投诉受理机构提交投诉人的身份证明、出具的授权委托书和受委托人的身份证明。授权委托书应当载明委托事项、权限和期限。

第十条 投诉材料不齐全的，投诉受理机构应当在收到投诉材料后7个工作日内一次性书面通知投诉人在15个工作日内补正。补正通知应当载明需要补正的事项和期限。

第十一条 投诉具有以下情形的，投诉受理机构不予受理：

（一）投诉主体不属于外商投资企业、外国投资者的；

（二）申请协调解决与其他自然人、法人或者其他组织之间民商事纠纷，或者不属于本办法规定的外商投资企业投诉事项范围的；

（三）不属于本投诉受理机构的投诉事项处理范围的；

（四）经投诉受理机构依据本办法第十条的规定通知补正后，投诉材料仍不符合本办法第八条要求的；

（五）投诉人伪造、变造证据或者明显缺乏事实依据的；

（六）没有新的证据或者法律依据，向同一投诉受理机构重复投诉的；

（七）同一投诉事项已经由上级投诉受理机构受理或者处理终结的；

（八）同一投诉事项已经由信访等部门受理或者处理终结的；

（九）同一投诉事项已经进入或者完成行政复议、行政诉讼等程序的。

第十二条　投诉处理程序：

（一）投诉受理机构接到完整齐备的投诉材料后应审查投诉材料，并在 7 个工作日内作出是否受理的决定。符合投诉受理条件的，应予以受理并向投诉人发出投诉受理通知书；不符合投诉受理条件的，投诉受理机构应向投诉人发出不予受理通知书（注明不予受理的理由），退回投诉材料并做好解释、疏导工作。属于本办法第十一条第（三）项情形的，投诉受理机构可以告知投诉人向有关投诉受理机构提出投诉。

（二）投诉受理机构一般应在投诉受理之日起 60 个工作日内办结受理的投诉事项。涉及部门多、情况复杂的投诉事项，可以适当延长处理期限。

（三）如投诉处理涉及其他部门的，投诉受理机构应在 5 个工作日内向有关部门发函，有关部门应自收到来函之日起 30 个工作日向投诉受理机构反馈处理意见。因争议或纠纷事实复杂或当事人不配合等其他原因，导致投诉事项处理工作无法及时完成的，有关部门应向投诉受理机构反馈下一步工作措施和拟办结时间，投诉受理机构应及时通知投诉人。

第十三条　投诉受理机构进行投诉处理时，可以要求投诉人进一步说明情况、提供材料或者提供其他必要的协助；投诉人应当如实反映投诉事实，提供证据，积极协助投诉受理机构开展投诉处理工作。投诉受理机构可以向被投诉人了解情况，被投诉人应当予以配合。

根据投诉事项具体情况，投诉受理机构可以组织召开会议，邀请投诉人和被投诉人共同参加，陈述意见，探讨投诉事项的解决方案。投诉受理机构根据投诉处理工作需要，可以就专业问题听取有关专家意见。

第十四条　投诉受理机构可以采取以下方式办理投诉：

（一）推动投诉人和被投诉人达成谅解（包括达成和解协议）；

（二）同被投诉人进行协调，必要时可向投诉协调机构申请召开联席会议；

（三）向市、区级人民政府（含北京经济技术开发区管委会）及其有关部门提交完善相关政策措施的建议；

（四）其他适当的处理方式。

投诉人和被投诉人签署和解协议的，应当写明达成和解的事项和结果。依法订立的和解协议对投诉人和被投诉人具有约束力。被投诉人不履行生效和解协议的，依据《中华人民共和国外商投资法实施条例》第四十一条的规定处理。

第十五条 有下列情况之一的，投诉处理终结：

（一）投诉受理机构依据本办法第十四条进行协调处理，投诉人同意终结的；

（二）投诉事项与事实不符的，或者投诉人拒绝提供材料导致无法查明有关事实的；

（三）投诉人的有关诉求没有法律依据的；

（四）投诉人书面撤回投诉的；

（五）投诉人不再符合投诉主体资格的；

（六）经投诉受理机构联系，投诉人连续30日无正当理由不参加投诉处理工作的。

投诉处理期间，出现本办法第十一条第（七）、（八）、（九）项所列情形的，视同投诉人书面撤回投诉。

投诉处理终结后，投诉受理机构应当在3个工作日内将投诉处理结果书面通知投诉人。

第十六条 投诉事项自受理之日起一年未能依据本办法第十五条处理终结的，投诉协调机构应当及时联合受理机构向本级人民政府报告有关情况，提出有关工作建议。

第十七条 投诉人对投诉受理机构作出的不予受理决定或者投诉处理结果有异议的，可以就原投诉事项逐级向上级投诉机构提起投诉。上级投诉机构可以根据本机构投诉工作规则决定是否受理原投诉事项。

投诉人依照本办法规定申请协调解决其与行政机关之间争议的，不影响其在法定时限内提起12345接诉即办、行政复议、行政诉讼等程序的权利。

第十八条 投诉受理机构对投诉事项应及时办理受理登记、建档、存档和分析，及时、全面、准确记录有关投诉事项的受理和处理情况，按年度进行归档。

第十九条 区外商投诉受理机构应当每两个月向市外商投诉受理机构上报投诉工作情况，包括收到投诉数量、处理进展情况、已处理完结投诉事项的详细情况和有关政策建议等。

市外商投诉受理机构应当在单数月前7个工作日内将全市投诉工作情况汇总后向全国外资投诉中心和市外商投诉协调机构上报前两个月本市投诉工作情况。市外商投诉受理机构应当按年度向市外商投诉协调机构报送外商投资企业权益保护建议书，总结外商投资企业、外国投资者、商会、协会、有关地方和部门反映的典型案例、重大问题、政策措施建议，提出加强投资保护、改善投资环境的相关建议。

第二十条 本市各级投诉受理机构及其工作人员均应依法保护投诉人的商业秘密、保密商务信息和个人隐私。

第二十一条 《中华人民共和国外商投资法》第二十七条规定的商会、协会可以参照本办法，向投诉受理机构反映会员提出的投资环境方面存在的问题，并提交具体的政策措施建议。

第二十二条 本办法由北京市商务局负责解释，自公布之日起施行。2019年11月22日印发的《北京市外商投资企业投诉工作管理办法》同时废止。

关于鼓励企业创新开展北京消费季促消费活动的通知

京商消促字〔2021〕32号

各区商务局、北京经济技术开发区商务金融局、各有关单位：

为深入贯彻党的十九届五中全会和中央经济工作会议精神，全面落实市委、市政府关于统筹疫情防控和经济发展的决策部署，紧抓经济复苏的有利契机，充分激发市场主体参与北京消费季活动的积极性和创造性，稳定和扩大消费，助力北京国际消费中心城市建设，对符合条件的企业给予资金奖励。有关事项通知如下：

一、支持范围

在北京地区注册且具有独立法人资格，从事商贸流通业经营、服务、管理的企业。

二、支持条件和标准

北京消费季期间，企业围绕北京消费季每月市级重点活动主题，创新开展促消费活动，加强北京消费季品牌活动宣传，并通过各类线上平台向在京消费者自主发放消费补贴。

（一）城市商业综合体（城市商业综合体是指以区域为中心，以购物中心为主导，融合商业零售、餐饮、休闲、养生、娱乐、文化、教育等多项城市主要功能活动，面向各类消费人群提供综合性服务的大型建筑综合体。）

对当季度促消费投入金额（含场地搭建、设备租赁、宣传推广、发券让利等）超过200万元的城市商业综合体，根据当季度促消费投入金额、整体销售额（含自营、联营和租赁商户）同比增量、客流同比增量，进行综合评定，每个季度共奖励20家积极参与北京消费季活动并成效显著的城市商业综合体。评定三档，其中第一档3家，每家给予一次性奖励资金80万元；第二档7家，每家给予一次性奖励资金60万元；第三档10家，每家给予一次性奖励资金40万元。

（二）限额以上线下零售企业（零售业统计限额标准：年主营业务收入500万元及以上。）

对当季度商品零售额同比增幅不低于当季度本市商品零售额平均增幅，且当季度商品零售额同比增量超过1000万元的企业，给予资金奖励。根据企业当季度商品零售额增量情况及申报情况，综合评定五档，各档次最高支持标准为：

当季度商品零售额增量（亿元）	最高支持金额（万元）
4以上	100
3—4（含4）	80
2—3（含3）	60
1—2（含2）	40
0.1—1（含1）	20

（三）限额以上餐饮企业（餐饮业统计限额标准：年主营业务收入200万元及以上。）

对当季度餐饮收入同比增幅不低于当季度本市餐饮收入平均增幅，且当季度餐饮收入同比增量超过500万元的餐饮企业，给予资金奖励。根据企业当季度营业额增量情况及申报情况，综合评定五档，各档次最高支持标准为：

当季度营业额增量（亿元）	最高支持金额（万元）
2 以上	50
1.5—2（含 2）	40
1—1.5（含 1.5）	30
0.5—1（含 1）	20
0.05—0.5（含 0.5）	10

三、申报材料

项目申报材料一式两份，应按顺序装订成册，加盖单位公章（全套申报材料需扫描电子版一并提交）。项目申报材料不予退回。申报材料如下：

（一）资金申请表（见附件 1）。

（二）企业简介。

（三）营业执照、法定代表人身份证和银行开户许可证等法人文件复印件。

（四）申报城市商业综合体鼓励资金的企业，应提供参与北京消费季活动照片、促消费投入资金、当季度整体销售和客流同比增量及增速等相关支撑材料。

（五）申报限额以上线下零售企业和餐饮企业鼓励资金的企业，应提供参与北京消费季活动照片、企业业态、当季度零售额（餐饮收入）同比增量及增速等相关支撑材料。

（六）其他与项目相关的材料。

四、申报流程

（一）提交活动报名信息。申报企业应制定参与北京消费季促消费活动方案，在企业经营区域积极营造北京消费季活动氛围。通过北京市商务局外网“2021 北京消费季”参与通道，网上报备企业参与北京消费季活动方案报名信息，纳入北京消费季活动库。

（二）项目申报。自通知发布之日起，符合条件的企业可申报 2021 年第三、第四季度奖励项目，分别于 2021 年 10 月 31 日和 2022 年 1 月 31 日前，将项目申报材料提交属地商务主管部门。

（三）项目审核。属地商务主管部门对申报项目进行初审，通过初审的项目汇总报市商务局，市商务局对项目进行复核。

五、工作要求

（一）保证数据真实。申报企业不得擅自篡改相关报表信息，对于伪造、提供虚假材料的项目申报单位，取消申报资格，在政策期内不得再次申报，并按《北京市商务领域不良信用记录名单管理办法（试行）》规定进行处理，已获得的项目支持资金须退回市商务局。

（二）不重复申报。本政策与本市鼓励网络零售健康发展政策不重复享受，如企业同时符合本政策中多项支持条件，由企业选择其中一项申报。

（三）信用记录良好。有下列情形的不予支持：列入《北京市新增产业的禁止和限制目录》禁止类和限制类范围的；纳入全市联合惩戒“黑名单”的；纳入北京市商务领域不良信用记录名单，受到“不予支持”信用惩戒的；经市商务局审议其他不予支持的。

六、其他事项

本通知由市商务局负责解释。

（业务咨询联系人：消费促进处　梁缘　55579643；项目申报联系人：市流通经济研究中心　蒋鑫　85950782）

相关附件：

附件 1：资金申请表

附件 2：2021 北京消费季市级月度重点活动表

附件 3：鼓励企业创新开展北京消费季促消费活动市区两级业务办理电话、通信地址

附件 1

表 1

资金申请表

（城市商业综合体）

填报日期：　　年　　月　　日

<table>
<tr><td>企业名称</td><td colspan="2"></td><td colspan="2">统一社会信用代码</td><td></td></tr>
<tr><td>企业属性
（限选一项）</td><td colspan="5">☐城市商业综合体</td></tr>
<tr><td>法定代表人</td><td colspan="2"></td><td colspan="2">经营地址</td><td></td></tr>
<tr><td>主要联系人</td><td colspan="2"></td><td colspan="2">联系电话 / 手机</td><td></td></tr>
<tr><td>银行账号</td><td colspan="2"></td><td colspan="2">开户银行</td><td></td></tr>
<tr><td colspan="3">当季度促消费投入资金（万元）</td><td colspan="3"></td></tr>
<tr><td>当季度客流量（万人）</td><td></td><td>同比增量（万人）</td><td></td><td>同比增幅（%）</td><td></td></tr>
<tr><td>当季度所有承租商户销售额（万元）</td><td></td><td>同比增量（万元）</td><td></td><td>同比增幅（%）</td><td></td></tr>
<tr><td>企业承诺</td><td colspan="5">我单位按照《北京市商务局关于鼓励企业创新开展北京消费季促消费的通知》有关规定，保证提供的所有申报数据、材料等信息真实有效，并接受有关部门的监督。
我单位承诺不出现任何违反资金管理制度或有违法违规行为，严格按照财务相关规定使用资金，如出现任何弄虚作假、虚报冒领等违法违规行为，我单位将承担一切责任。

法定代表人（负责人）签字（企业公章）：

年　　月　　日</td></tr>
<tr><td>区商务主管部门
审核意见</td><td colspan="5">（盖章）
年　　月　　日</td></tr>
</table>

表 2

资金申请表

（限额以上线下零售和餐饮企业）

填报日期：　　　年　　月　　日

<table>
<tr><td>企业名称</td><td colspan="2"></td><td colspan="2">统一社会信用代码</td><td></td></tr>
<tr><td>企业属性
（限选一项）</td><td colspan="5">□百货（购物中心）　□专业店　□专卖店　□家居建材店　□餐饮企业
□超市（大型超市、便利店、折扣店、杂食店、仓储会员店）</td></tr>
<tr><td>法定代表人</td><td colspan="2"></td><td colspan="2">经营地址</td><td></td></tr>
<tr><td>主要联系人</td><td colspan="2"></td><td colspan="2">联系电话 / 手机</td><td></td></tr>
<tr><td>银行账号</td><td colspan="2"></td><td colspan="2">开户银行</td><td></td></tr>
<tr><td>当季度零售额或餐饮收入（万元）</td><td></td><td>同比增量（万元）</td><td></td><td>同比增幅（%）</td><td></td></tr>
<tr><td>企业承诺</td><td colspan="5">我单位按照《北京市商务局关于鼓励企业创新开展北京消费季促消费的通知》有关规定，保证提供的所有申报数据、材料等信息真实有效，并接受有关部门的监督。
我单位承诺不出现任何违反资金管理制度或有违法违规行为，严格按照财务相关规定使用资金，如出现任何弄虚作假、虚报冒领等违法违规行为，我单位将承担一切责任。

法定代表人（负责人）签字（企业公章）：
年　　月　　日</td></tr>
<tr><td>区商务主管部门
审核意见</td><td colspan="5">（盖章）
年　　月　　日</td></tr>
</table>

附件 2

2021 北京消费季市级月度重点活动表

活动时间	序号	活动名称	时间安排
4月	1	北京消费季启动活动	4月28日
	2	夜京城	4月至11月
	3	网红打卡和拔草行动	4月28日启动
5月	4	北京音乐角	5月启动
	5	第二届北京网络直播大赛	5月至7月
	6	北京首发节	4月至11月
6月	7	北京文化旅游节	6月启动
	8	北京亲子消费节	6月至8月
7月	9	北京信息消费节	7月至年底
	10	北京智能消费节	7月至9月
8月	11	8·8北京体育消费节	8月
9月	12	北京国际时尚节	9月
	13	北京国际设计周	9月至10月
	14	北京文化消费品牌周	9月
10月	15	北京农民丰收节	9月至10月
	16	国潮京品节	4月至10月
	17	北京银发消费节	10月至11月
11月	18	购车节	10月至11月
	19	迎冬奥国际美食汇	11月
	20	京津冀火锅节	11月至12月
12月	21	北京冰雪消费节	12月启动
	22	2022北京年货节	12月启动

附件 3

鼓励企业创新开展北京消费季促消费活动
市区两级业务办理电话、通信地址

市区两级	联系方式	邮寄地址
市商务局	55579643	—
	85950782	—
东城区商务局	67079155	东城区永定门内东街中里 13 号楼崇文商务大厦 418
西城区商务局	83509351	西城区北滨河路 9 号 西城区商务局
朝阳区商务局	65099210	朝阳区日坛北街 33 号朝阳区人民政府
海淀区商务局	88496889	海淀区四季青路 6 号海淀招商大厦东 411
丰台区商务局	63830550	丰台区东安街 3 条 6 号丰台区政府南院办公区
石景山区商务局	68607230	石景山区石景山路 18 号南楼 335 房间
门头沟区商务局	69844215	门头沟区双峪路 39-1 205 室
房山区商务局	81312708	房山区昊天北大街 38 号 CSD 商务广场 C 座 704 室
通州区商务局	80886840	通州区新华东街 254 号通州区商务局
顺义区商务局	69443979	顺义区政务服务中心北楼 5005 顺义区商务局消费促进科
大兴区商务局	81298225	大兴区永华南里桐城行政办公楼甲 14 栋 8 层 806
昌平区商务局	69711143	昌平区南环路 55 号昌平商务局
平谷区商务局	69977631	平谷区府前西街 17 号社会服务中心
怀柔区商务局	69646108	怀柔区迎宾中路 21 号 403 室商业发展管理科
密云区商务局	89089309	密云区檀西路 21 号
延庆区商务局	69102625	延庆区新城街 2 号 6016 房间
经开区商务金融局	87163265	北京经济技术开发区荣华中路 15 号朝林大厦 1205

关于印发《从事拍卖业务许可事项告知承诺实施意见（试行）》的通知

京商流通字〔2021〕9号

各相关单位：

为贯彻落实《北京市优化营商环境条例》，按照《北京市政务服务事项告知承诺审批管理办法》要求，现将《从事拍卖业务许可事项告知承诺实施意见（试行）》印发给你们，请认真贯彻落实。

特此通知。

从事拍卖业务许可事项告知承诺实施意见（试行）

为贯彻落实《北京市优化营商环境条例》，按照《北京市政务服务事项告知承诺审批管理办法》要求，就从事拍卖业务许可事项实行告知承诺，制定本意见。

一、告知承诺的含义

本意见所称告知承诺，是指由市商务局一次性告知申请人事项办理的标准、申请材料、需要履行的法律责任，申请人以书面（含电子文本）形式承诺其符合办理条件，并承担违反承诺的相应后果，市商务局直接作出是否同意的方式。

申请人可选择告知承诺方式办理，也可选择一般方式办理。

二、办理流程

（一）一般方式

按一般方式办理从事拍卖业务许可事项，审定时限为9个工作日。

1. 提交申请。申请人通过北京拍卖网提出许可申请，经所在区商务主管部门初审同意，并取得初审相关材料后，到北京市政务服务中心综合窗口提交申报材料（也可通过邮寄方式提交），材料齐全的予以受理，材料不齐全的退回。

2. 审查与决定。审批部门工作人员对申请人提交的材料进行审查，对申报材料齐全、信息完整、符合要求的予以许可。

3. 颁证与送达。申请人直接到北京市政务服务中心综合窗口领取证书或通过邮寄方式送达证书。

（二）告知承诺方式

按告知承诺方式办理从事拍卖业务许可，当场办理许可、变更、注销、延续、补证手续，当场制发《拍卖经营批准证书》或《拍卖经营批准证书注销公告》。

1. 提交申请。申请人通过北京拍卖网提交《告知承诺书》及相关材料，经所在区商务主管部门初审同意，并取得初审相关材料后，到北京市政务服务中心综合窗口提交《告知承诺书》及相关材料（也可通过邮寄方式提交）。

2. 作出决定。对申请人提交的材料进行形式审查，符合规定的予以受理，当场作出同意决定，并制发《拍卖经营批准证书》或《拍卖经营批准证书注销公告》；不符合规定的，不予受理并告知理由。

三、日常监管

（一）对实行告知承诺方式的，市商务局在作出相应决定后3个月内，应通过资料核对等方式对申请人的承诺内容是否属实进行抽查检查。

（二）通过核查发现申请人实际情况与承诺内容不符的，区分情况依规依法处理。轻微违诺失信和一般违诺失信的，责令限期整改，逾期不整改或整改后仍未达到条件的，撤销《拍卖经营批准证书》；对于严重违诺失信的，直接撤销《拍卖经营批准证书》，并依法追究申请人相应法律责任。

四、信用监管及惩戒措施

（一）未履行承诺行为分类

核查情况纳入北京市公共信用信息服务平台，实行差异化信用管理。未履行承诺行为分为轻微违诺失信、一般违诺失信和严重违诺失信三种情形。

轻微违诺失信，是指无故提供材料不齐全或信息不准确等行为。一般违诺失信，是指提供材料与事实有出入或不能提供必要的准确材料等行为。严重违诺失信，是指提供虚假材料、逾期不整改、整改后仍达不到要求等行为。

一年内，申请人办理从事拍卖业务许可事项累计发生轻微违诺失信行为三次以上（含）的，按一般违诺失信情节处理；申请人办理从事拍卖业务许可事项累计发生一般违诺失信行为两次以上（含）的，按严重违诺失信情节处理。

（二）惩戒措施

轻微违诺失信行为信息纳入北京市公共信用信息服务平台，只记录不公示。

一般违诺失信行为信息纳入北京市公共信用信息服务平台，并对外公示，公示期最短为一个月，最长为六个月。

严重违诺失信行为信息纳入北京市公共信用信息服务平台，并对外公示，公示期最短为六个月，最长为一年。

（三）失信修复

申请人可以采取作出信用承诺、完成信用整改等方式进行信用修复。信用修复完成后，可以视情况将公示期相应缩短1—6个月。对于完成信用修复的申请人，应当停止公示其失信信息，并将违诺失信主体修复信息纳入北京市公共信用信息服务平台。

五、申诉渠道

申请人对许可过程及决定存在异议的，可以通过12345服务热线电话、部门电话、政府网站等提出有关告知承诺事项的咨询和投诉举报。

申请人认为北京市公共信用信息服务平台记载的申请人违诺失信信息与事实不符或者依法不应当公开的，可以向市经济信息化部门书面提出异议申请，并提供相关证明材料。

六、生效时间

本意见自公布之日起实施。

相关附件：

附件1：从事拍卖业务许可（许可审批）告知承诺书

附件2：从事拍卖业务许可（变更审批）告知承诺书

附件3：从事拍卖业务许可（延续审批）告知承诺书

附件4：从事拍卖业务许可（补证审批）告知承诺书

附件5：从事拍卖业务许可（注销审批）告知承诺书

附件 1

从事拍卖业务许可（许可审批）告知承诺书

一、基本信息

（一）政府部门

名称：____________________________

咨询电话：____________________________

（二）申请人

名称：____________________________

统一社会信用代码：____________________________

联系人：____________________________

联系方式：____________________________

（三）委托代理人

姓名：____________________________

联系方式：____________________________

证件类型：____________________________

证件编号：____________________________

二、政府部门告知

（一）办理事项

名称：从事拍卖业务的许可（许可审批）。

（二）事项依据

1.《中华人民共和国拍卖法》第 11 条：企业取得从事拍卖业务的许可必须经所在地的省、自治区、直辖市人民政府负责管理拍卖业的部门审核批准。

2.《拍卖管理办法》（2019 年修订）第 12 条：企业及分公司申请取得从事拍卖业务的许可，按照下列程序办理：企业及分公司申请取得从事拍卖业务的许可，应当先经企业或分公司所在地市级商务主管部门审查后，报省级商务主管部门核准并颁发拍卖经营批准证书。省级商务主管部门对企业及分公司申请取得从事拍卖业务的许可可以采取听证方式。拍卖经营批准证书由省级商务主管部门统一印制。

（三）法定条件

本行政审批事项获得批准应当具备下列条件、标准和技术要求：

1. 有一百万元人民币以上的注册资本；

2. 有自己的名称、组织机构和章程；

3. 有固定的办公场所；

4. 有至少一名拍卖师；

5. 有符合有关法律、行政法规及《拍卖管理办法》规定的拍卖业务规则；

6. 符合商务主管部门有关拍卖行业发展规划。

（四）办理流程

1. 提交申请。申请人可以通过北京市政务服务中心综合窗口提交《从事拍卖业务许可（许可审批）告知承诺书》。

2. 作出决定。对申请人现场提交的相关材料进行形式审查，符合规定的予以受理，当场作出同意决定，并制发《拍卖经营批准证书》；不符合规定的，不予受理并告知理由。

（五）申报材料

1. 北京市商务局行政许可事项申请书（拍卖）（纸质原件 1 份）；

2. 办理行政许可事项授权委托书（纸质原件 1 份）；

3. 受托人身份证复印件（纸质复印件 1 份）；

4. 企业（分支机构）取得从事拍卖业务许可申请书（纸质原件 1 份）；

5. 中华人民共和国拍卖师执业资格证书、拍卖师执业注册记录卡及拍卖师变更注册申请表（纸质复印件1份）；

6. 拍卖规则（纸质原件1份）。

申请拍卖企业分支机构，除提交以上1至6项材料外，还需提交：上级公司《拍卖经营批准证书》及拍卖企业最近两年经会计师事务所审计的年度财务会计报表（纸质复印件各1份）。

（六）已经提交和需要补充提交的材料

1. 下列材料，申请人已经提交（请在□内打√）：

（1）北京市商务局行政许可事项申请书（拍卖）；

（2）办理行政许可事项授权委托书；

（3）受托人身份证复印件；

（4）企业（分支机构）取得从事拍卖业务许可申请书；

（5）中华人民共和国拍卖师执业资格证书、拍卖师执业注册记录卡及拍卖师变更注册申请表；

（6）拍卖规则。

如申请拍卖企业分支机构：

□上级公司《拍卖经营批准证书》

□拍卖企业最近两年经会计师事务所审计的年度财务会计报表。

2. 下列材料，申请人应当补充提交（请在□内打√）：

（1）北京市商务局行政许可事项申请书（拍卖）；

（2）办理行政许可事项授权委托书；

（3）受托人身份证复印件；

（4）企业（分支机构）取得从事拍卖业务许可申请书；

（5）中华人民共和国拍卖师执业资格证书、拍卖师执业注册记录卡及拍卖师变更注册申请表；

（6）拍卖规则。

如申请拍卖企业分支机构：

□上级公司《拍卖经营批准证书》

□拍卖企业最近两年经会计师事务所审计的年度财务会计报表。

（以上由行政机关工作人员填写）

（七）违诺失信惩戒

如未如实报告，按《北京市商务局从事拍卖业务许可事项告知承诺实施意见（试行）》相关条款执行。

（八）政府部门职责

采取现场核对等监管方式，具体见《北京市商务局从事拍卖业务许可事项告知承诺实施意见（试行）》。

（九）申诉渠道

申请人认为公共信用信息服务平台记载的申请人违诺失信信息与事实不符或者依法不应当公开的，可以向市经济信息化部门书面提出异议申请，并提供相关证明材料，按照相关程序处理。

申请人对未履行承诺、作出虚假承诺的认定有异议，可向市商务局提出异议申请，并提供相关证明材料。市商务局收到申请后，应当在10个工作日内进行核对，并根据核对情况作出处理决定。

三、申请人承诺

申请人现自愿作出下列承诺：

1. 所填写的基本信息、提交的所需材料真实、合法、有效、完整；

2. 已经知晓政府部门告知的全部内容；

3. 已达到相应的标准，具体是：__________
____
____；

4. 愿意承担未履行承诺、虚假承诺的法律责任，以及政府部门告知的各项惩戒措施；

5. 所作承诺是申请人真实意思的表示。

（以下内容为二选一）

☐ 1. 申请人作出承诺的

申请人签名 / 签章：____________________

日期：______年____月____日

☐ 2. 由委托代理人代替申请人作出承诺的

委托代理人签名：____________________

日期：______年____月____日

政府部门（章）：____________________

日期：______年____月____日

（本文书一式两份，政府部门与申请人各执一份）

附件 2

从事拍卖业务许可（变更审批）告知承诺书

一、基本信息

（一）政府部门

名称：____________________

咨询电话：____________________

（二）申请人

名称：____________________

统一社会信用代码：____________________

联系人：____________________

联系方式：____________________

（三）委托代理人

姓名：____________________

联系方式：____________________

证件类型：____________________

证件编号：____________________

二、政府部门告知

（一）办理事项

名称：从事拍卖业务许可（变更审批）。

（二）事项依据

1.《中华人民共和国拍卖法》第 11 条：企业取得从事拍卖业务的许可必须经所在地的省、自治区、直辖市人民政府负责管理拍卖业的部门审核批准。

2.《拍卖管理办法》（2019 年修订）第 12 条：企业及分公司申请取得从事拍卖业务的许可，按照下列程序办理：企业及分公司申请取得从事拍卖业务的许可，应当先经企业或分公司所在地市级商务主管部门审查后，报省级商务主管部门核准并颁发拍卖经营批准证书。省级商务主管部门对企业及分公司申请取得从事拍卖业务的许可可以采取听证方式。拍卖经营批准证书由省级商务主管部门统一印制。

3.《拍卖管理办法》（2019 年修订）第 13 条：拍卖企业向工商行政管理机关申请变更注册登记项目后，应当报省级商务主管部门核准，并由其换发拍卖经营批准证书。

（三）法定条件

本行政审批事项获得批准应当具备下列条件、标准和技术要求：

1. 有一百万元人民币以上的注册资本；

2. 有自己的名称、组织机构和章程；

3. 有固定的办公场所；

4. 有至少一名拍卖师；

5. 有符合有关法律、行政法规及《拍卖管理办法》规定的拍卖业务规则；

6. 符合商务主管部门有关拍卖行业发展规划。

（四）办理流程

1. 提交申请。申请人可以通过北京市政务服务中心综合窗口提交《从事拍卖业务许可（变更审批）告知承诺书》。

2. 作出决定。对申请人现场提交的相关材料进行形式审查，符合规定的予以受理，当场作出同意决定，并制发《拍卖经营批准证书》；不符合规定的，不予受理并告知理由。

（五）申报材料

1. 北京市商务局行政许可变更事项申请书（纸质原件 1 份）；

2. 办理行政许可变更事项授权委托书（纸质原件 1 份）；

3. 受托人身份证复印件（纸质复印件 1 份）；

4. 关于变更法定代表人的申请（纸质原件 1 份）或关于变更企业股权的申请（纸质原件 1 份）或关于变更企业经营地址的申请（纸质原件 1 份）或关于变更企业名称的申请（纸质原件 1 份）或关于变更注册资本金的申请（纸质原件 1 份）；

5. 拍卖经营批准证书（正本原件 1 份；副本原件 1 份）；

6. 中华人民共和国拍卖师执业资格证书和拍卖师执业注册记录卡（纸质复印件 1 份）。

（六）已经提交和需要补充提交的材料

1. 下列材料，申请人已经提交（请在□内打√）：

（1）北京市商务局行政许可变更事项申请书；

（2）办理行政许可变更事项授权委托书；

（3）受托人身份证复印件；

（4）关于变更法定代表人的申请或关于变更企业股权的申请或关于变更企业经营地址的申请或关于变更企业名称的申请或关于变更注册资本金的申请；

（5）拍卖经营批准证书；

（6）中华人民共和国拍卖师执业资格证书和拍卖师执业注册记录卡。

2. 下列材料，申请人应当补充提交（请在□内打√）：

（1）北京市商务局行政许可变更事项申请书；

（2）办理行政许可变更事项授权委托书；

（3）受托人身份证复印件；

（4）关于变更法定代表人的申请或关于变更企业股权的申请或关于变更企业经营地址的申请或关于变更企业名称的申请或关于变更注册资本金的申请；

（5）拍卖经营批准证书；

（6）中华人民共和国拍卖师执业资格证书和拍卖师执业注册记录卡。

（以上由行政机关工作人员填写）

（七）违诺失信惩戒

如未如实报告，按《北京市商务局从事拍卖业务许可事项告知承诺实施意见（试行）》相关条款执行。

（八）政府部门职责

采取现场核对等监管方式，具体见《北京

市商务局从事拍卖业务许可事项告知承诺实施意见（试行）》。

（九）申诉渠道

申请人认为公共信用信息服务平台记载的申请人违诺失信信息与事实不符或者依法不应当公开的，可以向市经济信息化部门书面提出异议申请，并提供相关证明材料，按照相关程序处理。

申请人对未履行承诺、作出虚假承诺的认定有异议，可向市商务局提出异议申请，并提供相关证明材料。市商务局收到申请后，应当在10个工作日内进行核对，并根据核对情况作出处理决定。

三、申请人承诺

申请人现自愿作出下列承诺：

1. 所填写的基本信息、提交的所需材料真实、合法、有效、完整；

2. 已经知晓政府部门告知的全部内容；

3. 已达到相应的标准，具体是：____；

4. 愿意承担未履行承诺、虚假承诺的法律责任，以及政府部门告知的各项惩戒措施；

5. 所作承诺是申请人真实意思的表示。

（以下内容为二选一）

□ 1. 申请人作出承诺的

申请人签名 / 签章：__________

日期：______年____月____日

□ 2. 由委托代理人代替申请人作出承诺的

委托代理人签名：__________

日期：______年____月____日

政府部门（章）：__________

日期：______年____月____日

（本文书一式两份，政府部门与申请人各执一份）

附件 3

从事拍卖业务许可（延续审批）告知承诺书

一、基本信息

（一）政府部门

名称：__________

咨询电话：__________

（二）申请人

名称：__________

统一社会信用代码：__________

联系人：__________

联系方式：__________

（三）委托代理人

姓名：__________

联系方式：__________

证件类型：______________________

证件编号：______________________

二、政府部门告知

（一）办理事项

名称：从事拍卖业务许可（延续审批）。

（二）事项依据

1.《中华人民共和国行政许可法》第 50 条：被许可人需要延续依法取得的行政许可的有效期的，应当在该行政许可有效期届满三十日前向作出行政许可决定的行政机关提出申请。但是，法律、法规、规章另有规定的，依照其规定。行政机关应当根据被许可人的申请，在该行政许可有效期届满前作出是否准予延续的决定；逾期未作决定的，视为准予延续。

2.《中华人民共和国拍卖法》第 11 条：企业取得从事拍卖业务的许可必须经所在地的省、自治区、直辖市人民政府负责管理拍卖业的部门审核批准。

3.《拍卖管理办法》（2019 年修订）第 12 条：企业及分公司申请取得从事拍卖业务的许可，按照下列程序办理：企业及分公司申请取得从事拍卖业务的许可，应当先经企业或分公司所在地市级商务主管部门审查后，报省级商务主管部门核准并颁发拍卖经营批准证书。省级商务主管部门对企业及分公司申请取得从事拍卖业务的许可可以采取听证方式。拍卖经营批准证书由省级商务主管部门统一印制。

（三）法定条件

本行政审批事项获得批准应当具备下列条件、标准和技术要求：

1. 有一百万元人民币以上的注册资本；

2. 有自己的名称、组织机构和章程；

3. 有固定的办公场所；

4. 有至少一名拍卖师；

5. 有符合有关法律、行政法规及《拍卖管理办法》规定的拍卖业务规则；

6. 符合商务主管部门有关拍卖行业发展规划。

（四）办理流程

1. 提交申请。申请人可以通过北京市政务服务中心综合窗口提交《从事拍卖业务许可（延续审批）告知承诺书》。

3. 作出决定。对申请人现场提交的相关材料进行形式审查，符合规定的予以受理，当场作出同意决定，并制发《拍卖经营批准证书》；不符合规定的，不予受理并告知理由。

（五）申报材料

1. 关于延续《拍卖经营批准证书》有效期的申请（纸质原件 1 份）；

2. 拍卖经营批准证书（正本原件 1 份；副本原件 1 份）。

（六）已经提交和需要补充提交的材料

1. 下列材料，申请人已经提交（请在□内打√）：

（1）关于延续《拍卖经营批准证书》有效期的申请；

（2）拍卖经营批准证书。

2. 下列材料，申请人应当补充提交（请在□内打√）：

（1）关于延续《拍卖经营批准证书》有效期的申请；

（2）拍卖经营批准证书。

（以上由行政机关工作人员填写）

（七）违诺失信惩戒

如未如实报告，按《北京市商务局从事拍卖业务许可事项告知承诺实施意见（试行）》相关条款执行。

（八）政府部门职责

采取现场核对等监管方式，具体见《北京市商务局从事拍卖业务许可事项告知承诺实施意见（试行）》。

（九）申诉渠道

申请人认为公共信用信息服务平台记载的申请人违诺失信信息与事实不符或者依法不应当公开的，可以向市经济信息化部门书面提出异议申请，并提供相关证明材料，按照相关程序处理。

申请人对未履行承诺、作出虚假承诺的认定有异议，可向市商务局提出异议申请，并提供相关证明材料。市商务局收到申请后，应当在10个工作日内进行核对，并根据核对情况作出处理决定。

三、申请人承诺

申请人现自愿作出下列承诺：

1. 所填写的基本信息、提交的所需材料真实、合法、有效、完整；

2. 已经知晓政府部门告知的全部内容；

3. 已达到相应的标准，具体是：____；

4. 愿意承担未履行承诺、虚假承诺的法律责任，以及政府部门告知的各项惩戒措施；

5. 所作承诺是申请人真实意思的表示。

（以下内容为二选一）

□ 1. 申请人作出承诺的

申请人签名 / 签章：____________

日期：______年____月____日

□ 2. 由委托代理人代替申请人作出承诺的

委托代理人签名：____________

日期：______年____月____日

政府部门（章）：____________

日期：______年____月____日

（本文书一式两份，政府部门与申请人各执一份）

附件 4

从事拍卖业务许可（补证审批）告知承诺书

一、基本信息

（一）政府部门

名称：____________

咨询电话：____________

（二）申请人

名称：____________

统一社会信用代码：____________

联系人：____________

联系方式：____________

（三）委托代理人

姓名：____________

联系方式：____________

证件类型：______________

证件编号：______________

二、政府部门告知

（一）办理事项

名称：从事拍卖业务许可（补证审批）。

（二）事项依据

1.《中华人民共和国拍卖法》第 11 条：企业取得从事拍卖业务的许可必须经所在地的省、自治区、直辖市人民政府负责管理拍卖业的部门审核批准。

2.《拍卖管理办法》（2019 年修订）第 12 条：企业及分公司申请取得从事拍卖业务的许可，按照下列程序办理：企业及分公司申请取得从事拍卖业务的许可，应当先经企业或分公司所在地市级商务主管部门审查后，报省级商务主管部门核准并颁发拍卖经营批准证书。省级商务主管部门对企业及分公司申请取得从事拍卖业务的许可可以采取听证方式。拍卖经营批准证书由省级商务主管部门统一印制。

（三）法定条件

本行政审批事项获得批准应当具备下列条件、标准和技术要求：

1. 有一百万元人民币以上的注册资本；

2. 有自己的名称、组织机构和章程；

3. 有固定的办公场所；

4. 有至少一名拍卖师；

5. 有符合有关法律、行政法规及《拍卖管理办法》规定的拍卖业务规则；

6. 符合商务主管部门有关拍卖行业发展规划。

（四）办理流程

1. 提交申请。申请人可以通过北京市政务服务中心综合窗口提交《从事拍卖业务许可（补证审批）告知承诺书》。

2. 作出决定。对申请人现场提交的相关材料进行形式审查，符合规定的予以受理，当场作出同意决定，并制发《拍卖经营批准证书》；不符合规定的，不予受理并告知理由。

（五）申报材料

1. 补证申请书（纸质原件 1 份）。

（六）已经提交和需要补充提交的材料

1. 下列材料，申请人已经提交（请在□内打√）：

（1）补证申请书。

2. 下列材料，申请人应当补充提交（请在□内打√）：

（1）补证申请书。

（以上由行政机关工作人员填写）

（七）违诺失信惩戒

如未如实报告，按《北京市商务局从事拍卖业务许可事项告知承诺实施意见（试行）》相关条款执行。

（八）政府部门职责

采取现场核对等监管方式，具体见《北京市商务局从事拍卖业务许可事项告知承诺实施意见（试行）》。

（九）申诉渠道

申请人认为公共信用信息服务平台记载的申请人违诺失信信息与事实不符或者依法不应当公开的，可以向市经济信息化部门书面提出异议申请，并提供相关证明材料，按照相关程序处理。

申请人对未履行承诺、作出虚假承诺的认定有异议，可向市商务局提出异议申请，并提供相关证明材料。市商务局收到申请后，应当在 10 个工作日内进行核对，并根据核对情况作出处理决定。

三、申请人承诺

申请人现自愿作出下列承诺：

1. 所填写的基本信息、提交的所需材料真实、合法、有效、完整；

2. 已经知晓政府部门告知的全部内容；

3. 已达到相应的标准，具体是：__________
____
______________________________；

4. 愿意承担未履行承诺、虚假承诺的法律责任，以及政府部门告知的各项惩戒措施；

5. 所作承诺是申请人真实意思的表示。

（以下内容为二选一）

□ 1. 申请人作出承诺的

申请人签名 / 签章：__________

日期：______年____月____日

□ 2. 由委托代理人代替申请人作出承诺的

委托代理人签名：__________

日期：______年____月____日

政府部门（章）：__________

日期：______年____月____日

（本文书一式两份，政府部门与申请人各执一份）

附件 5

从事拍卖业务许可（注销审批）告知承诺书

一、基本信息

（一）政府部门

名称：__________

咨询电话：__________

（二）申请人

名称：__________

统一社会信用代码：__________

联系人：__________

联系方式：__________

（三）委托代理人

姓名：__________

联系方式：__________

证件类型：__________

证件编号：__________

二、政府部门告知

（一）办理事项

名称：从事拍卖业务许可（注销审批）

（二）事项依据

1.《中华人民共和国拍卖法》第 11 条：企业取得从事拍卖业务的许可必须经所在地的省、自治区、直辖市人民政府负责管理拍卖业的部门审核批准。

2.《拍卖管理办法》（2019 年修订）第 15 条：拍卖企业根据章程规定事由、股东会决议或其他事由解散的；或者因违反法律、行政法规及本办法规定被责令关闭的；或者因不能清偿到期债务，被依法宣告破产的，由有关部门依法注销。

（三）法定条件

本行政审批事项获得批准应当具备下列条件、标准和技术要求：

1. 符合法律、法规对拍卖企业注销所列情况说明；

（四）办理流程

1. 提交申请。申请人可以通过北京市政务服务中心综合窗口提交《从事拍卖业务许可（注销审批）告知承诺书》。

2. 作出决定。对申请人现场提交的相关材料进行形式审查，符合规定的予以受理，当场作出同意决定，并制发《拍卖经营批准证书》；不符合规定的，不予受理并告知理由。

（五）申报材料

1. 关于注销拍卖经营资质的申请（纸质原件 1 份）；

2. 注销核准通知书（纸质原件 1 份）；

3. 拍卖经营批准证书（正本原件 1 份；副本原件 1 份）。

（六）已经提交和需要补充提交的材料

1. 下列材料，申请人已经提交（请在□内打√）：

（1）关于注销拍卖经营资质的申请；

（2）注销核准通知书；

（3）拍卖经营批准证书。

2. 下列材料，申请人应当补充提交（请在□内打√）：

（1）关于注销拍卖经营资质的申请；

（2）注销核准通知书；

（3）拍卖经营批准证书。

（以上由行政机关工作人员填写）

（七）违诺失信惩戒

如未如实报告，按《北京市商务局从事拍卖业务许可事项告知承诺实施意见（试行）》相关条款执行。

（八）政府部门职责

采取现场核对等监管方式，具体见《北京市商务局从事拍卖业务许可事项告知承诺实施意见（试行）》。

（九）申诉渠道

申请人认为公共信用信息服务平台记载的申请人违诺失信信息与事实不符或者依法不应当公开的，可以向市经济信息化部门书面提出异议申请，并提供相关证明材料，按照相关程序处理。

申请人对未履行承诺、作出虚假承诺的认定有异议，可向市商务局提出异议申请，并提供相关证明材料。市商务局收到申请后，应当在 10 个工作日内进行核对，并根据核对情况作出处理决定。

三、申请人承诺

申请人现自愿作出下列承诺：

1. 所填写的基本信息、提交的所需材料真实、合法、有效、完整；

2. 已经知晓政府部门告知的全部内容；

3. 已达到相应的标准，具体是：____；

4. 愿意承担未履行承诺、虚假承诺的法律责任，以及政府部门告知的各项惩戒措施；

5. 所作承诺是申请人真实意思的表示。

（以下内容为二选一）	
□ 1. 申请人作出承诺的	
申请人签名 / 签章：________________	
日期：______年____月____日	
□ 2. 由委托代理人代替申请人作出承诺的	政府部门（章）：________________
委托代理人签名：________________	
日期：______年____月____日	日期：______年____月____日

（本文书一式两份，政府部门与申请人各执一份）

关于申报2021年度新消费品牌孵化项目的通知

京商流通字〔2021〕10号

各区商务局、北京经济技术开发区商务金融局、市属国有企业集团、总部企业、有关单位：

为助力国际消费中心城市建设，加速新消费品牌孵化，现将申报2021年度新消费品牌孵化项目的有关事项通知如下：

一、支持方向和内容

（一）新消费品牌孵化基地改造项目

鼓励挂牌运营的试点基地为开展新消费品牌孵化、举办宣传引流活动进行公共场地、公共服务设施改造，及公共服务信息系统的建设与改造，为入孵企业提供良好的孵化空间。支持内容包括2021年1月1日（含）以后进行的装修改造、软硬件设备购置等。

（二）新消费品牌企业发展项目

1. 支持商标、专利注册申请等品牌建设，内容包括商标全品类注册、续展、认证等相关费用。

2. 支持产品创新、加速迭代，内容包括新产品设计研发、产品包装改良和创新设计等。

3. 支持品牌示范门店、旗舰店建设，打造沉浸式、体验式消费场景，内容包括装修改造和软硬件设备购置等。

以上均为2021年1月1日（含）以后发生的费用。

（三）新消费品牌孵化机构打造服务平台项目

支持孵化机构2021年1月1日（含）以后在京开展具有较大影响力的孵化辅导培训、新消费品牌论坛及榜单发布活动等，内容主要为活动场租、搭建费用。

二、申报条件和要求

（一）共性要求

1. 在北京地区注册且具有独立法人资格；

2. 项目申报单位经营状况良好，财务管理制度健全；

3. 申报项目能够按计划实施；

4. 项目获得中央财政资金支持或其他市级财政资金支持的不得重复申报；

5. 有下列情形的不予支持：列入《北京市新增产业的禁止和限制目录》禁止类和限制类范围的；纳入全市联合惩戒“黑名单”的；纳入北京市商务领域不良信用记录名单，受到“不予支持”信用惩戒的；经审议其他不予支持的。

（二）其他要求

1. 新消费品牌孵化试点基地为经区政府认可、挂牌运营的基地。

2. 新消费品牌，是指以客户为中心不断进行产品更新迭代，广泛应用数字技术等新技术、依托线上线下融合等新渠道、基于社交网络和新媒介的品牌。

3. 新消费品牌孵化机构是为新消费初创企业提供培训、咨询、投融资、资源对接、联合办公等孵化服务的专业机构。

4. 鉴于新消费品牌孵化期一般为1年，申报品牌示范门店、旗舰店支持资金的单位，应承诺获得财政资金之日起持续经营时间不得少于1年；对获得财政资金支持的项目1年内有拆迁、停止营业、被吊销营业执照等情形的，应退回相应补助资金。

三、支持标准

1. 对新消费品牌孵化基地改造项目，资金支持比例不超过项目审定实际投资额的 50%，最高不超过 200 万元。

2. 新消费品牌企业发展项目，资金支持比例不超过项目审定实际投资额的 50%，最高不超过 100 万元。

3. 新消费品牌孵化机构打造服务平台项目，资金支持比例不超过项目审定实际投资额的 30%，最高不超过 50 万元。

四、申报材料要求

（一）项目申报书；

（二）项目已发生费用明细表；

（三）项目申报单位承诺书；

（四）2021 年商业流通发展项目申报情况表；

（五）项目单位法人证明文件复印件（营业执照副本、统一社会信用代码证书、法定代表人身份证明等）；

（六）项目单位近三年财务报表（资产负债表、损益表、现金流量表）；

（七）其他与项目相关的材料。

项目申请材料一式两份，应按顺序装订成册，并加盖单位公章。项目申报材料不予退回。

五、申报流程

（一）项目申报。自通知发布之日起，项目申报单位根据隶属关系将申报材料报各区商务局、北京经济技术开发区商务金融局、市属国有企业集团或总部企业。

（二）项目审核。按照隶属关系，由各区商务局、北京经济技术开发区商务金融局、市属国有企业集团或总部企业对申报项目进行初审；通过初审的项目汇总后列填《商业流通发展项目初审情况汇总表》报市商务局进行复审。

六、申报时限

凡符合申报条件的企业，应于 2021 年 12 月 1 日前完成项目申报，各区商务局、北京经济技术开发区商务金融局、市属国有企业集团和总部企业应及时完成项目初审，于 2021 年 12 月 10 日前将相关材料汇总上报市商务局，逾期不予受理。

七、工作要求

（一）各项目申报单位应确保申报材料真实、准确、完整，保证项目各项建设手续合规、按时间进度推进。

（二）对于伪造、提供虚假材料的项目申报单位，按《北京市商务领域不良信用记录名单管理办法（试行）》规定进行处理。

（三）获得资金支持的项目申报单位应积极配合相关监督检查、审计等工作。

（四）各初审单位应积极组织项目申报，切实做好指导与审核，严格把关，按照规定程序做好相关工作。

（五）各初审单位应加强对已支持项目的后续指导和跟踪监管，确保项目实施效果，充分发挥财政资金使用效益。

（六）项目单位收到财政资金后，应按照《财政部关于印发修订〈企业会计准则第 16 号——政府补助〉的通知》（财会〔2017〕15 号）相关规定进行账务办理，相关法律法规另有规定的从其规定。

（七）对于截留、挪用、骗取财政资金等违法行为，依照《财政违法行为处罚处分条例》（国务院令第 427 号，根据 2011 年国务院令第 588 号修订）等有关规定进行处理处罚。构成犯罪的，依法移交司法机关追究其刑事责任。

特此通知。

（业务咨询联系人：流通发展处　刘阳 55579754；项目申报联系人：财务处　邵婷 55579333）

相关附件：

附件 1：项目申报书

附件 2：项目已发生费用明细表

附件 3：项目申报单位承诺书

附件 4：2021 年商业流通发展项目申报情况汇总表

附件 1

项目申报书（4 张表）

项目申报表

项目名称	
项目单位	
企业注册地	
申报日期	

项目信息表

<table>
<tr><td>项目名称</td><td colspan="2"></td><td>申报方向</td><td></td></tr>
<tr><td>项目负责人</td><td colspan="2"></td><td>移动电话</td><td></td></tr>
<tr><td>单位地址</td><td colspan="2"></td><td>邮政编码</td><td></td></tr>
<tr><td>注册资本</td><td colspan="2"></td><td>办公电话</td><td></td></tr>
<tr><td>上年收入</td><td colspan="2"></td><td>企业规模</td><td></td></tr>
<tr><td>项目申请理由及项目主要内容</td><td colspan="4"></td></tr>
<tr><td>项目经济效益</td><td colspan="4"></td></tr>
<tr><td>项目社会效益</td><td colspan="4"></td></tr>
<tr><td rowspan="4">阶段性目标</td><td>实施阶段</td><td colspan="2">目标内容</td><td>起止时间（年月）</td></tr>
<tr><td>第一阶段</td><td colspan="2"></td><td></td></tr>
<tr><td>第二阶段</td><td colspan="2"></td><td></td></tr>
<tr><td>第三阶段</td><td colspan="2"></td><td></td></tr>
<tr><td>项目组织实施条件</td><td colspan="4"></td></tr>
</table>

项目支出预算明细表

<table>
<tr><td rowspan="30">项目支出预算及测算依据</td><td rowspan="8">项目资金来源</td><td>来源项目</td><td>申报额（万元）</td></tr>
<tr><td>项目总投资</td><td></td></tr>
<tr><td>其中：自筹资金</td><td></td></tr>
<tr><td>银行贷款</td><td></td></tr>
<tr><td></td><td></td></tr>
<tr><td></td><td></td></tr>
<tr><td></td><td></td></tr>
<tr><td></td><td></td></tr>
<tr><td rowspan="21">项目支出明细预算</td><td>支出明细项目</td><td>金额（万元）</td></tr>
<tr><td>合计</td><td></td></tr>
<tr><td></td><td></td></tr>
<tr><td></td><td></td></tr>
<tr><td></td><td></td></tr>
<tr><td></td><td></td></tr>
<tr><td></td><td></td></tr>
<tr><td></td><td></td></tr>
<tr><td></td><td></td></tr>
<tr><td></td><td></td></tr>
<tr><td></td><td></td></tr>
<tr><td></td><td></td></tr>
<tr><td></td><td></td></tr>
<tr><td></td><td></td></tr>
<tr><td></td><td></td></tr>
<tr><td></td><td></td></tr>
<tr><td></td><td></td></tr>
<tr><td></td><td></td></tr>
<tr><td></td><td></td></tr>
<tr><td></td><td></td></tr>
<tr><td></td><td></td></tr>
<tr><td>预算依据及说明</td><td colspan="2"></td></tr>
</table>

项目可行性执行报告

一、基本状况
二、必要性与可行性
三、实施条件

附件 2

项目已发生费用明细表

填报单位：(公章)

序号	记账时间	会计凭证号	发票号码	费用名称	金额（元）
1					
2					
3					
4					
5					
6					
7					
8					
9					
10					
11					
12					
13					
14					
15					
16					
17					
18					
19					
20					
	合计				

注：项目已发生费用明细按时间先后顺序填写。

附件 3

项目申报单位承诺书

北京市商务局：

我单位将严格按照《北京市商务委员会、北京市财政局关于印发〈北京市商业流通发展资金管理暂行办法〉的通知》（京商务财务字〔2017〕47 号）、《北京市商务局、北京市财政局关于〈北京市商业流通发展资金管理暂行办法〉的补充通知》（京商财务字〔2019〕7 号）及《北京市商务局关于 2021 年度鼓励发展商业品牌首店项目申报指南的补充通知》及相关配套管理办法的有关规定组织实施____________项目，保证向市商务局及有关部门提供的资料真实、有效，项目建设各项手续齐全、合规，项目建设资金落实到位，项目按计划实施，确保项目建设效果。

我单位承诺申报项目未获得其他部门资金支持，保证不出现任何项目建设违法违规行为，如出现上述问题我单位将承担一切责任。

项目单位法人代表（签字）：____________

单位公章

年　月　日

附件 4

2021 年商业流通发展项目申报情况汇总表

填报单位：（盖章） 单位：万元

序号	项目单位	项目名称	申报方向	计划投资			企业性质	企业注册资金	项目已投资	项目进度		项目负责人	办公电话	手机	项目主要内容	项目主要支出预算
				总额	自筹资金	银行贷款				开工时间	完工时间					
总计																

填报人： 审核人：

备注：此表由项目申报单位填写，由区商务局、经济技术开发区商务金融局、市属商业企业集团、总部企业汇总。

关于做好 2021 年中国（北京）跨境电子商务综合试验区服务体系建设资金重点工作的通知

京商流通字〔2021〕14 号

各区商务局、北京经济技术开发区商务金融局、相关企业：

根据《财政部 商务部关于 2021 年度外经贸发展专项资金重点工作的通知》（财建〔2021〕183 号）、《北京市商务委员会 北京市财政局关于印发〈北京市外经贸发展资金管理实施细则〉（修订稿）的通知》（京商务财务字〔2018〕23 号）、《北京市商务局 北京市财政局关于印发〈北京市外经贸发展资金支持北京市跨境电子商务发展实施方案〉的通知》（京商务财务字〔2021〕34 号）等文件要求，为充分发挥财政资金支持引导作用，完善中国（北京）跨境电子商务综合试验区服务体系，促进跨境电子商务持续健康发展，现将 2021 年中国（北京）跨境电子商务综合试验区服务体系建设资金重点工作通知如下：

一、支持方向和标准

1. 支持企业在京开展跨境电子商务 B2C 通关申报业务。对于 2020 年 7 月 1 日—2021 年 6 月 30 日，在京纳统跨境电商 B2C 进出口清单 10 万单以上的企业（电商企业境内代理人），给予每单 0.35 元的支持；对于企业通过跨境电商进口的医药产品，给予每单 0.4 元的支持。单个项目支持资金不超过 500 万元。

2. 支持企业在京开展跨境电子商务 B2B 通关申报业务。2020 年 10 月 1 日—2021 年 9 月 30 日，在北京口岸开展跨境电子商务 B2B（海关监管代码 9710、9810）通关申报业务，且纳统出口货品重量 1000 公斤以上的企业（报关单经营单位），对其仓储物流、报关查验等综合成本给予支持，支持标准：B2B 出口货物每公斤申报价格 50 元（含）以上的，给予每公斤货物 1 元的支持；每公斤申报价格 30 元（含）至 50 元的，给予每公斤货物 0.8 元的支持；每公斤申报价格 30 元以下的，给予每公斤货物 0.5 元的支持。单个项目支持资金不超过 500 万元。

3. 支持企业自建独立站。鼓励企业建设运营独立站，拓宽线上销售渠道。支持标准：对于 2021 年以来，企业开设独立站并上线运营的，给予 10 万元的资金支持；独立站月均销售额达到 30 万元、60 万元、100 万元、200 万元人民币（含）以上的，另分别给予最高 30 万元、60 万元、100 万元、200 万元的资金支持。

4. 支持跨境电子商务产业园建设发展。对于经北京市推进跨境电子商务发展工作小组认定的跨境电子商务产业园，2020 年每新增服务 1 家有经营实绩的跨境电子商务企业，给予园区运营主体 5 万元的资金支持；每新增入驻 1 家有经营实绩的跨境电子商务企业，给予园区运营主体 10 万元的资金支持。单个项目支持资金不超过 500 万元。（自 2019 年以来，已申报本支持方向并获得支持的入驻或服务企业，不再重复计算和支持）

5. 支持企业建设运营跨境电商体验店。鼓励企业在本市建设运营跨境电商体验店，支持内容及标准：2020 年 1 月 1 日以来投资新建的跨境电商体验店连续 12 个月房租、店面装修、设备购置和线上销售平台建设等。其中，对体验店租金按照实际租赁面积进行补助，补助标准 3 元 / ㎡ / 日，补助金额不超过体验店实际年租金的 30%，单店年度租金支持金额不超过 200 万元；对除租金外其他投资，按照不超过审定实际投资 50% 的标准给予资金支持。单个项目支持资金不超过 500 万元。

6. 鼓励商场、超市、产业园引进跨境电商体验店，发展线上线下融合的跨境体验消费。支持标准：自 2020 年 1 月 1 日以来，每引进一家跨境电商体验店，给予引进主体 10 万元的资金支持。同一引进主体支持资金累计不超过 200 万元。

7. 支持跨境电商仓储物流设施建设。支持企业建设海外仓（含海外运营中心）、保税仓（含跨境电子商务医药产品专用仓）、智能口岸仓、出口集货仓等跨境电商仓储物流设施。支持内容包括货架（货柜）、仓储搬运设备、分拣机、查验设备、监控系统、温湿度检测及调节系统等设施设备购置，仓储管理信息系统开发等。依据审定实际投资给予不超过 50% 的资金支持，单个项目支持资金不超过 500 万元。

8. 支持企业拓宽融资渠道。对企业 2020 年开展跨境电子商务相关业务取得银行贷款给予贴息支持，其中：人民币贷款贴息率按照不超过资金申报截止日期前中国人民银行公布的最近一期人民币 1 年期贷款市场报价利率计算，外币贷款贴息率按照不超过 3% 计算，上述贴息率均不超过项目实际贷款利率。单个项目支持资金不超过 500 万元。

同一申报主体申报多个支持方向的，合计最高支持资金不超过 800 万元。

二、项目申报条件

项目申报主体需具备以下条件：

1. 在本市依法注册登记，具有独立法人资格。

2. 按照有关规定已取得开展相关业务资格或已进行核准或备案。

3. 经营状况良好，财务管理制度健全。

4. 三年内无严重违法违规行为，未拖欠应缴还的财政性资金。

5. 跨境电子商务体验店面积不少于 50 平方米，店内现场展示商品的 SKU 数量不少于 100 种，通过线上售卖的商品 SKU 数量不少于 300 种，单店月均销售额（含线上线下）不少于 20 万元。

6. 投入运营的自建海外仓（海外仓储物流等综合服务设施）总面积不低于 5000 平方米，配套完善的仓储管理信息化系统和线上信息平台（如 ERP、WMS 系统等），服务企业数量不低于 100 家，对当地跨境电商 B2B 业务有较强带动作用。能够为企业开拓市场提供国际仓储和物流配送服务的同时，还能提供如下所列明 2 项以上（含）内容的服务，包括：国际货运代理、通关服务、营销推广、金融保险服务对接、售后维修服务、退换货服务。非自建海外仓总面积不低于 1000 平方米，由项目申报单位（或其境外全资子公司）自主运营，配套完善的仓储管理信息化系统和线上信息平台（如 ERP、WMS 系统等），具有跨境电子商务经营实绩。

7. 项目已投资额不低于计划总投资额的 70%，申报项目能够按申报计划组织实施。

8. 其他按规定应满足的条件。

三、项目申报材料

1. 中国（北京）跨境电子商务综合试验区建设资金申请表；

2. 项目申报书（包含企业基本情况、主

营业务、申请支持条款及资金金额、项目基本情况、运营情况、可行性分析、发展规划等内容）；

3. 营业执照、对外贸易经营者备案登记表、行业资质等相关证明材料复印件；

4. 项目单位近两年财务报表、纳税申报表；

5. 项目已发生费用明细表；

6. 项目申报单位承诺书；

7. 项目申报情况汇总表；

8. 其他相关证明材料。

项目申报材料统一使用A4纸，一式两份，按顺序装订成册，在首页、末页加盖公章及骑缝章。

四、项目资金申请、审批及拨付程序

1. 2021年10月15日前，项目申报主体将申报材料上报各区（北京经济技术开发区）商务主管部门。各区（北京经济技术开发区）商务主管部门初审合格后，于10月22日前提交市商务局。

2. 市商务局按照项目资金管理相关办法，组织开展项目申报、审核、公示及资金拨付等工作。

3. 同一项目已享受国家和市级其他财政资金支持的，不再重复享受本支持政策。

本通知自发布之日起施行，由市商务局负责解释。

（联系人：电子商务处　马樱娉；联系方式：55579373）

相关附件：

附件1：2021年中国（北京）跨境电子商务综合试验区服务体系建设资金申请表

附件2：项目已发生费用明细表

附件3：项目申报单位承诺书

附件4：2021年中国（北京）跨境电子商务综合试验区服务体系建设资金申报情况汇总表

附件 1

2021 年中国（北京）跨境电子商务综合试验区服务体系建设资金申请表

一、申报主体基本信息						
单位名称		所在区		单位详细地址		
企业海关编码		注册资本		法人代表		
申报负责人		联系电话		传真		
二、申报支持内容						
申报支持方向序号		申报支持金额合计（人民币大写）			申报支持金额合计（万元）	
支持方向一：	2020 年 7 月 1 日—2021 年 6 月 30 日在京纳统清单总量（跨境电商进口医药产品清单除外）		2020 年 7 月 1 日—2021 年 6 月 30 日在京纳统跨境电商进口医药产品清单总量		申报支持金额（万元）	
支持方向二：	2020 年 10 月 1 日—2021 年 9 月 30 日在京纳统 B2B 申报重量（公斤）		每公斤申报价格（元）		申报支持金额（万元）	
支持方向三：	2021 年以来建设运营独立站		2021 年以来独立站月均销售额（万元）		申报支持金额（万元）	
支持方向四：	园区 2020 年新增服务有经营实绩的跨境电商企业数量（家）		园区 2020 年新增入驻有经营实绩的跨境电商企业数量（家）		申报支持金额（万元）	
支持方向五：	体验店租赁面积（平方米）		2020 年以来，除租金外，体验店投资金额（万元）		申报支持金额（万元）	
支持方向六：	2020 年以来商场、超市、产业园引进跨境电商体验店数量（家）				申报支持金额（万元）	
支持方向七：	建设跨境电商仓储物流设施投资金额（万元）				申报支持金额（万元）	
支持方向八：	2020 年开展跨境电商业务发生的银行贷款利息（万元）				申报支持金额（万元）	
项目申报单位法定代表人签字： 申报单位印章 年　月　日						
区级商务主管部门意见： 单位印章 年　月　日						

附件 2

项目已发生费用明细表

填报单位：（公章）

序号	记账时间	会计凭证号	发票号码	费用名称	金额（元）
1					
2					
3					
4					
5					
6					
7					
8					
9					
10					
11					
12					
13					
14					
15					
16					
17					
18					
19					
20					
	合计				

注：项目已发生费用明细按时间先后顺序填写。

附件 3

项目申报单位承诺书

北京市商务局：

我单位严格按照《关于做好 2021 年中国（北京）跨境电子商务综合试验区服务体系建设资金重点工作的通知》及相关规定组织申报____________项目，保证向市商务局及有关部门提供的材料满足项目申报条件，所申报项目内容符合相关支持方向和标准。

我单位所填报的各项申请材料，均真实无误，如误报或漏报材料，以欺诈手段取得本项目资金，均属违法违规行为，我单位将承担一切责任。

项目单位法人代表（签字）：____________

单位公章

年　月　日

附件 4

2021年中国（北京）跨境电子商务综合试验区服务体系建设资金申报情况汇总表

填报单位：（盖章）

序号	申报单位	项目名称	企业性质	企业注册资本	申报方向	申报主要内容及相关数据	申报支持金额合计	申报时间	申报负责人	联系方式	
										办公电话	手机
总计											

填报人： 联系电话： 审核人：

备注：此表由项目申报单位填写，由区商务局、北京经济技术开发区商务主管部门汇总。

关于印发《北京市关于促进数字贸易高质量发展的若干措施》的通知

京商服贸字〔2021〕36号

各相关单位：

为落实党中央、国务院和北京市委、市政府有关决策部署，促进数字贸易高质量发展，打造数字贸易示范区，助力全球数字经济标杆城市建设，特制定《北京市关于促进数字贸易高质量发展的若干措施》，经市政府同意，现印发给你们，请结合实际贯彻落实。

北京市商务局

中共北京市委网络安全和信息化委员会办公室

北京市财政局 北京市经济和信息化局

北京市知识产权局

北京市关于促进数字贸易高质量发展的若干措施

数字贸易是国际贸易发展的新趋势和新引擎。为落实中央、北京市委、市政府决策部署，促进数字贸易高质量发展，打造数字贸易示范区，助力全球数字经济标杆城市建设，制定如下措施。

一、发展目标

到2025年，北京市数字贸易进出口规模达到1500亿美元，占全市进出口总额比重达到25%，其中，数字服务贸易占全市服务贸易的比重达到75%；培育一批具有全球数字技术影响力、数字资源配置力和数字规则话语权的数字贸易龙头企业；基本建成与国际高标准经贸规则相衔接的数字贸易发展体系，打造具有国内示范作用和全球辐射效应的数字贸易示范区。

二、重点任务和措施

（一）搭建数字贸易服务平台

1. 打造数字贸易公共服务平台。搭载“走出去”综合服务平台，提供数字贸易企业“走出去”信息共享、政策咨询、政策匹配、项目对接等基础服务，以及专业翻译、法律咨询、数据合规咨询、风险预警，知识产权、支付清算、版权服务等专业化服务；发挥相关部门驻外机构作用，搭建数字贸易企业与海外市场资源的双向对接渠道。建设国际公共采购“一站式”交易服务平台，实现国际公共采购的有效管理、实时监督和资源管控。（责任单位：市商务局，市知识产权局，市委网信办，市科委、中关村管委会，市政府外办，朝阳区政府，市贸促会）

2. 建设数据流通专项服务平台。依托北京国际大数据交易所搭建数据交易平台，开展数据来源合规审查、数据资产定价、争议仲裁等，创新数据交易的规则、技术实现路径和商业模式，加快实现提供面向全球的数据价值发现、数据资产交易服务。（责任单位：市经济和信息化局，市金融监管局，北京金控集团，市委网

信办，市商务局，市科委、中关村管委会）

3. 构建数字贸易会展交易平台。高规格办好“中国国际服务贸易交易会”，搭建面向全球的线上线下数字贸易交流和展示平台；用足用好2022年北京冬奥会、中关村论坛、金融街论坛、全球数字经济大会、北京国际电影节、北京国际音乐节、“电竞北京”、中国（北京）国际视听大会等国际性活动，促进各领域数字贸易发展。（责任单位：相关展会主办单位）

（二）探索推动跨境数据流动

4. 强化信息基础设施建设和安全保护。立足数字贸易试验区、各类数字贸易园区等特定区域，建设专用通道等通信基础设施，实现5G在特定区域覆盖；升级改造高耗能低效率的数据中心，积极布局物联网、工业互联网信息基础设施。（责任单位：市经济和信息化局，市通信管理局，市商务局，市科委、中关村管委会，各相关区政府）

5. 推动数据跨境流动制度创新。在国家有关部门的指导下，分步骤研究制定智能网联汽车、信息技术等重点领域的数据分级分类标准和重要数据目录；争取建立国家和市相关部门协同参与的数据跨境流动安全评估机制，强化风险监管；逐步建立健全数据出境安全评估有关制度。（责任单位：市委网信办、市经济和信息化局、市商务局、各行业主管监管部门）

6. 积极参与国际规则对接。立足中关村软件园国家数字服务出口基地建好“国际信息产业与数字贸易港”；探索国际合作，逐步推动技术、监管、规则等制度创新，探索形成数据安全有序跨境流动的实现路径。（责任单位：海淀区政府、市委网信办、市经济和信息化局、市商务局）

（三）夯实数字贸易产业基础

7. 提升数字贸易核心产业竞争力。培育大数据、云计算、物联网、移动互联网、高端软件研发、卫星互联网、工业互联网、区块链、人工智能等领域的全球标杆企业；开发数字出版、数字影视、网络电视、网游动漫等数字内容产业的原创精品IP和企业品牌；开办本土化的海外专属频道、专属时段、专属视听应用，丰富市场供给；用好中国“互联网+”大学生创新创业大赛等创业赛事，加快新兴技术与垂直行业的融合应用，从源头筛选、孵化、培育有潜力的数字内容企业。（责任单位：市经济和信息化局，市科委、中关村管委会，市商务局，市委宣传部，市文化和旅游局，市广电局，市教委，海淀区政府）

8. 提升服务外包价值链地位。宣传推广众包、云外包、平台分包等新业态新模式，促进外包产业链上下游企业供需对接，加强产业对接合作；利用外经贸发展资金支持服务外包企业参与新基建投资、建设与运营服务，助力开拓国内国际市场；鼓励研发、设计、维修、咨询、检验检测等领域传统服务外包企业向“一站式解决方案提供商”转型，提升外包企业数字化服务能力。（责任单位：市商务局、市经济和信息化局）

9. 破解跨境电商发展瓶颈。优化跨境电商销售医药产品清单，稳步开展北京市跨境电商销售医药产品试点工作。根据实际需要，在自贸试验区内按程序申请增设海关特殊监管区或保税物流中心（B型），拓展“网购保税+线下自提”业务。用好外经贸发展基金，支持跨境贸易数字化服务平台提升服务能力，拓展跨境市场信息服务、代理出口报关、代理收结汇、提前退税、低息订单贷款、出口信保、跨境物流服务等功能，通过数字化手段对跨境电商出口商品进行全流程追溯和风险管理，缩短退汇时间，降低运营成本；从海外仓业务规模、服务企业数量等多个维度对跨境电商服务平台企业开展海外仓业务进行综合评价，对服务质量好的企业，加大信贷支持力度。（责任单位：市药监局、北京海关、市商务局、市财政局、天竺综保区管委会、人民银行营业管理部）

（四）提升数字贸易便利度

10. 推动数字贸易进一步扩大开放。积极争取增值电信业务有序开放；在符合《中华人民共和国网络安全法》和相关法律法规的前提下，允许外商以跨境交付的方式在内地提供与金融信息和服务有关的软件服务；争取教育、医疗等领域开放度进一步提升，与增值电信等领域开放有机结合，在数字贸易试验区内开展制度创新压力测试。（责任单位：市通信管理局、市经济和信息化局、市委网信办、市金融监管局、市教委、市卫生健康委、市商务局）

11. 推动跨境贸易收支便利化。鼓励银行为数字贸易企业外汇收支提供专项服务，加强对数字贸易类企业个案业务的指导；允许出口商在境外电商平台销售款项以人民币跨境结算；给予在京中资机构海外员工薪酬结汇便利化政策。（责任单位：人民银行营业管理部、市金融监管局）

12. 推动行政审批便利化。发挥知识产权保护中心作用，对符合条件的新一代信息技术类企业提供专利预审服务，支撑相关专利申请进入快速审查通道；积极争取并优化游戏版号管理和服务措施；打造全市统一的数字政务服务平台，提升行政审批效率，推进政务服务数据共享。（责任单位：市知识产权局、市委宣传部、市政务服务局、市经济和信息化局）

13. 推动人员跨境往来便利化。进一步简化外国人来华工作许可和工作类居留许可审批流程，提高审批效率；协调我国驻外使领馆，为数字贸易重点企业的“高精尖缺”外籍工作人员来华办理普通签证、长期签证或多次往返签证提供便利；允许外籍人员子女学校适当招收在境外依法定居的中国公民子女及符合相关规定的引进人才子女。（责任单位：市科委、中关村管委会，市政府外办，市公安局，市教委，市人力资源社会保障局）

（五）加大数字贸易企业支持力度

14. 加强专项资金支持。用足用好商务、经信、发改、文化、科技、知识产权等领域政策资金，支持数字贸易企业在信息技术服务、数字内容、服务外包、跨境电商等领域发展，对于数字贸易领域的数字基础设施建设、建设支撑平台、提供公共服务、研发投入、参与国际标准制定、开展数字贸易及规则研究、开拓海外市场、宣传推广等予以一定资金支持。（责任单位：市商务局，市经济和信息化局，市发展改革委，市科委、中关村管委会，市委宣传部，市广电局，市知识产权局，市财政局）

15. 加大数字贸易金融支持。将符合条件的数字贸易企业纳入我市总部企业高质量发展鼓励政策范围；推广针对数字贸易企业的知识产权质押、应收账款确权等专项融资担保产品；加大出口信用保险支持力度；引导各类社会资本扩大投入，充分利用外经贸发展基金等，对具有发展潜力的数字贸易企业给予多元化融资支持。（责任单位：市商务局、市金融监管局、中国出口信用保险公司）

16. 强化数字贸易人才支撑。支持数字贸易企业申报新录用人员补助、在职人员专业资格认证等项目；引导高校、培训机构和企业开展数字贸易相关专业和学科建设，开展定向培养；建立数字贸易企业协会和数字贸易专家智库团队。（责任单位：市商务局、市教委、市民政局）

17. 完善数字贸易知识产权指导。强化与数字贸易有关的知识产权保护；推动完善海外知识产权维权援助服务体系，加强我市海外知识产权公共服务信息库建设，开展海外知识产权纠纷应对指导、海外知识产权纠纷信息的收集与分析、风险防控的培训与宣传等工作。（责任单位：市知识产权局）

（六）完善数字贸易保障体系

18. 建立数字贸易品牌企业名录库。引入第三方研究机构，发布数字贸易品牌企业名录；编制数字贸易年度发展报告，总结推广数字贸易企业典型案例和发展经验。建立数字贸易品牌企业服务机制，“一企一策”解决企业发展难题。（责任单位：市商务局、市发展改革委、市经济和信息化局、各相关区政府）

19. 建立数字贸易联席会议制度。由市政府分管商务工作的副市长担任召集人，分管商务工作的市政府副秘书长和市商务局主要负责同志担任副召集人，各有关部门分管负责同志为联席会议成员，按月或不定期召开工作会议，及时会商解决数字贸易发展过程中遇到的重大问题。（责任单位：市商务局、市委网信办、市经济和信息化局、市财政局、人民银行营业管理部等相关部门及各区政府）

20. 建立数字贸易统计监测体系。建立健全数字贸易统计制度，打造数字贸易统计监测体系，逐步开展市区两级重点数字贸易企业数据直报工作，逐步实现数字贸易相关统计数据各区、各部门间共享，建设数字贸易统计监测支撑服务平台。（责任单位：市商务局、市统计局、人民银行营业管理部等相关部门及各区政府）

三、工作要求

全市各部门、各区政府及经济技术开发区要进一步提高认识，落实好上述二十条措施和重点任务清单，推进数字贸易高质量发展。市商务部门要加强对全市数字贸易工作的统筹协调，建立健全工作协调机制。各相关部门要按照分工，切实履行责任，加强协调配合，创新具体举措，转变工作作风，主动破除瓶颈，解决企业困难问题，促进数字贸易发展。各区人民政府和经济开发区要发挥属地作用，结合本地实际，出台配套措施，强化保障服务。

附件：北京市关于促进数字贸易高质量发展的若干措施任务清单

附件

北京市关于促进数字贸易高质量发展的若干措施任务清单

序号	方案正文对应序号	任务内容	责任单位
一、搭建数字贸易服务平台			
1	1. 打造数字贸易公共服务平台	搭载“走出去”综合服务平台，提供数字贸易企业“走出去”信息共享、政策咨询、政策匹配、项目对接等基础服务，以及专业翻译、法律咨询、数据合规咨询、风险预警，知识产权、支付清算、版权服务等专业化服务。	市商务局、市知识产权局、市委网信办、市科委、中关村管委会，市政府外办，朝阳区政府，市贸促会
2		发挥相关部门驻外机构作用，搭建数字贸易企业与海外市场资源的双向对接渠道。	市商务局、市政府外办、市贸促会
3		建设国际公共采购“一站式”交易服务平台，实现国际公共采购的有效管理、实时监督和资源管控。	朝阳区政府
4	2. 建设数据流通专项服务平台	依托北京国际大数据交易所搭建数据交易平台，开展数据来源合规审查、数据资产定价、争议仲裁等，创新数据交易的规则、技术实现路径和商业模式，加快实现提供面向全球的数据价值发现、数据资产交易服务。	市经济和信息化局，市金融监管局，北京金控集团，市委网信办，市商务局，市科委、中关村管委会
5	3. 构建数字贸易会展交易平台	高规格办好“中国国际服务贸易交易会 ”，搭建面向全球的线上线下数字贸易交流和展示平台。	市商务局
6		用足用好2022年北京冬奥会、中关村论坛、金融街论坛、全球数字经济大会、北京国际电影节、北京国际音乐节、“电竞北京”、中国（北京）国际视听大会等国际性活动，促进各领域数字贸易发展。	相关展会主办单位
二、探索推动跨境数据流动			
7	4. 强化信息基础设施建设和安全保护	立足数字贸易试验区、各类数字贸易园区等特定区域，建设专用通道等通信基础设施，实现5G在特定区域覆盖。	市经济和信息化局，市通信管理局，市商务局，市科委、中关村管委会，各相关区政府
8		升级改造高耗能低效率的数据中心，积极布局物联网、工业互联网信息基础设施。	市经济和信息化局，市商务局，市科委、中关村管委会，各相关区政府
9	5. 推动数据跨境流动制度创新	在国家有关部门的指导下，分步骤研究制定智能网联汽车、信息技术等重点领域的数据分级分类标准和重要数据目录。	各行业主管监管部门、市委网信办
10		争取建立国家和市相关部门协同参与的数据跨境流动安全评估机制，强化风险监管。	市委网信办、市经济和信息化局、市商务局、各行业主管监管部门
11		逐步建立健全数据出境安全评估有关制度。	市委网信办、市经济和信息化局、市商务局、各行业主管监管部门

（续）

序号	方案正文对应序号	任务内容	责任单位
12	6. 积极参与国际规则对接	立足中关村软件园国家数字服务出口基地建好“国际信息产业与数字贸易港”。	海淀区政府、市委网信办、市经济和信息化局、市商务局
13		探索国际合作，逐步推动技术、监管、规则等制度创新，探索形成数据安全有序跨境流动的实现路径。	海淀区政府、市委网信办、市经济和信息化局、市商务局
三、夯实数字贸易产业基础			
14	7. 提升数字贸易核心产业竞争力	培育大数据、云计算、物联网、移动互联网、高端软件研发、卫星互联网、工业互联网、区块链、人工智能等领域的全球标杆企业。	市经济和信息化局，市科委、中关村管委会，市商务局
15		开发数字出版、数字影视、网络电视、网游动漫等数字内容产业的原创精品 IP 和企业品牌。	市商务局、市委宣传部、市文化和旅游局、市广电局
16		开办本土化的海外专属频道、专属时段、专属视听应用，丰富市场供给。	市委宣传部、市广电局
17		用好中国“互联网+”大学生创新创业大赛等创业赛事，加快新兴技术与垂直行业的融合应用，从源头筛选、孵化、培育有潜力的数字内容企业。	市教委、海淀区政府
18	8. 提升服务外包价值链地位	宣传推广众包、云外包、平台分包等新业态新模式，促进外包产业链上下游企业供需对接，加强产业对接合作。	市商务局、市经济和信息化局
19		利用外经贸发展资金支持服务外包企业参与新基建投资、建设与运营服务，助力开拓国内国际市场。鼓励研发、设计、维修、咨询、检验检测等领域传统服务外包企业向“一站式解决方案提供商”转型，提升外包企业数字化服务能力。	市商务局
20	9. 破解跨境电商发展瓶颈	优化跨境电商销售医药产品清单，稳步开展北京市跨境电商销售医药产品试点工作。	市药监局、北京海关、市财政局、市商务局
21		根据实际需要，在自贸试验区内按程序申请增设海关特殊监管区或保税物流中心（B型），拓展“网购保税+线下自提”业务。	北京海关、市商务局、天竺综保区管委会
22		用好外经贸发展基金，支持跨境贸易数字化服务平台提升服务能力，拓展跨境市场信息服务、代理出口报关、代理收结汇、提前退税、低息订单贷款、出口信保、跨境物流服务等功能，通过数字化手段对跨境电商出口商品进行全流程追溯和风险管理，缩短退汇时间，降低运营成本。从海外仓业务规模、服务企业数量等多个维度对跨境电商服务平台企业开展海外仓业务进行综合评价，对服务质量好的企业，加大信贷支持力度。	市商务局、市财政局、人民银行营业管理部

（续）

序号	方案正文对应序号	任务内容	责任单位
四、提升数字贸易便利度			
23	10. 推动数字贸易进一步扩大开放	积极争取增值电信业务有序开放。	市通信管理局、市经济和信息化局、市委网信办
24		在符合《中华人民共和国网络安全法》和相关法律法规的前提下，允许外商以跨境交付的方式在内地提供与金融信息和服务有关的软件服务。	市委网信办、市金融监管局
25		争取教育、医疗等领域开放度进一步提升，与增值电信等领域开放有机结合，在数字贸易试验区内开展制度创新压力测试。	市教委、市卫生健康委、市经济和信息化局、市通信管理局、市商务局
26	11. 推动跨境贸易收支便利化	鼓励银行为数字贸易企业外汇收支提供专项服务，加强对数字贸易类企业个案业务的指导。	人民银行营业管理部、市金融监管局
27		允许出口商在境外电商平台销售款项以人民币跨境结算。	人民银行营业管理部、市金融监管局
28		给予在京中资机构海外员工薪酬结汇便利化政策。	人民银行营业管理部、市金融监管局
29	12. 推动行政审批便利化	发挥知识产权保护中心作用，对符合条件的新一代信息技术类企业提供专利预审服务，支撑相关专利申请进入快速审查通道。	市知识产权局、市委宣传部
30		积极争取并优化游戏版号管理和服务措施。	市委宣传部
31		打造全市统一的数字政务服务平台，提升行政审批效率，推进政务服务数据共享。	市政务服务局、市经济和信息化局
32	13. 推动人员跨境往来便利化	进一步简化外国人来华工作许可和工作类居留许可审批流程 ，提高审批效率。	市科委、中关村管委会，市公安局，市人力资源社会保障局
33		协调我国驻外使领馆，为数字贸易重点企业的“高精尖缺”外籍工作人员来华办理普通签证、长期签证或多次往返签证提供便利。	市政府外办，市公安局，市科委、中关村管委会，市人力资源社会保障局
34		允许外籍人员子女学校适当招收在境外依法定居的中国公民子女及符合相关规定的引进人才子女。	市教委、市人力资源社会保障局
五、加大数字贸易企业支持力度			
35	14. 加强专项资金支持	用足用好商务、经信、发改、文化、科技、知识产权等领域政策资金，支持数字贸易企业在信息技术服务、数字内容、服务外包、跨境电商等领域发展，对于数字贸易领域的数字基础设施建设、建设支撑平台、提供公共服务、研发投入、参与国际标准制定、开展数字贸易及规则研究、开拓海外市场、宣传推广等予以一定资金支持。	市商务局，市经济和信息化局，市发展改革委，市科委、中关村管委会，市委宣传部，市广电局，市知识产权局，市财政局

（续）

序号	方案正文对应序号	任务内容	责任单位
36	15. 加大数字贸易金融支持	将符合条件的数字贸易企业纳入我市总部企业高质量发展鼓励政策范围。	市商务局
37		推广针对数字贸易企业的知识产权质押、应收账款确权等专项融资担保产品。	市商务局、市金融监管局
38		加大出口信用保险支持力度。	市商务局、中国出口信用保险公司、市金融监管局
39		引导各类社会资本扩大投入，充分利用外经贸发展基金等，对具有发展潜力的数字贸易企业给予多元化融资支持。	市商务局
40	16. 强化数字贸易人才支撑	支持数字贸易企业申报新录用人员补助、在职人员专业资格认证等项目。	市商务局
41		引导高校、培训机构和企业开展数字贸易相关专业和学科建设 ，开展定向培养。	市教委
42		建立数字贸易企业协会和数字贸易专家智库团队。	市商务局、市民政局
43	17. 完善数字贸易知识产权指导	强化与数字贸易有关的知识产权保护。	市知识产权局
44		推动完善海外知识产权维权援助服务体系，加强我市海外知识产权公共服务信息库建设，开展海外知识产权纠纷应对指导、海外知识产权纠纷信息的收集与分析、风险防控的培训与宣传等工作。	市知识产权局
六、完善数字贸易保障体系			
45	18. 建立数字贸易品牌企业名录库	引入第三方研究机构，发布数字贸易品牌企业名录。	市商务局、市经济和信息化局、各相关区政府
46		编制数字贸易年度发展报告，总结推广数字贸易企业典型案例和发展经验。	市商务局、市发展改革委、市经济和信息化局、各相关区政府
47		建立数字贸易品牌企业服务机制，“一企一策”解决企业发展难题。	市商务局、市发展改革委、市经济和信息化局、各相关区政府
48	19. 建立数字贸易联席会议制度	由市政府分管商务工作的副市长担任召集人，分管商务工作的市政府副秘书长和市商务局主要负责同志担任副召集人，各有关部门分管负责同志为联席会议成员，按月或不定期召开工作会议，及时会商解决数字贸易发展过程中遇到的重大问题。	市商务局、市委网信办、市经济和信息化局、市财政局、人民银行营业管理部等相关部门及各区政府
49	20. 建立数字贸易统计监测体系	建立健全数字贸易统计制度，打造数字贸易统计监测体系，逐步开展市区两级重点数字贸易企业数据直报工作，逐步实现数字贸易相关统计数据各区、各部门间共享，建设数字贸易统计监测支撑服务平台。	市商务局、市统计局、人民银行营业管理部等相关部门及各区政府

关于印发《外经贸发展专项资金支持北京市参加第四届中国国际进口博览会征集通知》的通知

京商会展字〔2021〕26号

各有关单位：

根据《财政部　商务部关于2021年度外经贸发展专项资金重点工作的通知》（财建〔2021〕183号）、《北京市商务委员会　北京市财政局关于印发〈北京市外经贸发展资金管理实施细则〉（修订稿）的通知》（京商务财务字〔2018〕23号），为扎实做好第四届中国国际进口博览会北京市交易团组织工作，保障促进各项活动顺利开展，市商务局和市财政局结合北京市实际情况，联合制定了《外经贸发展专项资金支持北京市参加第四届中国国际进口博览会征集通知》，现印发给你们，请遵照执行。

特此通知。

北京市商务局　北京市财政局

外经贸发展专项资金支持北京市参加第四届中国国际进口博览会征集通知

第四届中国国际进口博览会（以下简称进博会）定于2021年11月5—10日在国家会展中心（上海）举办。举办进口博览会，是以习近平同志为核心的党中央着眼于推进新一轮高水平对外开放作出的重大决策，是我国主动向世界开放市场的重大举措和行动。按照进博会组委会相关工作要求，成立进口博览会北京市交易团，设交易团秘书处（市商务局）、21个交易分团。

为扎实做好第四届进博会北京市交易团相关筹备工作，鼓励北京市企业利用进博会平台积极参与贸易洽谈，提升北京市交易团市场对接效果，根据《财政部　商务部关于2021年度外经贸发展专项资金重点工作的通知》（财建〔2021〕183号）《北京市商务委员会　北京市财政局关于印发〈北京市外经贸发展资金管理实施细则〉（修订稿）的通知》（京商务财务字〔2018〕23号）精神，现就外经贸发展专项资金支持北京市参加第四届进博会提出如下征集通知。

一、支持对象和申报条件

（一）支持对象

在中国国际进口博览会官网报名系统登记注册并通过审核的北京市交易团企业和社会团体组织。

（二）申报条件

1. 申报主体为企业的，应在我市依法注册取得营业执照，并在营业期限内的企业；

2. 申报主体为社会组织的，应在我市依法注册，取得社会团体法人登记证书的社会团体组织。

（三）有下列情形的不予支持

1. 申报企业被列入《北京市新增产业的禁止和限制目录》禁止类和限制类范围的；

2. 申报企业被纳入北京市商务领域不良信用记录名单应受到“不予支持”信用惩戒或全市联合惩戒“黑名单”的；

3. 申报企业近三年在外经贸业务管理、财务管理、税收管理、外汇管理、海关管理、统计管理等方面存在严重违法违规行为，拖欠应缴还财政性资金的；

4. 项目已获得中央财政资金支持或其他市级财政资金支持的；

5. 经审议其他不予支持的。

二、资金支持内容

1. 赴上海参加中国国际进口博览会的往返交通费用（飞机、火车）；

2. 参加中国国际进口博览会期间的住宿费用。

三、资金支持标准

往返交通费用按实际选择交通方式给予补助，每家企业最多 2 人，补助金额不超过实际发生费用的 50%（单程高铁补助上限为 276.5 元、单程飞机经济舱补助上限为 680 元）；住宿费用按进口博览会期间（11 月 3—12 日）实际发生住宿费用的 50% 予以补助，每家企业补助 1 个标准间费用（住宿费用补助最高不超过 750 元 / 天，最多不超过 6 天）。

四、资金申请及拨付

（一）申请资金支持的北京市企业及社会团体组织按要求提供书面申请材料（详见附件）；

（二）符合补助条件的企业及社会团体于 2021 年 11 月 20 日前向所属各区交易分团（各区商务局、经开区商务金融局）或重点交易分团（市国资委、市经济和信息化局、市卫生健康委、北京市天竺综合保税区管委会）提交书面申请材料，由各交易分团初审；各交易分团初审后于 11 月 30 日前上报北京市交易团秘书处（市商务局）审核；

（三）经北京市交易团秘书处（市商务局）审核通过的参会单位人员交通、住宿补助项目，委托第三方机构进行资金审核，审核通过后将在北京市商务局门户网站进行公示，公示期为 7 天。

公示期结束后，北京市交易团秘书处（市商务局）按照财务相关规定拨付资金。

附件：第四届中国国际进口博览会北京市交易团采购商申请资金支持材料

附件

第四届中国国际进口博览会北京市交易团采购商申请资金支持材料

一、第四届中国国际进口博览会北京市交易团采购商补助资金申请表（原件 2 份）；

二、营业执照副本或社会团体法人登记证书（统一社会信用代码证书）（复印件 2 份）；

三、企业及社团组织开户许可证（复印件 2 份）；

四、申报企业或社会团体参加第四届中国国际进口博览会人员的入场证件（复印件 2 份）；

五、申报企业或社会团体申请补助人员近半年内缴纳北京市社保记录（复印件 2 份）；

六、由国家税务总局监制的《航空运输电子客票行程单》、纸质火车票以及付款凭证（复印件 2 份），从北京以外地区出发去上海以及参会结束后从其他地区返京的企业需提交书面说明材料，由单位法定代表人签字并加盖单位公章（原件 2 份）；

七、付款凭证、住宿发票，住宿宾馆开具的住宿明细单（需包含房型、单价、入住日期、离店日期、明细单需酒店盖章），发票抬头需为本单位名称（复印件 2 份）；

八、资金申请承诺书（原件 2 份）；

九、其他申请资金支持需提供的材料（视具体情况提供）。

注：

一、第三方机构进行资金审核需查验相关票据及支出凭证原件，请各单位按要求提供。

二、以上所有复印材料每张纸均需加盖本单位公章。

第四届中国国际进口博览会北京市交易团采购商补助资金申请表

单位名称（加盖公章）		
统一社会信用代码		
开户许可证（对公账户）		
对公账户开户行名称		
法定代表人姓名	身份证号	手机号
单位联系人	姓名	手机号
申请补助人员	身份证号	手机号
1.		
2.		
单位法定代表人（本人）签字：		
		申请时间：　　年　　月　　日

资金申请承诺书

北京市商务局：

我单位已认真阅读《外经贸发展专项资金支持北京市参加第四届中国国际进口博览会征集通知》（以下简称《征集通知》），并承诺符合《征集通知》规定的所有申请条件，不存在不予支持情形，保证全部申请资料真实、完整、合规、有效。本单位收到支持资金后，严格按照规定使用资金，并自觉接受财政、商务、审计等部门的监督检查。如违反本承诺及相关规定我单位自愿承担相应责任。

申请单位法定代表人（本人签字）：

法定代表人手机号：

单位名称：××××××

（加盖公章）

××××年×月×日

关于印发《关于北京市专业服务业助力“走出去”发展若干措施》的通知

京商经字〔2021〕10号

各相关单位：

为深入贯彻党的十九届五中全会精神，发挥北京专业服务业集聚优势，支持我市企业高水平“走出去”，积极参与国际竞争合作，市商务局、市发展改革委、市财政局联合制定了《关于北京市专业服务业助力“走出去”发展若干措施》，经市政府同意，现印发你们，请认真贯彻执行。

特此通知。

北京市商务局

北京市发展和改革委员会

北京市财政局

关于北京市专业服务业助力“走出去”发展若干措施

为深入贯彻党的十九届五中全会精神，助力构建以国内大循环为主体、国内国际双循环相互促进的新发展格局，发挥北京专业服务业集聚优势，支持企业高水平“走出去”，利用全球资源参与国际竞争合作，助力国际科技创新中心、国家服务业扩大开放综合示范区和中国（北京）自由贸易试验区建设，特制定本措施。

一、总体目标

落实国家有关“走出去”战略的总体要求，通过搭平台、优服务、抓统筹、强机制等措施，完善专业服务对“走出去”支撑能力体系建设，打造国际合作和竞争新优势。到2025年，形成支撑高水平“走出去”的专业服务产业生态，实现我市“走出去”企业国际竞争力持续增强，全市货物贸易、服务贸易、高科技类产业境外投资质量明显提升，“双自主”企业出口占比提高到28.5%，知识密集型服务贸易占比超过60%，境外高科技类产业投资占比突破20%。

二、主要任务和措施

立足我市产业发展需要，着眼全球产业变革，围绕国际科技创新中心建设，以科技企业为主体，聚焦信息技术、集成电路、医药健康、智能装备、节能环保、新能源智能汽车、新材料、人工智能、软件和信息服务以及科技服务业等高精尖产业领域，鼓励竞争力强的行业领头羊、细分领域的隐形冠军和高科技领域的独角兽、瞪羚企业，面向关键技术，通过并购、小比例参股、设立实验室、共建研发中心和科技孵化平台、第三方市场合作等灵活方式开展境外投资合作，推动北京企业“走出去”向全球价值链顶端跃迁。

（一）搭平台，提供精准对接服务

1. 上线运行京企“走出去”综合服务平台。开发专业服务“走出去”App，以服务北京对外经贸合作需求为切入点，设置政务服务、专业服务、政策指导、咨询信息、金融服务、项目发布等多功能版块，提供境外专业服务机构信息查询、机构网点导航、项目案例等服务，“走出去”企业在线即时发布专业服务需求，建立“走出去”专业服务生态圈。（责任单位：市商务局、市财政局、市司法局、市市场监管局、市人力资源社会保障局）

2. 大力培育专业服务品牌企业。开发专业服务“走出去”可视化地图，动态更新会计、法律、广告、人力资源等专业服务机构境外分支机构信息。培育专业服务“走出去”企业，扩大品牌影响力。对认定为示范企业总部的专业服务企业按规定享受有关支持政策。支持专业服务企业强化“云服务”能力建设、参加中国国际服务贸易交易会等国际知名展会和国家级展会，打响北京专业服务品牌。（责任单位：市商务局、市财政局、市司法局、市市场监管局、市人力资源社会保障局）

3. 举办系列对接服务活动。打造投资服务品牌活动，持续办好北京双向投资论坛暨国别日系列活动，搭建与所在国政府部门直接对话渠道。借助中国国际服务贸易交易会、中关村论坛、金融街论坛，搭建“走出去”国际交流与合作平台。办好中国国际经济合作“走出去”高峰论坛。重点围绕外汇政策、境外政策法规、文化、宗教、安全防范、企业社会责任等方面，联合专业服务机构、行业商协会开办“走出去”课堂。定期组织“走出去”企业与专业服务机构对接。（责任单位：市商务局，市科委、中关村管委会，市司法局，市财政局，市金融监管局，北京外汇管理部，市投促中心）

4. 加强京港澳专业服务合作。在会计审计、管理咨询、争议解决服务、知识产权、建筑设计等领域探索推进京港澳专业服务机构共建，会同港澳有关部门推出一批合作共建清单。加强与香港贸发局等港澳机构合作，搭建港澳专业服务业与北京有关企业的互动平台，探索组建京港澳“走出去”联合体。以建筑设计领域为突破，支持以联合体方式开展专业服务。（责任单位：市商务局、市财政局、市知识产权局、市规划自然资源委、市政府港澳办）

（二）优服务，打造便利高效的服务体系

5. 优化境外投资管理服务。推进建立境外投资“一表填报”系统，简化备案手续和流程。积极推动商务主管部门向自贸试验区授权企业非金融类境外投资备案管理服务事项。（责任单位：市发展改革委、市商务局、北京经济技术开发区、自贸试验区所在区政府）

6. 助推专业服务企业扩大海外业务。积极协调我驻外使领馆和外国驻华使馆商务部门，为“走出去”企业项目洽谈、产业对接活动牵线搭桥、解决海外发展面临的问题，助推专业服务“走出去”企业扩大影响力，提升国际竞争力。为符合条件的“走出去”企业员工申办APEC商务旅行卡。（责任单位：市商务局、市政府外办）

7. 强化对专业服务机构个性化服务。聚焦会计、法律、广告、人力资源等专业服务重点领域，商务部门和各细分行业主管部门联动为头部企业以及细分赛道表现突出的专业服务企业做好个性化服务，助力企业拓展高端业务。（责任单位：市商务局、市市场监管局、市人力资源社会保障局、市财政局、市司法局）

（三）抓统筹，整合资源力促合作共赢

8. 支持专业服务企业“走出去”。扩大外经贸发展资金补助范围，降低专业服务“走出去”企业申报“门槛”；纳入商务主管部门企业境外投资备案管理体系的我市会计师事务所、律师事务所，可享受境外投资直接补助；对我市会计师事务所、律师事务所及其联营体为我市“走出去”企业境外项目提供专业服务，符合条件的，按照所收取服务费用的一定比例给予补助，以联营体形式申报的，按在京专业服务企业在合同中所承担的比例计算。（责任单位：市商务局、市财政局）

9. 提供金融对接服务。建立健全境外投资合作重大项目台账，积极争取国家开发银行、中国进出口银行等政策性金融机构以及丝路基金、中非发展基金、中国—欧亚经济合作基金等各类股权投资基金为我市“走出去”重大项目提供信贷、保险、用汇等服务。符合条件的“走出去”企业，可优先使用北京市外经贸发展引导基金。（责任单位：市发展改革委、市商务局、市财政局、人民银行营业管理部、市银保监局、市金融监管局）

10. 落实税收激励政策。落实好境外所得多层税收抵免政策，切实减少企业对外投资合作的税收负担。符合《财政部 国家税务总局关于高新技术企业境外所得适用税率及税收抵免问题的通知》（财税〔2011〕47 号）规定条件的高新技术企业，其来源于境外的所得可以按照15% 的优惠税率缴纳企业所得税，在计算境外抵免限额时，可按照 15% 的优惠税率计算境内外应纳税总额。（责任单位：北京市税务局）

11. 加强海外知识产权保护力度。完善海外知识产权重大事件快速响应机制，着力建设北京市海外知识产权公共服务信息库，丰富海外知识产权维权专家顾问库，持续做好海外知识产权纠纷应对指导，帮助“走出去”企业解决知识产权纠纷等重点事项。发挥我市设立在海外的服务站点作用，建立获取海外知识产权信息的渠道，及时对重大海外知识产权纠纷信息进行通报和研判。充分发挥北京海外知识产权保护联盟作用，持续开展海外知识产权培训宣传，提高“走出去”企业海外知识产权风险防范和纠纷应对能力。加大宣传力度，引导“走出去”企业在签署涉外合同时选择北京仲裁机构进行商事仲裁，并约定北京作为仲裁地。（责任单位：市知识产权局、市司法局、市商务局）

三、保障措施

12. 完善“走出去”工作机制。在市推进“一带一路”建设工作领导小组领导下，中国（北京）自由贸易试验区（国家服务业扩大开放综合示范区）工作领导小组国际商务服务协调工作组增加专业服务业助力“走出去”的工作职责，推动落实有关工作。（责任单位：市发展改革委、市商务局）

13. 组建“走出去”产业联盟。支持有关协会围绕大数据、人工智能、生物医药、智能制造、数字安防、电子商务、区块链等优势产业领域及会计、法律、广告、人力资源等专业服务重点领域组建产业联盟，加强企业间交流，推动北京境外产业集群化发展，引导企业集约式、链条式“拼船出海”。（责任单位：市发展改革委，市经济和信息化局，市科委、中关村管委会，市财政局，市司法局，市市场监管局，市人力资源社会保障局，市商务局，市贸促会）

14. 完善“走出去”人才培育体系。支持“走出去”头部企业自主建立跨国经营企业人才培育基地。探索与在京高校建立对接机制，向高校提供“走出去”企业名单和招聘信息。强化与“走出去”专家智库合作，加强行业发展研究，提供专业服务。（责任单位：市商务局、市教委）

15. 加强监管和风险防控。落实“双随机一公开”监管工作，监督指导企业健全内部风险防控机制，组织常态化预防境外安全风险培训，加强对高风险国家或地区投资的指导和监管。（责任单位：市商务局、市市场监管局、市政府外办）

关于印发《申报北京市末端共同配送创新试点点位》的通知

京商电商字〔2021〕18号

各区商务局，市邮政管理局各派出机构，各相关企业：

现将《关于申报北京市末端共同配送创新试点点位的通知》印发给你们，请结合实际认真贯彻执行。

特此通知。

北京市商务局　北京市邮政管理局

2021年12月16日

（联系人：市商务局　林朴馨；联系电话：55579762）

关于申报北京市末端共同配送创新试点点位的通知

为贯彻落实《国务院办公厅关于推进电子商务与快递物流协同发展的意见》（国办发〔2018〕1号）和《北京市关于开展末端配送创新试点进一步加强快递末端用车、外卖用车管理工作方案》（京商电商字〔2019〕21号）等相关文件精神，规范本市末端共同配送创新试点的认定工作，继续培育一批运营能力强、成效好、具有示范效应的末端共同配送创新试点，特发布此通知。

一、指导思想

深入贯彻落实习近平新时代中国特色社会主义思想和党的十九大精神，按照市委、市政府鼓励探索末端配送新模式的工作要求，立足首都城市战略定位，发展适合首都城市环境和市场需求的末端配送“北京模式”，构建集约高效的末端配送服务体系，提升城市精细化管理水平。

二、工作目标

2021年，在本市范围内再选取一批资源条件好、基础配套完善、配送频次高的社区、院校或商业服务业设施，鼓励企业通过开发使用通用收发派件系统，设立末端共同配送综合服务中心、智能自提柜等末端配送服务设施，开展末端共同配送新模式试点建设，进一步提升末端配送效率和服务水平。

三、申报与认定条件

（一）申报成为北京市末端共同配送创新试点的点位应符合以下条件：

1. 末端共同配送创新试点的运营主体具有快递业务经营资质；

2. 末端共同配送创新试点以社区、院校或综合商圈等场所为主要服务对象；

3. 末端共同配送创新试点应接收至少3个品牌以上的快递，且日均快递业务处理总量在500件以上；

4. 末端共同配送创新试点的运营主体与末端业务承办合作方应已签订正式的委托服务合同。

（二）有下列情况之一的，不得认定为北京市末端共同配送创新试点点位：

1. 申报材料经查证不实或无效的；

2. 在申报和认定工作中存在其他违法违规行为。

四、申报与认定流程

（一）申报单位按照通知要求向市商务局和市邮政管理局提出申请，提交申请材料截至2021年12月20日。鼓励本市各区商务局和市邮政管理局各派出机构推荐。

（二）申报北京市末端共同配送创新试点应提交下列申请材料并加盖公章：

1. 北京市末端共同配送创新试点申请书（内容包括：试点点位基本情况介绍、可行性和必要性、试点效果等情况）；

2. 末端共同配送创新试点的运营主体快递业务经营资质材料（快递企业快递业务经营许可证、快递末端网点备案回执复印件等）；

3. 末端共同配送创新试点的运营主体与末端业务承办合作方委托服务合同或合作协议的复印件；

4. 末端共同配送创新试点情况表；

5. 末端共同配送创新试点点位成效表。

（三）市商务局、市邮政管理局成立专门评审小组对申报单位进行评审，并对提出申请的点位实地调查，从快递业务量、覆盖用户范围、运营团队、试点成效等方面进行综合评价，择优产生拟认定单位。

（四）市商务局、市邮政管理局根据评审小组评审结果进行审议，审议通过的试点点位在市商务局官方网站上公示7天，没有异议的，确认为最终认定结果。

关于印发《北京市关于进一步加强稳外资工作的若干措施》的通知

京商资发字〔2021〕14号

各区人民政府、北京经济技术开发区管委会，各有关单位：

《北京市关于进一步加强稳外资工作的若干措施》已经市政府同意，现予以印发，请认真组织贯彻落实。

特此通知。

北京市商务局

2021年12月9日

北京市关于进一步加强稳外资工作的若干措施

为贯彻《中华人民共和国外商投资法》及其配套法规，落实党中央、国务院关于加强利用外资工作的决策部署，进一步推进本市更高水平对外开放，提高投资便利化水平，加强外商投资合法权益保护，积极促进外商投资，以开放促改革促发展，推动形成本市全方位高水平开放新格局。现提出本市进一步促进外商投资的若干措施如下：

一、进一步扩大对外开放

1. 落实国家开放政策。深入实施外商投资准入前国民待遇加负面清单管理制度，落实好全国版和自贸试验区版外商投资准入特别管理措施，加快推进金融、汽车等领域开放政策在京落地。（责任单位：市商务局、市发展改革委、市金融监管局、市经济和信息化局及相关部门和各区政府）

2. 深化重点领域开放。在特定区域（自贸试验区）取消应用商店的信息服务业务外资股比限制；争取国家增值电信业务进一步开放试点，探索在自贸试验区特定区域率先开放互联网数据中心（IDC）等增值电信业务；积极争取数字经济、数字贸易领域开放政策在京先行先试。推进研究型医院建设，鼓励符合条件的外资企业参与“互联网+医疗健康”创新发展；积极争取外资独资医疗机构开放政策在京落地。吸引一批国际顶尖的会计、法律、建筑、管理咨询、广告等知名企业在京落地。推进职业教育国际合作示范项目，允许经营性职业技能培训机构落户。对外资高端制造类大型龙头企业，符合国家鼓励外商投资产业目录的，可以纳入本市重大外资项目专班，给予协调推进。积极落实国家发展改革委权限下放政策，对总投资3亿美元以下鼓励类外商投资项目进一步优化服务。（责任单位：市卫生健康委、市经济和信息化局、市投资促进服务中心、市教委、市人力资源社会保障局、市发展改革委及相关部门和各区政府）

3. 探索构建现代化开放体系。推进中国（北京）自由贸易试验区和国家服务业扩大开放综合示范区（以下简称“两区”）建设，发挥扩大开放试验田作用，对标最高标准、最好水平，选择符合国家战略、国际市场需求大、对外开放度要求高的重点领域，开展差异化探索。在全面落实国务院批复的“两区”任务和本市“9大领域+17个区域+4大要素”方案的基础上，以重点领域全产业链开放和全环节改革为突破口，打造规则制度型开放水平更高、产业国际合作竞争力更强、区域开放布局更加均衡的首都开放体系。（责任单位：市“两区”办、市各相关部门及各区政府）

二、聚集全球高端优质资源

4. 打造更高能级总部经济。贯彻落实《北京市促进总部企业高质量发展的相关规定》及相关配套措施。鼓励外国投资者在本市设立跨国公司地区总部和各类功能性机构，支持其集聚业务、拓展功能，升级为亚太总部、全球总部。符合条件的跨国公司地区总部可以享受资金奖励及重点人员出入境、货物通关等便利化措施。创新举措，持续做好跨国公司地区总部和各类功能性机构的引进和服务工作。（责任单位：市商务局及相关部门，各区政府）

5. 鼓励外资设立研发中心。研究制定我市设立外资研发中心的相关鼓励政策措施，增强全球资源配置和科技创新策源功能。鼓励外国投资者在本市设立研发创新中心、外资研发总部、开放式创新平台等，支持外资研发机构参与本市研发公共服务平台建设和政府科技计划项目。符合条件的外资研发中心与内资研发机构同等待遇，在研发成果产业化、国际国内专利申请、研发用品进口、出入境等方面享受一揽子便利化措施。落实国家关于科技创新减免税政策，对符合条件的外商投资企业实施研究开发费用税前加计扣除、进口设备减免税等优惠政策。（责任单位：市科委、中关村管委会，市商务局，市财政局，北京市税务局及相关部门）

6. 提升开放平台示范引领效应。开展“两区”立法，深入开展投资贸易自由化便利化改革创新，增强自贸试验区外资聚集效应。用好国家级经济技术开发区新一轮支持政策，优化生产要素配置，聚焦国际先进企业，鼓励引导新一代信息技术、新能源汽车、生物技术和大健康、机器人和智能制造等主导产业在北京经济技术开发区集聚发展。发挥国际国内协同创新优势，搭建市场化、专业化产业服务平台，打造国际化协同创新网络，推动“三城一区”在集成电路、新材料、医药健康等重点领域融合创新，促进创新链、产业链、供应链“三链联动”，引导高精尖产业集群发展。发挥综合保税区政策优势，积极拓展保税研发、租赁、维修等功能，重点发展先进制造、供应链管理、保税服务等业务。推进中日、中德国际合作产业园建设，对接区域全面经济伙伴关系协定等经贸协定，创新国际合作机制，支持园区建立健全对外招商引资、引智渠道，探索园区国际化建设模式，打造国际化环境。（责任单位：市“两区”办，市经济和信息化局，市科委、中关村管委会，北京经济技术开发区管委会及相关部门，有关区政府）

三、优化外商投资企业发展环境

7. 推进贸易投融资便利化。实施跨国公司本外币一体化资金池业务试点，对跨境资金流动实施双向宏观审慎管理。稳步推进贸易外汇收支便利化试点，进一步扩大便利化试点银行和试点企业范围。在全市优化升级资本项目收入支付便利化政策，推动银行采取单证合并、线上办理等方式。在中关村海淀园区升级外债便利化政策，注册在中关村海淀园区且符合规定条件的企业实施外债便利化试点政策，试点额度由500万美元进一步提高到1000万美元。

支持符合条件的中关村国家自主创新示范区一区十六园内企业可将外债资金用于符合规定的股权投资（房地产投资除外）。放宽企业外债签约币种、提款币种和偿还币种须保持一致的要求，但提款币种和偿还币种须保持一致。将外债注销登记、内保外贷注销登记、境外放款注销登记下放银行办理。支持北京地区银行不断提升跨境金融服务能力，为优质诚信企业货物贸易、服务贸易跨境人民币结算以及资本项目人民币收入境内依法合规使用提供便利化服务。优化外汇收支单证审核流程，按照展业原则办理货物贸易、服务贸易项下购付汇、收结汇及划转等手续，便利真实合规跨境贸易外汇收支业务。强化金融支持稳外资作用，加强银行等金融机构与外资企业的对接，对重点外资企业和外资重点项目建立投贷融资服务机制。（责任单位：人民银行营业管理部、国家外汇管理局北京管理部、市金融监管局）

8. 进一步提高通关便利化。指导支持更多外资企业申请AEO认证，享受更多便利化通关政策。打造公开、透明的口岸通关环境，线上线下同步公开空港口岸经营服务收费清单，定期更新，在线查询，做到清单之外无收费，降低通关成本。加快“单一窗口”功能由口岸通关执法向物流、服务贸易等全链条扩展。推进“提前申报”“两步申报”等措施，进一步压缩通关时间，提高通关效率。（责任单位：北京海关、市商务局等相关部门）

9. 用好税收优惠政策。宣传落实境外投资者以分配利润直接投资暂不征收预提所得税等优惠政策。落实好中关村国家自主创新示范区特定区域（包括：朝阳园、海淀园、丰台园、顺义园、大兴—亦庄园、昌平园）技术转让企业所得税试点优惠政策，符合条件的技术转让所得，在一个纳税年度内不超过2000万元的部分，免征企业所得税；超过2000万元部分，减半征收企业所得税。对在京从事集成电路、人工智能、生物医药、关键材料等领域生产研发类规模以上企业认定高新技术企业时，满足从业一年以上且在中国境内发生的研究开发费用总额占全部研究开发费用总额的比例不低于50%条件的，实行“报备即批准”，认定为高新技术企业即可按规定享受所得税优惠等相关政策。（责任单位：市财政局、北京市税务局、市人才局、市商务局、北京海关等相关部门、各区政府）

10. 规范企业有序迁移。尊重企业意愿，支持企业按照经营发展意愿，在本市范围自主有序流动布局，不得为企业跨区迁移设置障碍；企业申请办理变更登记时，市场监管、税务等部门应依法依规及时予以办理。由市财政局（市财源办）牵头组织协调相关部门落实企业迁移市区联动服务工作机制，实现跨区财税利益共享，更好地平衡迁入区和迁出区的利益。（责任单位：市财政局，北京市税务局，市市场监管局，市科委、中关村管委会，北京经济技术开发区管委会，各区政府）

四、优化外商生活服务

11. 优化教育服务。加大优质教育资源供给，完善国际学校布局，在人才引进密集区域合理布局一批国际学校，为扩大国际教育供给、服务国际人才子女教育需求提供保障。下放外籍人员子女学校审批和管理权限，减少办事层级、简化办事流程；放宽举办者限制，允许中国社会组织和个人举办外籍人员子女学校。支持中小学按国家和我市有关规定接收外籍人员子女入学。（责任单位：市教委、市人才局等相关部门，各区政府，北京经济技术开发区管委会）

12. 增强医疗保障。规划建设若干国际医院。支持具备条件的医疗机构提供国际医疗服务。探索国际医疗联合体，完善机构合作、分级诊疗等功能集成的国际化医疗服务新模式。加强外商企业及员工驻地的社区卫生服务机构建设，做好社区医疗服务。探索构建国际化院前急救服务体系，持续提升医疗急救整体水平。增强涉外服务能力，支持试点医院聘用符合外国人来华工作条件的外籍医助、外籍导医，加强医护人员外语培训，综合提升外语服务能力。外籍就业人员、外企员工均可参加本市基本医疗保险，享受相关医疗保障待遇。推进商业健康险和基本医疗保险的有效衔接；推动商业保险与医疗机构合作对接，开展实时结算。（责任单位：市卫生健康委、市医保局、北京银保监局、市人力资源社会保障局等相关部门，各区政府，北京经济技术开发区管委会）

13. 提升生活办事便利化水平。推进实现外籍人员线上办理临时住宿登记。积极推进在华永久居留身份证在铁路、民政、社保、银行、不动产登记、医院、公园等系统实现全面适用。对已获得在华永久居留资格或持有工作类居留许可的外籍高层次人才、创新创业人才和港澳高层次人才，可以为其聘雇的外籍家政服务人员来华申请相应期限的私人事务类居留许可（加注“家政服务”）。实施在华外籍人才个人外汇业务便利化试点，满足在华外籍人才真实合规的个人经常项目用汇需求。简化在华工作境外个人薪酬购汇手续，在劳动合同有效期内到同一银行再次办理合法薪酬收入购汇的，试点银行可根据首次办理情况，免于审核重复性材料。加快推动外籍员工参与境内上市公司股权激励登记、变更及注销登记下放银行办理试点落地实施。外资企业在企业纳税地所在区对接保障性租赁住房时与内资企业享受同等待遇。（责任单位：市公安局、市人力资源社会保障局、国家外汇管理局北京管理部、市人才局、市住房城乡建设委等相关部门）

14. 丰富国际化消费供给。打造2至3个千亿规模世界级商圈，打造一批具有全球影响力的标志性商圈。吸引国内外一线品牌机构在京发展，大力引进国内外知名品牌首店、旗舰店、体验店、定制中心，构建国际化优质商品供给体系。吸引更多国际化餐饮品牌落地北京，为在京外国人提供多样化、品质化餐饮消费场所。释放文旅消费潜力，挖掘文化资源优势，打造北京文创品牌，提升“北京礼物”吸引力和影响力。搭建全球新品首发首秀活动平台，打造时尚品牌活动风向标，全面提升北京国际电影节、北京国际音乐节、“电竞北京”的国际影响力，积极引进和培育国际体育赛事，吸引国际知名体育机构落户北京。优化交通、旅游、支付等配套服务，进一步提升商业服务业领域公共场所外语标识规范化水平，擦亮有温度的“北京服务”品牌。对标国际建立统一、便民、高效的消费申诉和联动处理机制，优化消费维权机制。（责任单位：北京培育建设国际消费中心城市领导小组相关成员单位）

五、推动引资与引智引才相结合

15. 优化人才服务体系。推进“落地即办、未落先办、全程代办”人才服务体系，构建外籍人才工作服务网络。符合条件的外资企业中国籍员工可以申办亚太经合组织商务旅行卡。改革创新外籍人才工作证件办理模式，逐步实现签证证件业务全市通办和“两证合一”联办模式。优化外籍人才来京就业审批办事流程，逐步下放外国人来华工作许可预审环节，进一步深化简政放权提高服务效率。为符合条件的外籍人才办理永久居留证件。深入开发“易北京”App应用，打造外籍人才“一站式”线上服务平台。（责任单位：市人才局、市人力资源

社会保障局、北京海外学人中心、市政府外办，市公安局、北京海关）

16. 促进国际职业资格人才来京执业。全面梳理境外含金量高的职业资格，建立正面清单，鼓励清单范围内持有境外职业资格的外籍人员来京工作，在工作许可、出入境方面提供便利。根据国家职业资格考试相关政策和“两区”建设对境外专业人员的需求，动态推出境外人员可申报的职业资格考试目录，吸引全球专业人才来京工作。积极争取政策突破，探索京津冀三地外国人来华工作许可互认试点工作。（责任单位：市人力资源社会保障局、北京海外学人中心、市公安局、市卫生健康委、市金融监管局、市财政局等职业资格行业主管部门）

17. 优化人才配套服务保障。结合外资企业在京投资、纳税、科技创新等情况，根据贡献额度、转化效果等，精准提供人才引进支持。加大对符合北京发展定位和引进政策的特定行业高管人才、专业技术人才办理人才引进落户和工作居住证力度。对本市急需特殊技能专业人才落户，业绩、贡献突出的，可适当放宽年龄限制。为研发、执业、参展、交流、培训等高端人才提供签证便利。对境外高端人才设立进境物品审批专用窗口、绿色通道，快速办理物品审批和通关手续。（责任单位：市人才局，市人力资源社会保障局，人民银行营业管理部，市公安局，市科委、中关村管委会，市商务局等相关部门）

六、优化外商投资促进服务

18. 完善投资促进体系。加强对全市投资促进工作的指导，统筹全市招商引资活动，编制招商引资中长期规划，对各区招商引资工作实施目标预期调控。建立市区统筹、横向联动的投资促进工作机制，瞄准全球500强、重点领域龙头企业、行业隐形冠军，着力引入符合首都城市功能定位的外资企业。探索社会招商服务的新路径，提升招商活动市场化运作水平。推动招商引资工作与因公出国（境）相结合，对各区、各单位有实质性招商引资任务的出国（境）经贸团组，优先予以重点保障。鼓励各区、北京经济技术开发区、功能园区结合区域特点和资源条件，配套出台支持外资发展和促进招商引资的专项政策，整合建立面向各重点产业、重点区域的“市级统一+各区特色”招商引资政策服务包。强化12345企业服务热线的咨询服务功能，向外商企业精准提供政策查询和咨询解读服务；鼓励各区对招商部门、非公务员岗位允许实行更加灵活的激励措施。加强培训，打造高水平、专业化招商人才队伍。（责任单位：市投资促进服务中心、市商务局、市人力资源社会保障局、市政府外办及各相关部门，各区政府，北京经济技术开发区管委会）

19. 进一步提高投资便利度。打造一站式网上服务平台，依托政府国际版门户网站，打造集政策发布、公共服务、咨询交流等功能于一体的一站式、多语种互联网国际化服务平台，围绕投资引导、投资落地、投资促进、投资服务等4个环节，发布拟对外招商的空间资源清单，提供全流程的外商投资服务。定期编制和发布外商投资指南、年度外商投资报告等指引，为外国投资者和外商投资企业提供政策信息服务和便利。各区应根据实际，制作投资北京地图，为外商提供便利的查询与选址功能，定期编制和发布本区域外商投资指引。加强与国际专业机构合作，围绕金融科技、资产管理、数字经济、生物医药等重点产业，做好投资准入、资金支持、产业扶持、税收优惠、人才政策等外资企业普遍关注政策宣传解读。推动向自贸试验区下放行政审批权力，发挥开放平台吸引外资主阵地作用。（责任单位：市政务服务局、

市商务局、市投资促进服务中心、市委编办及各相关部门，各区政府，北京经济技术开发区管委会）

20. 做好重点项目服务支持。充分发挥服务管家和服务包机制、政企对接机制、协调调度机制、项目促进专员机制等，对重大项目和重点企业进行全流程服务，跟踪项目在谈、签约、注册和运营的全过程，及时协调解决项目推进过程中的问题和困难。对符合区域功能定位的外商投资新设或增资项目，各区、北京经济技术开发区可按照其对本区域的经济社会综合贡献度给予奖励。（责任单位：市投资促进服务中心，市商务局，市发展改革委及市相关部门，各区政府，北京经济技术开发区管委会）

七、强化外商投资企业权益保护

21. 深入落实外商投资法律法规。加强《外商投资法》及其配套法规和利用外资相关政策的宣传解读。落实外商投资信息报告制度。制定涉及外商投资的行政规范性文件，应事先征求外商投资企业和有关商会、行业协会意见，按规定进行合法性审核。各区政府严格兑现向投资者及外商投资企业依法作出的政策承诺，认真履行在招商引资等活动中依法签订的各类合同。不断完善外商投资企业投诉机制，按照《北京市外商投资企业投诉工作管理办法（修订）》的要求，妥善解决外商投资企业投诉反映的突出问题，维护外商投资企业及其投资者的合法权益。（责任单位：市商务局、市发展改革委及各相关部门，各区政府，北京经济技术开发区管委会）

22. 完善知识产权保护工作机制。落实北京市《关于强化知识产权保护的行动方案》，构造规范管理与严格执法有机衔接的知识产权保护模式，不断完善司法和行政执法知识产权保护体系。完善展会知识产权保护制度，组织实施参展产品知识产权报备制度和参展方不侵权承诺制度。做好服贸会等大型展会知识产权保护工作，保护国内外参展商知识产权权利人合法利益。完善北京市知识产权保护中心“一站式”知识产权纠纷解决机制，持续推动北京地区企业在新一代信息技术、高端装备制造产业领域的专利快速预审和维权。发挥知识产权品牌服务机构和北京（中关村）国际知识产权服务大厅的作用，有效提升我市知识产权服务质量和能力。制定对入驻自贸试验区企业的保护措施，促进技术和产业不断升级，营造良好创新创业生态。（责任单位：市知识产权局、市高级人民法院、市市场监管局、市版权局）

23. 支持外商投资企业参与标准化工作。本市外商投资企业在参与本市标准化工作方面，与内资企业享有同等待遇。在京外商投资企业主导制修订国际标准、国家标准、行业标准、地方标准和团体标准，符合《实施首都标准化战略补助资金管理办法》和《北京市重点发展的技术标准领域和重点标准方向》的，可申请首都标准化战略补助资金。（责任单位：市市场监管局及各相关部门）

24. 保障外商投资企业公平参与政府采购。建立全市统一的全流程电子化政府采购平台，完善在线招投标、采购评审、合同签订、履约验收、信用评价、资金支付功能。各区、各有关部门在政府采购信息发布、供应商条件确定、评标标准等方面，不得限定供应商的所有制形式、组织形式、股权结构或者投资者国别，以及产品或服务品牌等，依法保障外商投资企业公平参与政府采购。（责任单位：市财政局及各相关部门、各区政府）

25. 完善外商投资事中事后监管体系。落实《北京市加强和规范事中事后监管的实施方案》，推动和深化“互联网+监管”“双随机、一公开”

监管、信用监管、重点监管和包容审慎监管等监管方式和手段。规范行使行政处罚自由裁量权，严格按照违法行为危害性和具体情节实施定档分阶裁量，避免处罚畸轻畸重。严格落实行政执法公示、执法全过程记录和重大执法决定法制审核制度，打造规范透明监管体系。（责任单位：市市场监管局、市商务局、市司法局，市政务服务局及相关部门，各区政府）

第三部分

主　要　业　务

一、内贸流通

国际消费中心城市建设

【概况】2021 年是北京培育建设国际消费中心城市开局之年，形成高位统筹、上下联动的组织领导体系，成立由市长挂帅的领导小组，下设“一办十组”，共69个单位；形成“2+3+5”常态化工作推进体系；形成六大维度监测评价体系共 42 项具体指标。同时，在下半年疫情散发常态化下，多措并举，全力促进消费市场加快恢复，全年全市总消费、服务消费、社零总额分别同比增长 11%、13.4% 和 8.4%，超额完成“总消费额同比增长 7.5% 左右，社零总额同比增长 5% 左右”的年度目标，消费市场整体恢复至 2019 年疫情前水平。

（宫运晓、薛辛培）

【国际消费中心城市建设进展】狠抓“五个清单”，圆满完成年度目标。173 项任务年度目标全部完成，31 个年度项目按期落地，推动实施 61 项政策，强化 111 家头部企业政企服务，市区联动创新开展“北京消费季”22 大主题 3000 余项促消费活动。依托服贸会平台完成国际消费中心城市宣传片、主题展和主题论坛；联合北京电视台推出 34 期“迈向国际消费中心·北京日记”、12 期“市民对话一把手”、12 期聚焦商圈经济的“京城十二时辰”栏目。

（宫运晓、裴　昂）

【举办“2021 北京消费季”】4 月 28 日晚，由商务部、中央广播电视总台、北京市政府共同主办的“第三届全国双品网购节暨 2021 北京消费季”在首钢园正式启动。全年围绕购物、时尚、数字、文化、旅游、体育、美食和智能 8 大消费领域，共开展首发节、冰雪节、购车季等市级重点活动 22 项，区级重点活动 80 余项，带动市场主体开展线上线下商旅文体活动 3000 余项，带动 52 个重点商圈客流同比增长 15.1%。创新制定北京消费季奖励政策。

（葛西来）

【推动首店首发经济发展】在政策带动下，北京首店经济迎来跨越式发展，年内共计引入 901 家首店，是 2020 年首店数量的近 5 倍，其中，全球首店 4 家、亚洲首店 7 家、中国首店 59 家、北京首店 831 家；国际品牌占比 15%，国内品牌占比 85%。从吸引首店的数量来看，北京与上海齐头并进，位列首店经济的第一梯队。“首发节”期间，600 余个国际品牌和本土品牌集中发布近两万款新品。

（葛西来）

【持续实施家电节能减排政策】年内，13 家企业累计销售节能减排商品 107.9 万余台，实现销售额 46.45 亿元。经测算，年节电约 10275 万度，相当于约 3.4 万户居民一年的用电量，折合标煤 3.4 万余吨，减排二氧化碳 8 万余吨，节水 64 万余吨。

（隋贞霖）

流通规划建设

【概况】年内，北京市流通规划建设工作稳步推进，印发实施“十四五”时期商业服务业发展规划，做好街区控规编制工作，加快推进传统商场“一店一策”升级改造，完成传统商圈改造提升任务，推动特色消费街区建设，加快推进前门大栅栏商圈改造提升。

（殷　亮）

【印发实施“十四五”时期商业服务业发展规划】8月，在广泛征求各区、相关部门、企业、专家及社会公众意见的基础上，印发实施《北京市“十四五”时期商业服务业发展规划》。指导各区将规划与国际消费中心城市建设培育、物流、农产品流通体系、电子商务规划等工作相结合，推进相关工作任务落实。

（李洪臣）

【做好街区控规编制工作】利用“多规合一”平台、部门联审会等街区控规会商机制，对海淀、丰台、大兴、昌平、怀柔、平谷、密云、经开区等多个区的街区、乡镇规划提出修改意见，指导各区在控规编制中落实居住配套商业设施及其他商业设施，为后续商业企业落地提供运营空间。

（李洪臣）

【加快推进传统商场“一店一策”升级改造】年内，将购物中心、专业专卖店纳入升级改造试点范围，新增西单更新场、美客洞学馆等10家第三批试点项目，总试点项目达25家。闭店改造实现项目整体升级，美克洞学馆由老旧电子产品售卖场升级改造为集合家居产品、高端餐饮及文创艺术体验馆；海淀区翠微大厦公主坟店、石景山当代商城鼎城店完成闭店改造，部分区域开始试运营。业态品牌优化匹配新定位，西单更新场实现公园式休闲空间与地下商业空间融合，首店及高能级概念店集合店成潮流新地标；五道口购物中心南区引入Page One书店、超级猩猩等文体服务业态，丰富消费供给。加快试点项目实施进度，未完成改造项目纳入国际消费中心城市重点项目清单，通过“周调度，月台账”工作机制，协调各区各部门合力解决升级改造中各类问题。年内，翠微大厦等12家试点企业完成升级改造。

（孙　健）

【完成传统商圈改造提升任务】按照《北京市商业服务业商圈改造提升行动计划（2019—2021)》要求，完成王府井、前门大栅栏、CBD、三里屯等22个传统商圈改造提升任务。据统计监测显示，22个商圈社零额同比增长43.7%，两年平均增速32.6%，占全市社零额的12%，贡献率达到42%，拉动社零总额增长4.4个百分点，消费拉动作用明显。

（杨　凌）

【推动特色消费街区建设】7月，王府井步行街获评“全国示范步行街”。王府井商业步行街首次亮相进博会，展区展览面积360平方米，通过对王府井大街的整体展示，展现了王府井步行街在建设独具人文魅力的国际一流步行商业街区中取得的累累硕果，以及助力北京建设国际消费中心城市的功能定位。年内，组织开展了新一轮市级特色消费街区评估工作，三里屯太古里、华熙LIVE·五棵松、蓝色港湾等30条被评为北京市特色消费街区。

（杨　凌）

【加快推进前门大栅栏商圈改造提升】成立前门商圈改造提升市级工作专班，专班办公室设在市商务局，定期调度前门商圈改造提升有关工作。市级工作专班已推动完成地区旅游集散中心外迁、制定交通组织方案、完成天安门地区游客旅游流线引导、编制“条块结合”联合执法方案，正在推进前门大栅栏地区在途项目的规划审批、数字化商圈改造、编制街区户外广告设施设置规划等12项重点工作。市商务局会同东城区、西城区编制商圈改造提升五年行动计划（政策清单、项目清单、业态清单），推动前门大栅栏商会组建。

（张钦霖）

流通发展

【首批新消费品牌孵化基地挂牌运营】东城区和朝阳区首批新消费品牌孵化基地挂牌仪式于3月29日举行。东城区按照“市场主体、孵化导向、专业运营、政策服务”的总体思路，一期推出红桥市场、王府井19号府、南阳共享际3处新消费品牌孵化基地。其中，红桥市场主要侧重珠宝、非遗、国风类品牌孵化；王府井19号府侧重国际化消费品牌孵化；南阳共享际侧重新时尚文化消费类品牌孵化。朝阳区以打造国内领先、国际知名的新消费先锋引领区为目标，首期推出首创郎园Station作为新消费品牌孵化基地，侧重文化场景与创新消费融合。北京山海计划文化体育有限公司、咫尺生活（北京）贸易有限公司等多家新消费品牌企业现场签约入驻。新消费品牌孵化工作进入实质性运营新阶段。

（王翰阳、刘　阳）

【老字号亮相消博会、糖酒会等展会】5月7日至10日，同仁堂、北京稻香村、便宜坊、菜百、珐琅厂、百花蜂业、一得阁、北冰洋等10家老字号携产品在海南海口亮相首届消博会。10月19日至21日，第105届全国糖酒商品交易会在国家会议中心（天津）举办，18家北京老字号首次集中亮相糖酒会，北京老字号展区共接洽价值客户数718家，意向合同金额达1265万元。

（王翰阳、刘　阳）

【北京首家麦德龙PLUS会员店开业】6月27日，北京首家麦德龙PLUS会员店在丰台区草桥开业。麦德龙和北京物美集团联合，依托多点技术加速数字化进程，为顾客提供更专业和更便捷的线上线下一体化服务。北京首家麦德龙PLUS专属会员店的开业，是北京打造国际消费中心城市的有益实践，不仅开启了实体零售企业全面数字化转型的新篇章，也拓展了后疫情时期零售业新发展模式。

（魏新宇）

【42家北京老字号亮相2021年服贸会】9月3日至7日，中国国际服务贸易交易会北京老字号展在首钢园区举办，42家北京老字号携众多特色产品在服贸会上精彩亮相，参展企业平均年龄超过133岁。展区面积为3800平方米，分为“冬奥主题区”“文创新品区”“荟食荟饮区”和“时代记忆区”4个功能区。展会期间，老字号展区累计销售额达97万元，累计客流量达3万余人次，获新华社、光明网、《北京日报》、《新京报》等20余家媒体报道、转载。

（王翰阳、刘　阳）

【老字号菜百成功登陆上交所主板】9月9日，北京菜市口百货股份有限公司正式在上海证券交易所主板上市交易。菜百始于1956年，既是商务部第一批命名的“中华老字号”，也是“北京老字号”，在2004年被授予“中国黄金第一家”称号。截至目前，北京老字号中已有同仁堂、三元、全聚德、菜百等4家成功上市。

（王翰阳、刘　阳）

【进博会北京老字号展圆满收官】北京稻香村、王致和、天福号、工美等18家老字号集中亮相第四届进博会。展会期间，北京老字号展区接洽专业观众2.2万余人次，现场销售额16余万元，接洽有价值客户178家，意向合作金额236万元；菜百与比利时塔斯（TACHE）钻石公司达成钻石合作协议，金额约300万美元。老字号展区及各参展企业获中宣部党建网、新华社、《北京日报》、首都之窗等20余家媒体和官方平台报道、转载。

（刘　阳）

电子商务

【概况】年内，北京市围绕“两区”建设、国际消费中心城市培育等重点工作，加快优化电子商务政策环境，不断完善电子商务服务体系，着力推动智慧流通、跨境电商新模式新业态实现新发展，促进消费提质扩容和外贸转型升级。

电子商务成为拉动消费增长的重要动能。年内，全市限额以上批发零售业、住宿餐饮业实现网上零售额5392.7亿元，同比增长19%，高于全国实物商品网零额增速7个百分点；占全市社零总额比重36.3%，创历史新高，高于全国11.8个百分点；拉动社零总额增长约6.3个百分点，对社零总额贡献率达74.7%。

电子商务主体日益丰富。积极采取政策激励、重点帮扶、一企一策等多种措施，助力引导企业触网销售。截至年底，全市开展网络零售业务的规模以上批发零售企业达1271家，较上年增长140家，其中亿元以上企业214家。积极挖掘推荐新业态新模式企业参与示范体系建设，截至年底，全市共培育5家全国电子商务示范基地、7家商务部认定的数字商务企业。

跨境电商业务规模不断扩大。年内，全市跨境电商进出口额同比增长超过25%，高于全国平均增速约10个百分点。其中，跨境电商医药产品进口、B2B出口等新模式加速发展，同比增长均超4倍。

（宋志雷、马樱娉）

【多家电商平台参与“2021全国网上年货节”活动】1月20日至2月18日，市商务局组织京东、小米、美团、国美、多点、菜百电商等10余家企业积极参加“2021全国网上年货节”，动员参与企业围绕“服务市民生活、保障在京过年”的主题开展形式多样的促销活动，为市民提供年味浓郁的产品与服务。其中，京东围绕居家日用、智能家电、智能家居、国潮国货等重点品类，开展十余场专题促销活动；国美在线针对外来务工人员、学生群体等，以“国美年货节、为爱焕新家”为主题，推出家电、数码产品以旧换新活动；美团以“居家嗨购、网上过年”为主题，联合北京烹饪协会，推出年夜饭配送到家服务。

（刘扬阳、林朴馨）

【多家电商平台参与第三届全国“双品网购节”】4月28日至5月12日，市商务局组织京东、美团、盒马等8家重点电商企业积极参与第三届全国“双品网购节”，联动超过16万品牌、近17万家店铺，开展形式多样、内容丰富的促消费活动。京东推出“国潮京品”专场促销，联想、李宁、燕京啤酒等本土品牌纷纷亮相，助推国货消费新风尚。美团开展“老字号嘉年华”专场推介活动，带动老字号餐厅销售额同比增长124%。盒马联动线上App和北京36家线下门店，向全市消费者发放消费券，全品类1万余个商品SKU可享满199元减20元优惠。

（宋志雷、马樱娉）

【2021北京网络直播大赛成功举办】5月29日至7月9日，由市政府主办，市商务局承办，市农业农村局、北京团市委支持的“2021北京网络直播大赛”成功举办。大赛设置品牌带货、商圈走播和助农直播三大板块，通过直播带货、云逛街、云探店等多种形式推广本地品牌、商圈好物及京郊特色农产品，通过多行业参与、多形式竞技、多平台助力，进一步拓宽企业直播销售新渠道，打造网络消费新场景，激发数字转型新活力。活动期间，直播观看人数2千余万人，销售额超1亿元。

（刘扬阳、林朴馨）

【2021中国电子商务大会成功举办】9月3日至4日，2021中国电子商务大会在国家会议中心成功举办。作为中国国际服务贸易交易会五大高峰论坛之一，大会围绕“数育新机、商引未来”主题，邀请了塞尔维亚、匈牙利、爱

尔兰驻华使馆官员到场，商务部、共青团中央及北京市各相关委办局，浙江、黑龙江、湖南等18个省市超过40个各级商务主管部门代表，以及国内外电商企业、媒体代表共计近千人次参加，共享电子商务发展新成果，共话数字商务未来新趋势，获评服贸会最佳会议活动。

（宋志雷、林朴馨）

【组织跨境电商系列培训】年内，为加强北京跨境电商综试区线上综合服务平台应用推广，更好地帮助企业提升跨境电商业务实操能力，加快数字化转型，市商务局组织系列培训交流活动10余场，参与企业超过700家，培训人数1500余人次。培训活动积极邀请相关政府部门代表、业内专家、行业协会及头部企业负责人参与，详细介绍了本市跨境电商发展支持政策，系统讲解了北京跨境电商综试区线上综合服务平台功能应用、跨境电商B2B与B2C经营模式，以及独立建站、货物通关、税务处理等实务操作。

（宋志雷、马樱娉）

市场建设

【启动实施社区菜市场“数字赋能”试点行动】在全市启动实施社区菜市场“数字赋能”改造试点行动，全年计划改造提升的10家样板社区菜市场试点任务全部完成，实现“颜值”“内涵”双提升，得到市民和企业的广泛认可。在“颜值”上，鼓励“一场一策”专业化设计，提倡建设设施完备、特色鲜明、方便快捷的景观式、主题式菜市场，达到干净整洁、分区科学、标识清晰、美观大方、通行无障碍；在“内涵”上，鼓励打造智慧化菜市场，设置“两屏一秤”（电子显示屏、触摸查询屏、智能电子秤），配备智能监控、测温、农残检测、垃圾分类等设备，鼓励建立数据平台，实时监测市场运营、交易和食品安全数据，鼓励构建线上线下融合的服务模式，不断满足群众多样化需求。

（焦　刚、杨　鹏）

【编制发布新版《商品交易市场设置与管理规范》北京市地标】编制修订完成新版《商品交易市场设置与管理规范》北京市地方标准，并于3月29日发布、7月1日实施、11月17日完成贯标。此次为北京市商品交易市场地方标准时隔14年的首次修订，达到了编制出台适应新时期北京现代商品流通服务时代发展要求的市场建设标准，服务于北京城市总规和高质量发展大局的预期目的。

（焦　刚、商贤才）

【做好商品交易市场疫情防控及安全检查】年内，市商务局编制发布《新型冠状病毒肺炎流行期间本市商品交易市场防控指引》（4.0版和常态化版），全年安排百余人次赴一线走访近千个点位，指导各区和属地企业履行好主体责任，落实好安全措施及要求，重点把好商品交易市场尤其是社区菜市场疫情防控关口，确保复工秩序平稳、经营活动平稳、商品供应平稳。

（李家旭、杨　鹏）

供应保障

【概况】年内，市商务局全力应对几次新冠疫情影响，积极动员各方面力量，多措并举，圆满完成生活必需品供应、中国共产党成立100周年、全国“两会”和北京冬奥会等重要会议重大活动保障，稳步推进农产品批发市场转型升级、“十四五”时期农产品流通体系发展规划落实。

保障2021年春节市场供应。制定春节期间生活必需品《保供方案》《应急预案》和《储备计划》，多渠道组织生活必需品货源。发函督促各区做好零售端保供稳价工作。向运输生活必需品的保供企业开具应急物资转运证明，保障生活必需品运输车辆进京畅通。坚持批发市场、连锁超市、直营直供和主要电商企业每日监测机制，向主要批发市场派驻一线驻场人员。组织批发市场提前备战，采取“坚守英雄”评选活动、优惠摊位费等方式，让商户安心留京参与保供工作。

做好8月、10月多点散发疫情供应保障。畅通部门联络机制，及时了解生活必需品供应相关联的疫情发展、道路运输、价格趋势、进京检查站管控和农业生产等情况。与批发市场、连锁超市、社区菜店和社区直通车运营企业建立疫情期间协调沟通机制，协调解决问题困难。制定生活必需品应急保障预案，强化批发市场供应统计测算，驻守进京卡口，现场解决问题。

落实生活必需品储备任务，开展储备调控。全面落实生活必需品日常储备，保证肉类、食盐、食糖等重要生活必需品储备满足应急供应30天需求。春节前夕投放储备冻猪肉1000吨、鸡蛋800吨。8月分两轮落实1900吨猪肉临时储备任务，应对猪肉价格过度下跌。强化生活必需品政府储备检查，承储企业加强应急值守及车辆保障，做好应急调运准备。

提前谋划2021—2022冬春季节生活必需品保供工作。通过减免批发市场进场费，适量增加生活必需品储备，加强政府、部门、企业间工作协调等方式，提高应急响应效能，确保重要生活必需品供应充足。

完成《“十四五”农产品流通体系发展规划》编制。深入开展“十四五”农产品流通体系规划编制工作，协调空间布局专项规划、行业发展规划要求。7月，《规划》正式发布实施。12月28日，北京鲜活农产品流通中心试营业。

修订完善《北京市生活必需品供应应急预案》。进一步建立健全应对生活必需品市场供应突发事件的预警和应急机制，构建商务主管部门和生产、运输、仓储、批发、零售等骨干企业的联动协调机制，完善形成统一指挥、反应迅速、功能齐全、协调有序、运转高效的应急预案。

严格成品油市场管理。编写印发北京成品油零售经营资格审批管理工作指引，指导各区严格成品油零售经营资质审批。加强加油站供应保障能力建设，研究推进新建加油站规划选址，部分加油站拆迁还建。推广京VIB车用燃油，督促加油站和储油库实施错峰装卸油。督促企业严格落实成品油流通安全管理工作。做好清除无证无照经营加油站工作，开展整治流动加油罐车等非法销售柴油行动。

（王云峰）

【圆满完成全国和北京市“两会”供应服务保障任务】提前部署准备全国“两会”食品原材料供应服务保障工作，及时入住“两会”驻地，开展驻会保障工作，满足驻地供应需要。

（陈　泽）

【做好中国共产党成立100周年服务保障】市商务局会同市市场监管局、市农业农村局、市公安内保局成立供应保障小组，协力做好供应保障工作。及时组织供应企业与住地酒店进行采购对接；先后两次赴矿泉水供应企业实地调研，协调供需双方做好配货、运输及送货工作；组织企业做好国家体育场贵宾区重要嘉宾食品供应保障；连夜联系广东省及佛山市有关部门、本市连锁超市和电商企业，及时完成参加广场庆典人员运动饮料保障任务。

（陈　泽）

【高标准做好冬奥测试赛和赛时服务保障】遴选推荐83家供应企业，作为北京冬奥会食品原材料供应保障企业。组织开展餐饮供应服务保障培训工作，提高各级供应服务保障认识和能力水平。多次组织供应企业与3村餐饮服务商、场馆餐饮服务商、签约酒店及京东集采商对接，组织抓好食材准备。协调配合冬奥组委和相关部门设立“三个供应大仓”，有针对性地做好服务。冬奥测试赛时，向冬奥组委运动会服务部和冬奥村派驻人员，联合驻点办公。

（陈　泽）

【持续推进重要产品追溯体系建设】继续做好全市肉菜流通追溯体系运维工作，保障已建设的肉菜流通追溯节点持续稳定上传追溯数据，保障消费者快速查询鉴别可追溯商品，保证通过北京市大数据管理平台实现重要产品追溯数据共享交换。

（侯学群）

【车用成品油销售量略有回升】年内，全市成品油表观销售量增加13.1%。其中，汽油增加14.03%，柴油增加10.42%。

（陈德宏）

【京ⅥB标准车用燃油供应保障稳定】积极与中石油、中石化北京分公司等源头企业沟通协调，掌握成品油批发及库存变化情况，持续加强油品调运，保持合理库存，确保油品供应充足、稳定。

（陈德宏）

【蔬菜市场供应情况】年内，监测的本市7家主要批发市场蔬菜上市量达829.62万吨，日均上市量2.27万吨。

（刘　璇）

【生猪市场供应情况】年内，监测的主要一级批发市场交易总量18397.3万公斤，日均交易量50.3万公斤。

（刘　璇）

【牛羊肉市场供应情况】年内，监测的主要一级批发市场牛肉交易总量2190.5万公斤，日均交易量6万公斤。羊肉交易总量2965.4万公斤，日均交易量8.1万公斤。

（刘　璇）

【鸡蛋市场供应情况】年内，监测的主要一级批发市场鸡蛋交易总量15631.1万公斤，日均交易量42.7万公斤。

（刘　璇）

粮食流通和物资储备

【概况】面对持续演变的全球疫情和错综复杂的国际国内形势，市粮食和物资储备局坚持以习近平新时代中国特色社会主义思想为指导，全面贯彻党的十九大和十九届历次全会精神，深入贯彻习近平总书记对北京一系列重要讲话精神，聚焦粮食和物资储备安全核心职能，抓改革、促转型、强监管、守底线，全力做好疫情防控和保供稳市等各项工作，为保障粮食和物资储备安全、促进全市经济社会发展作出了积极贡献。

（蔡奇敏）

【全市粮油供需总体平衡】年内，全市粮食消费稳中略增，食用油消费恢复性增长，粮油供需总体平衡，库存保持稳定。全市全年粮食直接消费量459.7万吨，同比增加3.8万吨，增幅0.8%。其中，居民口粮消费352.7万吨，同比增加10.5万吨，增幅3.1%；饲料用粮82.3万吨，同比减少9.5万吨，减幅10.3%；工业用粮23.9万吨，同比增加2.8万吨，增幅13.3%。食用油消费量57.9万吨，同比增加11万吨，增幅23.5%。全年粮食供给554.3万吨，食用油供给64.4万吨。年末，全市粮食总库存423.9万吨，食用油总库存24.6万吨。

（惠春光）

【全力做好疫情防控和粮油物资保障】高质量完成中国共产党成立100周年庆祝活动、冬奥会和冬残奥会筹办等重大活动的粮油供应服务保障，积极做好常态化疫情防控下保障粮食安全相关工作。充分发挥储备吞吐调节作用，精准安排政策性粮食销售，粮食市场保持供应充足、运行平稳态势。北京国家粮食交易中心全年累计交易各类粮油190.39万吨，交易金额40.69亿元。成品粮油储备库存充足，市储备成品粮9.76万吨、成品油4.27万吨，可满足全市居民正常情况下15.2天的口粮消费和28.5天的口油消费。形成33家应急加工企业、44家应急配送中心和近900个应急投放网点为支撑，市区两级储备为基础的粮食应急保障体系。调运市级救灾物资8批次3.8万件、代储中央救灾物资0.5万件，保障抗洪抢险、抗震救灾、疫情防控等急需。调配民用口罩251.3万只，圆满完成中国南亚储备库、印尼雅加达捐赠防疫物资的运输以及东京奥运会中国体育代表团在京隔离观察人员防疫物资供应等专项工作。

（惠春光、杨春彦）

【认真开展“两项考核”】切实落实粮食安全党政同责，积极发挥牵头抓总职责，科学制定考核方案，强化统筹协调，推进粮食安全责任制各项考核任务完成。通过现场核查、第三方评估等方式提高考核科学性，考核机制逐步完备。印发《北京市储备粮管理和政策执行情况年度考核暂行办法》，深入开展“业务体检”，启动市储备粮管理和政策执行情况年度考核“首考”。

（暴瑞冰）

【不断提升管粮管储规范化水平】积极宣传贯彻新修订的《粮食流通管理条例》。修订《北京市储备粮管理办法》，推动粮食储备安全管理改革成果法治化。积极适应管理方式的新变化，制定《北京市粮食收购备案管理办法》，本市粮食收购备案实现“一表即办”，现场即时办结，网上0.5个工作日办结。加快推进标准化建设，制定《成品粮储藏技术规范》，持续推进粮库安全生产标准化达标（二级）创建，23家粮库达标。启动粮食存储、加工、运输节约减损规范等三项地标申报，推动芝麻酱、芝麻香油、小麦粉等三项团体标准制定。加强涉粮电商平台管理，推动京东集团纳入统计直报系统。针对医用外科口罩、84消毒液等临时储备，制定《北京市市级民用防疫物资政府临时储备管理办法》。进一步规范粮食行政执法，梳理形成49项行政处罚，制定完善行政处罚程序规定、行政处罚裁量基准等规范性文件。

（蔡奇敏、周欣晴）

【抓好粮食储备安全管理改革】全面完成各项重点任务，编制修订《北京市市级储备粮区域布局和品种结构管理暂行办法》《北京市市级储备粮轮换管理办法》《北京市储备粮承储库点条件》《北京市储备粮动用工作方案》等一系列文件，资金和实物统一管理体制更加完善，购销轮换机制更加高效有序。制定《北京市支持粮食加工企业建立企业社会责任储备的暂行办法（试行）》，探索建立企业社会责任储备机制，两家加工企业分别建立5500吨小麦和400吨面粉的社会责任储备。运用改革经验建立临时市级成品粮储备2万吨、成品油储备2万吨，经受住了新冠肺炎疫情等冲击的压力测试。

（蔡奇敏、惠春光）

【多措并举强化执法监管】开展“亮剑2021”专项执法行动，推行“双随机、一公开”，全市开展执法活动473次，检查单位484家次，出动检查人员1525人次，依法作出行政处罚32例。开展库存和收获环节粮食质量安全监测，宜存率100%、质量安全达标率100%。推动形成安全生产“管理对象清单”和“管理事项清单”，健全完善风险分级管控机制。

（暴瑞冰、熊　政）

【规划引领推动基础设施建设】编制北京市粮食流通和物资储备“十四五”发展规划，提出完善粮食产销合作体系等6大体系、开展8大专项建设的总体思路。北京市粮食安全保障调控和应急设施4个项目建设总规模34.58万吨，总投资8.18亿元。支持成品粮及应急保障粮食仓储设施维修改造、信息化升级改造和绿色储粮相关设施改造，拨付维修资金313.08万元。积极推动粮库智能化升级改造，建设三级架构视频监控系统，实现市级储备粮承储库点视频全覆盖。中央企业“优质粮食工程”奖励资金项目完成竣工验收，初步实现粮食出入库作业信息化、仓储管理智能化、粮库安全可视化。

（周欣晴、熊政）

【推进粮食产业高质量发展】积极发挥多元主体作用，推动粮食产业经济优化发展，国有粮食企业发展活力不断增强，北京市国有粮食企业营业收入同比增长60.61%，其中粮油销售收入624.8亿元，同比增长41%。益海嘉里、古船福兴等加工企业稳定生产，不断提升优质粮源供给能力。盛华宏林、中联正兴等批发企业在巩固传统现货交易模式基础上，积极发展网上交易，实现线上、线下融合发展。物美、京客隆、超市发等连锁企业积极发展粮油零售业务，方便群众生活。京东、美团、美菜等电商的兴起，适应了快节奏、便利化的粮油消费需求。推动“北京好粮油”产品遴选工作的开展，共有13个产品入选。成功举办2021年服贸会粮食现代供应链发展及投资国际论坛，并荣获最佳会议活动。论坛成立“国际粮食现代供应链联盟”，为中国与国际粮食供应企业和组织建立了常态化的粮食行业高端国际交流平台。统筹推动京津冀协同发展，举办第七次局长联席会议，会议聚焦粮油市场保供稳市、粮食和物资储备安全、做强粮食流通产业，签订了应急协同、执法协作等协议，有效推动行业高质量协同发展。

（蔡奇敏、周欣晴）

【粮食科技、人才高水平发展】推广应用绿色储粮技术，市内市储备粮库总仓容325万吨，配备制冷和内环流控温设备的仓容分别达到146万吨和119万吨。加强人才队伍建设，指导各区建立完善技能人才培养实施方案，统筹推进党政人才、企业经营管理人才和专业技术人才队伍建设。组织参加“北京大工匠”选树活动，鼓励大工匠所在单位设立“工匠创新工作室”，提供创新项目助推资金。举办科技活动周、世界粮食日等主题突出、特色鲜明的宣传活动，有序推进粮食科普进企业、进社区，为市民了解粮食知识，共同参与“爱粮节粮”提供平台。

（张瑞琪、孔晶）

二、对外开放

“两区”建设

【概况】年内，在市委市政府高层挂帅、高位统筹、高频调度下，“两区”建设以习近平总书记两次服贸会重要致辞为指引，以改革担当的精神、只争朝夕的干劲，服务国家开放大局，助力首都经济发展，建机制、推创新、落项目，取得积极成效。市“两区”办积极发挥综合协调、政策研究、园区指导、督查评估、统计宣传等职能，较好完成各项任务。

“两区”建设框架拉开，三维立体工作格局形成，确保“两区”建设走深走实。加快高水平开放的顶层设计，坚持园区开放和产业开放相结合，把项目落地作为落脚点，形成了以增强政府支撑度（产业+要素+机制）、提高市场主体感受度（园区+政策+宣传）和扩大开放示范引领度（区域+国家+全球）为导向，推动有效市场和有为政府更好结合的三维立体工作格局，扎稳开放的四梁八柱。在具体任务推进层面，建立“周调度”“月点评”“季评估”“年评价”机制。殷勇、杨晋柏同志全年召开“两区”办会议90余次，每周调度重点工作进展情况，“两区”建设情况纳入市委书记月度点评会点评内容，委托第三方国际研究机构对“两区”建设进展及成效开展季度评估，首次试行“两区”建设成效年度评价。

聚焦国务院批复“两区”方案，全面推进各项任务实施，跑出首都开放加速度。围绕科技等9大重点领域、16区和经济技术开发区，以及知识产权、财税等4大要素制定具体实施方案，进一步明确任务落地路径。各区、各部门积极推进，攻坚克难，形成了重点领域高新技术企业“报备即批准”、技术转让所得税优惠等40余项全国或全市首创性政策；商务部向全国复制推广了北京市推进服务业扩大开放综合示范区建设的10个最佳实践案例。截至年底，国务院批复北京的“两区”方案251项任务，落地实施235项，实施率93.6%，用一年多时间完成了三年至五年期90%以上任务。

坚持目标导向，推动政策项目双落地，凸显开放对经济发展支撑作用。在“两区”开放创新引领下，一年间落地了上百个标志性项目和功能性平台，包括全国首家外商独资货币经纪公司、首家外商投资保险资管公司等外资准入扩大政策落地项目，金融网关、国际大数据交易所、德勤大学等具有影响力和标志性意义的项目，以及私募股权交易平台等辐射带动作用强的功能性平台。同时，实施“三单”管理模式，通过政策清单、空间资源清单、目标企业清单，推动精准招商。逐步健全“一库四机制”项目推进制度，建设全市统一的重大项目库，实施重大项目协调调度工作机制、服务管家工作机制、政企对接工作机制、督查评价工作机制，有力推动项目加速落地。截至年底，全市累计填报入库项目3583个，其中落地出库项目1729个，带动投资超过5400亿元。

（杜　磊、赵文捷、朱忠文、魏　拓、张竞天）

【各级领导调研指导“两区”建设】年内，市委、市政府主要领导高度重视“两区”建设，组织开展“两区”专题双调研、大拉练，商务部副部长王受文、最高人民法院副院长陶凯元，市委组织部部长孙梅君、市委宣传部部长莫高义，副市长殷勇、隋振江、卢彦、杨斌、杨晋柏，市人大主任李伟、副主任李津颖等部、市领导累计开展“两区”专题调研40余次，实地了解“两区”建设推进情况，指导“两区”工作。市“两区”办精心组织安排，圆满完成调研服务保障工作。商务部副部长王受文和最高人民法院副院长陶凯元在调研中均对北京“两区”建设取得的成绩给予了充分肯定。

（李志鹏）

【“两区”工作领导小组召开第二次会议】 3月13日上午，市委书记蔡奇围绕“两区”建设到朝阳区调查研究，并在金盏乡二层会议室主持召开中国（北京）自由贸易试验区（国家服务业扩大开放综合示范区）工作领导小组第二次会议，部署年内任务。会议听取了领导小组办公室关于2020年“两区”建设推进情况及2021年工作要点的汇报，听取了数字经济协调工作组、金融及高端产业协调工作组及西城区、海淀区“两区”建设推进情况及下一步工作安排的汇报。会议原则同意《北京市建设国家服务业扩大开放综合示范区和中国（北京）自由贸易试验区2021年工作要点》。会议强调，今年是“十四五”开局起步之年，“两区”建设是发力点、重头戏。要进一步增强责任感紧迫感，把这一关键之“子”落好，确保开局之年见到新气象，取得新突破。

（孙思睿）

【“两区”工作领导小组召开第三次会议】 9月18日上午，市委书记蔡奇到朝阳区、通州区调查研究，并在通州区北京国际财富中心会议室主持召开中国（北京）自由贸易试验区（国家服务业扩大开放综合示范区）领导小组第三次会议，总结盘点一年来的工作，部署下一阶段任务。会议听取了市“两区”办关于“两区”建设一周年成效及深化“两区”建设有关考虑的汇报。会议审议了《市领导联系服务“两区”重点园区（组团）工作方案》《关于支持综合保税区高质量发展的实施意见》《关于进一步加强投资促进工作推动经济高质量发展的若干意见》，要求各有关单位根据会议精神修改完善后按程序印发。会议强调，“两区”建设是党中央在构建新发展格局中赋予北京的更大责任，是推动北京高质量发展的重要抓手。

（孙思睿）

【创新案例纳入国家自由贸易试验区第四批“最佳实践案例”】 6月7日，国务院自由贸易试验区工作部际联席会议办公室发布《关于印发自由贸易试验区第四批“最佳实践案例”的函》（商自贸函〔2021〕189号），大兴机场片区北京大兴区域与河北廊坊区域协同联动的创新做法“四大机制打造京津冀协同发展示范样板”被纳入国家自由贸易试验区第四批“最佳实践案例”向全国复制推广。

（李天玉）

【10项制度创新案例向全国复制推广】 8月31日，商务部向全国印发了《北京市国家服务业扩大开放综合示范区建设最佳实践案例》（商资发〔2021〕469号），将北京国家服务业扩大开放综合示范区建设中形成的10项创新强、实用性好、具备示范意义的经验做法向全国推广，涵盖科技服务体系建设、文旅服务提质升级、金融服务创新、公共服务数字化、区域合作模式优化等多个领域，向全国贡献了北京智慧。

（李天玉）

【国务院自由贸易试验区工作部际联席会议简报年内两次推广北京经验】 2月8日和11月9日，国务院自由贸易试验区工作部际联席会议简报在第2期和第22期，分别刊发《北京市建立高规格管理机制推动自贸试验区顺利开局》和《北京自贸试验区高端产业片区打造高水平国际化政务服务体系》信息，将北京市自贸试验区“高位挂帅、高层协调、高频运转”的做法、自贸试验区亦庄组团推行的“一次办、即时办、远程办、上门办、跨域办”等政务服务改革措施，作为典型经验向全国推广。

（李志鹏）

【24项制度创新案例在全市复制推广】 9月1日，发布《关于印发“两区”建设第一批改革创新实践案例的通知》（市两区办字〔2021〕63号），在全市范围内复制推广了24个原在局部区域和个别领域实施的“两区”建设最佳实践案例，涵盖科技创新支撑、数字经济赋能、京津冀协同发展、产业提质升级、服务要素供给、优化营商环境等主要方面，提高了“两区”建设显示度。

（李天玉）

【高规格举办“两区”建设一周年主题活动】 9月3日上午，中国国际服务贸易交易会“北京日”暨“两区”建设一周年主题活动在首钢园举办。市委书记蔡奇出席并讲话，十一届全国政协副主席、中国国际跨国公司促进会会长郑万通，商务部党组书记、部长王文涛，市委副书记、市长陈吉宁以及工业和信息化部、中国人民银行、中国证监会、中国银保监会有关领导出席活动。活动现场发布了“两区”建设成果，宣布了10个向全国复制推广的首批国家服务业扩大开放综合示范区案例和24个在全市复制推广的案例。涵盖金融、科技服务、商务服务、数字经济、健康医疗等产业的37个项目现场签约。本届服贸会“北京日”为历届规格最高、规模最大，同时开启了“两区”建设一周年宣传序幕。

（张竞天）

【北京自贸试验区总体方案顺利实施】 指导自贸试验区朝阳、海淀、昌平等7个组团制定并发布组团实施方案，明确任务时间表及路线图，协调市、区部门统筹推进落实。截至年底，北京“两区”251项任务涉及的自贸试验区149项任务共完成139项，实施率93.3%。其中，单独设立航空专用零部件子目录等政策已落地实施，金融、建筑设计、规划等领域的境外过往资历认可机制率先在京突破，专利代理对外开放试点工作获批。这一系列政策的突破，为北京自贸试验区建设全面推进奠定了坚实基础。

（李志鹏）

【首次开展“两区”建设成效试评价】 制发《中国（北京）自由贸易试验区和国家服务业扩大开放综合示范区建设成效评价指标（试行）》（市两区办字〔2021〕33号），建立工作机制运行、政策任务落实、项目推进落地、经济发展与产业支撑、宣传推介与对外推广、信息报送与采纳、制度创新及成果转化7个指标维度，对33家市级部门、17个区（含经开区）开展了2021年度“两区”建设成效试评价，发挥“两区”建设指挥棒作用。

（李天玉）

【《中国（北京）自由贸易试验区条例（草案）》通过北京市人大常委会第一次审议】 11月24日，北京市第十五届人大常委会第三十五次召开会议，审议并通过了《中国（北京）自由贸易试验区条例（草案）》。《条例（草案）》突出“北京特色”，将北京自贸试验区设立以来已落地的制度性措施提炼为法规条文，对正在试验的改革事项作出指引性、前瞻性规定，为制度创新预留出空间。同时，进一步明确科技创新、数字经济、金融服务、京津冀协同发展、优势产业等领域的发展重点，并从管理体制改革、人才保障、容错机制等方面给予了更大力度的支持和包容。

（李　航、刘晨爽）

【《北京市生物医药全产业链开放实施方案》印发实施】12月29日，北京市政府批复《北京市生物医药全产业链开放实施方案》。该方案作为北京“两区”建设出台的第一个全产业链开放实施方案，以“全面开放、突出重点、体制创新、协同发展”为基本原则，推动重点环节、关键领域政策先行先试。围绕市场准入和产品研发注册、供应链、临床应用、国际合作、关键要素保障等5大方面提出17项共50条具体发展措施，为全市生物医药产业跨越式发展、建设国际引领支柱产业提供政策支撑，打造国家自贸试验区发展、全国生物医药产业改革开放的“北京样板”。

（赵文捷、宗　喆）

【出台“两区”重点园区（组团）发展提升行动方案】为充分发挥高位统筹协调作用，积极推动“两区”重点园区（组团）开放创新发展，打造首都更高水平的开放平台，进一步服务保障“两区”建设，先后出台《市领导联系服务“两区”重点园区（组团）工作方案》《促进“两区”重点园区（组团）发展实施方案》《促进“两区”重点园区（组团）发展提升专项行动方案》，积极推动园区高质量发展。《促进“两区”重点园区（组团）发展提升专项行动方案》以增强“两区”工作显示度为目标，以重点园区（组团）为依托，围绕功能定位、主导产业、体制机制、招商体系、园区服务、宣传推介等实施系列行动，进一步完善产业发展生态，激发园区活力与动力，打造北京改革开放“新样板间”，全面推动“两区”建设走深走实。

（李志鹏）

【组织开展重点领域政策“会诊”】按照“两区”国际商务服务协调工作组第三次和第四次调度会工作部署，在国际商务服务领域选取文化贸易、免税、离岸贸易和与之相关的离岸金融、外汇结算便利化、专业服务业“走出去”、跨境贸易便利化6个重点领域组织开展政策“会诊”，进一步梳理企业、行业和产业发展的痛点、堵点和难点问题，推进全产业链开放和全环节改革，更好促进产业发展。截至年底，6个专题领域的调研报告均已基本完成。

（李志鹏）

【全力推进“两区”项目建设】按照清单化管理、项目化推进的思路，严格实施“三单”（政策清单、空间资源清单、目标企业清单）管理机制，指导各区梳理政策清单364个、空间资源清单11467万平方米、目标企业清单907个（其中GaWC企业122个），明确招商引资重点目标和方向；认真落实“一库四机制”（项目库，服务管家、定期调度、政企对接、第三方督查机制），协调指导各区加大“两区”项目挖掘和储备，年内全市累计填报入库项目3583个，其中：已落地出库项目1729个，带动投资超过5400亿元，在库推进项目1854个，涉及投资额超过1万亿元，在推外资项目321个，占在库推进项目的17.3%。

（李志鹏）

【“两区”建设项目管理系统上线运行】市“两区”办会同市投资促进中心研究开发了北京市“两区”建设项目管理系统，统一规范各区“两区”建设项目填报信息的内容、标准、时限等要求，加快推进“两区”项目入库工作。

（李志鹏）

【协同推进国际商务服务协调组工作开展】统筹协调“两区”国际商务服务领域改革创新事项，支持高端商务服务发展，统筹协调自贸试验区国际商务服务片区创新发展。年内，杨晋柏副市长先后5次召开国际商务服务协调组专题调度会，协调推进各项任务。截至年底，国际商务服务协调工作组承担的全市性任务31项（含内容相同的任务2项）完成27项，实施率87%。首单跨境资金池项下的单一币种主账户升级为本外币一体化多币种账户、“以保税物流供应链为单元”的全国首创航材保税监管模式、首家外资独资货币经济公司等分别在朝阳、顺义和通州区落地实施。

（李志鹏）

【“两区”展示会客厅落成】年内，“两区”展示会客厅建成投入使用。“两区”展示会客厅是集成政策发布、宣传推介、招商引资、展览展示等多元功能的综合体；同时是“两区”常态化宣传展示平台，主题展“千年之城　开放新篇”系统呈现了“两区”建设的背景、体系、框架及各区、各领域的阶段性成果。9月18日上午，市委书记蔡奇到“两区”展示会客厅调研指导工作，给予好评。

（张竞天）

【“两区”宣传推介异彩纷呈】年内，“两区”宣传推介持续向国内国际市场释放开放信号，落成“两区”展示会客厅，优化“两区”官网，开通“两区”微信公众号，组织开展18场新闻发布会，宣传报道累计转发近34万篇次；持续向企业传递“两区”声音，走进园区开展政策解读300余次，打造“两区云上会客厅”品牌，开展线上线下推介100余场，覆盖20余个国家地区2500家境外企业和商协会，“两区”的“金招牌”越擦越亮。

（马文迪、孙思睿）

货物贸易

【概况】年内，北京进出口实现3.04万亿元人民币，首次突破3万亿元大关，同比增长30.6%，较2019年同期增长6.2%。其中，出口6118.5亿元人民币，首次迈上6000亿元台阶，同比增长31.2%，较2019年同期增长18.4%；进口24319.9亿元人民币，增长30.4%，较2019年同期增长3.5%。进出口、出口、进口增速分别高于全国平均水平9.2、10.0和8.9个百分点，三项指标全国排名分别位列第五、第七和第三位。

外贸结构进一步优化。一般贸易出口4960.0亿元，占全市比重达81.1%，较上年提高1.3个百分点；加工贸易出口313.8亿元，占全市比重5.1%，较上年减少0.3个百分点。与“一带一路”沿线国家双边贸易同比增长36.1%，较上年提高58.4个百分点，占全市进出口的40.8%。对拉丁美洲、非洲、东盟等新兴市场出口大增，增幅分别为104.0%、50.2%和31.2%。

外贸助力高精尖产业发展。出口高新技术产品2606亿元，同比增长90%，占北京地区出口额的42.6%，比上年提高14个百分点，比2019年提高22个百分点；高新技术产品出口增速超全国4倍以上（全国19%）。北京地区核心零部件及关键技术国际市场竞争力不断提升。

外贸助力国际消费城市建设。消费品进口迎来增长高峰，汽车、手机、乳品进口量增长稳定。年内，全市主要消费品进口3279.9亿元，同比增长8%。前10位主要消费品中，汽车、医药品、文化产品、手机、粮食、乳品、猪肉等进口实现正增长，分别同比增长7.6%、14.7%、44.7%、6.6%、56.7%、27.2%。

（张华雨）

【编制印发《北京市“十四五”时期开放型经济发展规划》】《北京市“十四五”时期开放型经济发展规划》对北京市“十三五”时期开放型经济的主要发展成效进行了梳理、总结，对当前开放型经济发展存在的问题进行了深入研究，并分析国际贸易、投资、产业链布局，国家构建双循环发展格局，北京国家服务业扩大开放综合示范区和自由贸易试验区建设等最新形势，提出了“十四五”时期北京开放型经济发展的基本思路和目标，围绕打造“两区三平台”开放引领格局、构建自贸试验区引领的开放空间布局、融入更高水平开放协同体系、完善开放型经济的支撑体系、强化规划实施的保障体系等提出若干重点措施。

（郑 苑）

【商务部调研北京外贸转型升级基地发展情况】3月29日下午，商务部外贸司赴京调研指导外贸转型升级基地发展情况。调研组实地走访了经济技术开发区生物医药产业基地，参观了康龙化成（北京）新药技术股份有限公司生产经营现场，并与康龙化成（北京）新药技术股份有限公司、北京生物制品研究所、北京奔驰汽车、北方华创微电子公司、京东方显示技术公司等5家基地内企业开展了深入座谈，征询企业对外贸形势和出口目标研判意见及企业运营发展中存在的困难及诉求。

（路海轩）

【北京新增2家国家外贸转型升级基地】北京不断加强外贸转型升级基地建设和培育工作，加快形成外贸竞争新优势，推动外贸转动力调结构。6月，北京市天竺综合保税区国家外贸转型升级基地（医疗健康）和北京市昌平区国家外贸转型升级基地（汽车及零部件）2家基地，被商务部新认定为“国家外贸转型升级基地”，全市国家级外贸转型升级基地达到8家。

（赵思聪）

【召开全市对外贸易工作会】4月28日，市商务局召开全市对外贸易工作会。会议通报了一季度全市货物贸易和服务贸易（含数字贸易）情况、传达全国外贸工作会精神、部署今年外贸工作主要目标及下一步工作措施。北京海关、北京外汇、朝阳区、海淀区、小米集团、中关村软件园6家单位做了“稳外贸”工作经验交流。相关委办局、各区（含经开区）商务局、有关商协会主管领导、重点对外贸易企业代表等共120人参加了会议。

（郑 苑）

【积极推动康泰生物疫苗出口智利】5月24日，康泰生物制品股份有限公司与智利AMSISA公司签署新型冠状病毒灭活疫苗Ⅲ期临床及产品采购协议。该疫苗由深圳市泰泰生物集团与其子公司北京民海生物技术有限公司出品，已在中国申请紧急使用许可，由智利AMSISA公司采购，并与智利大学等科研机构进行三期临床实验。市商务局领导出席线上签约仪式并致辞，智利前总统、现任亚太事务特使弗雷（Eduardo Frei），以及智利驻中国大使馆、中国驻智利大使馆、广东省政府等有关部门领导等出席会议。

（赵思聪）

【“订单易捷贷”发放首笔担保融资贷款】市商务局依托北京外经贸担保服务平台，联合北京首创融资担保有限公司、中国出口信用保险公司以及多家银行，推出融资产品“订单易捷贷”，企业可凭在手订单通过“信保+担保+银行”模式获得贷款。该产品将为进入“白名单”北京中小外贸企业提供不超过1000万元的授信额度，有效缓解中小外贸企业融资难、融资贵、融资慢等问题。3月19日，“订单易捷贷”首笔200万元贷款实时发放至北京微智全景信息技术有限公司，实现了首笔订单担保融资项目落地。

（汪云云）

【与工行北京分行签署跨境服务合作协议】6月2日，市商务局与中国工商银行北京市分行共同签署跨境服务合作协议，双方将依托工行“环球撮合荟”跨境撮合平台，推进相关领域深化合作，打造政银合作新生态，树立“合时势，荟全球”的跨境经贸合作新样板。“环球撮合荟”是工商银行自主研发的全球企业智慧生态社区，为企业提供全流程、全方位、全链条的服务支持，通过举办线上线下跨境撮合活动，切实为企业搭建跨境合作的服务桥梁。

（郑 苑）

【举办防疫产品线上推介会】3月18日，市商务局联合市友协举办防疫产品线上推介会，26家中方防疫物资生产企业以及39个国家地区友好协会代表参会。会上，市商务局发布《北京市防疫产品名录8.0双语版》，谊安等8家中方企业代表在会场现场进行了防疫物资全英文推介及产品展示，各国友好协会及商会代表与中方企业进行了现场线上交流。其中，意大利、巴基斯坦、德国等有关代表表示了明确的购买意向和合作建厂等诉求。

（刘忠坤）

【举办北京市外贸进出口线上展洽会】6月2日，北京市外贸进出口线上展洽会（东南亚/南亚专场）开幕。市商务局、中国工商银行普惠金融事业部、中国工商银行北京市分行、中国机械国际合作股份有限公司、相关国家商会等机构的领导和代表线上线下出席开幕仪式并致辞。展洽会围绕防疫物资与医疗健康、高新技术产品与智能装备、新能源与新生活等主题推介优质产品，举办“北京市优质企业专场推介会”“北京市优质企业专场对接会”等多种活动，擦亮“北京创造”和“北京智造”品牌，推动北京市与东南亚、南亚国家的货物贸易畅通合作，促进区域贸易往来。120余家北京市企业、100多家东南亚及南亚国家企业参展，专业观众浏览量近2万次，跨境成交意向100余项，成交近1000万人民币。

（郑 苑）

【举办外贸线上展洽会东北亚专场】10月12日，北京市外贸进出口线上展洽会（东北亚专场）开幕。北京市商务局、中国工商银行普惠金融事业、相关国家商会等机构的领导和代表线上线下出席开幕仪式并致辞。展洽会历时7天，以“首都精品 云端撮合”为主题，中国、日本、韩国、朝鲜、蒙古国、俄罗斯、白俄罗斯等国家企业和团体积极参与。展洽会围绕各国特色及优势设置了防疫物资与医疗健康、高新技术产品与智能装备、智慧生活、时尚生活、包装材料技术及设备等五大主题的专题展览，推动北京与东北亚国家的货物贸易畅通合作，促进区域贸易往来再上新台阶。

（刘 博）

【举办促进外贸高质量发展政策培训会】10月21日，市商务局召开促进外贸高质量发展政策培训会，各区（含经开区）商务局、70家重点外贸企业等共计200余人参训。培训会针对不同类型企业，分别宣讲解读了最新外贸高质量发展政策、《企业境外经营合规管理指引》等相关政策、《易制毒管理条例》等政策法规文件，现场演示新升级的“外贸企业信息管理”系统操作使用手册，并针对企业关注问题进行现场答疑。

（郑 苑）

【举办RCEP线上专题培训活动】12月29日，市商务局联合北京海关、中国贸促会北京分会、北京报关协会，组织举办了RCEP原产地规则及经核准出口商线上专题培训暨政策宣讲活动。宣讲活动重点解读RCEP原产地管理办法和经核准出口商的相关政策法规，全面提升进出口企业对关税减让和原产地规则的认知度及技术能力，为2022年1月1日政策正式实施做好准备。

全市约 340 家企业收看了直播宣讲。

（刘忠坤）

【两用物项和技术进出口管理施行无纸化】 继年初两用物项和技术进出口许可证全面实施无纸化操作后，商务部作出部署，7 月 1 日起对两用物项和技术进出口许可施行无纸化管理。新政策实施后，除两项核心资料需纸质递交外，企业可在商务部业务系统实现全程网办，全市每年将有千余家次外贸企业从中获益。

（路海轩）

【办理各类货物进出口许可 38041 份】 年内，为北京市进出口企业办理各类货物进出口许可 38041 份。其中，进口关税配额证签发 23 份，非机电自动进口许可证 22137 份，机电产品自动进口许可证 9230 份，出口许可证 4600 份，易制毒化学品进出口审批（核）218 份，两用物项和技术出口许可证 1737 份，企业业务咨询函 44 份，两用物项和技术出口经营登记初审 52 份。

（谢　江、路海轩、杜雨潇）

【推行国际货运代理企业备案登记事项全程网办】 开通对外贸易经营者备案登记事项相关申请材料和备案结果双向寄递服务，全面落实和推动“不见面审批”，实现企业办事“零跑路”。对于在疫情期间急需办理备案的企业，提供“先发邮件提供备案结果、后发快递寄送纸质表格”的服务。年内，全市新增对外贸易经营者备案企业 4340 家，新增国际货运代理备案企业 110 家。

（李　倩）

【举办外贸企业培训班 36 期】 通过市区两级商务部门联合、线上线下结合的培训方式，全年共为北京市外贸企业免费举办业务培训 36 期，共有 3200 余家（次）企业 4500 多人（次）参加培训。培训课程包括实用性较强的外贸基础业务、融资服务和出口退税政策等外贸专题以及新政解读等，对助力外贸企业应对疫情、提升人员素质、稳岗就业发挥了积极作用。

（李　倩）

服务贸易

【概况】 根据商务部统计数据显示，年内，全市实现服务贸易进出口额 1385.1 亿美元，同比增长 13.7%。

服务外包逆势增长，全年离岸服务外包合同执行额 78.7 亿美元，同比增长 1.2%。其中，知识流程外包（KPO）实现快速增长，执行额 27.8 亿美元，同比增长 4.8%，占比 35.3%；信息技术外包（ITO）执行额为 46.1 亿美元，同比增长 28.0%，占比 58.6%；业务流程外包（BPO）执行额为 4.8 亿美元，同比下降 68.6%，占比 6.1%。

技术贸易增长明显，全年进出口合同金额同比增长 47.75%。其中技术进口合同金额下降 5.58%，技术出口合同金额增长 99.08%。

（马晓惠）

【积极培育国家文化出口重点企业和重点项目】 商务部国家文化出口重点企业和重点项目每两年评选一次，获评重点企业可申请文化产业发展专项资金。自评选以来，北京市入选企业数量、项目数量均位居全国第一。

（徐子涵）

【北京市获得中国服务外包示范城市综合评价第一名】 年内，商务部从产业发展情况、综合创新能力、公共服务水平、政策措施保障等方面，对全国 31 个服务外包示范城市开展综合评价。北京市以 68.96 分、69.59 分位居 2019 年度、2020 年度中国服务外包示范城市综合评价首位，分别超过平均分 17.61 分、14.55 分。

（许　鑫）

【推动京津冀自贸试验区内政务服务“同事同标”】打破三地自贸试验区内事项办理属地限制，按照同事项名称、同受理标准、同申请材料、同办理时限和办理结果互认。市商务局积极推动“限制进出口技术的进出口许可”和“服务外包及软件出口合同登记”事项，主动联系津冀两地商务主管部门，就两个事项达成一致意见，在京津冀自贸试验区内实现“同事同标”。

（许　鑫）

【开展数字贸易统计测度方法研究】8月31日，印发《北京市数字贸易统计测度方法（试行）》，在全面分析借鉴OECD、UNCTAD以及美国商务部对于数字贸易统计的概念和范畴基础上，结合最新出台的《数字经济统计及其核心产业统计分类（2021）》，率先提出全市数字贸易统计测度的范围、分类和方法，为国家和其他地区开展数字贸易统计研究贡献了“北京方案”。

（马晓惠）

【高水平举办京津冀服务贸易协同发展论坛】9月，市商务局牵头承办京津冀服务贸易协同发展论坛。论坛围绕“协同、开放、合作、创新”的主题，邀请京津冀三地服务贸易领域专家学者、企业领袖参加，交流前瞻观点，分享协同经验，并通过资源推介、成立智库、专家演讲、访谈对话等环节，多角度展示京津冀服务贸易协同发展成果，推动京津冀服务贸易领域务实协作与高效联动。

（许　鑫）

【研究出台数字贸易支持措施】9月28日，印发《北京市促进数字贸易高质量发展的若干措施》，以问题为导向，从搭平台、推动跨境数据流动、夯实产业基础、提升便利度、加大支持力度、完善保障体系等6个方面提出20条针对性举措，促进全市数字贸易高质量发展。

（马晓惠）

【支持国家服务出口基地建设】11月，商务部会同相关部委共同开展人力资源、地理信息、知识产权和语言服务等4个领域专业类特色服务出口基地评审认定工作。全市4类基地全部申请成功，7家主体获评：中国北京人力资源服务产业园朝阳园获评人力资源服务出口基地，中关村朝阳园获评地理信息服务出口基地，中关村科学城获评知识产权服务出口基地，国际传播科技文化园、北京语言大学、中译语通科技股份有限公司、甲骨易（北京）语言科技股份有限公司等4家主体获评语言服务出口基地。

（徐子涵）

利用外资

【概况】2021年，以构建新发展格局为引领，持续加强稳外资工作力度，制定稳外资措施，发挥稳外资专班机制作用，通过强化对各区服务等一系列措施，稳定外资发展。

2021年1—12月，全市新设外资企业1924家，同比增长52.6%；实际利用外资144.3亿美元，同比增长7.8%。合同外资428亿美元，同比增长1.0倍。

分产业看，服务业实际利用外资占比超过九成。服务业实际利用外资140.2亿美元，增长5.9%，占全市的97.1%。其中，高技术服务业实际利用外资98.0亿美元，同比增长8.0%，占全市的67.9%。

分行业看，科技服务业、商务服务业实际利用外资增长较快。科学研究和技术服务业实际外资59.2亿美元，同比增长26.9%，占全市的41.0%。租赁和商务服务业实际利用外资17.8亿美元，同比增长28.5%，占全市12.3%。

分区域看，海淀区、朝阳区引资占比持续占优。海淀区新设企业343家，占全市的17.8%；实际利用外资62.4亿美元，占全市的

43.3%。朝阳区新设企业721家，占全市的37.5%；实际利用外资47.8亿美元，占全市的33.1%。

（吴中南）

【外资主要投向四大行业】根据2020年度外商投资信息年度报告数据，全市外商投资企业参报家数为17548家，营业收入为66151.2亿元，纳税总额为3690.2亿元，利润总额为5316.7亿元，从业人数超134.8万人。批发和零售业、信息服务业、制造业、租赁和商务服务业外商投资企业共8459家，利润总额4455.3亿元，占全市外企利润总额的83.8%；纳税总额2783.6亿元，占全市外企纳税总额的75.4%；营业收入为50400.9亿元，占全市外企纳税总额的76.2%；从业人数约72.6万人，占全市外企从业人数的53.9%。

（崔晶雪）

【出台25条措施加强稳外资工作】经市政府同意，市商务局印发《北京市关于进一步加强稳外资工作的若干措施》（中英文版）。《若干措施》分为7个方面共25条，包括进一步扩大对外开放、聚集全球高端优质资源、优化外商投资企业发展环境、优化外商生活服务、推动引资与引智引才相结合、优化外商投资促进服务、强化外商投资企业权益保护等方面。25条措施向外国投资者充分展示北京高水平开放的姿态，涵盖“两区”建设、总部经济、人才、税收、外汇、优化外商生活服务等内容，有效集成开放前沿政策，进一步提升各领域开放政策的知晓度。

（蒙　洁、郝晓星）

【编印《北京外商投资指南2020—2021》】为让境外投资者及外资企业更好地认识北京、了解北京、投资北京，市商务局联合市发展改革委、市科委、市经济和信息化局等13个委办局及相关成员单位，按照落实中央“六稳”“六保”做好稳外资工作的相关要求，聚焦“两区”建设、高精尖产业发展、相关园区建设推进等方面，汇集各成员单位新政策、新举措，本着扩大北京影响、增强北京磁吸效应，对投资者实用、可操作等方面，务实高效编印了《北京外商投资指南2020—2021》（中英文版）。

（陈　辉、郝晓星）

【发布《2021北京外商投资发展报告》】“十四五”开局之年，为使海内外的投资者更深入了解北京、发现机遇，合作共赢。市商务局精心编制了《2021北京外商投资发展报告》，并通过各类平台宣传推介，释放北京坚持开放、包容、普惠、平衡、共赢的经济全球化发展方向，通过扩大开放推动高质量发展的强烈信号，稳定企业预期，坚定发展信心，进一步扩大我市对外影响力。

（陈　辉、蒙　洁）

【第24届京港洽谈会商务板块专题活动在京成功举办】12月7日，由市商务局、香港贸易发展局共同主办的“以国际消费中心城市建设为契机，推动京港合作迈出新步伐”专题活动在第24届京港洽谈会上成功举办。市商务局与香港贸易发展局签署2022年度京港合作备忘录，双方将聚焦北京国际消费中心城市建设、“两区”建设、“一带一路”等重点内容，进一步加强经贸合作。会上，市商务局向迪卡侬、飒拉商业、阿里健康等5家境外时尚消费品牌总部企业授牌，对国际消费中心城市建设、促进总部企业发展等政策和项目进行推介，京港两地消费龙头企业、国际知名咨询机构等与会嘉宾围绕消费新模式、时尚品牌打造、两地优势互补融合等主题进行了分享交流。本场活动对于扩大京港双向投资，促进双方贸易往来具有积极意义。

（郝晓星、王爱丽）

【中国城市与芝加哥市举办线上外资政策交流会】为做好“中国城市与美国芝加哥市贸易和投资合作联合工作组”工作，有序推进疫情期间中方成员城市与芝加哥市的务实合作，10月27日于ZOOM线上成功举办第五届中国总商会芝加哥年会暨全球制造业峰会。交流会采取芝加哥市主会场与北京、上海、青岛、武汉、沈阳分会场及线上企业家三方联动的形式，北京经开区管委会国际合作园区相关负责人介绍了经开区持续优化营商环境、为各国人士提供宜业宜居环境等方面情况，为芝加哥企业展示来京投资发展的良好机遇和美好前景。

（王爱丽）

【牵头建立在京国际商会联络服务机制】为进一步加强同在京国际商会之间的沟通联络，整合服务资源，完善服务模式，充分发挥在京国际商会桥梁纽带作用，积极吸引符合首都功能定位的企业和项目在京落户落地，助力本市落好“五子”，经市政府同意，市商务局会同相关部门建立在京国际商会联络服务机制并印发工作方案，明确了联络服务机制的工作目标、服务对象、工作任务、保障措施及工作要求。通过16家成员单位、79家在京国际商会联动，加强对在京国际商会的跟踪服务，帮助其积极应对疫情，助力首都经济高质量发展。

（李　倩）

外资管理

【概况】积极落实国务院、市委市政府稳外资工作要求，扎实开展外资企业服务，全力以赴服务存量企业，及时发现服务增量线索，多措并举，不断提高外资企业服务管理水平。

多措并举强化企业服务。搭建政企沟通平台，多次组织市级部门与投资性公司座谈会，座谈交流累计参与企业100家次、有关部门30家次，解答企业咨询60余条，解决具体问题20余项。

主动为保诺科技等有新设或增资企业意向的企业送政策送服务上门。利用微信群组等随时听取企业意见建议，及时解答协调企业提出的各类问题。建立企业联络员制度，做好“一对一”服务。扎实推进重点外资项目专班工作，加强与国家专班、区级专班配合，为重点外资企业和项目提供精准服务。

全面维护企业合法权益。全面落实《外资投资法》及其相关法律法规，修订《北京市外商投资企业投诉工作管理办法》，牵头全市范围内开展与《外商投资法》不符的法律法规清理工作，进一步维护外商投资企业及其投资者的合法权益。

统筹外资企业信息报告。建立信息报告工作台账，全年共接收外商投资企业信息报告14762条。先后协调商务部外资司、市市场监管局为200余家企业成功解决信息报告各类错误问题400余项，为全市外商投资企业管理、信息统计、数据分析等工作提供了重要支撑。逐月开展重点企业信息直报工作。

（张　岩）

【清理与外商投资法不符法规文件】6月7日，为全面贯彻落实《外商投资法》及其实施条例，市商务局会同市发展改革委、市司法局发布《关于开展与外商投资法不符的地方性法规、市政府规章、规范性文件等清理工作的通知》（京商函字〔2021〕569号），持续推动开展全市与《外商投资法》不符的地方性法规、规章和规范性文件清理工作。

（张　毅）

【发布外商投诉工作管理办法（修订）】9月，为保持与商务部《外商投资企业投诉工作办法》（商务部令〔2020〕3号）一致性，市商务局发布《北京市外商投资企业投诉工作管理办法（修订）》。修订后的《管理办法》共22条，主要包括制定管理办法的目的、接受外商投诉的范围内容、处理外商投诉的机构、职责程序和办理时限等。

（郭亚天）

【外商投资信息报告经验做法被全国推广】年内，建立并完善北京市外商投资信息报告工作台账，市区联动、各级专员负责，深耕细作做好外资企业事中事后服务。采取将问题分门分类记录、分区域分行业统计的方式，推行普遍问题统一协调、特殊问题专项解决的方法，并将相关工作经验汇总成文，向各区及经开区发布了《北京市商务局关于外商投资信息报告有关工作的通知》，将相关经验推广到全市各区商务部门。9月，《北京市外商投资信息报告经验做法》被商务部作为全国稳外贸稳外资工作典型经验印发推广。

（张　毅）

对外经济合作

【概况】年内，北京市新增非金融类对外直接投资65.82亿美元，在全国位列第六，较上年增长55.4%，分别高于全国和上海52.2、60.8个百分点。其中，信息传输、软件和信息技术服务为全市第一大投资领域，投资额10.6亿美元，占比16.08%；香港作为对外投资第一大目的地，投资金额31.57亿美元，占比47.96%，较上年增长1.2倍；“一带一路”沿线22个国家直接投资3.47亿美元，占比5.3%，较上年增长1.86倍（快报数据）。

年内，北京市对外承包工程业务完成营业额36.83亿美元，较上年增长0.97%，新签合同额47.68亿美元，较上年下降39.81%。其中，在“一带一路”沿线35个国家开展对外工程承包业务表现亮眼，完成营业额15.76亿美元，占总额的42.8%；新签合同额21.24亿美元，占总额的44.5%。

年内，北京市累计派出各类劳务人员19675人，期末在外各类劳务人员43697人，实际收入总额5.19亿美元。

（罗　群）

【北京—东盟投资合作日活动在京成功举行】4月13日，由市商务局、国家发展改革委国际合作中心、北京市人民对外友好协会共同主办的“北京—东盟投资合作日”在京成功举行。活动采用线上线下相结合方式，聚焦“两区”建设、中国国际服务贸易交易会、数字经济发展等领域，就新形势下北京与东盟双向投资机遇与营商环境进行了充分交流。

（李小晔）

【“走出去”专业服务业论坛在京成功举行】为进一步推动发挥专业服务业对北京市企业“走出去”的支撑作用，6月24日，2021年国别系列活动——“走出去”专业服务业论坛在京以线上线下方式成功举行。市商务局对“两区”有关政策、北京市“走出去”基本情况以及北京市商务服务业等有关情况进行了介绍，朝阳区商务局就朝阳区跨境贸易投资风险管理与法律综合服务平台进行介绍，盈科外服集团就企业走出去不同阶段、不同行业核心问题和建议、竞争下中美关系下企业“走出去”合规问题等进行了专题解读。

（李小晔）

【中国国际经济合作“走出去”高峰论坛在服贸会期间成功举行】为搭建全国“走出去”交流与合作平台，更好推动北京市企业“走出去”，9月6日，2021年中国国际经济合作“走出去”高峰论坛在北京国家会议中心成功举行。论坛由市商务局与商务部中国国际经济合作学会联合主办，以“后疫情下的国际经济合作”

为主题，设置主旨发言、论坛会议、平台发布、项目签约四个环节。多国驻华使节、商务部有关司局以及相关企业代表等近200人参加会议。论坛期间，“京企‘走出去’综合服务平台”正式启动。

（李小晔）

【组织举办“走出去”企业境外合规经营线上培训】为进一步搭建北京市“走出去”企业境外合规经营学习平台，服务企业在大变局下更好开展全方位、全流程合规管理，10月15日，北京市“走出去”企业境外合规经营线上培训成功举办。培训以“当前国际经济制裁的趋势以及企业应对策略”为主题，邀请走出去智库的专家就美国最新对华政策观察议题、美国对华出口管制和经济制裁监管合规议题进行深入解读。

（李小晔）

【专业服务业助力京港携手“走出去”投资促进交流会在京成功举行】为进一步发挥专业服务对“走出去”支撑，10月20日，专业服务业助力京港携手“走出去”投资促进交流会在京成功举行。交流会由市商务局与香港贸易发展局共同主办，市商务局、香港贸易发展局相关领导出席会议并致辞，在京企业和香港专业服务业机构代表等60余人参加交流会。相关机构就金融、风险管理、咨询等专业服务相关情况进行介绍并分享案例，京港两地企业就境外投资经验、问题及应对策略等进行了充分分享交流。

（李小晔）

【北京—韩国投资促进交流会成功举办】为加强北京与韩国企业之间的交流与合作，促进双方国际经济贸易发展，市商务局于10月26日线上举办北京—韩国投资促进活动。京韩企业近100人参与线上活动。会上，市服贸中心推介了服贸会相关情况，中国建设银行北京市分行、北京外企国际商务服务有限公司分别围绕金融、商务服务专业服务领域助力企业“走出去”进行案例分享，中韩企业分别围绕电动汽车、电力储能，石墨烯技术及应用场景，环保及清洁能源等业务领域进行了推介。

（李小晔）

【制订发布《对外劳务合作经营资格核准部分事项告知承诺实施意见（试行）》】市商务局制订发布《对外劳务合作经营资格核准部分事项告知承诺实施意见（试行）》，确定对外劳务合作经营资格核准事项中的“提交对外劳务合作风险处置备用金缴存凭证”“退还对外劳务合作风险处置备用金或撤销保函”“提交企业年度经营情况报告”“变更《对外劳务合作经营资格证书》”“补发《对外劳务合作经营资格证书》”“换领《对外劳务合作经营资格证书》”等6个子项实施告知承诺。《实施意见》自4月1日起生效。

（袁　渤）

口岸建设与发展

【概况】年内，继续受新冠肺炎疫情影响，北京口岸出入境人次、离境退税额同比均有所下降。出入境人次同比大幅下降。全年北京口岸出入境人员53.12万人次，同比下降82.36%。其中，入境17.09万人次，同比下降88.31%；出境36.03万人次，同比下降76.74%。全年无144小时过境免签旅客。离境退税额小幅下降，全年全市共申请办理离境退税单300张，同比下降64.66%；办理离境退税额769.03万元，同比下降0.18%，涉及的商品销售额8510万元，同比减少2.39%。

（田　颖）

【完成“十四五”北京口岸发展规划编制】《规划》主要包括“十三五”北京口岸发展取得的主要成绩、“十四五”北京口岸发展面临形势、总体思路、规划目标及2035年远景目标、主要任务和拟申请开放、扩大开放的项目及依据等内容。

（田 颖）

【严密做好口岸疫情防控】落实“外防输入，内防扩散，人货并防”方针，在全国口岸率先落实一线人员封闭管理要求，大力推进疫苗接种，严格做好各环节检疫工作，启用独立作战单元新勤务模式，各现场科学设置消杀专区、严密规范消杀流程，科学规范做好人员安全防护工作。同时，加强对进境货物的监管，做到精准预测、精准布控、精准检疫、精准检测。结合北京市重大传染病风险监测预警工作部署，建立重大传染病风险监测预警工作模式。全年严密保障国际进港客运航班1626班、货运航班13586班、进口货物21.6万吨，北京口岸未发生重大疫情。

（田 颖）

【持续优化口岸营商环境】巩固和完善京津联合联动机制，制定《2021年促进京津跨境贸易便利化联合专项行动方案》，明确18项工作任务和24项改革措施。京津两地商务（口岸）、海关、交通运输、市场监管、税务等部门联合发布联合发布《关于进一步优化京津口岸营商环境促进跨境贸易便利化若干措施的公告》，积极推进船边直提直装宣传推广。开展优化北京空港口岸跨境贸易营商环境“百日攻坚”行动，组织完成空港口岸进出口跟单调研、推进空港信息化建设、优化空港物流服务、规范口岸收费等工作。

（田 颖）

【积极开展清理口岸收费工作】依据年初制订的《关于进一步规范清理口岸收费的工作方案》，市商务局、市财政局、市市场监管局、北京海关联合开展四次专项检查，检查38家口岸运营企业收费目录清单公示情况，现场对12家企业进行督促整改。截至年底，空港口岸49家企业、陆港口岸24家企业收费目录信息已在北京“单一窗口”上公示。积极做好“单一窗口”全国口岸收费及服务信息发布系统上线推广工作。

（康 凯、田 颖）

【持续推进大兴机场口岸海关指定监管场地申报】年初，指导首都机场集团进一步完善资料，研究制定并印发实施《北京口岸保障进境高风险动植物及其产品检疫风险联防联控工作方案》。北京海关、市商务局及大兴区有关部门、首都机场集团专题研究调度，协调制定腾退方案。11月8日，海关总署批复“同意在北京大兴国际机场设立进境食用水生动物、植物种苗指定监管场地”。（署监函〔2021〕202号）

（田 颖）

【印发《北京国际航空物流发展工作任务清单》】1月14日，印发《北京国际航空物流发展工作任务清单》。充分结合“两区”建设，完善修订工作内容，调整为8大类27项47条具体工作任务，持续推进北京国际航空物流发展有关工作。

（赵 晗）

【落实“两区”航空领域重点工作任务】完善航空口岸功能，提升高端物流能力。大兴国际机场货运区多式联运、国际快件、跨境电商、冷链和综合拼装专业库建设加快推进；鼓励“双枢纽”所在属地区政府出台航空产业支持政策，重点支持本市航空国际物流产业集聚发展，提升高端物流能力。

（赵 晗）

【开展“无关化商务区”建设研究】市商务局会同大兴临空经济区管委会、顺义区政府、北京边检、北京海关、市卫生健康委、首都机场集团等相关单位，积极开展“无关化商务区”研究，并根据疫情防控常态化要求，研究形成《防疫国际商务综合体运行协调机制（征求意见稿)》及“防疫国际商务综合体”建设实施方案。

(赵 晗)

【稳步推进大兴国际机场口岸非现场设施建设】完成海关业务保障设施项目工程的全部施工，海关业务保障设施项目建设工程规划许可证、建筑工程施工许可证办理，海关国检综合办公楼项目、口岸疾控中心项目工程档案的正式验收等工作。12月9日，市商务局与北京出入境边防检查总站签署了《北京大兴国际机场口岸非现场设施边检项目使用权移交协议》。至此，由市商务局承担建设的集行政办公用房、备勤用房、业务技术用房、遣返审查用房于一体的6.5万平方米大兴国际机场口岸边检非现场综合设施正式完成使用权移交。

(赵 晗)

【持续提升航空口岸客货通关便利化】开展空港口岸跟单调研，摸清口岸操作流程、时限、费用情况，提出优化空港口岸通关措施，形成北京空港口岸对标上海空港口岸分析报告。及时响应并积极帮助企业解决通关困难，帮助华晨宝马等单位，协调物资快速通关，降低疫情对企业生产运营的影响。及时解答网友质疑，会同首都机场集团深入调研客运通关情况，调查解决网友反映大兴国际机场安检设备效率问题，形成报告。协调首都机场集团针对进港、出港、中转等场景，制定8个类别60余项货运服务质量标准，北京首都国际机场货运安全服务管理委员会于12月27日正式发布《北京首都国际机场货运区服务质量标准(暂行版)》,2022年1月1日起试行。

(赵 晗)

【加强陆港口岸通关协调】持续提升丰台货运口岸通关时效，实现铁路监管场所运营人员通过“单一窗口”向海关传输理货报告等电子数据。组织北京车站海关、丰台口岸运营企业开展跟单调研，摸清口岸转关货物操作流程、时限、费用等情况，坚持问题导向制定优化措施。截至年底，在企业采用提前报关模式、货物抵达丰台口岸后无上级查验指令的情况下，丰台口岸进口转关通关实现“零等待”，出口转关整体通关时间仅为0.32小时。

(康 凯)

【提升陆港口岸服务保障能力】不断完善西站口岸服务保障机制，定期走访调研西站口岸，听取相关单位诉求建议，协调解决企业困难。协调口岸相关单位签署年度《口岸联检单位非现场办公用房租赁合同》，保障各方权利义务。针对北京外运在丰台口岸开行国际货运班列诉求，市商务局和北京铁路局专题研究，并建立沟通协作机制。在重点时节重大活动前，实地检查朝阳口岸、丰台口岸和平谷国际陆港安全生产工作，督促企业落实安全生产主体责任。强化口岸疫情防控协调，实地检查口岸操作人员核酸检测、闭环管理等防控措施落实情况，现场指导丰台口岸开展非食品冷链物流消杀演练。

(康 凯)

【支持平谷国际陆港与天津港融合发展】平谷区政府与天津港建立沟通对接机制，天津港在平谷马坊设立了天津港平谷服务中心和平谷多式联运中心，并积极开拓面向北京外贸企业的报关、运输、仓储等业务，将天津港的功能和服务前移至平谷区。平谷国际陆港积极推进京津“陆海一港通”试点，在陆港内完成口岸和海关查验手续的出口货物，到达天津港后无须再次办理通关手续；宣传推广天津港进口“船边直提”和出口“抵港直装”等便利通关政策。平谷马坊—天津港海铁联运班列路线于年底成功开通，在货源稳定的前提下可以实现班列常态化运行。

(陈其忠)

【北京“单一窗口”多渠道服务企业】为了更好地为外贸企业提供高效优质的服务，北京“单一窗口”为企业提供了更加专业、快捷的服务通道。在95198统一热线服务基础上，专门开通北京“单一窗口”专家热线作为有效补充；在在线服务方面，向企业提供7×24小时在线服务；在远程服务方面，提供即时远程技术支持服务，通过VPN、Windows、QQ等远程方式，高效解决企业各类疑难问题；在上门服务方面，组织专业技术骨干，根据需求免费为企业提供上门服务，一对一排除企业碰到的各类问题与困难。年内，北京“单一窗口”全年累计接打北京专家热线18759次，通过在线客服受理问题7566个，“一对一”远程或上门服务118次，排除企业碰到的各类问题与困难。

（董　琦）

【联合开展“单一窗口”推广培训】市商务局、北京海关、北京税务局等相关单位，联合开展北京“单一窗口”高质量推广培训工作。年内共计举办各类线下培训14场，涉及培训企业892家；同时邀请全市进出口企业观看直播培训，惠及企业近万家。

（董　琦）

【北京“单一窗口”创新推出“数据资产保管箱”应用】3月，北京“单一窗口”在已有空海国际物流区块链应用基础上，进一步升级拓展上链数据的范围和内容，推出基于区块链的外贸数据智能化管理系统——数据资产保管箱，帮助企业智能归集和高效管理外贸各环节业务单证。此项创新被商务部评选为国家服务业扩大开放综合示范区10项最佳实践案例之一，并向全国复制推广。截至年底，新推出的区块链“数据资产保管箱”已惠及近百家企业，共计存证管理10大类近20万条业务单据信息。

（董　琦）

【冬奥会智慧通关系统服务展会经济】9月，北京“单一窗口”联合冬奥组委、北京海关开发上线冬奥无纸化通关管理系统。该系统基于区块链技术，实现企业、奥组委、海关之间的数据共享，进一步提高了北京冬奥会暂时进境物资通关效率。同时，通过建设冬奥会智慧通关系统，打造北京国际会展智慧通关服务平台，实现了全市国际会展和大型活动相关通关政务服务一网通办、一网通查，促进北京会展经济发展，提升北京跨境服务便利化水平。

（董　琦）

【建立北京“单一窗口”中介服务评价体系】为推进中介机构服务信息公开，规范和提高中介服务商业务水平，北京“单一窗口”于7月启动中介机构服务评价系统建设及评价体系搭建工作。该系统定位于跨境贸易中介服务领域，通过建立对中介服务企业多维度的评价体系，展示中介服务企业的运营情况及服务质量，为广大货主企业和中介服务企业，搭建一个更全面、客观、便捷的中介机构评价平台。

（董　琦）

综合保税区建设

【概况】年内，综保区工作着力增强全市统筹发展力度，从工作机制完善、政策研究制定、重点项目推进等方面，多管齐下，形成统筹促进综保区高质量发展合力。

将综保区工作纳入全市“两区”建设专题研究推进，成立全市综保区工作专班，深入开展调研，推动入区企业诉求解决。建立了以分管市领导为召集人的联席会议制度，市委、市政府主要和分管领导多次研究调度综保区相关工作，全市统筹推动综保区工作的力度显著增强。

研究推进促进综保区创新发展“1+4+8”政

策成果，统筹研究综保区整体发展方向和布局、市级支持政策、制度创新举措等。市级层面制定出台了全市首个专门促进综保区发展的综合性政策文件，区级层面推动天竺、大兴、亦庄、中关村四个综保区研究制定创新发展方案或可研报告，并分别配套“政策诉求清单”与“重点项目清单”两个清单。

推动天竺综保区整改二期围网建设，研究制定《关于北京天竺综合保税区整改提升的行动方案》，以更高站位、更高标准统筹推进天竺综保区发展。积极协调推动大兴机场综保区（一期）封关验收工作，于12月20日通过国务院联合验收组正式验收。积极争取亦庄综保区批复，开展中关村综保区设立可行性研究。

（卓海静）

【综保区创新发展工作专班设立】1月，为贯彻落实市委、市政府关于高标准推动综保区创新发展的工作部署和市领导有关指示精神，市商务局牵头设立全市综保区创新发展工作专班。明确了有关促进综保区创新发展的调研计划、成果形式及各相关部门的任务分工，为制定全市综保区发展相关政策措施和方案打下坚实的基础。

（钟 源）

【印发支持综保区高质量发展实施意见】11月，北京市人民政府发布了《关于支持综合保税区高质量发展的实施意见》，这是北京市首个支持综保区高质量发展的市级政策文件，也是“两区”建设2021年度全产业链开放全环节改革8个领域专题研究中首个正式发布的政策文件。

（钟 源）

【建立支持综保区发展联席会议制度】12月，报经市政府同意，北京市建立由分管副市长任召集人的支持综保区高质量发展联席会议制度，北京市商务局印发《北京市支持综合保税区高质量发展联席会议制度》，为加强综合保税区工作统筹和部门间协作提供了体制机制保障。

（钟 源）

【大兴机场综保区一期通过验收】12月20日，北京大兴国际机场综合保税区（一期）通过由海关总署、商务部、发展改革委等8部门组成的国务院联合验收组现场验收，进入封关运营新阶段。一期验收面积为1.895平方公里。

（卓海静）

中国国际服务贸易交易会

【概况】2021年中国国际服务贸易交易会（以下简称服贸会）于9月2日至7日在北京成功举办。本届服贸会是在全球疫情起伏反复、世界经济脆弱复苏的形势下，中国举办的重大国际经贸活动。经过多方共同努力，大会取得圆满成功，特色鲜明、富有成效，国际影响力大幅提升。

习近平主席在全球服务贸易峰会（以下简称峰会）上发表重要视频致辞，阐释了服务贸易在构建新发展格局中的重要作用，向国际社会发出“坚持开放合作、互利共赢，共享服务贸易发展机遇，共促世界经济复苏和增长”的倡议，宣布了提高开放水平、扩大合作空间、加强服务领域规则建设、设立北京证券交易所等四方面开放政策，宣示了中国坚持和平、发展、合作、共赢的主张和坚定不移扩大开放的决心，在国际社会引发热烈反响。

本届服贸会以“数字开启未来，服务促进发展”为主题，举办了12.6万平方米的展览展示和205场论坛会议及推介洽谈活动，活动内容涵盖服务贸易12大领域。中共中央政治局常委、国务院副总理韩正同志会前巡馆、出席峰会并宣布服贸会开幕。白俄罗斯总统卢卡申科、乌拉圭总统拉卡列、津巴布韦总统姆南加古瓦、爱尔兰总理马丁、越南总理范明政、经合组织秘书长科曼、联合国贸发会议代理秘书长杜兰特、世贸组织副总干事冈萨雷斯等外国政要和国际组织负责人线上出席峰会并发言。21 家国际组织、74 家驻华使馆、115 家境外商协会及机构办展办会，294 位境内外重要嘉宾线上线下出席论坛会议活动。来自 153 个国家和地区的 1.2 万家企业线上线下参展参会，来自 245 家媒体的1700余名境内外记者对大会进行全面报道，服贸会“朋友圈”进一步扩大。各类参会主体洽谈采购活跃，实现各类成果 1672 个，总量超过上年。

（张之梅、刘扬）

【创新办会模式】2021 年服贸会在延续上年“综合 + 专题”“线上 + 线下”“室内 + 室外”基础上，继续创新办会模式。一是建立“事业单位 + 企业集团”日常筹办机制，提升专业化运营水平。北京市成立首都会展（集团）有限公司，作为市场化主体，与北京市国际服务贸易事务中心共同形成“事业单位 + 企业集团”日常筹办机制，充分调动全球展客商资源参会洽商。二是创新“一会两馆”布局，拓展办会新空间。在国家会议中心举办峰会、综合展及部分论坛会议活动；首次选择首钢园区作为专题场馆，将丰富的工业遗存风貌与现代展会相融合，改造建设 15 个展馆和 21 个会议场所，举办 8 个专题展及与专题配套的论坛会议，策划举办多场边会活动，给观众带来了独具特色的游历感和空间体验。三是常态化办展办会，打造永不落幕服贸会。全面升级服贸会数字平台，通过线上平面展台、3D 展台、云会议、云洽谈、云签约等功能，为线上展商、观众提供身临其境的体验感。会后持续为线上展客商提供办展办会服务，并常态化举办线上线下展会活动，打造永不落幕服贸会。

（张之梅、刘扬）

国家会议中心场馆

首钢园区场馆

【凸显“数字服务”】聚焦全球服务贸易发展趋势，举办了 30 场与数字和绿色主题相关的会议活动以及多项展览展示，均取得较好效果。在专题设置上突出数字经济和数字贸易，首次设立数字服务专区，集中展示多领域数字化成果，同时突出北京特色，集中展示北京“两区”建设中推出的数字经济和数字贸易领域突破性开放改革举措及创新成果。

（张之梅、刘　扬）

国家会议中心综合展区　数字服务专区

【积累疫情防控经验】建立动态风险评估机制，组织公共卫生专家持续开展疫情风险评估，动态调整疫情防控工作方案和应急预案，制定不同人员疫情防控指引，有针对性地提出防控要求。展会期间，严控峰会规模和展会期间峰值人流。每天对展馆、会场进行3次预防性消毒，对场馆周边、展馆、会场、住地的重点区域和部位开展环境涂抹核酸检测。展会现场设置医疗点，安排医护人员、疾控人员和救护车值守。采用多种技防手段，多措并举，实现展会期间“零疫情”“零感染”。

（张之梅、刘　扬）

三、行业发展

生活服务业和餐饮业

【概况】年内，全市共建设提升各类基本便民商业网点612个，超额完成全年400个目标任务。截至年底，全市共有蔬菜零售、便利店（社区超市）、早餐、家政、美容美发、末端配送（快递柜）、洗染和便民维修等8类网点超过9万个，已实现全市社区基本便民商业服务功能全覆盖。每百万人拥有连锁便利店（社区超市）达310个，完成每百万人拥有连锁便利店（社区超市）300个左右的民生实事任务，便利店发展指数位居四个直辖市第一。

（彭　峰、李　威、姚　诚）

【促进生活服务业转型升级】研究起草《加快建设一刻钟便民生活圈促进生活服务业转型升级的若干措施》，助力国际消费中心城市建设。指导东城区东花市、石景山区古城南路等成功入选商务部全国首批城市一刻钟便民生活圈建设试点。

（王翰阳、姚　诚）

【培育特色餐饮街区、生活服务业示范街区】培育东城区五道营胡同、西城区华威约饭街、朝阳区蓝色港湾餐饮街区、新辰里购物中心餐饮区、海淀区悦界主题街区、丰台区万丰路餐饮街、石景山区喜隆多新国际购物中心餐饮街区、通州区月亮河休闲小镇商业街区、大兴区龙湖天街餐饮区、经开区亦花园创意产业生态园餐饮街区10条“深夜食堂”特色餐饮街区，刘娘府社区商业街、国象商业街2条生活服务业示范街区。

（王会俊、林英杰）

【持续培育标准化门店】培育蔬菜零售、餐饮（早餐）、便利店等10个行业（业态）4141家标准化门店，累计培育超万家。

（胡　滨）

【特色化智能化引领新业态新模式发展】引导京东、罗森、物美、一轻、北京稻香村等开展地铁便利店试点，130个便利店、书屋、药店等便民服务设施进驻地铁站，便民服务模式日趋多元。便利蜂在经济技术开发区取得全市首张便利店行业综合许可证。推动非固定设施商业网点建设，指导经开区在大型企业宿舍区、地铁站点等区域设立移动餐饮售卖车22辆，备案、规范14家企业300余辆蔬菜直通车服务全市近600个社区。对开设在商场、超市内的“免洗快剪”门店，按照告知承诺形式进行许可。

（姚　诚、张　爽、林英杰）

【推动餐饮行业数字化发展】开展餐饮数字化升级行动，覆盖全市近6万家平台商户，提升靠前的近6000家商户单周交易额较行动开始前增长近25%。指导北京市餐饮行业协会组织企业入驻“建行生活”外卖平台，减免佣金、运营费。制定《常态化疫情防控下餐饮行业经营服务指引》《餐饮经营场所聚餐指南》《春节期间餐饮经营场所用餐指引》，做好餐饮业疫情防控。配合市人大做好“光盘行动”立法工作，参与研究制定《北京市反食品浪费规定》，指导北京电视台制作冬奥《光盘行动》中英文公益宣传片。

（王会俊）

【组织开展家政行业春保行动】春节期间，26个家政服务企业共组织17630名家政服务人员留京保供，累计完成订单39934单，提供服务超过111.3万人次。

（王喜艳、胡　滨）

商贸物流业

【概况】年内，全市商贸物流发展工作围绕保障城市运转和居民生活必需品供应，积极应对新冠肺炎疫情影响，努力提高商贸物流高质量发展水平，不断增强服务保障能力。

（丁冠阳）

【印发《推动物流基地和农产品一级综合批发市场建设工作方案》】10月9日，印发《推动物流基地和农产品一级综合批发市场建设工作方案》，成立工作专班，统筹推进全市物流基地和农产品一级综合批发市场建设工作，定期组织开展调度工作，推动重点项目落地实施。

（丁冠阳）

【入选首批全国供应链创新与应用示范城市】7月12日，商务部等8单位发布《关于公布第一批全国供应链创新与应用示范城市和示范企业名单的通知》，公布了第一批10个全国供应链创新与应用示范城市和第一批共94家供应链创新与应用示范企业。北京市入选首批全国供应链创新与应用示范城市，北京国联视讯信息技术股份有限公司等6家推荐企业入选供应链创新与应用示范企业。

（丁冠阳）

商务服务业

【概况】年内，全市租赁和商务服务业规模以上法人单位实现营业收入9775.6亿元，同比增长7.2%，占第三产业总收入的5.7%，在服务业13个行业中位列第4位。商务服务业保持平稳发展态势，已成为落实“四个中心”战略定位、拉动北京市经济增长的重要力量。

（宋丹妮、全国卿）

【开发上线“北京商务服务国际化发展地图”】市商务局会同市财政局、市司法局、市市场监管局、市人力社保局等部门，聚焦会计咨询、法律服务、人力资源、广告营销等重点领域，开发“北京商务服务国际化发展地图”并于9月6日在“开放北京”平台和京企“走出去”综合服务平台正式上线。截至年底，已有超过40家涉外商务服务机构入驻该地图，助力专业服务机构与“走出去”企业等目标客户精准对接，支持企业高水平“走出去”。

（宋丹妮、陈　枫）

【配合出台专业服务助力“走出去”措施】组织调研并协助制定出台《关于北京市专业服务业助力“走出去”发展若干措施》。分别召开会计、法律、广告、人力资源“走出去”专题座谈会，与商务服务业头部企业沟通交流服务“走出去”业务情况，深入了解“走出去”业务面临的挑战和政策诉求，鼓励商务服务企业为“走出去”企业提供优质服务。

（宋丹妮、付　彧）

【推动商务服务企业在服贸会精彩亮相】积极参与2021年中国国际服务贸易交易会，推动完成“供应链与商务服务”专题展筹备工作。邀请商务服务重点领域头部企业参与2021年服贸会展览展示、会议论坛等活动。开展行业部门专题座谈，提早谋划参与服贸会相关工作，建立沟通机制。协助司法部、市人力社保局与专题展承办单位建立对接机制，推进落实法律服务、人力资源服务参展工作，进一步宣传和推广商务服务品牌形象和最新成果。协助司法部组织9个省市、45家优秀涉外法律服务机构首次参展，合计参展面积522平方米；市司法局、北京仲裁委员会等成功举办第一届中国国际服务贸易法律论坛。协助市人力社保局、北京人力资源服务行业协会邀请北京外企、科锐国际等6家人力资源服务企业参展，合计参展面积297平方米；成功组织人力资源服务高峰论坛、人力资源管理发展论坛等2场会议活动。

（陈 枫、张 多）

【深入走访调研重点企业】市商务局会同各相关行业主管部门对位列细分行业营业收入前3位的广告、人力资源服务、总部等行业的头部企业开展走访调研。对跨国公司地区总部雀巢、民营总部企业蓝色光标进行调研，了解企业发展状况、新增投资项目意向、未来在京发展规划等；联合市人力社保局调研中国北京人力资源服务产业园通州园区并走访中智人力资源管理咨询有限公司、北京晨达咨询有限公司等企业；与市市场监管局走访了腾讯、字节跳动等重点企业，与企业座谈交流互联网广告业务发展情况和趋势，强化政企合作，巩固广告业规模优势。

（付 彧、陈 枫）

【聚焦会计、法律等领域推进数字化发展】市商务局会同市财政局、市司法局分别调研会计服务行业领军企业信永中和会计师事务所和法律服务行业领军企业大成律师事务所、金杜律师事务所，详细了解事务所经营情况、数字化产品及服务情况和当前面临的问题，巩固会计、法律服务增长态势，带动行业高端化、国际化、数字化发展。

（付 彧、陈 枫）

【东西朝海四区商务服务营业收入占八成】年内，从商务服务业分区情况来看，东城区、西城区、朝阳区和海淀区四个区规模以上租赁与商务服务业企业营业收入共占全市的81.2%。其中，朝阳区租赁与商务服务业企业营业收入占比最大，占全市的40.1%；其次是海淀区占全市的21.2%；西城区与东城区租赁与商务服务业企业营业收入规模相近，分别占全市一成左右。

（全国卿、付 彧）

总部经济

【概况】年内，4107家总部企业实现地方级一般公共预算收入3065.27亿元，同比下降3.2%，降幅比全市规上企业（-5.7%）少2.5个百分点，总部企业实现地方级一般公共预算收入占全市规模以上企业比重84.6%。其中，金融业继续保持正增长，增幅15.5%；居民服务、修理和其他服务业，文化、体育和娱乐业，住宿和餐饮业，教育业下降明显，降幅分别为77.4%、47.6%、46.5%和41.3%。年内，新认定爱派克斯等15家跨国公司地区总部，创年度认定数量历史新高，累计认定达到201家；在全国率先开展外资研发总部认定工作，已认定2家。

（柏际平）

【认定跨国公司地区总部突破200家】全市全年新认定跨国公司地区总部15家，是“十三五”期间年均认定数量（6家）的2.5倍，创年度认定数量历史新高，达201家。其中包括微软（中国）、丰田汽车金融、大众汽车金融等《财富》世界500强企业。年内，新版总部政策出台，打造涵盖资金奖励、配套措施、便利化措施等多方面支持的“1+N”政策体系；深化“放管服”改革，精减材料、压缩时限、优化流程，推行告知承诺、容缺办理；组织召开总部企业座谈会、培训会20余场，走访调研总部企业40余家，为企业提供精准、优质服务。

（杜大琳）

【北京入围《财富》世界500强企业数量连续9年位居全球城市榜首】8月，《财富》世界500强榜单发布，中国143家企业上榜，上榜数量连续两年超过美国（122家）。北京企业上榜数量达57家，占世界500强比重11.4%，连续9年位居全球城市榜首。同时，北京入榜企业发展态势良好。北京新上榜企业4家（新华人寿保险股份有限公司、北京建龙重工集团有限公司、龙湖集团控股有限公司、中国再保险（集团）股份有限公司），占中国新上榜企业（18家）的22%；84%的北京上榜企业排名上升。榜单共7家互联网企业，中国企业过半（4家），北京占据半壁江山：京东集团排名由上年的102位上升至59位，首次进入世界百强企业行列；小米集团由上年的422位大幅上升至338位。

（张德金）

【2021中国总部经济国际高峰论坛取得丰硕成果】9月3日，“2021中国总部经济国际高峰论坛”在国家会议中心举行。市人大常委会、市商务局、国务院发展研究中心、北京总部企业协会等多位嘉宾出席论坛，世界贸易网点联盟主席、英中贸易协会中国区负责人分别发表线上致辞演讲。论坛以“创新驱动 提升能级 促进总部经济高质量发展”为主题，首次发布北京总部企业保障服务清单和应用场景清单，对新认定的10家跨国公司地区总部进行颁牌授牌。论坛上，总部企业高质量发展服务中心成立，总部企业高质量发展赋能服务行动计划正式启动，首农食品集团、中国通用技术集团等6家单位进行多项合作签约。

（张德金）

【召开北京市总部新政策宣介会】为贯彻《北京市促进总部企业高质量发展的相关规定》，推动首都总部经济高质量发展，9月22日，市商务局联合市人才工作局组织召开新政策宣介会，对新版总部政策、人才引进政策进行讲解。

（刘 佳）

【全市促进总部经济发展联席会议召开】为落实《北京市促进总部企业高质量发展的相关规定》和市领导指示精神，6月3日，市商务局主持召开2021年第一次促进总部经济发展工作联席会议。市商务局通报了总部企业奖励措施制定、总部企业名录梳理等进展情况，部署了总部企业名录确认、复核和行业示范企业推荐工作。市人才局、市财政局等12个市级部门及各区（含经开区）商务部门作交流发言。

（张 莉）

【组织开展总部企业调研座谈】为进一步优化营商环境，推动总部企业高质量发展，3月，市商务局联合相关区政府、总部企业协会组织开展系列调研座谈。雀巢、蓝色光标、好未来、东华软件、松下、新东方、戴姆勒、亚马逊等总部企业参与调研。通过调研座谈，加强与企业的沟通交流，深入了解企业发展的实际情况、面临的困难和诉求，发挥市场主体作用，持续推动政企合作，更好地服务企业。

（郭鹏飞）

会展业

【概况】年内，北京市积极推进疫情防控常态化的会展业复工复产，谋划促进行业发展的政策措施。全年办理展览业信息管理系统展前备案项目161个，办理《台商到祖国大陆参展备案》2份。

（赵 晶）

【编制会展业“十四五”规划】从优化会展空间布局、突出发展重点、打造首都会展旗舰品牌、培育国际品牌会展、加强会展人才培养、健全会展促进机制、营造发展良好环境等方面，大力提升北京会展业服务“四个中心”建设的支撑能力和行业国际影响力。

（赵　晶、范　启）

【出台支持政策减轻会展企业负担】为减轻疫情影响和企业负担，增强行业发展信心，减少展会流失风险，出台《北京市商务局关于申报2021年应对新冠肺炎疫情影响促进展会发展项目（第一批）的通知》，对受疫情影响延期在京举办的展会项目，按照不超过实际缴纳场租费用50%且补助金额不超过50万元的标准给予支持，年内累计对22个展会项目给予支持资金896万元。

（王　孜、李　其）

【对接协调部分重点展会继续在京举办】受疫情影响，第一季度部分重点展会项目无法如期举办。市商务局会同市卫生健康委、市公安局与展会主办方加强沟通协调，在市领导高位推动下，及时为展会进行疫情防控风险评估、加快大型活动安全许可审批等工作。经对接协调，中国国际汽车用品展览会、中国国际石油化工技术装备展览会、北京国际印刷技术展览会等展会项目年内继续在京举办并取得良好效果。

（赵　晶、王　孜）

【会展设施规划建设取得新进展】国家会议中心二期项目作为2022年北京冬奥会及冬残奥会主媒体中心，于7月4日交付奥林匹克广播服务公司使用，冬奥会结束后进行场馆改造，改造完成后可为全市增加2.6万平方米的展览面积，全面提升奥林匹克中心区活力。顺义新国展二期会展项目于9月28日开工，计划建设不少于20万平方米室内展览面积和约2.5万平方米会议面积的场馆设施。大兴国际机场临空经济区国际会展中心项目完成规划选址，确定整体选址于礼贤站北侧，规划建设展览面积40万平方米的会展场馆，首期建设20万平方米。

（赵　晶、范　启）

【组团参加第四届中国国际进口博览会】11月5日至10日，第四届中国国际进口博览会在上海举办，北京市交易团组建了国企交易分团、高端装备及汽车交易分团、医疗器械及医药用品交易分团、天竺综保区交易分团等4个行业交易分团和17个区（含经开区）交易分团参加本届进博会，共注册2614家单位、7459人。16个交易分团通过组织企业在线洽谈、远程签约等方式克服疫情影响，积极促进成交，共签约订单124笔，累计21.7亿美元。进博会北京交易团受到媒体高度关注，相关信息报道共计2666篇。严格落实参展参会疫情防控工作要求，交易团赴沪工作人员零感染。

（赵　晶）

【组织外贸企业参加广交会】组织457家次外贸企业参加第129届、第130届广交会。第130届广交会期间，78家企业现场参会，首次组织北京小笨鸟信息技术有限公司、中建材国际贸易有限公司2家企业作为公共海外仓企业参展，积极邀请龙头企业、重点行业协会等境内采购商参与广交会，累计637人到场商洽采购。

（赵　晶、李　其）

【组织企业参加境内展会】组织49家次优质企业参加首届中国国际消费品博览会、第84届全国药品交易会、第18届中国—东盟博览会、第二届中国—非洲经贸博览会和第18届中国西部国际博览会。在展会期间设置北京展示区，集中宣传推介中国国际服务贸易交易会、北京市“两区”建设和企业形象，参展参会企业累计意向签约额约26657万元，现场销售200余万元。组织24家采购商参加第二届中国—中东欧博览会，采购葡萄酒、化妆品、矿泉水等产品，采购合同金额约9000万元。

（王　孜、孙金骊）

【服务企业“办实事”工作】全年共协助评估展会项目疫情防控方案257个，办理展会展前备案161个、《台商到祖国大陆参展备案》2份。进一步精简会展举办申请材料、规范事项审批、优化办理流程，为举办展览会的企业提供便利化服务。制定北京市党政机关境内举办展会活动管理实施办法，并持续推进清理规范节庆论坛展会活动相关工作。

（孙金骊、王　孜）

专项流通行业

【组织报废汽车回收拆解行业检查】为贯彻落实《报废机动车回收管理办法》，抓好抓实报废汽车回收拆解工作，9月27日，市商务局、市市场监管执法总队组织报废汽车回收拆解企业开展交叉检查。检查针对全市具有资质的7家报废汽车回收企业，内容包含安全管理、回收、销售、纳税、环保、拆解等6类30项，对现场发现的问题，要求企业认真研究整改措施，抓紧落实。

（曹　民）

【酒类流通行业管理】4月7日至9日，第104届全国糖酒商品交易会在成都市举办，北京糖业烟酒集团、京东商城等流通企业以及牛栏山、红星等老字号共14家企业参展。展会期间，北京展示区发放宣传资料9900余份，签订合同及意向合同450余份，金额3200余万元。10月19日至21日，第105届全国糖酒商品交易会在国家会议中心（天津）举办。北京酒类流通行业协会组织北京糖业烟酒集团、红星、燕京、永丰、牛栏山、皇家京都等13家酒类生产、销售企业参加。展会期间，共发放宣传资料800余份，接洽专业观众3000余人次，签订意向合同300余份，合同金额2000余万元。

（齐国清）

四、区域商务协同

商务领域京津冀协同发展

【概况】聚焦“十四五”时期深化推进“疏解整治促提升”专项行动，全年计划疏解提升市场8个，于10月提前完成年度任务。其中，百荣商城新一轮品质提升12项任务，均已实现既定目标。

（焦　刚、杨海涛）

【区域性专业市场疏解工作获市审计组认可】上半年，经2017—2020年全市“疏解整治促提升”专项行动专项审计，市商务局牵头的“疏解区域性专业市场”专项任务，审计无问题、无整改事项。

（吕祥森、商贤才）

【深化推进商务领域京津冀协同发展】年内，全市京津冀协同发展、北京城市副中心与廊坊北三县一体化发展工作中，涉及商务领域的重点任务均如期完成。市商务局主动发挥协同优势，赴廊坊市就北京与廊坊北三县商贸流通领域一体化发展及合作意向座谈交流。交流活动为京冀两地搭起了沟通交流的新平台，对促进北京与廊坊商贸流通领域一体化起到积极推动作用。

（吕祥森、商贤才）

区域商务合作

【开展服贸会帮扶产品展暨北京帮扶促消费主题周活动】9月3日至7日，2021年中国国际服务贸易交易会帮扶产品展在首钢园15号馆举办。来自北京消费帮扶双创中心入驻企业和北京永辉超市等共7家企业携177种特色产品亮相服贸会，参展产品分别来自北京市对口帮扶的内蒙古、新疆、西藏等6个省区以及石景山区对口帮扶的4个旗县。帮扶促消费主题周活动同步在各大连锁超市展开，物美、永辉、京客隆、超市发、首航、华冠等6家超市30个门店共同参与，店内设立帮扶产品专区集中陈列售卖帮扶产品，为北京市支援合作地区特色农副产品开拓更多的市场出口。

（魏新宇）

【签署《全面深化农畜产品流通合作框架协议》】2021年服贸会期间，中国电子商务大会新型消费论坛上，市商务局、内蒙古商务厅共同签署《全面深化农畜产品流通合作框架协议》，并就加强京蒙商务合作进行座谈交流，就合力推动内蒙古优质农畜产品在京销售，不断满足首都市民“菜篮子”品质化消费需求，推动实现京蒙优势互补、市场繁荣达成合作意向。

（魏新宇、丁颖）

五、商务环境建设

依法行政

【概况】年内，贯彻落实《法治政府建设实施纲要（2021—2025年）》《北京市法治政府建设实施意见（2021—2025年）》《2021年推进法治政府建设工作要点》等文件要求，结合商务工作实际，扎实推进依法行政，首都商务依法行政工作取得新进展。

深入学习贯彻习近平法治思想。将学习贯彻习近平法治思想纳入会前学法必学内容，以习近平法治思想、法治政府建设实施纲要等为主题，组织局党组会或局长办公会会前学法4次，并就本市学习宣传贯彻习近平法治思想有关要求进行传达部署。

深化行政审批制度改革。大力推进告知承诺改革，在跨国公司地区总部认定、对外劳务合作经营资格核准、外资研发总部认定、从事拍卖业务许可等4个领域17项政务服务事项中推行"告知承诺"审批。完成针对性"减时限、提升即办率"及"减跑动"工作，压减市商务局行政许可事项承诺办理时限。

持续提升决策法治化水平。落实合法性审核和备案制度，修订工作制度，进一步明确合法性审核工作的程序与责任。开展行政规范性文件动态清理，对市商务局122件行政规范性文件逐件梳理，保留文件115件，相关清理结果通过网站向社会公布。全年备案行政规范性文件20件。

注意强化依法行政能力。落实行政执法公示制度，对照《北京市行政执法公示办法》，在市商务局网站设置专栏，主动公示、定期更新并规范完善双随机抽查计划、行政执法统计年报、"涉企"检查标准等内容。做好行政复议有关工作，依法按期办理320余件行政复议案件；坚持做好由法制部门牵头、业务部门为主体、法律顾问深度参与的重要法律问题会商机制，全部案件均被复议机关支持。加强普法宣传，全面启动"八五"普法工作，落实《关于完善北京市国家工作人员学法用法制度的实施意见》，组织《行政处罚法》等培训，落实学法任务；以"12.4"国家宪法日宣传为契机，组织《宪法》《民法典》进校园、进商场等活动，并组织机关干部进行学习。

（卢　跃、卓　娜）

【4项地方标准获准发布】根据北京市地方标准制修订项目计划，完成《社区菜市场设置与管理规范》（原《社区菜市场（农贸市场）设置与管理规范》）、《商品交易市场设置与管理规范》《用水定额　第32部分：餐饮》和《用水定额　第43部分：洗涤》4项地方标准的制修订工作，并获准发布。

（韩思超）

【推荐2家企业入选国家级服务业标准化（商贸流通专项）试点】5月，按照商务部、市场监管总局通知要求，市商务局、市市场监管局开展相关试点项目征集工作，推荐上报多点生活（中国）网络科技有限公司、北京九合优鲜生态农业科技发展有限公司。2家企业均已获批"国家服务业标准化试点（商贸流通专项）"，试点自8月开始，为期2年。

（卓　娜）

【开展针对性减时限工作】年内，开展行政许可事项压减办理时限工作，将行政许可事项（含市级统筹、区级独有行政许可事项）办理时限压减至200个工作日，根据全市统一计算口径，压减比例达76.44%。

（夏 柳）

【开展政务服务事项委托受理和授权审批】年内，按照全市统一部署，市商务局委托市政务服务局进行政务服务事项受理工作，并授权派驻市政务服务中心的首席代表或其他工作人员进行审批。委托受理比例90.74%，授权审批比例88.18%。

（夏 柳）

【商务举报投诉受理工作圆满完成】年内，严格落实《北京市商务局“接诉即办”实施细则》，365天×8小时值守，快速响应、规范办理，推动商务领域“接诉即办”工作圆满完成。积极组织《北京市接诉即办工作条例》学习宣传贯彻线上培训会；聚焦疑难复杂诉求，开展“跑工单，走流程，蹲点位，办实事”活动；坚持对增设便民商业网点行业诉求“日筛选、月调度”，年内共计筛选考核清单34批6934条，调度区商务局11次；征集市商务局所属职能的法律法规、规章制度、政策文件等，汇总形成12345知识库答复口径100例。全年共受理来件1712件，依据市商务局职权信息和商务领域行政法规研判，办结个人诉求169件、企业诉求129件，办结率100%。

（余 丽）

公平贸易

【概况】年内，市商务局密切跟踪贸易救济形势变化，积极指导应对各类贸易摩擦案件，减少歧视性做法对企业的影响。深化贸易摩擦预警与法律服务，通过与智库、研究机构、专业协会加强合作，分析研判贸易摩擦对北京市外经贸领域影响，及时提出应对措施。配合商务部开展专题调研，积极探索符合北京实际的贸易调整援助制度。会同市财政、发展改革、经信等市级部门，按时完成WTO地方补贴政策梳理上报工作。

（卢 跃）

【2021年京津冀贸易壁垒应对政策视频宣讲会在京举办】12月9日，针对国际疫情和贸易保护主义升级、开拓国际市场难度加大等企业热点难点问题，市商务局、京津冀贸促会联合举办贸易壁垒应对政策视频宣讲会，共1200余家企业代表参与响应，取得了良好效果。

（梅 焱、张越扶）

【我国贸易救济调查原审涉京企案件共19起】1997—2021年，我国贸易救济调查原审涉及北京企业的案件共有19起，列各省份第五，占全国发起贸易救济调查案件总数的13.9%。其中，反倾销调查18起、保障措施调查1起。

（梅 焱、张越扶）

【美国新启动337调查中北京企业涉案4起】年内，美国发起的26起涉华337调查中，北京企业涉案4起，同比增加1起，其中3起案件涉及联想集团有限公司、1起涉及京东方科技集团股份有限公司。

（梅 焱、张越扶）

营商环境

【2021年世行跨境贸易磋商工作圆满落下帷幕】6月18日，2021年世行跨境贸易指标磋商会正式举行，世界银行、财政部、北京、上海分别设立会场。北京会场设在六里桥政务服务中心，由市商务局主持，北京海关、天津市商务局、天津海关、北京市市场监管局、天津港集团共同参与。本轮磋商改变以往形式，对世

行关注的九个重点议题进行逐个磋商问答，以实测案例予以印证，以企业跟单调查数据、码头现场操作实景和区块链场景应用作为支撑，提升了磋商的针对性和目标性。京津密切合作，出色完成了磋商任务，效果好于预期。

（马俊杰）

【开展“局处长走流程”活动】为以最优营商环境迎接国务院第八次大督查，8月20日，市商务局副局长带队赴一线政务服务大厅，“四不两直”开展跨境贸易业务办理“局处长走流程”活动。在海淀区综合行政服务中心大厅，向综窗服务人员咨询跨境贸易业务，查看相关政策宣传资料，并现场取号排队，到专业窗口办理“对外贸易经营者备案”业务。在六里桥市政务服务中心商务专窗，现场查看“外贸政策服务包”二维码卡片，就进出口许可证申请、对外贸易经营者备案等业务进行走流程办理。两个大厅现场服务周到热情，政策宣传到位，窗口人员服务态度良好，业务办理娴熟。针对部分窗口人员对北京“单一窗口”平台不熟悉、不知晓的问题，要求市区商务部门加大宣传推介，尽快整改、落实见效。

（马俊杰）

【开展跨境贸易“千人千题”竞赛参赛人员培训】年度全市营商环境“千人千题”竞赛于9月3日举行。8月24日，市商务局、北京海关对全市参加跨境贸易竞赛人员进行线上大培训。培训对新出台的京津第8号联合公告、国家层面发布的改革政策条款进行解读，对《北京市优化营商环境学习手册》（第二版）题库涉及跨境贸易的试题进行逐题分析辅导。培训提升了窗口服务人员跨境贸易业务服务能力，使一线人员全面掌握跨境贸易最新政策和改革措施、熟悉全流程环节办理事项，真正能做到首问负责、一问全答。各区（含经开区）商务部门、市商务局行政服务中心窗口服务人员等共计36人参训。

（马俊杰）

【杨晋柏同志赴天津对接跨境贸易工作】9月27日，副市长杨晋柏带队赴天津，与天津市副市长王旭座谈，进一步商讨新一轮跨境贸易便利化提升目标和下一步工作举措。两市领导调研了天津港码头操作系统和“关港集疏港智慧平台”运作现场，并就进一步巩固和完善京津联合联动工作机制、促进跨境贸易便利化等方面达成重要共识。

（马俊杰）

【首都机场口岸“百日攻坚”行动“冲刺”部署会召开】10月18日，市商务局、北京海关及天竺综保区管委会，共同召开空港口岸“百日攻坚”行动“冲刺”部署会，进一步推进行动按时间节点完成任务、取得实效，推动空港口岸营商环境优化。会议部署了“百日攻坚”行动冲刺阶段工作，要求各部门树立“一盘棋”思想，加强对接沟通，按时间节点加紧推进，确保行动实效。部署会要求10月29日前完成大部分可视化任务，11月10日前完成系统联调联试，11月15日前完成系统上线运行。

（郭鹏飞）

【杨晋柏同志调研跨境贸易便利化工作】11月10日，副市长杨晋柏带队赴首都机场集团调研跨境贸易便利化工作，现场查看了首都机场货运信息系统情况、北京双枢纽空港电子货运平台联调联试情况，通过视频监控查看了口岸货物消杀及防疫情况。杨晋柏同志充分肯定了空港口岸跨境贸易营商环境“百日攻坚”行动工作进展。要求各部门再接再厉，进一步完善“双枢纽”空港信息化平台功能，推进首都机场货运区服务质量标准尽快出台，进一步提升首都机场货物通关物流时效，从严从紧落实各项常态化防疫防控措施，抓好口岸货物消杀和防疫工作。

（石 龙）

流通秩序

【概况】年内，按照全市商务工作部署，抓好商务领域疫情防控工作，加强商务领域秩序规范管理，持续开展服务质量评价工作，开展商业服务业服务技能大赛活动，提升商业服务业整体服务质量，推进节能减排绿色低碳工作，推进商务信用建设，各项工作均取得积极成效。

动态调整商业服务业疫情防控指引。更新完善了商超、餐饮、美容美发等12个行业疫情防控指引和进口货物转运防控指引，在首都之窗、市商务局和市疾控中心官网发布，并通过媒体、各区商务部门、相关行业协会宣传贯彻执行。指导加强商超、餐饮、美容美发、农贸市场等商业领域重点经营场所疫情防控，加强部门执法检查，督促企业落实疫情防控主体责任。

第一时间协调处理社区团购价格战、海底捞包厢安装摄像头、牛栏山陈酿白酒质量不合格、“假海洋公园”走进多个商圈、麦德龙租赁纠纷、泡泡玛特质量问题等舆情和问题，靠前防范商务领域各类风险隐患。

推动全市单用途卡立法工作。研究制定《北京市单用途预付卡管理条例》，并由北京市第十五届人民代表大会常务委员会第三十五次会议于11月26日通过，自2022年6月1日起施行。法规从根源上厘清了各部门的基本职责，为解决消费者预付卡投诉提供了法律依据。

加强单用途预付卡备案管理。督促北京贝黎诗商业管理有限公司、北京小仙炖生物科技有限公司规范发卡行为；积极协调中粮海优（北京）有限公司妥善处理消费者投诉事宜，中粮海优已停止发卡。组织区商务局及京东、美团等企业开展预付卡专项整治，共检查企业400余家，平台企业下架预付卡违规发行企业约5000家，起到了良好的震慑作用和治理效果。

组织开展商业零售企业服务质量评价活动。组织对全市17个城区的“购物中心及百货、超市、专业专卖店、便利店”等4类业态进行服务质量评价，涉及608家企业和门店，形成全市和各区的服务质量评价分析报告。从综合评价结果看，本年度北京市商业零售企业服务质量综合评价得分76.92分，相比2019年度66.6分、2020年度75.75分，服务质量水平均有所提升。

积极开展绿色商场创建工作，持续推进高能耗设备升级改造。有序推进落实净菜上市、餐厨垃圾源头减量、电商绿色包装减量等6项重点任务和保障措施。贯彻落实《商务领域一次性塑料制品使用、回收报告办法》，组织556家企业注册，约谈企业12家。

在门户网站设立商务信用专栏，公开商务领域相关信用政策、诚信教育资料。开展诚信兴商宣传月，营造诚实守信的营商环境。落实联合奖惩机制，在电子商务、家政服务、节能减排促消费、生活必需品储备和对外经济合作等重点领域开展失信企业联合惩戒。

（朱春彬、陈 静、孙景东、王 勇）

【印发美容美发行业预付费服务合同示范文本】6月3日，市商务局、市市场监管局印发《北京市美容美发行业预付费服务合同示范文本》并试点推行，依约化解美容美发行业预付费服务纠纷，解决商务领域预付式消费退费难问题。

（原 野）

【完成11家行业协会脱钩】8月，按照北京市行业协会脱钩工作方案，完成北京市商业联合会、北京电子商务协会、北京国际会议展览业协会等11家行业协会的党建分离、外事分离、人员管理分离、资产清查等脱钩工作。

（刘　伟）

【创建绿色商场】截至年末，全市共24家零售门店被评为绿色商场。其中，年内新增3家：北京凯德嘉茂西直门房地产经营管理有限公司（凯德Mall·西直门）、北京顺义新城建设开发有限公司（鲁能美丽汇购物中心）、北京英格卡购物中心有限公司（北京荟聚）。

（孙景东）

【开展诚信兴商宣传月】10月15日，市商务局会同商务部市场体系建设司举办全国“诚信兴商宣传月”主题展开幕式暨北京主题日活动。活动展示了形式多样的诚信兴商主题活动和典型案例，播放了北京“诚信兴商”专题宣传片，菜百、吴裕泰分享了诚信兴商典型案例，部分企业代表进行了诚信兴商倡议、共话诚信主题以及诚信知识竞答等。

（刘　伟）

【组织第十一届商业服务业技能大赛】本届大赛共设置21个竞赛项目，569家企业、5153家门店参赛，32734名员工参加各层级业务培训、岗位练兵、技能竞赛，2222名岗位技能优秀选手参加行业选拔赛，220名选手参加市级决赛。大赛创新比赛项目和竞赛模式，进一步提升商业服务业一线员服务意识、服务技能和服务水平，社会影响力不断扩大。

（王　勇）

【泡泡玛特商品质量问题调查】12月，落实市领导批示精神，市商务局主要负责人约谈泡泡玛特相关负责人，调查了解泡泡玛特天猫旗舰店中销售的个别商品存在虚假商业宣传问题，要求企业认真整改，迅速下架线上线下所有质量不合格产品。

（刘　伟）

安全生产

【概况】年内，商务领域坚持以习近平总书记关于安全生产重要论述为指导，牢牢把握首都城市战略定位和加快建设国际消费中心城市战略要求，贯彻落实“管行业必须管安全，管业务必须管安全，管生产经营必须管安全”要求，精准统筹安全生产和商务发展，紧密结合促消费、稳外贸、稳外资和“两区”建设等工作，坚持问题导向，狠抓隐患治理，深入推进安全生产专项整治三年行动，行业安全生产形势平稳有序。

（杨明晓、赵虹珍）

【落实责任推动工作落实】市商务局先后20余次召开局内会议，部署推进安全生产工作。组织观看《生命重于泰山——学习习近平总书记关于安全生产重要论述》电视专题片，参加《安全生产法》宣传辅导。处室每周1—2次赴企调研、重大活动和重要节日期间每天1—2组局领导带队巡查，督促指导安全生产工作。机关处室、直属单位签订安全生产和消防安全工作责任书，将安全生产纳入年度考核指标，形成分工负责、齐心协力抓好安全生产工作的格局。

（杨明晓、赵虹珍）

【完善创新安全生产工作相关制度】印发《北京市商务局安全生产检查制度》《北京市商务局安全生产调研指导制度》《北京市商务局安全生产通报制度》《北京市商务局安全生产约谈制度》《北京市商务局安全生产部门联动工作制度》等5项制度。

（杨明晓、赵虹珍）

【开展疫情防控约谈警示】1月4日、7日、22日，针对疫情防控工作中存在的问题分别约谈北京新世界、万达商业集团北京分公司和吉野家负责人，通报媒体暗访、督察和检查执法中发现的疫情防控不到位的问题，指出企业在落实疫情防控中存在的差距和不足，就举一反三抓好问题整改、从严从紧落实防疫措施、加强从业人员健康管理检测、组织员工接种疫苗、做好进口冷链各环节的防控、严格外卖配送管理等方面提出要求。

（杨明晓、赵虹珍）

【开展日常风险管控】共有165062家商务行业企业登录安全风险云服务系统，排查各类风险源354399项，重大风险源全部消除、动态清零；系统新增注册企业54207家，企业总注册数和新增数均居行业部门之首；怀柔、密云、平谷区新增注册企业数较上年有较大幅度提升。

（杨明晓、赵虹珍）

【开展重大活动风险管控】围绕中国共产党成立100周年、中国国际服务贸易交易会、北京“消费季”等重大活动期间安全服务保障工作，制定专项评估方案，严控重点经营单位，确保安全无事故。10月1日至7日，商务部门共出动指导人员771人次，指导督促经营单位647家，发现整改问题1168起，确保重大活动期间商务行业安全生产形势平稳。

（杨明晓、赵虹珍）

【开展冬奥会和冬残奥会期间安全风险评估】12月起，组织编制其他生活服务业和生活必需品供给事件风险管理报告，指导区商务部门对涉奥场馆、酒店、医院、机场周边及敏感重点区域（含重大危险源）周边200米范围内商业零售、餐饮企业开展调研摸底，建立台账，组织评估和控制。

（杨明晓、赵虹珍）

【开展外卖电动自行车消防安全专项整治】年内，组织开展外卖平台企业电动自行车消防安全专项整治，先后3次约谈重点外卖平台企业，与9家重点平台企业签订安全承诺书，平台企业独自或联合供应商与骑手签订安全承诺书数量4.4万余份，已组织消防技能实操实训并考核达标骑手4.5万余人。

（杨明晓、赵虹珍）

【开展商务行业安全生产培训】举办安全生产大课堂、安全生产普法教育、咨询日主题宣传，开展应急宣传进万家、“安全生产月”、119消防宣传月等活动，将安全生产知识纳入北京市第十一届商业服务业技能大赛，开展以“落实企业主体责任，推动商务安全发展”为主题的商务行业安全生产工作培训会。大力宣传《北京市生产经营单位安全生产主体责任规定》等法规文件。“安全生产月”活动期间，推送各类信息1000余条，发放宣传资料26000余份，组织培训30余场次，开展应急演练40余场次；“119”消防宣传月等活动期间，发放宣传材料20余万份，取得较好的社会反响。

（杨明晓、赵虹珍）

【深入推进安全生产专项整治三年行动】深入推进危险化学品安全、有限空间作业安全、消防安全、城市运行安全、交通运输安全、城市建设安全等10个专题专项整治工作，持续开展问题隐患排查治理。年内，市区两级商务部门出动指导调研人员26500余人次，调研巡查经营单位12600余家次，督促隐患排查治理10240个，销账率达99.94%。坚持以标准化达标和安责险促安全，三级以上达标企业超过1900余家，66164家企业参保安责险。参加执法部门联合检查300余次，会同市消防救援总队、市邮政管理局、市市场监管局和市公安交通管理局等部门开展集中约谈警示教育活动，督促餐饮、外卖等经营单位加强安全管理。

（杨明晓、赵虹珍）

第四部分

海　关

北京海关

基本职能

北京海关是海关总署下属的正厅（局）级海关。北京海关的业务管辖范围为北京市的各项海关管理工作。负责本关区征税、监管、缉私、出入境检验检疫、统计等各项工作。

内设机构

办公室（党委办公室）、法规处、综合业务处、关税处、卫生检疫处、动植物检疫处、进出口食品安全处、商品检验处、口岸监管处、行邮监管处、统计分析处、企业管理处，稽查处、缉私局、财务处、科技处、督察内审处、人事处（党委组织部）、教育处、机关党委（思想政治工作办公室、党委宣传部、党委巡察工作办公室）、监察室（党委纪检组）、离退休干部办公室。

隶属海关单位

首都机场海关、海关总署税收征管局（京津）、北京大兴国际机场海关、北京车站海关、北京邮局海关、中关村海关、北京东城海关、北京西城海关、丰台海关、海淀海关、通州海关、顺义海关、亦庄海关、天竺海关、北京朝阳海关、平谷海关、北京会展中心海关、北京海关风险防控分局。

业务工作

【概况】2021 年，北京海关坚持以习近平新时代中国特色社会主义思想为指导，深入学习贯彻党的十九大和十九届历次全会精神，认真贯彻落实海关总署党委、北京市委市政府的各项部署要求，真抓实干、攻坚克难，全面深化政治建关、改革强关、依法把关、科技兴关、从严治关，圆满完成了各项工作任务。北京地区（含中央在京单位，下同）进出口总值 3.04 万亿元，较 2020 年（下同）增长 30.6%（较 2019 年增长 6.1%）。其中，进口 2.43 万亿元，增长 30.4%；出口 6118.5 亿元，增长 31.2%。北京地区进出口总值继2005年首次超过万亿元、2010 年跨过 2 万亿门槛后，2021 年又跨越 3 万亿大关。全年税款入库 641.28 亿元，同比增长 7.5%。

（李静婷）

【抓紧抓实疫情防控工作】在全国海关率先落实一线人员封闭管理要求，建立“一线、预备、应急”三个梯队，以顶格加严措施强化一线人员安全防护，并同步做好关心关爱和心理疏导，全力保障一线人员身心健康。大力推进全员疫苗接种工作，坚持日常“网格化”管理，及时、规范做好有症状或发热人员的应急处置。严格做好特殊物品卫生检疫审批，高效办理企业应急通关，对符合条件的新冠疫苗出境申请实行了 7×24 小时即到即办。

（李静婷）

【扎实推动“两区”建设】积极支持北京市国家服务业扩大开放综合示范区和中国（北京）自由贸易试验区建设。一是成立北京海关“两区”建设工作领导小组和专项工作组，统筹推进北京海关“两区”建设，落实国务院《深化北京市新一轮服务业扩大开放综合试点建设国家服务业扩大开放综合示范区工作方案》《中国（北京）自由贸易试验区总体方案》《中国（河北）自贸试验区总体方案》中涉及河北自贸试验区大兴机场（北京大兴）片区海关工作。成立国家服务业扩大开放综合示范区和中国（北京）自由贸易试验区两个专项工作组，分别负责统筹推进落实国家服务业扩大开放综合示范区建设的海关工作任务、北京地区自贸试验区建设各项海关工作任务。二是建立推进机制。抓好日常调度，通过“两区”专项工作调度会研究审议北京海关“两区”建设创新举措、重点工作推进情况；议定重点工作安排；协调解决“两区”推进工作中遇到的重大、疑难问题；督促检查全关“两区”重大事项、创新举措的落实情况；加强形势研判，开展问题研究；评估“两区”形成的改革创新经验，推动创新举措落地，研究部署创新成果复制推广等工作。三是制定支持“两区”建设工作措施。制定22项支持“两区”建设工作措施，为北京市各领域改革开放和创新发展提供更加便捷、顺畅、高效的通关要素支撑。

（李静婷）

【关企联动防疫情促发展】面对新冠肺炎疫情，北京海关担当作为，将新冠肺炎疫情防控与支持企业发展协调推进。对年初保金退转业务激增情况，以业务为导向切实做好为企业“减负增效”工作，主动联系业务现场、沟通企业，采取预约制方式集中办理同类业务，在企业上门前做好业务指导、明确办理要求，保障业务办理的时效性；与重点企业建立信息情报共享与第一时间通报机制，指导企业提前开展预判分析，开展防护培训及现场指导，加大监督检查力度，采用现场巡视、视频监控、视频回看和监管库试纸抽样检查等方式开展全方位检查；建立重点企业定点帮扶工作机制，积极引导报关企业发挥好海关和外贸企业的“中间桥梁”作用，解决好疫情期间货物通关“最后一公里”的问题，压缩通关时间，减小疫情对外贸企业带来的影响。

（李静婷）

【提高税收便利化水平】一是推广应用减免税网上年报管理系统。惠及各类减免税申请单位，有效实现年报申报一次提交，一次办理，助力企业少排队、少反复，提升效率、降低成本，同时减少人员聚集，有效保障疫情防控工作。二是优化邮递渠道物品行邮税征管作业模式。推动行邮税征税智能化、作业信息化、缴税便利化，切实提升用邮人的获得感。三是加大政策宣传推广力度。加强舆论宣传引导，通过“北京海关 12360”、北京海关官网“政务公开”栏目等媒介，宣传海关税收征管政策法规，向社会公示海关征管业务操作指南。

（李静婷）

【圆满完成多项重大活动通关保障】圆满完成了庆祝中国共产党成立100周年、第十七届中国国际机床展览会、2021年中国国际服务贸易交易会、北京国际电影节、国际文物艺术品博览会以及北京冬奥会、冬残奥会的前中期等重大活动的通关保障任务，有力确保首都安全和通关秩序。在北京冬奥会、冬残奥会保障期间，针对主物流中心物资仓储保障设立“四专一同”工作机制，组建保障专班、建成卡口专用通道、定制专项服务模块、推进安全同防，对于临时增加运输车辆实施7×24小时人工放行过卡，做到了每辆车辆平均节省15分钟。10月20日北京海关顺利完成冬奥圣火火种灯及取火代表团入境通关保障工作。

（李静婷）

【提质增效优化营商环境】北京海关顺应时代发展，围绕“简单证、优流程、提时效、降成本”持续发力，不断提升首都口岸营商环境。一是加强政策协同，扎实推进跨境贸易便利化专项行动。积极发挥商务海关双牵头作用，加强京津协同协作，制发3个对外公告、42 项政策措施，京津跨境贸易便利化水平大幅提升，压缩整体通关时间成效显著。二是做好世界银行和中国营商环境评价工作。6月18日，北京海关参加世行视频磋商，重点介绍了“两步申报”“精简报关随附单证”等海关改革议题，充分展示改革成果。全力以赴做好2021年国评准备工作，全面梳理、补充完善填报题目佐证材料，做好充足准备。三是压茬推进深化落实北京市优化营商环境任务。北京市优化营商环境4.0版7项牵头任务均已落实到位；主动承接北京国家营商环境创新试点城市任务，推进创新试点城市和5.0版4项主牵头任务。四是会同市商务局共同开展优化北京空港口岸跨境贸易环境“百日攻坚”专项行动。圆满完成空港口岸跨境贸易跟单调研、推动海关物流监控系统升级改造等工作任务，空港口岸底数与问题进一步明晰、双枢纽空港口岸信息化实现重大突破、口岸服务进一步规范，得到市领导批示肯定。

（李静婷）

2021年北京地区进出口总值一览表

项 目	价值（万亿元人民币）	比2020年增减（%）
进出口总值	3.04	+30.6
出口总值	0.61	+31.2
进口总值	2.43	+30.4

（李静婷）

名 录

单位名称：北京海关
法人代表：张格萍
通讯地址：北京市朝阳区光华路甲10号
邮政编码：100026
电 话：85736114
传 真：65836919
网 址：beijing.customs.gov.on

（李静婷）

第五部分

开发区、综保区、行政区商务

北京经济技术开发区

概　况

北京经济技术开发区商务金融局（简称经开区商务金融局）主要负责商品流通和生活性服务业（不含住宿业）、商务服务业相关工作，并落实相关政策措施。在疫情防控的前提下，多措并举促进消费提档升级，提升消费信心，释放消费潜力，培育新兴消费，升级传统消费，推广健康消费，扩大服务消费，进一步稳定消费市场运行，更好发挥消费对经济发展的基础性作用，精准有序推动复商复市，进一步提高生活性服务业品质。

同时负责经开区内外商投资相关管理、服务及投资促进工作、对外贸易经济合作工作、监测并分析外贸运行情况，以及技术贸易和服务贸易相关工作，推动服务贸易公共服务平台建设以及进行企业境外投资备案、服务外包及软件出口登记和自由进出口技术合同登记等相关工作。利用重点企业“服务包”政策，畅通企业咨询服务和诉求反馈渠道，建立区内完善外资外贸企业联系机制，切实解决企业的痛点堵点。依托重点外贸企业动态沟通监测机制，持续跟进对区内重点外贸企业服务和月报监测，及时掌握企业存在的困难，为区内外资外贸企业高质量发展保驾护航。

（赵　齐、杨晓燕）

商务服务

【提质增效促消费，多举措激发市场活力】经开区商务金融局开展“留京过年送红包活动”，带动居民消费5315万元；开展“感谢共筑屏障，鼓励春季消费”消费券发放活动，带动订单金额1.09亿元，杠杆率4.42%，经开区居民、职工疫苗接种覆盖率超80%；开展“鼓励加强疫苗接种，共筑健康亦城”消费券发放活动，加强针疫苗接种人数22.20万人，带动订单金额4418.86元，杠杆率4.24%。开展“经开区消费季”系列促消费活动，从培育新兴消费、升级传统消费、推广健康消费、扩大服务消费等方面精准有序推动复商复市，促进消费提档升级，提振消费信心，释放消费潜力。各个节日期间商圈消费额、客流量等同比均有显著提升。研究制定《北京经济技术开发区促进商圈高水平发展工作方案》（2021—2023年），推动传统商业设施改造升级，完成了华联亦庄购物中心深夜食堂改造工作；亦花园餐饮街入选第二批北京市“深夜食堂”特色餐饮街区。加强商贸流通领域建设，推动马驹桥物流基地提质增效和亦庄新城快递二级分拨中心建设。

（赵　齐）

【聚焦重点项目，精准施策促发展】经开区商务金融局制定《北京经济技术开发区促进商务服务业高质量发展行动计划》，梳理开发区商务服务业发展现状、短板问题，研判外部形势变化趋势、机遇挑战，立足升级版开发区225平方公里功能定位和高质量发展要求，力争实现商务服务业发展质量效益显著提升。进行《北京经济技术开发区加快推进北京国际消费中心建设实施方案》及配套文件研究，确定以产城融合、产消互促、未来消费、开放消费为方向，全力推动八大专项行动，持续为国际消费中心城市培育建设加码加力，力争建成京东南国际消费地标，贡献国际消费中心城市的“亦庄模式”。研制《马驹桥物流基地产业发展规划》，针对马驹桥物流基地提出四大转型升级路径，制定物流产业项目入区评价标准和评价体系，力争将马驹桥物流基地打造成为产业转型升级、区域经济协调发展和区域产业竞争力提升的重要推动力量。

（赵　齐）

【守护民生期盼，助力亦庄新城建设】经开区商务金融局布局10个早餐车点位，满足居民早餐消费需求。完成9个基本便民网点建设工作，八类生活性服务功能网点共452个，8项基本便民服务功能覆盖率100%。完成八项便民服务连锁化网点302个，连锁化率达到67.11%，实现每百万人口拥有连锁便利店（社区超市）300个。推动京东进入国家粮油统计信息系统，为市粮食和物资储备局掌握粮食流通情况，把握粮食行业发展状况，科学研判粮油供求形势提供数据依据。对区内9家规上超市民生物资的价格、库存和销量进行监测，做好疫情防控常态化背景下的保供稳价工作。

（赵　齐）

【常态防疫未放松】针对经开区9家超市开展常态化、无假日的防疫数据统计、防疫物资保障工作，持续性对9家重点超市进行价格和供销监测。组织规上商场、超市、餐饮企业全员核酸检测工作；组织规上商场、超市、餐饮企业全员疫苗接种工作，为经开区商业提供服务保障。

（赵　齐）

外资外贸

【外贸进出口总额增长势头强劲】经开区实现全年进出口总额315.4亿美元，同比增长55.5%；其中进口总额完成187.6亿美元，同比增长30.1%；出口总额完成127.7亿美元，同比增长118.1%。

（杨晓燕）

【实际利用外资水平提高】经开区全年新增外资企业87家，同比上升58.2%；合同外资额36.8亿美元，实际利用外资8.2亿美元，同比上升25.2%。

（杨晓燕）

【完善服务企业绿色通道】经开区严格贯彻执行《外商投资法》，落实外资准入负面清单，健全外商投资企业投诉工作机制，维护外资合法权益。用足用好市级部门赋权，优化备案服务流程，提高核准效率，做好企业境外投资备案、服务外包及软件出口登记和自由进出口技术合同登记。利用重点企业“服务包”政策，畅通企业咨询服务和诉求反馈渠道，建立完善全区外资外贸企业联系机制，切实解决企业的痛点堵点。

（杨晓燕）

【组织经开区企业参与服贸会】聚焦四大主导高端产业，携300余家企业通过线上、线下进行参展。开展专题推介会，充分利用会展期间交流渠道，帮助企业开拓新兴市场。经多方沟通协调，经开区共征集项目134个，预筹金额达到33.2亿美元，其中外资项目22个，累计15.9亿美元，占总预筹金额近50%。

（杨晓燕）

【外贸转型升级基地】完成北京经济技术开发区国家外贸转型升级基地（集成电路制造）申请并获批，目前经开区已有集成电路制造、新型显示产业、汽车及零部件、生物医药共四家国家外贸转型升级基地，已完成基地的数据报送工作。

（杨晓燕）

【加强服务意识，提升办事效率】经开区始终加强服务意识，优化审批服务流程，提高审批效率，2021年共办理55家企业73批次备案申请，协议境外投资金额120,797.4万美元，涉及13个国家（地区）。同时办理技术进出口合同登记36次，审核企业服务外包及软件出口合同执行金额178次。

（杨晓燕）

【加强跟进企业动态】经开区依托重点外贸企业动态沟通监测机制，持续跟进对区内80家重点外贸企业服务和月报监测，及时掌握企业存在的困难；加强与亦庄海关的联动，共同面对企业组织政策宣讲活动。

（杨晓燕）

名　录

单位名称：北京经济技术开发区商务金融局

局　　长：刘文虎

地　　址：北京经济技术开发区荣华中路15号朝林大厦

邮　　编：100176

电　　话：87246101

传　　真：67881261

（赵　齐）

北京天竺综合保税区

概　　况

年内，北京天竺综合保税区（简称天竺综保区）坚持以习近平新时代中国特色社会主义思想为指导，深入落实党的十九大和十九届历次全会精神，认真学习领会习近平总书记对北京一系列重要讲话精神，着眼“十四五”开好局、起好步和以优异成绩庆祝建党百年，履行全面从严治党主体责任，统筹推进疫情防控和园区发展，守住首都国际机场货运口岸疫情防控防线，紧抓“两区”建设契机全力推动改革创新升级，各项工作取得成效，建设首都对外开放新高地迈出坚实步伐。

（天竺综保区）

【规划建设加速推进】3月，天竺综保区规划调整范围一期地块（共0.460平方千米）的基础设施和围网监管设施通过北京海关、市发展和改革委员会、市财政局、市规划和自然资源委员会、市商务局等多部门联合验收组验收。截至年底，规划调整范围二期围网建设完成工程量的65%，各项任务进展顺利。

（天竺综保区）

【跨境贸易便利化标准化试点】3月，“北京天竺综合保税区跨境贸易便利化标准化试点”国家级项目报批成功。项目是第七批国家级96项社会管理和公共服务综合标准化试点之一，建设周期2年。依托天竺综保区口岸和保税功能，围绕药品器械通关进口全流程搭建跨境贸易（药品器械）通关便利化标准体系，制定并实施“一站式服务平台”和“一次报关多次通关”、通关抽检、库门管理、库位监管、口岸管理等重点标准。

（天竺综保区）

【国家外贸转型升级基地（医疗健康）获批】7月，天竺综保区获商务部批复国家外贸转型升级基地（医疗健康），为全市第3家国家外贸转型升级基地，也是全国首个医疗健康领域基地。

（天竺综保区）

【园区经济运行】年内，园区企业实现营业收入778.2亿元，同比增长25.1%，自2019年推进创新升级以来，3年平均增长（本段下同）37.7%；实现进出口总值855.6亿元，同比增长37.6%，3年平均增长23.7%；完成属地税收23.9亿元，同比增长22.1%，3年平均增长21.4%；保障首都机场货运口岸安全运营，服务全市95%以上的空运进出口货物高效通关。

（天竺综保区）

【“两区”建设深入开展】年内，园区持续推进政策功能创新，形成全国推广案例一项、全市推广案例两项，新实现政策功能创新四项。纳入“两区”建设重点项目70个，落地45个，其余项目有序推进中。《关于全面提升北京天竺综合保税区开放发展水平的落实措施》印发，以“走在全国综保区发展前列”和打造“两区建设主阵地”为总体方向，加快推进改革创新升级发展。

（天竺综保区）

【“两区”建设流动工作站设立】年内，区法院、区商务局、区工商联、北京天竺综合保税区管理委员会联合设立天竺综保区“两区”建设流动工作站，实现涉“两区”建设矛盾纠纷联动化解，服务保障顺义区“两区”建设工作。

（天竺综保区）

【文物艺术品保税贸易全产业链体系】年内，发展文物艺术品保税贸易功能，重点支持国际文物交流和国际艺术品保税贸易平台建设，打造国际文物与艺术品保税贸易全产业链服务支撑体系。设立首家知识产权研究院，首次在天竺综保区举办国际文物艺术品博览会，促进海外文物回流。持续推动建设全球集货平台，聚合全球文化艺术品贸易企业，在综保区“保税、免税、免证”功能基础上，创新开展保税展示、贸易等业务。

（天竺综保区）

【新冠肺炎疫情防控】年内，建立属地、行业部门、监管部门、企业和疾控中心的“4+1”疫情联控机制，压实四方责任；组建“1办6组8网格”疫情防控决策落实体系，严格开展环境监测、疫情消杀、核酸检测、疫苗接种等措施，并把疫情防控范围覆盖到口岸服务人员家属，织密织牢疫情防控网，严防境外疫情输入。开展冬奥主物流中心进境货物防疫实战，全力做好环境消杀、核酸检测和防疫物资保障等工作。切实落实“一岗双责”，防范重特大事故，确保园区安全平稳运营，“第一国门”万无一失。

（天竺综保区）

机构设置与管委会领导

管理机构：北京天竺综合保税区管理委员会（北京市政府正局级派出机构）

内设处室：办公室、政策法规处、规划建设处、经贸发展处、保障处、信息处、党群工作处

事业单位：北京天竺综合保税区综合服务中心

国有独资公司：北京综合保税区开发管理有限公司

管委会领导：

顺义区委副书记、区长、天竺综保区管委会主任龚宗元

顺义区委常委、天竺综保区管委会常务副主任宋建明

天竺综保区管委会副主任宋鹏

天竺综保区管委会副主任满群杰

天竺综保区管委会副主任张涛

招商部门

责任部门：经贸发展处

联系电话：69478588

（孙 林）

东城区

概 况

东城区商务局（简称区商务局）是主管辖区国内外经济贸易和对外经济合作的工作部门。

全年，局党组以习近平新时代中国特色社会主义思想为指导，深入贯彻党的十九大和历次全会精神，全面贯彻新时代党的建设总要求，以政治建设为统领，以围绕中心、服务大局为重点，以提升组织力、服务力、创新力、凝聚力为目标，扎实开展党史学习教育，积极发挥党建引领作用，为促进商务事业发展提供坚强的思想、组织和作风保障，深入推进党建任务落实。党组书记带头讲党课。组织党组理论中心组学习15次、主题党日活动15次、主题参观4次。深入开展党史学习教育，组织马克思主义读书班研讨、十九届六中全会精神学习心得交流、27场教育实践活动。将“我为群众办实事”作为党史学习教育的重要内容，推进7项为群众办实事项目落到实处。为迎接中国共产党成立100周年，组织在职党员积极回社区报到，开展“垃圾分类桶站值守”活动及“迎七一周末卫生大扫除”活动。晋升、交流公务员10人次。全年开展提醒谈话8次、对新晋升干部任职廉政谈话4人。抓好重要时间节点的廉政提醒和监督，开展明察暗访5次。全年观看警示教育片3部，开展反腐倡廉警示教育12次。

（常 峥）

商业流通

【推动前门老字号集聚发展】结合前门商业区转型升级工作，在编制《前门商业区业态发展导则》过程中纳入鼓励老字号集聚发展事项，为属地街道、产权单位推动老字号集聚提供发展依据。截至2021年底已完成“东来顺”“御食园”“亿兆百货”“长春堂”等一批老字号店面完成升级改造，实现“四联美发博物馆”、盛锡福帽子博物馆、广誉远中药博物馆、二锅头博物馆、天乐园京剧博物馆、荣宝斋沉浸式体验研学馆等构成的民间博物展馆落户亮相，助推传统商业在前门迸发与时俱进的商业新活力，助力老字号实现新场景、新消费的转型升级与可持续发展。

（高 翔）

【推动东城区新消费品牌孵化基地挂牌运营】在北京国际消费中心城市建设总体框架下全力推动新消费品牌孵化工作。3月29日首批红桥市场、王府井19号府、南阳共享际3处孵化基地在全市率先实现挂牌运营。全年推动孵化基地探索建立品牌孵化机制，引入孵化品牌，通过多方渠道为品牌提供赋能支持。BTV《这里是北京》《北京你早》《首都经济报道》栏目，持续报道新消费品牌孵化工作理念、基地建设成果及优质在孵品牌，取得良好社会反响。截至2021年12月，3家孵化基地累计在孵品牌22个。

（高 翔）

【行业监管】全年出动安全生产检查人员3734人次，检查督导企业1867家次，排查整改各类安全隐患4950处。落实常态化隐患排查整治，深入开展春夏火灾防控、燃气安全隐患排查、大型商业综合体消防安全等专项排查整治行动；做好疫情防控保障工作，引导商业、餐饮、家政、快递、物流等行业企业精准落实防控要求，推动复工复产复市。截至目前，商超物流组共监测各类商业服务业企业8862家，累计开工8645家，开工率97.55%。在岗人员70325人，在岗率96.67%。其中规模以上超市37家，规模以上其他商业36家，开复工率均为100%，规模以上餐饮187家，复工复产184家，开复工率98.40%。规模以上商业零售和餐饮经营单位在岗人员16195人，在岗率达99.94%；扎实推进商务行业安全生产专项整治三年行动，推进安全生产标准化建设、城市风险防控体系建设等，实现安全生产标准化创建全覆盖，行业监管关口前移，源头管控；落实责任，扎实推进垃圾分类和光盘行动。

（郭忠宝）

【生活性服务业品质提升】新建或规范提升便民商业网点24个，完成全年任务的120%。其中，新建蔬菜零售网点2个、便利店10个、早餐网点5个，规范提升蔬菜零售网点5个、便利店1个，早餐网点1个。2021年10月，东城区被商务部认定为全国首批城市“一刻钟便民生活圈”试点地区。

（蔡　伟）

【参与中国国际服务贸易交易会】9月2日至7日在国家会议中心和首钢园区举办。东城区组建交易团，组织企业参加线下金融服务专题展和文旅服务专题展，展示东城区金融良好发展态势，生动呈现“文化东城”的多姿风采。邀请224家企业搭建线上展台，上传线上展品650个。在国家会议中心一层E3展区，举办“紫禁之东投资兴业　服务贸易繁荣发展”——2021年服贸会东城区投资推介洽谈会。组织参展企业到东城区隆福大厦进行参观考察，推介东城区良好投资环境和政策优势，在北京主题日活动中，东城区上台签约项目2个，签约金额3亿元。完成成交类及投资类项目41个，成交金额3.1亿美元。

（雷显义）

【北京消费季之燃购东城】“北京消费季之燃购东城”消费季以4月28日启动仪式为起点，五大商圈联动发力，营造东城消费的良好氛围。全年消费季设置“美食东城”“韵味东城”“品质东城”“悦动东城”4个重点板块；推出22个促消费专项活动以及各类市场主体开展的“X”项主题营销活动。消费季将持续到年底，贯穿全年重要促消费节点。依托区域内商旅文体资源，围绕购物消费、时尚消费、数字消费、信息消费、美食消费、文化消费、旅游消费、体育消费，全方位提升传统消费、培育新型消费，实现“周周有活动、月月有亮点、季季掀高潮、年终见实效”。

（王　珂）

【东城区培育建设国际消费中心城市示范区】为全面落实“五子联动”重要要求，推动全区经济高质量发展，东城区坚决贯彻落实市委、市政府关于推进北京国际消费中心城市培育建设的决策部署，加快培育建设国际消费中心城市示范区。一是高位统筹，成立区级工作领导小组。由区委区政府主要领导亲自挂帅，构建“一办十组”工作构架，各部门分工明确，协同配合，共同推进市级规定任务，区级自选任务的落地落实。二是完善顶层设计，出台配套实施方案。研究编制了《东城区培育建设国际消费中心城市示范区实施方案》，经区政府常务会、区委常委会审议通过，并以区两办名义正式印发。三是高质量完成各项任务，成效显著亮点突出。2021年度项目、任务目前已基本完成，其余任务均已启动并取得一定成效：五大商圈建设推进有力，积极打造“文化金三角”

消费新地标、前门“老字号+国潮”传统文化消费区；品牌首店加速集聚，全年共引进首店142家，数量位居全市第二；新消费品牌孵化加速集聚，南阳共享际、王府井19号府、红桥市场3个新消费品牌孵化基地实现挂牌运营，成为全市首批挂牌基地；持续打响“燃购东城”消费品牌，开展“燃购东城”消费季，推出“1+4+22+X”系列活动，切实营造了良好的国际化消费氛围。

（王　珂）

【进口博览会】按照《第四届中国国际进口博览会北京市交易团组织工作方案》要求，制定《第四届中国国际进口博览会北京市交易团东城区分团组织工作方案》，结合我区工作实际，成立进口博览会北京市交易团东城区分团。本届进口博览会北京市交易团东城区分团共审核通过94个单位合计429人的参会申请。

（张玉婷）

对外经济

【概况】东城区对外经贸工作由区商务局主管。年内，东城区新设外商投资企业61家，其中独资33家，合资23家，合伙5家，同比增长17.3%；实现实际利用外资6.36亿美元，同比增长5.8%，全市排名第五位，圆满完成市里下达的实际利用外资指标额任务；实现进出口额1327.0亿元，同比增长30.2%，进出口规模达十年来新高，在全市排名第六位。其中出口额206.4亿元，同比增长12.0%，高于全年目标数值5.9个百分点，超额完成全年目标任务；进口额1120.5亿元，同比增长34.2%。

（王　京、张玉婷）

名　录

单位名称：北京市东城区商务局

单位领导：周　刚　党组书记

王万青　党组副书记、局长

地　　址：永定门内东街中里13号楼

邮　　编：100050

电　　话：67079146

传　　真：67079102

（常　峥）

西城区

概　况

西城区商务局（简称区商务局）是负责辖区商贸流通、消费促进、对外及对港澳台经济合作和生活性服务业发展工作的区政府工作部门。年内，坚持党建引领，强化统筹联动，做到新冠肺炎防疫情与保民生齐抓、促发展与保稳定并举，实现地区商业服务业高质量发展。制定《西城区建设国际消费中心城市示范区实施方案》，在全市推广。面对减量发展形势和新冠肺炎疫情挑战，多措并举惠民兴商，实现社会消费品零售总额1089.4亿元，同比增长9.7%，增速高于北京市1.3个百分比。推进“两区”建设，实现项目总额、平均金额及突破性标志性项目占比3个“全市第一”。招商引资项目数量和实际利用外资两个指标提前完成，实际利用外资同比增长39.15%，新设外商投资企业同比增长27%。坚持“以人民为中心”理念攻坚克难，做好接诉即办工作。超额完成生活性服务业网点新建提升任务，生活“便利性”全市第一。抓好新冠肺炎疫情防控与安全生产，生活必需品价稳供足，市级粮食安全区长责任考核工作获评“全优”等级。

（谢　莉）

商务行业疫情防控

【疫苗接种】年内，组织大型商场、规模以上超市、百姓生活服务中心、社区菜市场、快递、家政等行业从业人员做好新冠肺炎疫苗接种工作。多次召开疫苗接种相关工作部署会，各企业负责人带头接种，助推新冠疫苗接种工作有序开展。加大宣传力度，营造良好接种氛围。针对疫苗接种工作细化分工，压实责任，确保商业企业从业人员“应接尽接”。行业接种累计8万余剂次，到期加强针接种率达99.3%。

（刘　军）

【核酸检测】年内，累计组织大型商场、规模以上超市、百姓生活服务中心、社区菜市场、快递、家政、美容美发企业从业人员以及盒马、麦当劳、必胜客等网络订餐平台外送人员核酸检测26轮次，24万余人次。

（刘　军）

【常态化疫情防控】年内，紧抓大型商场、规模以上超市、百姓生活服务中心等商务行业疫情防控管理。落实从业人员健康监测、进返京管理、动态排查协查等机制，严格执行顾客戴口罩、测温验码、一米线、环境消杀、换气通风、适当限流等防疫措施。设立检查组，对大型商场、规模以上超市、百姓生活服务中心进行全覆盖检查，累计出动检查力量7000余人次。

（刘国庆）

【加强冷链食品疫情防控】年内，持续推广应用“北京冷链”追溯平台，确保进口冷链食品经营主体规范注册、使用平台。强化从业人员操作规范，保证消毒到位，人员防护到位；每周持续开展冷链食品相关从业人员和环境定期核酸检测工作，坚持“人、物、场所”同防。

（丁　宁）

【市场供应保障】年内，高效运转物资保障平台，健全横向覆盖全行业、纵向穿透全链条的分级分类市场供应保障网络，统筹协调加强市场供应，做好市场监测与信息发布，确保米面粮油肉蛋菜奶等生活物资量足价稳，充分保障市民节日及日常消费需求。

（丁　宁）

【完善生活必需品应急储备库】年内，区商务局利用辖区腾退空间实施实物储存完善区级生活必需品储备库，储备帐篷（单帐篷、棉帐篷）、采暖设备（电暖器）、民用口罩、民用防护服等民用防疫物资；储备方便面、火腿肠、矿泉水、榨菜等方便即食食品；储备胡萝卜、萝卜、白菜、红薯、洋葱、土豆等蔬菜。

（柴晓虹）

商业服务业

【北京西单时尚节】7月29日，以“构建高品质发展新生态，打造国际消费中心城市示范区”为主题的第十一届北京西单时尚节在北京西单更新场开幕。时尚节为期3个月，围绕“时尚、文化、品质、生活”，对标西城区构建“双核、两带、七区、五街”空间新布局，设计开展时尚西城、国潮澎湃、时尚美食、漫游新场景 畅享新生态——河图体验打卡秀4个系列30余场专题活动。依托“西城消费”平台，线上线下同步发力。开展“第四届西城时尚美食节”，全区近60家餐饮企业推荐经典菜品，参加年度“西城时尚人气美食”评选。同步开展“时尚云逛街”等平台活动，实现线上引流、双线融合、全行业共振，扩大“时尚节”品牌影响力。

（杜　颖）

【世界粮食日和粮食安全宣传】10月16日第41个世界粮食日，在天虹商场广场组织开展“2021年世界粮食日和全国粮食安全宣传周活动”。宣传推广年度世界粮食日主题“行动造就未来、更好生产、更好营养、更好环境、更好生活”和粮食安全宣传周主题“发展粮食产业助力乡村振兴”。宣传科学储粮、健康饮食、节粮减损等科学常识，引导涉粮企业和百姓共同关注国家粮食安全，维护全球粮食安全。活动现场发放宣传手册和宣传品等300余份。

（柴晓虹）

【首届西城区老字号餐饮文化节】10月22日，首届西城区老字号餐饮文化节开幕。作为西城区老字号餐饮振兴发展计划的新内容，活动持续到年底。其间，以线上线下相结合的方式，涵盖制作发布《百年味道，吃在西城》老字号餐饮纪录片及老字号餐饮传承菜谱、举办老字号餐饮文化展及传承拜师活动、开辟“西城消费”平台线上活动专区等系列内容，推动老字号餐饮传承创新发展，持续引导和扶持老字号餐饮高质量发展，推动老字号餐饮数字化转型提质，增强市场竞争力。

（赵杰平、史　倩）

【发布《西城区建设国际消费中心城市示范区实施方案》】10月27日，西城区发布《西城区建设国际消费中心城市示范区实施方案》，以建设“北京国际消费中心城市示范区”为目标，着力构建“东西双核”引领、“南北两带”加持、“七区五街”驱动、全域品质化生活性服务消费“一网托底”的消费新布局，拓展“八大消费行动”，全面提升西城的消费供给与服务品质，作为“西城样板”在全市推广。

（耿嘉俊）

【区长做客“市民对话一把手”直播访谈】12月5日，西城区委副书记、区长孙硕在BRTV北京时间新闻栏目，以“高起点谋划西城消费新生态，全力迈上国际消费中心城市示范区建设新征程”为主题，向社会大众解读西城区建设国际消费中心城市示范区相关工作，详细说明“双核两带”“七区五街”“一网托底”的空间布局和“八大消费行动”内容，丰富了西城消费品牌形象，加强国际消费中心城市建设宣传工作。

（耿嘉俊）

【线上专题讲座】12月16日，区商务局举办“2021年经济形势与企业创新发展”专题讲座活动，100余家商业企业基层领导及业务骨干参加。讲座从新发展格局下的商业重构及“云消费”时代的产业革命两个方面，为商务服务业发展方向开拓思路、明确方向；帮助企业在以国内大循环为主体、国内国际双循环相互促进的新发展格局下，明晰发展路径、创新商业模式，推动西城区商业服务业高质量发展。

（赵杰平）

【老字号企业红色基因与发展历程展】12月，区商务局联合中国商业联合会中华老字号工作委员会，在西西友谊酒店举办“赓续红色基因、弘扬工匠精神、赋能匠心企业”为主题的老字号企业红色基因与发展历程展。40余家老字号展示了企业自中国共产党成立以来的红色故事与创新发展历程。展览持续2个月。

（赵杰平、史　倩）

【“西城消费”平台建设】年内，区商务局持续发挥“西城消费”平台数字赋能作用，不间断组织5个版块、14个系列、40轮线上线下主题活动。平台注册用户63.8万人，商户822家，门店3600余家。优化数字化服务功能，陆续上线视频号、“小西嗨逛”探店推广、“百年传承金牌菜”等栏目，助力区域老字号餐饮文化和商业品牌宣传。启动“西城惠民消费季”，发放消费券368.8万张，累计核销2415.6万元，直接拉动消费4.7亿元。

（杜　颖）

【西单商圈品质提升】年内，区商务局推进商圈品质提升，确定西单商圈“四至”范围，组建专家团队，形成《西单商圈品质提升总体方案》和《西单商圈业态管控导则》《西单商圈楼宇外立面管控导则》《街区景观规划方案》《后街提升实施方案》《商圈交通优化方案》等初稿。

（邵自军、刘　畅）

【配合推进大栅栏商圈品质提升】年内，区商务局配合推进商圈品质提升，确定大栅栏商圈“四至”范围；起草《大栅栏改造提升五年行动计划》修订稿和《大栅栏商圈业态导则》。

（邵自军、沈荔丹）

【地安门商圈提质复兴】年内，区商务局推进商圈业态调整提升，牵头对街区127家企业进行摸排，建立经营台账，分类定位；制定《地安门街区业态调整提升实施方案》；结合中轴线保护和地外大街复兴工程完成《地安门商业区业态发展指导细则》；推动中粮集团与天恒集团合作，推进建立地外大街各类商户资产运营平台；完成地安门百货亮相实施方案。

（邵自军、党文君）

【西安门整治提升】年内，区商务局配合什刹海街道、什刹海指挥部对西安门大街实施综合整治提升，牵头完成街区100家企业门店摸排调查工作，研究确定保留31家门店；制定《西安门大街业态调整提升实施方案》，明确“文化休闲、品质餐饮、精品生活服务”提质方向。

（邵自军、党文君）

【“一店一策”改造】年内，区商务局完成对原西单文化广场及77街的升级改造，更名为西单更新场，商业面积由原4.2万平方米减少到3.5万平方米。地上空间改造为公园式休闲空间，改善广场绿化及周边交通状况。完成百盛购物中心北楼商改办改造，减少商业面积约2万平方米，降低长安街沿线商业密度。

（邵自军）

【培育首店经济】年内，区商务局按照商圈“国际化、高端化、品牌化”要求，在西单商圈、大栅栏商圈引进曼联梦剧场等全球首店、亚洲首店及国内首店40余家，出现20余家网红新打卡地标。其中重点培育的曼联梦剧场为俱乐部全球首店，引用先进虚拟技术构建集文化传播、沉浸式体验、餐饮、娱乐为一体的打卡新地标，4月28日全球同步首发开业。

（杜 颖、刘 军、赵杰平）

【“接诉即办”】年内，区商务局受理12345市民热线投诉举报3302件，同比增长26.03%。预付式退费2763件，占比83.68%，同比增长51.23%；新冠肺炎疫情防控案件131件，占比3.9%；便民服务案件118件，占比3.5%；民事纠纷案件196件，占比5.9%。区分中心有效回访1340件，同比增长38%，单否248件，双否298件。满意率77.54%，比同期增长1.24%；解决率59.25%，比同期增长13.55%。全年累计为诉求者维护经济利益600余万元。

（李小丽）

【单用途商业预付卡备案管理】年内，区商务局要求备案企业从资金管理制度、实名登记制、限额发行制、非现金购卡制、单用途卡章程和购卡协议等多方面进行单用途商业预付卡自查。做好每季度系统审核，完成8家企业备案。

（赵杰平）

【老字号时尚创意大赛】年内，区商务局联合中国商业联合会中华老字号工作委员会举办“2021年老字号时尚创意大赛”。大赛内容以“传承经典，引领时尚”为主题，展示老字号企业创新产品和产品包装。设置时尚创意大赛产品奖、时尚创意大赛产品包装奖、时尚创意大赛科技创新作品奖。共有来自全国24家企业的80件作品参赛，其中产品组59件、包装组21件。产品组获科技奖1件、一等奖7件、二等奖16件、三等奖29件、优秀奖7件；包装组获一等奖4件、二等奖8件、三等奖9件。

（赵杰平、史 倩）

【诚信兴商典型案例征集】年内，区商务局开展“诚信兴商典型案例”征集活动，通过评选京华茶叶、白塔寺药店、和合谷、戴月轩、二友居、居仁堂、瑞蚨祥、六必居、万方西单、西单购物中心等企业获“诚信兴商十大典型案例”。

（赵杰平）

【无障碍环境建设】年内，区商务局组织商场、超市、百姓生活服务中心负责人员无障碍工作培训，指导企业对照标准进行无障碍自查。根据摸排检查情况上账管理，督促上账点位企业进行问题整改。统一制作无障碍陡坡标识、低位服务台标识、软性服务标识等8类标识，推进、帮助整改困难企业按要求按时限完成建设任务，完成销账点位37个。

（史 倩）

【商务行业安全生产巡查】年内，节假日和重大活动期间，开展商务行业安全生产、反恐防暴等工作动员部署和安全生产巡查，督促企业进行隐患排查整改。共检查单位数1240家次，出动人数2350人次。其中商业零售716家次、餐饮单位524家次。发现一般性隐患1910个，均已整改。商务行业稳定，未发生安全生产事故。

（杨尚宗）

【安全生产培训及应急演练】年内，区商务局定期召开安全生产联席会议和安全生产培训会。利用线上线下多形式、多频次对规模以上240余家企业进行新安法、285号令、用火、用电、电动自行车、危化品使用安全、燃气安全、有限空间作业、应急演练等方面培训。安全生产月期间，制定方案，组织开展隐患自查自纠、应急演练等活动。在老舍茶馆、国华商场、鸿宾楼等企业单位举行应急处置演练，相关部门人员现场指导，90余家企业安全生产负责人现场观摩。

（杨尚宗）

【安全生产标准化达标评审】年内，完成39家规模以上餐饮和零售企业的三级安全生产标准化达标创建工作。配合市、区应急局对年度标准化三级达标企业进行抽样核查。

（杨尚宗）

【粮食流通监管】年内，落实北京市《关于印发〈北京市粮食流通“亮剑2021”专项执法行动方案〉的通知》要求，严格粮食流通事中事后监管，严肃查处违法违规行为，对辖区内重点涉粮企业粮食流通监督检查覆盖率达到100%。

（柴晓虹）

【拍卖企业初审及年度核查】年内，完成辖区38家拍卖企业新设初审工作和变更、延续、注销拍卖经营许可批准证书工作以及58家拍卖企业2020年度核查初审工作。

（张晓燕）

【便民服务网点建设】年内，新建基本便民服务网点24个，其中百姓生活服务中心2家，蔬菜零售网点6家，便利店5家，便民早餐店2家，“第三空间”1处，便民理发店1家，末端配送网点（快递柜）7处，完成全年任务指标120%。截至年底，全区共有八类基本便民服务网点4110个，连锁化率53.8%，基本便民商业服务功能社区覆盖率100%，生活“便利性”领域全市并列第一。

（戚秀艳、丁 宁）

【百姓生活服务中心提质升级】年内，区商务局按照北京市《标准化菜市场设置与管理规范》工作要求，重点推进椿树西草场百姓中心、广外天陶红莲菜市场、陶然亭龙泉百姓生活服务中心和西长安街西绒线百姓生活服务中心完成场内环境和布局更新、建筑内外装修、售卖设施设备更新、排水供电通风消防等设备更新的提质升级工作。

（戚秀艳、丁 宁）

【八类基本便民网点核查】年内，区商务局通过对全区八类基本便民网点实地，利用北京生活性服务业公共服务平台系统，科学分析区域内百姓生活服务业网点布局，按照群众需求精准配置服务网点。完成对全区所有街道八类生活性服务业网点的数据采集和大数据管理功能等相关配套软件系统上线运行，形成数据分析报告，指导全区生活性服务业科学布点。

（戚秀艳、丁 宁）

【发布实施《社区商业生活服务业建设导则》】年内，区商务局结合网点监测与核验相关工作，创新推进《社区商业生活服务业建设导则》实施，编制15个街道的导则，为各街道提供个性多元、动态更新的“一街一则”支持，深入对接百姓需求，实施“民生工程民意立项”机制，实现生活性服务业精细化织补，织密织好便民商业服务圈。

（戚秀艳、丁 宁）

【生活服务业特色小店】年内，区商务局根据《北京市便民店建设提升三年行动计划》工作要求，结合居民实际需求与属地街道实际情况，鼓励发展生活服务业特色小店，支持小店开发自有品牌商品，搭载便民早餐、“小物超市”、便民维修、洗衣家政、快递收发等便民生活服务项目。搭建特色小店与品牌连锁企业的合作平台，促进线上线下融合，满足居民便利消费需求。金融街温家街胡同的便民小店充分利用160平方米的空间，实现便民洗衣、便民理发、便民维修、家政咨询等四种实体基本便民服务。

（戚秀艳、丁　宁）

【社区生活服务融合发展】年内，区商务局结合核心区实际，坚持“集约化、融合化”理念，引导企业因地制宜在百姓生活服务中心和“第三空间”[居民在家庭（“第一空间”）、工作单位（“第二空间”）之外的街区生活服务与公共交流空间（“第三空间”）]增设为老服务、幼儿托管、文化空间、微仓储等多样化可定制服务，依托线上线下融合的社区生活服务，为社会治理赋能，倡导社区共享经济新方式。累计建成55个百姓生活服务中心和16个“第三空间”。

（戚秀艳、丁　宁）

对外及对港澳台经济贸易

【参加市“两区”建设新闻发布会】1月7日，西城区参加北京市“两区”建设高端产业和金融领域专场新闻发布会，副区长聂杰英以“西城区多点开花，建设世界金融新坐标”为主题对西城区服务业扩大开放示范区（“一区”）建设方案进行全面介绍，重点解读金融街基础优势和金科新区“一区”机遇优势。西城方案在市“两区”门户网站（“开放北京”）及各主要媒体上进行重点推介。

（马　岩）

【区“两会”“两区”建设专场新闻发布会】1月13日，区“两会”新闻中心召开“紧抓‘两区’‘三平台’战略机遇，推动区域高质量发展”专场发布会。区商务局全面解读建设国家服务业扩大开放综合示范区的西城方案、重要政策举措和近期亮点项目落地情况。

（马　岩）

【区委书记参加《“两区”建设一把手访谈》节目录制】3月10日，根据市“两区”建设工作领导小组和市主要领导要求安排，孙军民同志到北京电视台直播间，参加《“两区”建设一把手访谈》节目录制。在访谈中，孙军民同志重点介绍了我区落实和推动“两区”建设的进展情况、“两区”建设的优势与特色、今年金融街论坛的新亮点及下一步“两区”建设的新举措等。

（马　岩）

【向香港地区推介金科新区和西城区支持政策】3月30日，在北京市召开“两区”建设香港地区线上推介会上，西城区副区长聂杰英重点介绍北京金融科技与专业服务创新示范区（“金科新区”）的基本情况、在“两区”建设过程中的优势，以及取得的新进展。向香港企业介绍“金科十条”“金服十条”“金开十条”和促进专业服务业发展、支持低效楼宇改造、加强数字经济发展若干措施等一揽子支持政策。

（马　岩）

【央企电商联盟大数据交易中心上线】4月1日，中央企业电子商务联盟年度工作会在西城区召开。会上，央企电商联盟大数据交易中心正式上线。《中央企业电子商务联盟产业数字化发展三年行动计划（2021—2023）》和央企电商联盟电子商务标准体系正式发布，央企电商乡村振兴帮扶计划启动，构建以国内大循环为主体、国内国际双循环相互促进的新发展格局，为中央企业数字经济高质量发展提供新动能。交易中心由驻区企业国网征信有限公司与国家能源集团物资公司等12家单位发起，应用区块链底层技术建立“可信、互通、安全”的数据交易机制，多元化、多渠道汇聚数据资源，打通数据链条，建立评估机制，线上确权交易，打破企业间数据孤岛，促进央企电商各平台、各单位间数据资源要素的快捷交互，依托数据融合推动产业链各环节及各行业间的融合，实现数据资源向数据资产的转变。通过共建数据交易中心、共享数据融合成果，实现从“数字时代”到“数智时代”的转型跨越。

（马　岩）

【西城区与华为签署战略合作协议】4月19日，西城区政府与华为技术有限公司签署战略合作协议，全面启动“四个合作”。即：政府与企业合作，打造华为河图技术创新推广基地，构筑“数字孪生城市”基础设施及服务能力，推动西城区产业数字化赋能示范区和数字应用场景引领示范区建设；企业与企业合作，华为与区属华远集团已合资成立新公司，负责北京河图系列项目落地实施和数字孪生空间运营；基金合作，区政府、华为公司及社会资本共同推进建立数字空间产业专项基金，保障重点项目建设；项目合作，推动率先实现西城区数字孪生空间全覆盖，实施“多场景首个数字示范应用”落地发布，在商圈、文旅、重大项目及行业应用等领域打造标杆项目。下一步，双方将依托华为河图平台产业合作，共同推动“数字孪生城市”建设，加速“两区”建设数字经济创新发展，打造全球领先的数字经济技术创新高地。

（马　岩）

【“两区”建设专题培训班】5月6至8日、5月10至12日，区委组织部、区商务局、区委党校联合举办“两区”建设专题培训班，为两期，每期3天。副区长聂杰英在两期培训班上做专题授课。西城区建设国家服务业扩大开放综合示范区工作领导小组30余家成员单位、15个街道办事处、14家区属企业处级领导和业务骨干共130名干部参加培训。邀请市“两区”办相关负责人、知名学者、国际专业咨询机构专家和主管区领导授课。

（张吉先、史瑞靖）

【参加服贸会】9月3至7日，区商务局牵头组团参加北京2021年中国国际服务贸易交易会。组织区内269家企业线上参展参会，达成协议类、投资类、首发创新类等项目成果45个，金额2.08亿美元。区长孙硕在北京日上代表区政府与“两区”建设重点项目签约，带领各产业部门与参展商进行调研对接；区领导在多个重量级论坛上做推介西城主旨演讲。在首钢园区搭建金融服务展、文旅服务特色主题展区。西城区政府与市商务局、市投资促进服务中心联合举办“2021服贸会走进西城推介会”，发布“两区”建设一周年高质量发展成绩单，向10余个驻华使馆和数10个国内外知名企业代表做招商主题推介。

（贾明达）

【“一带一路”法律商事创新服务平台落地金融街】9月5日，2021年服贸会重要配套活动——“一带一路”与北京“两区”建设法治环境保障暨第六届“一带一路”综合服务建设能力论坛在金融街举办。会上，市发展改革委、市推进“一带一路”建设工作领导小组办公室正式授牌启动“一带一路”法律商事创新服务平台，成为经北京市推进“一带一路”建设工作领导小组批准设立的首家以“一带一路”命名的国际合作平台。平台成立后，将进一步强化商事调解服务、项目融资服务、法律智库服务、科技法律服务、法律查明服务等功能，深化国际合作，打造国际商事纠纷解决中心和国际一流的法律商事环境。论坛现场举行首批平台项目签约仪式，亚太投资银行碳中和海外债项目、中国与缅甸、中国与马德里投资促进创新服务基地项目、豪顿新闻传媒控股集团（意大利）中欧文旅交流促进项目、北语金融街共建海内外汉语交流培训项目进行线上线下签约；金融街国际教育品牌“金融街汉语”签约入驻平台，为金融街与“一带一路”沿线国家交流搭建文化桥梁。

（马 岩）

【参加中国国际进口博览会】11月5至6日，西城区分别参加北京市投资促进服务中心在第四届上海进博会上举办的两场主题推介会：新发展格局下北京机遇——跨国公司闭门交流会和“五子联动”新发展战略下的北京机遇——长三角科技创新企业座谈会。130余家跨国公司总部、国内外科创上市公司及行业领军企业负责人参会。副区长聂杰英以视频连线形式做两场主题推介，以“以开放共促发展、以合作共创未来”为主题，同跨国公司和科创企业代表交流对话，从区位赋能、产业赋能、开放赋能、环境赋能等角度全面推介区域投资环境与营商环境优势，介绍国家金融管理中心和国家级金科新区建设成果、北京证券交易所落地新机遇，展示“产业+园区”开放取得的系列突破性成果，介绍了高品质公共服务环境等综合优势；与企业代表进行交流问答，欢迎全球更多优质企业和机构走进西城投资西城。进博会期间，区内企业菜百股份和高视远望共计签约1000万美元，其中菜百股份与比利时塔斯钻石（上海）有限公司签订钻石采购意向合同，采购额300万美元；高视远望与美国丹纳赫（上海）企业管理有限公司签订医疗器械采购意向合同，采购额700万美元。

（贾明达）

【两展一节】11月24日至12月23日，由中国茶叶流通协会与北京西城区人民政府共同主办2021“北京国际茶叶展 马连道国际茶文化展 线上惠民消费节”（简称“2021两展一节线上茶业博览会”）。西城区响应国务院关于支持企业网上洽谈、网上办展、推出创新展会服务的政策，创新办展形式，首次以茶业线上展览的方式，通过“中国茶叶流通协会”小程序、“西城消费”公众号、抖音直播、快手直播等网络新媒体，为消费者和茶企搭建合作、交流、销售、洽谈的新平台。线上茶博会通过直播周、线上9大展馆、主题空间等活动与载体，推动茶农、茶企、茶友“屏对屏”地连线交流，共有600余种品牌、719家展商参与线上茶博会，涉及产品2300余种。线上展会共发布视频252个，上传照片110组，总访问量达79.08万人次，新增独立粉丝98050个，成交金额22万余元。线上茶博会发挥“互联网+”优势，尝试创新创效、共赢共享的新模式，通过线上办展助力茶农茶企复工复产、推动行业发展，实现茶行业、产业、全渠道互动融合，激活“两展一节”生机与活力，活动能级及影响力实现跨越式提升。

（章建平、洪 娟）

【“两区”建设】年内，统筹推动实施《西城区建设国家服务业扩大开放综合示范区工作方案》和《西城区建设国家服务业扩大开放综合示范区工作领导小组组建方案》，构建“金融街+金科新区+多产业”的区域开放布局和“四+N”产业开放体系（“四”指：打造金融业开放合作新高地、增强金融科技发展新优势、强化金融街资产管理中心功能、大力促进数字经济新发展；“N”指在生活服务业、专业服务业、商贸、文化等N个现代服务业领域寻求新突破），实施“清单化管理+项目化推进”，推动“项目+企业”落地发展，以高水平开放赋能高质量发展，实现一系列成果落地。实现“两区”建设3个“排名全市首位”：纳入市“两区”招商项目147个，总金额1679亿元，排名全市首位；项目平均金额11.43亿元，排名全市首位；北京证券交易所、中国银河资产、大和证券、金融网关等13个项目入选全市“两区”标志性项目，占比 26.5%，排名全市首位。推动《“政府＋企业”双管家服务金融业发展新模式》入选北京市“两区”建设第一批改革创新实践案例。

（马　岩、郭映辰）

【利用外资结构稳定】年内，区新设外商投资企业 42 家，同比增长 27.27%；吸收合同外资 9.3 亿美元，同比下降 5.26%；实际利用外商直接投资 3.1 亿美元，同比增长 39.15%。从合同外资来看，投资规模排名前三位的是金融业、科学研究和技术服务以及地质勘探业、租赁和商业服务业。

（郝家莹）

【进出口总额】年内，西城区进出口总额 4935.9 亿元，同比上升 20%，占全市比重 16.2%，位居北京市第二。其中出口额 918.9 亿元，同比下降 3.7%，占全市比重 15%，位居北京市第三；进口额 4017.0 亿元，同比上升 27.2%，占全市比重 16.5%，位居北京市第二。

（贾明达）

【受理对外贸易经营者备案登记】年内，办理对外贸易经营者备案登记 141 件，同比下降 30.54%。其中新办 70 家，同比下降 44.88%；变更 67 家次，同比下降 1.47%；注销 4 家，下降 50%。

（郭文志）

【服务外包】年内，完成四类驻区服务外包奖励材料初审工作 7 家次，其中，办理新录用人员补助 1 家次；提升公共服务能力项目的服务贸易公共服务平台 1 家次；服务贸易出口贴息项目 4 家次；鼓励重点服务进口项目 1 家次。服务外包新增合同签约金额 1.9 亿美元，服务外包执行金额 0.32 亿美元。

（贾明达）

【市营商环境评价迎考】年内，梳理报送企业信息库信息 3750 条，各部门沟通市级部门打分情况 35 项；梳理形成区营商环境特色亮点“加分项”99 项，其中全国表彰获奖类 10 个、市级推广或市领导表扬类 21 个、区级特色创新做法案例 68 个，涵盖国务院通报表彰“真抓实干”质量创新、全市首发“金开十条”、率先落地政务服务区块链应用、“两区”建设首创标志性项目落地等内容综合评价总成绩为 92.4 分。

（郝家莹、马　岩）

【稳外资外贸】年内，区商务局注重从服务企业向服务企业人才延伸，协助 22 家（次）企业 28 人办理邀请来华申请，从 9 个国家和地区来京；为驻区机构办理“外籍高层次人才永久居留权”申请 3 件、“外籍人才永久居留积分评估”申请 2 件。抓好大项目跟踪服务，走访重点外资外贸企业。强化服务管家机制，按企业需求“定制”，组织各相关部门开展“一对一”“多对一”等各种形式的服务交流。组织外资外贸企业参加 RCEP 政策线上培训会、中小企业及“双自主”企业国际市场开拓资金培训、外贸企业“成本上涨”专项调查统计等活动，及时与市商务局沟通反映企业诉求，为企业答疑解惑。利用外资外贸直报平台，组织驻区企业完成月度填报任务，做好外资外贸发展动态监测分析。组织近 20 家外资企业参加市人大优化营商环境条例专题调研外资企业专场座谈会，扩大驻区外资企业发展诉求表达渠道，为市优化营商环境建言献策。

（马　岩）

名　录

单位名称：北京市西城区商务局
党组书记、局长：袁　利
地　　址：西城区北滨河路 9 号
邮　　编：100055
电　　话：83509335
传　　真：68012342

（谢　莉）

朝阳区

概　况

年内，朝阳区商务运行稳中向好，消费、外贸等主要指标保持全市领先，“两区”建设取得新进展，稳增长、促改革、优环境、惠民生等工作有序推进。全年实现社会消费品零售额3554.2亿元，新建（改造）便民服务网点55个。批发零售业和租赁商务服务业共形成区级收入197.1亿元。实现进出口总额14536.9亿元，实际利用外资51.1亿美元，新增跨国公司地区总部9家，跨国公司地区总部增至138家，占全市70%。区商务局年内办理粮油仓储单位备案4家；单用途商业预付卡备案企业6家。

（张维民）

【推进“两区”建设】 年内，聚焦跨境金融、高端商务服务、数字经济等重点领域，朝阳区出台第一批促进“两区”建设28条专项政策。全面落实“三单”管理，梳理细化“政策、企业、空间”三张清单，统筹推进“政策+项目”组合落地。政策创新有突破，聚焦市级251项政策，朝阳区牵头两项任务全部完成；区级实施方案62项，落地62项，政策落地率100%。梳理“两区”重点产业项目352个和GaWC目标企业175家，其中174个重点产业项目落地，包括外资项目69个，项目总量和外资项目数均全市领先，42项在全国、全市有影响力的“首家”“首批”项目落地。示范效应突显，围绕金融创新、中医药服务贸易等朝阳特色领域形成10个改革创新实践案例，朝阳区数字增信文旅产融模式创新案例获得全国创新案例奖，预付费资金监管模式创新案例获得全市创新案例奖。

（张维民）

【促进消费】 年内，朝阳区实现社会消费品零售额3554.2亿元，占全市总量的23.9%，同比增长10.3%。在创新流通、促进消费上下功夫，加快建设国际消费中心城市主承载区。立足区域资源优势，提出构建“1+5+8”措施体系（构筑一体化消费版图，打造五大国际顶级商圈片区，实施八大提升工程）的总体思路，创新建立“品牌+项目”清单化管理、“国内+国际”一体化推进、“产业+区域”协同化发展的工作机制。以品质化、特色化、国际化为导向，提升三里屯、CBD、蓝色港湾等核心购物商圈品质，打造SKP-S、三里屯#024等沉浸式、体验式消费场景，推动商圈转型提升。首创郎园Station成为全市新消费品牌孵化基地首批试点项目，在孵品牌30余个。望京小街、三里屯#024作为第二批新消费品牌孵化基地项目正式开始运营，培育新消费品牌。开展“潮朝阳 新消费”等促消费活动，营造活跃消费氛围。建设亮马河国际风情水岸，开发夜游主题精品旅游项目，支持“夜京城”商圈发展，营造活跃消费氛围。全区入驻首店数量达483家，占全市近54%，位居各区之首；“深夜食堂”特色餐饮街区扩容至6家。支持培育新业态、新模式，鼓励Fudi仓储式会员超市等新型便民商业发展。推动新建改造便民服务网点55个，提升消费供给品质。

（张维民）

【批发零售与租赁商务服务业】 年内，朝阳区批发零售业和租赁商务服务业共形成区级收入197.1亿元，同比增长17.1%。占全区的37.0%（全区531.87亿元，同比增长7.0%）。其中，批发零售业实现区级收入111.0亿元，同比增长29.0%；租赁商务服务业实现区级收入86.2亿元，同比增长4.6%。

（张维民）

【推动总部经济发展】年内，朝阳区为重点企业提供一对一管家式服务，引导企业能级提升，在认定工作中予以细心指导，得到企业好评及锦旗。新增跨国公司地区总部9家，跨国公司地区总部增至138家，占全市70%。

（张维民）

【外资外贸】年内，朝阳区新设外资企业721家，同比增长45.7%，占全市37.5%；实际利用外资51.1亿美元，同比增长10.5%，占全市32.8%；吸引合同外资184.4亿美元，同比增长200.6%。朝阳区累计完成货物进出口总额14536.9亿元，同比增长31.9%，占全市总量的47.8%。其中，进口完成13386.8亿元，同比增长34.4%，占全市总量的55%；出口完成1150.1亿元，同比增长8.8%，占全市总量的18.8%。

（张维民）

【参与服贸会】举办全球采购与数字经济可持续发展论坛，在全市率先发布《2021朝阳区外资外贸发展报告》，加大招商引资力度。组织区内企业参展，搭建朝阳分团“云展台”，共有330余家境内外企业完成线上注册，涵盖科学推广和应用服务业、批发和零售业、租赁和商务服务业等多个热点行业。促成北京嘉会国际医院、“群鲜荟萃”等重点项目签约，朝阳分团整体签约额突破156亿元。

（张维民）

【疫情防控物资保障】年内，依托重点企业构建防疫物资保供网络，加强区内批发企业、规模超市、农贸市场货源储备，做好区级政府储备，保障市场供应充足、运行平稳。

（张维民）

名 录

单位名称：北京市朝阳区商务局
党组书记、局长：陈庆华
地 址：北京市朝阳区日坛北街33号
邮 编：100020
电 话：65099185
传 真：65094325

（张维民）

海淀区

“两区”建设

【“两区”建设对话一把手访谈】北京广播电视台推出《“两区”建设对话一把手访谈》节目，2021年1月11日，海淀区委书记于军参与节目。节目中，区委书记于军介绍：“两区”和中关村政策的叠加优势，成为海淀区重大战略机遇。中国（北京）自由贸易试验区科技创新片区中的海淀组团共21.59平方公里，位于海淀区北部；国家服务业扩大开放综合示范区则覆盖海淀区全域。同时，海淀区还是中关村国家自主创新示范区核心区，这“三区”政策的叠加优势，将是海淀区和中关村科学城跃升成为国际科技创新中心核心区的重大战略机遇。

海淀区“两区”建设中对科技企业最具吸引力的政策，是四项税收优惠政策和数字贸易港试点，包括高端人才个人所得税优惠、技术转让所得税优惠、鼓励长期投资的企业所得税优惠、优化高新技术企业“报备及批准”政策。而数字贸易港将探索解决数字领域中国企业走出去和外国企业走进来的痛点、难度、热点问题，力争在跨国合作和规则制定方面树立国际标杆。

（刘雅丽）

【海淀区“两区”建设专题培训班开班】2021年7月8日，在海淀区委党校举行中关村科技创新干部学院战略合作协议签约仪式暨海淀区“两区”建设专题培训班开班式，为海淀区内40多个机关单位、29个街镇及重点国企、园区的主要领导及相关负责人进行为期两天的“充电”培训。海淀区委书记、中关村科学城党工委书记于军出席并做开班动员。

会议由海淀区委副书记，中关村科学城党工委副书记、管委会副主任，中关村科技创新干部学院院长张强主持，海淀区委常委、组织部部长、中关村科技创新干部学院副院长张若冰出席。市委组织部有关领导到会指导。

区委书记于军在开班式上强调，抓好“两区”建设，是学习贯彻习近平总书记在庆祝中国共产党成立100周年大会上的重要讲话精神的实，北京市商务局党组成员、市“两区”办专职副主任刘梅英作了《高标准推进“两区”建设的探索与思考》专题报告。从国际、国内、北京层面梳理了“两区”建设的时代背景；从产业准入、数据流动、资金进出、人才支持、税收优惠五个方面对“两区”建设的主要内容和成效际行动和重要举措。要通过专题培训，进一步提升思想认识、革新思维观念、拓展视野格局、增强本领能力，更好地运用“三区”政策叠加的独特优势，推动“两区”建设走在前、当标杆、做示范，加速区域创新和高能级高质量发展。

开班式结束后，北京市商务局党组成员、市“两区”办专职副主任刘梅英作了《高标准推进“两区”建设的探索与思考》专题报告。从国际、国内、北京层面梳理了“两区”建设的时代背景；从产业准入、数据流动、资金进出、人才支持、税收优惠五个方面对“两区”建设的主要内容和成效进行了解读；分析了推进中的共性问题，提出了下一步发展方向和工作建议。

（刘雅丽）

【2021“海淀之夜”专场推介活动】 2021年9月3日，由北京市海淀区人民政府主办，海淀区商务局、北京中关村科学城创新发展有限公司承办的2021“海淀之夜”专场推介活动，在下一代互联网创新园国际会议中心拉开帷幕。

北京市商务局党组成员、市“两区”办专职副主任刘梅英到会指导，区委书记于军致辞，区委副书记、区长王合生主持活动，区委副书记张强，区委常委、副区长梁爽，副区长林剑华出席活动。

活动现场进行了海淀区“两区”建设情况介绍及营商环境推介，发布海淀“两区”建设一周年成果展。成果展以“数动海淀·智启未来”为主题，通过数字呈现海淀经济、高精尖产业等发展情况，展示了两区建设目标、一周年成绩单、两区政策、两区故事、成果展示等。当晚同步举行“两区”建设重点企业签约仪式，近三十家重点企业与海淀区政府、中关村科学城管委会等机构进行项目签约。整场活动以线上线下相结合的方式，通过海淀融媒的直播镜头，将魅力海淀呈现给世界，让世界了解海淀，为中关村科学城建设发展注入更加强劲的动力。

（刘雅丽）

【“海淀区‘两区’政策速递专题沙龙”系列活动】 为了帮助企业更好地认识“两区”，助力企业更好地享受“两区”政策红利，2021年10至11月，海淀区商务局和北京中关村科学城创新发展有限公司推出了“走近‘两区’——海淀区‘两区’政策速递专题沙龙”系列活动，共举办三期。活动以“两区”建设一周年为契机，系统详细介绍了“两区”的相关政策。包括：什么是“两区”，两个“区”有什么相同和不同；“两区”政策主要有哪些主要内容，包括出台《北京市新一轮服务业扩大开放综合试点建设国家服务业扩大开放综合示范区工作方案》《关于促进中国（北京）自由贸易试验区科技创新片区海淀组团产业发展的若干支持政策》等一系列利好政策。以及以6个“更加”进一步提升企业的获得感，一是产业准入更加开放，二是数据流动更加安全有序，三是资金进出更加便利，四是人才支持力度更大，五是税收优惠力度更大，六是营商环境更优等一系列内容。

（刘雅丽）

【2021年海淀区“两区”建设进展】 海淀区2021年“两区”建设任务84项，已全部落地，实施率100%；其中牵头任务 1项（为数字贸易港，目前已落地14个案例）。

在政策方面：“两区”建设工作开展以来，《海淀区“两区”建设工作方案》84项重点任务，包括“海英计划（升级版）”支持政策、建立知识产权协同保护体系、建设离岸创新中心、落实技术转让所得税优惠政策等全部任务均已落地。

在项目方面：截至2021年12月31日，两区在库项目313个，其中外资115个，外资项目占比由年初的4.1%上升至36.7%。先后举办10批集中签约，引进101个项目。聘请国际知名商务服务专业公司对全球500强、重点领域龙头企业、行业隐形冠军及高科技独角兽企业等进行梳理和筛选，向企业推介我区“两区”政策，中瑞诚会计师事务所、苹果广告（北京）有限公司等8家已落地或已签约。

在统计方面：2021年，我区实际利用外资62.43亿美元，同比增长10.30%，全市占比40.12%，继续保持全市首位。2021年，海淀区外贸进出口总额3170.1亿元，同比增长15.1%，占同期北京市外贸进出口的比重为10.4%。其中出口额1467.9亿元，同比增长17.9%，占比

24%，超额完成1175亿元出口指标，出口额居北京各区第一。进口额1702.2亿元，同比增长12.8%，占比7%；2021年，科技创新片区海淀组团新增工商注册企业数2120家，其中新增内资企业2039家，外资企业81家。合同外资金额21.67亿美元，实际使用外资金额3.6亿美元。

在宣传方面：制作H5政策服务包，集成市、区两级130余条新出台的政策措施，通过公众号、微信等网络进行传播，让企业方便快捷的了解使用相关政策。举办45场政策宣讲会，覆盖3000余家企业。全年媒体报道200多篇，其中市级以上媒体报道60篇；北京信息28篇、昨日市情报道6篇。制作一周年宣传片。举办了两场“两区”建设微博大V行活动，相关视频点击量突破2.3亿人次。召开34场新闻发布会及推介活动，包括海淀“两区”政策线上推介会、跨国公司走进科创片区、海淀之夜等，为特斯拉、格林伯格·特劳里格律师事务所（GaWC榜单企业）、星火资本、富鲁达等近百家外资企业宣传“两区”政策。

在案例方面：形成11项顺应国家改革创新趋势、符合北京“两区”战略目标的创新实践案例。其中京津冀联动的全球化协同创新服务模式案例由入选“北京市建设国家服务业扩大开放综合示范区的首批最佳实践案例”向全国复制推广（全市10个案例）；便利民营企业和小微企业融资的“续贷中心”和“确权融资中心”运作模式，知识产权纠纷“源头回溯”溯源治理机制两个案例入选“全市复制推广的“两区”建设改革创新实践案例”（全市24个案例）。

（刘雅丽）

商贸服务业

【开展消费季活动，市场消费保持良好增长】开展2021北京消费季悦动海淀活动，举办了中关村国际美食节、海淀品牌消费节、社区智能消费节、信息消费节、海淀区商业服务业职业技能风采大赛、扶贫消费节等系列文化、旅游、体育等精彩促消费活动，以及以信息消费、数字消费为主题的促消费活动，市场消费保持良好增长。2021年，海淀区市场总消费同比增长13.2%，其中服务消费同比增长16.6%，市场总消费和服务消费总量和增长率稳居全市首位。全年实现社会消费品零售总额2920.8亿元，同比增长7.5%，占全市比重为19.6%，其中网上零售继续保持较快增长，限额以上批发零售业、住宿餐饮业网上零售额为1039.4亿元，同比增长20.4%。

（郭晓禹）

【推进国际消费中心城市建设】成立海淀区国际消费中心城市建设工作专班，制定《海淀区国际消费中心城市建设实施方案（2021—2025年）》，围绕六项重点任务，打造国际消费中心城市承载区，明确到2025年打造具有国际影响力的科技消费示范区和高品质生活引领区。

（郭晓禹）

【改造提升传统商圈】苏家坨镇安河家园国象商业街1月1日正式开业，为居民提供8+N项便民商业服务场景，打造了生活性服务业主题街区。五道口购物中心于5月完成传统百货商场一店一策改造并焕新开业，其中购物广场网红书店PAGEONE于4月底开业。公主坟商圈翠微百货、凯德晶品购物中心、印象城、城乡购物中心4个商业主体12月底完成改造提升和业态调整，其中翠微百货以“新生翠微”的形象为设计概念，围绕时尚、科技、艺术、绿色、健康主题，打造主题消费场景；凯德晶品购物中心对地下一层及精品超市改造升级；印象城对商业体外立面改造并进行了外围灯光亮化，内部业态引入电影院和主题美食街区；城乡购物中心对内部各层商业布局和业态进行了调整。

（郭晓禹）

【发展海淀夜间经济】以北京2022年冬奥会举办为契机，在华熙LIVE打造以体育、娱乐沉浸式体验为中心的夜经济复合生态，在中关村壹号、悦界商街等科学城北区新兴商圈谋划夜经济新亮点。9月5日海淀悦界主题街区入选2021年度北京市商务局深夜食堂特色街区，11月5日华熙live·五棵松入选第一批国家级夜间文化和旅游消费集聚区。

（郭晓禹）

【外资外贸稳定增长】2021年，海淀区新设外商投资企业343家，吸引合同外资148.17亿美元，实际利用外资62.43亿美元，同比增长10.30%，全市占比40.12%，继续稳居全市第一。全区外贸进出口总额3170.1亿元，同比增长15.1%，其中进口额1702.2亿元，同比增长12.8%；出口额1467.9亿元，同比增长17.9%，占全市比重为24%，居北京各区第一。

（王静雯）

【定期走访外资外贸企业送服务】海淀区商务局发挥“一库四机制”作用，将优质项目和重点企业纳入“服务管家”机制，由区四套班子领导或商务局领导带队定期走访，及时了解企业最新发展状况及诉求，联动相关委办局做好服务。2021年对接联系和走访微软亚太研发集团、达佳互联、作业帮、小米通讯、纳通医疗、航天长城、同方威视等外资外贸企业100余家，为企业送服务、谋发展。联动协会、第三方机构等调研辖区外贸企业对营商环境、跨境贸易、政策扶持、外资研发中心建设等方面的期盼与诉求，并将企业集中反映的问题向市级部门反馈，帮助出口企业纾困解难。

（王静雯）

【亮相2021年服贸会】2021年中国国际服务贸易交易会于2021年9月2日至9月7日在北京举办，海淀区商务局在服贸会期间组织承办了央视北京对话会、2021数字贸易发展论坛、2021“海淀之夜”推介交流会、“望三山五园·融科创发展”主题展；同时在北京主题日参加“两区”建设一周年成果发布和“两区”项目签约仪式。组织近一万名观众参观服贸会，310余家企业线上搭建展台。推动28个项目达成合作意向，意向签约金额超过15亿美元，位居北京各区之首，使服贸会真正成为企业交易的有效平台。

（王静雯）

【发布《海淀区外商投资指引》】为进一步促进区域高水平对外开放，加大招商引资工作力度，展示海淀区的优势产业、发展方向、投资政策等内容，为外国投资者和相关企业提供在海淀区投资、创业、发展的指南。海淀区商务局会同相关部门共同编写，于2021年9月6日中英双语、线上线下同步发布《海淀区外商投资指引》。《指引》共分为海淀概况、海淀经济、投资海淀、营商环境、人才服务、办事指南等六个板块，六大板块紧紧围绕外商投资者最关心的投资要素布局谋篇，语言精练、要点突出，具有很强的针对性、指导性和可操作性。

（王静雯）

【聚焦重点，加强政策宣贯和业务指导】海淀区商务局支持外贸企业提升国际化经营能力，指导企业申请商务部和北京市两级各类外贸资金和总部资金等。联合海关、行业协会、中信保公司等组织多场线上线下培训会，就企业关注的专项资金、RECP规则、服务业企业开拓国际国内市场等方面提出6条外贸稳增长和创跨境贸易便利化、AEO高级认证、出口信用保险、外汇风险防范等政策进行宣讲，累计培训上万余人次，受到企业广泛好评。及时对接市商务局电子口岸处和中关村海关，了解单一窗口最新情况并向外贸企业线上线下进行宣传，在政务局大厅发放“单一窗口”宣传手册，鼓励企业通过“单一窗口”办理通关业务。

（王静雯）

【强化政策引导，总部经济取得新成就】 2021年新增申请认定的跨国公司北京地区总部4家（小米、微软、瓜子二手车、纳恩博），海淀区总部企业达到913家。国铁工贸、苹果广告、联影医疗、拟未科技等一批国际化企业落地。

（王静雯）

名　录

单位名称：海淀区商务局

党组书记：侯育

局　　长：王澎（女，2021年11月免）

侯育（女，2021年11月任）

地　　址：海淀区四季青路6号海淀招商大厦东403室

邮　　编：100195

电　　话：010-88496768

传　　真：010-88496790

（万　融）

丰台区

概　　况

2021年，丰台区商务局统筹疫情防控和商务发展，努力守住“保”的底线、夯实“稳”的基础、拓展“进”的态势，积极推进开放发展、促进消费、物资保障等各项工作。

（汤　衡）

【全力推进“两区”建设】坚持对标对表，成立丰台区委区政府主要领导任组长的领导小组，搭建工作架构。加强系统谋划，构建“区域+领域”开放体系，围绕丽泽金融商务区、中关村丰台园、首都商务新区三大重点区域，聚焦新兴金融、科技服务、轨道交通、航空航天四大重点领域，制定实施方案。成果打造全国首例通过数字钱包实现非税收入上缴业务场景、本市首个数字人民币应用场景测试点等多项成果。梳理形成首批制度创新实践案例，其中“构建科技创新全链条服务‘生态’体系”入选为商务部向全国复制推广的“最佳实践案例”。示范储备项目累计182个。

（汤　衡）

【外资外贸保稳发展】全年完成实际利用外资1.34亿美元，提前完成全年任务，同比增速居城六区第二位；引进培育外资企业55家，其中新设44家，同比增速居城六区首位。深挖各行业、各领域资源，采用中介招商、以商招商、展会招商等多种形式，与欧盟商会、英国标准协会等对接，加大外资招引力度。编印《2021年丰台区外商投资指南》，为外资企业投资提供便利。全年完成进出口总额208亿美元，同比增长39.3%。协助指导23家外贸企业申报提升国际化经营能力项目50个。组织中国出口信用保险公司完成外贸企业一对一投保64家，累计保额5393万美元。与丰台海关等单位开展营商环境、海关认证企业管理措施等多场培训，获益企业70余家。突出总部经济，为丰台区13家总部企业申请奖励资金1000余万元。

（李　蕊）

【打造丰台开放形象】组织国家服务业扩大开放综合示范区宣传推介会暨项目签约仪式，提升区域影响力。与丰台区投促中心等共同举办“两区”建设重点项目签约活动，集中签约100个项目，30个现场签约项目投资额1800多亿元。与联合国工发组织投资和技术促进办公室共同组织低碳化与数智化高端闭门座谈会暨联合国工业发展组织第四次工业革命产业联盟年度会。举办10余次“两区”政策解读会，组织“两区”建设专题培训班，持续提升各部门和企业的政策知晓度。

（汤　衡）

【加快国际消费中心城市培育建设】完善工作机制，制定《丰台区推进北京国际消费中心城市培育建设实施方案》，构筑“2+4+N”特色消费版图。设立由丰台区政府主要领导任组长的工作专班，下设专项工作组，动态完善“项目、任务、政策、服务企业、促消费活动”五个清单，推动重点任务和项目落地。编制“十四五”时期丰台区促进消费提档升级发展规划。

（牛格非）

【推进活力中心建设】推动方庄、马家堡、花乡奥莱区域城市活力中心建设。协调解决时代 life 外摆、NTP 新城广场停车和 LED 屏使用、花乡奥莱停车场备案等问题，优化活力发展环境。举办活力方庄乐购节，开展方庄活力点评选，营造活力消费氛围。组织花乡奥莱联合花卉大观园开展“活力金三角”融合消费暖冬行活动，推出八大消费路线。

（牛格非）

【抓消费促回暖展现新作为】举办 2021 丰台消费季活动，以“约惠丰台 感受丰范”为主题，统筹商旅文体资源，围绕重要节日节点，推出定制消费路线、夜间消费地图等消费指南，举办汽车消费节、亲子嘉年华、金秋美食节等百余场特色活动，打造具有丰台区域特色的促消费活动品牌。全年实现社零额 1418.1 亿元，同比增长 7.5%，总量排名全市第三。

（牛格非）

【消费供给品质提升】拓展消费载体，首创龙湖北京丽泽天街、丰台大悦春风里开业即成为网红打卡地，积极推进丽泽天地项目加快建设进程。提升商业品质，推动新业广场、银泰百货、资和信百货等传统商场升级改造，完善环境设施，优化品牌结构。引进麦德龙 PLUS 会员店、泡泡玛特太空主题店等 43 家北京首店，区域吸引力进一步显现。

（牛格非）

【生活服务业提质升级】新建及规范便民商业网点 37 个，完成全年任务的 123.3%。编制“十四五”时期打造首都高品质生活服务供给重要保障区发展建设规划。鼓励连锁企业设立社区直营门店，推动建设宛平街道物美超市、北宫镇辛庄村华冠超市等体验式社区商业综合体。推动新村街道利民社区菜市场实现转型升级，建设高标准社区邻里中心。

（陈 龙）

【保障生活必需品市场供应】对批发市场及零售终端每日监测预警，动员骨干企业在重要时间节点和紧急状态下确保货源供应。顺利完成市级蔬菜 1525 吨、46 天的临时储备任务。完善两个“点对点”监测补货保障工作机制，保障应急状态下生活必需品市场供应稳定。

（张 萍）

【全面落实粮食安全区长责任制】2021 年粮食安全区长责任制考核丰台区取得优秀成绩，在城六区中排名首位。保质保量完成粮食统计各项常规及应急工作，全面掌握区内重点连锁超市粮油产品购销存情况，保障疫情期间及重要节假日前粮油产品的稳定与安全。加强区级储备粮管理，建立了区级粮食储备吞吐调节和轮换运行机制，定期对成品粮储备的库存、轮换记录、仓储管理以及质量安全管理执行情况进行检查，保证区级储备粮安全。

（张 萍）

【推进物流规划节点实施】完成物流规划节点布局研究，明确 10 个规划节点位置、规模和功能定位。与新兴际华集团、首农集团、北京外运陆运公司等物流规划节点地块主体对接，积极推动综合实施方案编制。

（牛格非）

【消费帮扶持续开展】持续推进内蒙古扎赉特旗、林西县的消费帮扶工作，通过新增消费帮扶分中心、完善现有分中心功能等方式扩大帮扶地区农副产品销售渠道。建立受援地进京销售产品目录，积极开展消费帮扶活动。

（张 萍）

【为群众办实事迈上新台阶】“吹哨报到”41 次，协调相关部门圆满解决问题；“主动报到领哨、对接服务”89 次，解决了便民网点建设、商圈提升、疫情防控等一批问题。认真抓好“12345”接诉即办，“响应率、解决率、满意率”全年均为 100%，在月均考评 30 件以下部门中排名第1位。办理市区人大代表建议2件，市区政协提案20件，满意率100%。强化政务公开，政府信息主动公开446条。

（王　宇）

名　录

单位名称：北京市丰台区商务局
党组书记、局长：凌佩利
地　　址：北京市丰台区东安街三条六号
邮　　编：100071
电　　话：63830550
传　　真：63838670

（王　旭）

石景山区

概　况

年内，石景山区商务局坚持和加强党对商务工作的全面领导，坚决贯彻落实区委、区政府决策部署，服务全市全区发展大局贯穿工作全过程，统筹推进疫情防控和经济社会发展，聚焦“两区”建设和国际消费中心城市培育建设，高标准完成服贸会属地保障任务，全力做好服务冬奥、一促两稳、民生保障、疫情防控等各项工作，实现“十四五”商务发展良好开局。

（马　宁）

【国际消费中心城市培育建设】印发《石景山区加快推进北京国际消费中心城市培育建设实施方案（2021—2025)》及相关配套文件，成立了由区政府主要领导为组长的领导小组，下设“一办九组”，确立了“一核三圈多点”的国际消费空间布局，细化了119项具体任务，梳理形成了24个商业载体清单、10项支持政策、30家重点服务企业，明确了石景山区加快推进国际消费中心城市培育建设的时间表、路线图、任务书。

（刘　斌、康烁辰）

【稳定消费市场运行】依托商旅文体资源，累计开展百余场“北京消费季——爱尚石景山”主题促消费活动，筹办第十一届京西消费节，编制消费指南、制作电子地图，提高我区商业、餐饮影响力。加快推动重点项目建设，完成今鼎时代广场商圈和当代商城升级改造，加快推进京西大悦城、首钢六工汇、金安环宇荟等重点项目建设。出台《石景山区2021年促进消费提质升级支持办法》，对首店、夜经济、促消费活动等方面给与支持奖励。1—12月，全区总消费同比增长11.3%；社会消费品零售额累计实现439.9亿元，同比增长10.1%，增速比全市高1.7个百分点，位于城六区第二，全市第四。

（刘　斌、康烁辰）

【持续推动消费帮扶】发挥重点超市连锁规模及供应链优势，开展农产品产销对接，提升消费帮扶成效。创新销售模式，推动消费帮扶分中心、专区专柜与电商、电视购物等平台开展合作，拓展帮扶产品线上销售渠道。加大对消费帮扶运营专区的资金支持力度，支持莫旗专区、竹山专区场地租赁费补贴。组织企业捐资，向区内商业企业印发倡议书，鼓励动员企业发挥社会责任，组织动员区内重点商业企业捐助资金总额100万元。

（刘　斌、康烁辰）

【生活性服务业品质提升】10月8日，石景山区成功入选全国首批30个城市一刻钟便民生活圈试点地区。按照《北京市石景山区一刻钟便民生活圈建设试点方案》，推动玉泉西里便民生活圈、沁山水便民生活圈、古城南路便民生活圈、七星东街便民生活圈、刘娘府便民生活圈等“5个圈”作为第一批试点建设。刘娘府社区商业街获批“北京市生活性服务业示范街区”。

（张　然、滕小宇）

【压实粮食安全责任】年内，石景山区保持650吨区级粮食储备规模，其中小麦粉450吨、粳米200吨。出台《北京市石景山区储备成品粮动用工作方案（试行)》《北京市石景山区储备成品粮管理办法（试行）》，指导代储企业建立完善各项制度，严格档案资料管理，开展专项监督检查。新增粮食纳统企业1家，即北京市秀峰通飞商贸有限公司，累计共有纳统企业6家。

（张　然、滕小宇）

【区级救灾物资和民用防控应急物资管理】年内，按照区应急局调用指令，全年调拨救灾物资9批次，其中12平方米棉帐篷17顶、12平方米单帐篷7顶、36平方米棉帐篷10顶完成年度救灾物资补库和晾晒。依托国家级“应急物资管理平台”系统，实现信息化管理。印发《石景山区疫情期间非医用物资应急保障工作方案》，全年调拨民用防控应急物资66批。购买、接收调拨民用防控应急物资14批次。

（张　然、滕小宇）

【总部经济】年内，石景山区共有市级认定总部企业111家，涉及房地产业26家、信息传输、软件和信息技术服务业23家、金融业16家、批发和零售业15家，建筑业8家，租赁和商务服务业7家，制造业6家，科学研究和技术服务业4家，电力、热力、燃气及水生产和供应业3家，采矿业1家，教育1家，文化、体育和娱乐业1家。其中，经济贡献重点总部企业108家（其中1家同时为跨国公司地区总部，北京新唐思创教育科技有限公司），行业示范企业总部3家。

（李　璨）

【扎实推进行业安全生产监管工作】年内，制定并下发了《2021年石景山区商务行业安全生产、消防及公共安全工作要点》，对安全工作实行“一把手”亲自抓，定期组织召开党组会、局长办公会研究行业安全生产、消防安全、反恐防暴、扫黑除恶等各项工作，加强对行业安全工作的督促指导。在全国两会、建党百年、十九届六中全会、冬奥会等重大活动期间，结合安保重点有针对性地制定工作方案。积极落实“防风险、除隐患、保平安”消防安全隐患集中排查、燃气安全专项整治行动、安全生产三年专项整治、电动自行车、有限空间等专项整治任务，2021年，我局累计出动检查人员1042人次，检查督导商务行业企业517家次，约谈企业11家次，排查治理各类安全隐患325处，做到了工作有重点，行动有计划，排查有整改，整改必到位，为商务行业安全生产形势持续稳定好转奠定了坚实基础。

（刘　颖）

【商务行业创城工作】区商务局始终坚持“创建为民，创建惠民”的原则，让居民有更多的获得感、幸福感和安全感。充分发挥行业引领作用，努力营造文明宣传氛围，协调各企业落实创城社会面宣传布设的要求，努力构建多维度、立体式、全覆盖的“大宣传”格局，运用多种行之有效的宣传方式，全面推动文明宣传，形成强大宣传声势，突出区域特色，打造商务行业文明形象，累计规范设置海报、台卡、嵌入广告等宣传品万余份。推动万达广场整体修缮，完成东西广场地砖更新，增设宣传布设，较好地提升了万达商圈整体环境。

（刘　颖）

【商务行业疫情防控工作】全面抓好行业疫情防控基础工作。建立动态情况报告机制，排查企业返京人员情况，建立台账。摸排涉及中高风险地区重点人员342人。落实外卖、快递、家政、市场从业人员定期开展核酸检测工作。组织规模以上商业零售和餐饮、快递、家政从业人员接种新冠疫苗，共计接种14242人，接种率94.3%。加强督导检查力度，累计检查行业经营场所517家次，督促企业落实扫码登记、体温检测、佩戴口罩、一米线、日常清洁消杀、个人防护和健康监测等疫情防控措施。

（刘　颖）

【外贸进出口】2021年1—12月，石景山区外贸进出口额86.2亿元人民币，同比增长73.5%，占全市比重的0.3%，出口额35.5亿元人民币，同比增长19.2%，占全市比重的0.6%，进口额50.7亿元人民币，同比增长154.8%，占全市比重的0.2%。

（王凯蒂、杨 睿）

【外商投资】1—12月，石景山区新设外商投资企业31家，同比增长3.3%，新设企业合同外资9264.9万美元，同比下降19.8%；增资企业15家次，增资合同外资5.8亿美元，同比增长150.8%；1—12月，实际利用外资2.3亿美元。

（王凯蒂、邹佳男）

【“两区”建设】全面推进“两区”建设工作。制定《石景山区落实北京市建设国家服务业扩大开放综合示范区和中国（北京）自由贸易试验区实施方案》，明确“1+4+N”的推进思路及2021年度任务清单90项任务全面落实。完善工作机制，书记、区长双组长高位高频调度，“一办12组”有效运转，成立“两区”建设工作促进中心。组建高精尖产业专家智库，30余位学者、企业家入库。聚焦外资引入和产业开放，印发《石景山区推动“两区”建设 促进开放发展的若干措施（试行）》。强化招商推介，组织京外招商、国际商协会走进石景山等活动20余场次，中央和市属主流媒体刊发相关新闻600余篇次。“两区”建设启动实施以来，累计入库项目84个，落地项目39个，其中外资项目26个；在推项目45个，其中外资项目13个。

（王凯蒂、杨 睿、邹佳男）

【服贸会】中国国际服务贸易交易会（简称“服贸会”），首次采取“双会场”模式，在首钢园区举办专题展及与专题展配套的论坛会议活动。石景山作为“双会场”所在地之一，区主要领导高位统筹，会同首钢集团，成立下设“一办12组”的属地筹备工作领导小组全面落实属地筹办各项工作。围绕“冬奥机遇带动城市复兴”“绿色北京 开放金融”等五大主题，策划组织“一主四辅”五场主题论坛，多场景推介石景山区。聚焦特色产业参与文旅、体育、金融专题展览展示，搭建石景山区线上云展台，组织143家企业线上线下参展。策划5条商务考察线路，组织近百名展商走进银保园、法海寺等产业园区和景区，深入推动交流合作。组织“两区”主题投洽会。服贸会期间发布石景山区推进“两区”建设配套政策、“北京侨梦苑・侨事侨创服务中心”等多项政策及成果，与近百家企业合作签约，涉及金额600余亿元。

（王凯蒂、杨 睿）

【服务贸易】年内，我区服务贸易统计监测系统累计登记注册企业66家，13家服务贸易企业上报282项出口合同执行额共计8290.5万美元，5家企业上报116项进口合同执行额共计3814.4万美元。

（王凯蒂、杨 睿）

【进博会】组建石景山区交易分团参与第四届进口博览会，共48家企事业单位172名专业观众注册参团。展会期间，物美集团与VICI GROUP、THE LAND和乌克兰基辅索菲亚实业有限公司签订合作协议，采购牛奶、葵花籽油等产品，采购金额400万美元。

（王凯蒂、杨 睿）

名 录

单位名称：北京市石景山区商务局

党组书记：董湘水

党组副书记、局长：吕松涛

地 址：北京市石景山区石景山路18号

邮 编：100040

电 话：68607227

传 真：88683281

（马 宁）

门头沟区

商贸服务业综述

【概况】2021 年，北京市门头沟区商务局（简称门头沟区商务局）在区委、区政府领导下，对标对表市委全会精神和区委十二届十一、十二次全会各项任务部署，按照坚定“一个方向”、坚持“两个原则”、打造“两个品牌”、建设“五个之城”、推进“三四三六”工程、构建“一园四区一小院”绿色发展新格局的总体思路，推动“党史学习教育活动”成果转化，劲不懈、势不减、扣不松，商务工作实现绿色高质量发展。

持续推进基本便民商业网点建设，完善便民服务功能，累计建设提升基本便民商业网点 25 个，完成年度任务的 250%。开展便民服务进农村进社区活动，解决山区百姓购物不便和部分社区商业设施不足带来的暂时性购物不便问题。结合我区实际，精准补建和提升基本便民商业网点，实现连锁化、品牌化、规范化的早餐、便利店、蔬菜零售等 8 项基本便民商业服务功能城镇社区覆盖率 100%。高标准推进“两区”建设工作，“两区”入库项目共计 80 个（含 11 个外资项目），落地项目 45 个（含 6 个外资项目），落地率为 56.25%。入库项目预计投入资金为 171.77 亿元人民币，完成全年入库资金任务的 107.35%。统筹推进促消费工作，优化营商环境持续深入，统筹协调推进国际消费中心城市建设，行业安全稳定有序。围绕重点节日、重大活动期间安全稳定，结合新冠肺炎疫情期间企业经营特点，积极发挥督促指导作用。社会消费品零售额完成 113 亿元，同比增长 11.6%，全市排名第二；两年平均增速 1.6%，全市排名第二，超额完成市级考核任务。

（陈洪伟）

【“两区”建设】年内，国家服务业扩大开放综合示范区、中国（北京）自由贸易试验区（以下简称“两区”）入库项目共 80 个（含 11 个外资项目），落地项目 45 个（含 6 个外资项目），落地率为 56.25%。入库项目预计投资金额 171.77 亿元（人民币）。征集上报 20 个具有生态涵养特色的政策案例，其中“法官联络室‘四个一’工作机制护航园区企业发展”和“全面推进社会投资低风险工程建设项目审批改革新政落地”两个案例被市“两区”办采纳，“全面推进社会投资低风险工程建设项目审批改革新政落地”案例被评为全市复制推广实践案例。

（李　洋）

【商务行业新冠肺炎疫情防控】年内，区商务局督促指导商务行业单位、快递外卖企业严格落实各项新冠肺炎疫情防控措施，持续不间断开展宣传督导，及时消除隐患问题，配合相关部门对重点场所，特别是进口冷链生产经营场所开展核酸检测工作，全年共出动人员 1474 人次，督导 737 家次，整改问题 77 处。推动 1537 人完成第一针疫苗接种，1527 人完成两针疫苗接种，组织区内快递外卖从业人员开展四轮全员核酸检测。年内，区商务局为保障区内新冠肺炎疫情防控工作，完成防疫物资调拨出库，包括帐篷 67 顶、棉大衣 2500 件、口罩

6262只、消毒液300桶。

（穆　岨、王　欢）

【优化营商环境培训】年内，区商务局组织开展单位内部工作人员培训、“千人千题”一周一测等工作，对商务局各科室进驻政务中心的政务服务事项进行多次梳理，及时更新服务事项，提高服务效率，积极落实“一企一策”服务包制度，参加2021年参加北京市优化营商环境“千人千题”竞赛考试并在跨境贸易指标考试中成绩排名全市第一。

（穆　岨）

【行业安全生产管理】年内，区商务局开展安全生产专项整治三年行动、城市安全隐患治理三年行动及城市安全风险评估、消防安全专项治理、燃气安全专项治理、有限空间专项治理、城乡结合部专项治理、城市安全隐患治理、安全生产标准化三级达标创建、安全生产责任保险投保等工作，共出动督导人员718人次，督导企业359家次，排查整改隐患问题66处。年内，组织线下行业安全生产教育培训5场次、组织线上政策法规宣贯等活动5场次，培训人员500余人次。

（穆　岨）

商业流通

【金融街·融悦汇正式营业】10月1日，金融街·融悦汇正式营业。该商业综合体是一家集品牌零售、精品超市、儿童业态、休闲餐饮、生活服务五大主题业态为一体的生活欢聚商业中心。

（梁　艳）

【便民商业网点建设】年内，门头沟区累计建设和提升基本商业便民网点25个，包括1个蔬菜零售、7个便利店、2个早餐、8个末端配送、2个洗染、5个美容美发，完成年度目标任务的250%，城镇社区前述八项便民服务网点功能覆盖率达到100%。

（杨　楠）

【便民服务进农村社区】年内，区商务局为解决山区百姓购物不便和部分社区商业设施不足带来的暂时性购物不便问题，累计开展便民服务进农村、进社区活动13次，其中进山区3次、进社区10次，完成年度任务的130%。

（杨　楠）

【消费帮扶】年内，区商务局完成市级1000箱德青源鸡蛋和500件支援合作地区产品采购任务；超额完成支援合作地区特色农副产品采购任务和预算单位30%采购份额。10月12日至13日，区内9家重点商业企业采购经理到内蒙古武川县进行实地对接调研，开展消费帮扶工作。两地企业间达成合作意向，现场签订10余万元的采购合同。年内，门头沟区级财政安排30万元专项资金用于内蒙古武川县在京设立特色农副产品集采展销服务中心，推动武川县特色农产品在京市场的流通，提高产品的知名度和市场认知度，稳定农民收入。

（杨　楠）

【生活必需品市场监测和供应保障】年内，区商务局完成日常、节假日、“两会”和新冠肺炎疫情防控期间的生活必需品市场销售及供应数据的报送和分析，重点对蔬菜、肉蛋奶及粮油的价格采集和监测，制定区级生活必需品供应保障方案、疫情防控期间生活必需品市场供应保障应急预案。

（杨　楠）

【行业服务水平提升促进工作】年内，区商务局累计开展服务业、美容美发等各类培训74期，受训人数1882人次；以赛代训提高服务水平，开展“2021年食在门头沟”之“红色匠心筷乐食光”餐饮行业技能大赛暨“New购门头沟主题消费季活动之‘众享特色美食’”活动和线上美发行业技能大赛，激发从业者学习新技能、钻研新技术、掌握新本领的积极性。

（杨　楠）

【市级商发资金政策落实】年内，区商务局经过公开征集，完成东方饺子王、方圆六合社区菜市场等2个商业流通发展资金项目初审。

（杨　楠）

【业态布局和配套商业设施管理】年内，区商务局落实《门头沟区重点商业项目及配套商业服务设施业态布局工作方案》《门头沟区关于出售居住配套商业服务设施业态布局的工作方案》，按照“保基本”和“提品质”原则，推动配套商业优先用于便民网点建设工作，为“中昂时代广场”“欢乐大都汇”“华远裘马四季”“金融街融悦汇”等项目提出业态布局建议；召开重点商业项目业态布局工作专班会24次、出售居住配套商业服务设施业态布局工作专班会3次。

（杨　楠）

【拍卖年检工作】年内，区商务局审核完成2021年度拍卖企业年审初审，新批准设立2家拍卖企业、迁入1家拍卖企业。

（杨　楠）

【商贸流通业统计监测】年内，区商务局完成商务部商贸流通业统计监测系统报送工作，组织商贸统计企业完成2020年度年报、2021年度季报及月报，报送率达到100%。优化样本，删除3家停业样本企业，新增3家样本企业。完成年度监测样本企业信息员补助发放。根据样本企业报送数据量、报送频率、贡献率等，组织全区2021年度商贸流通业统计监测体系的28个优秀样本企业申请市级资金补助。

（梁　艳）

消费促进

【国际消费中心城市培育建设】年内，门头沟区构建“一核两圈三地”消费空间布局，建成金融街·融悦汇和北京悉昙酒店等2个市级重点项目，门头沟消费品牌获市、区两级媒体报道40余次。

（梁　艳）

【促消费活动】年内，区商务局制定《2021“New购（New Go）门头沟”主题消费季工作方案》，策划“够精彩”“够时尚”“够亲民”“够美味”“够有品”“够活力”“够悠闲”七大板块，着力打造消费新场景、点燃消费新热情、激发消费新潜能，全面推动我区消费向体验化、品质化和数字化方向扩容提质，促进区域消费高质量发展。并围绕“New购门头沟”主题消费季活动等中心工作开展“直播”“探店”20余场，累计收看人数超180万人次；组织区内商场、超市、餐饮等近百家企业开展“消费季启动仪式”“银发节”“文创市集”“天街欢乐季”等60余项促消费活动。

（梁　艳）

【商圈升级改造】年内，区商务局制定《门头沟区商业服务业商圈改造提升工作方案》，完成石龙商业大厦和国泰百货外立面装修改造工程，中昂时代广场基础服务设施和环境优化；优化调整北部商圈业态布局，引进优质餐饮、零售、亲子娱乐、运动等品牌50余家，商圈改造任务通过市级第三方核验。

（梁　艳）

【节能补贴销售数据监测】年内，门头沟区节能减排商品销售额达到8065.9万元，其中大中6211.5万元、苏宁1854.4万元，销售商品数量19938台，其中大中15404台、苏宁4534台，补贴金额929.5万元，其中大中709.9万元、苏宁 219.6 万元。

（梁　艳）

粮食储备

【粮食安全宣传周活动】10 月，区商务局以线上科普、线下互动的模式，开展 2021 年世界粮食日及全国粮食安全宣传周系列活动，营造全区“科普先行、企业支持、百姓关心、专家助力”的粮食安全宣传浓厚氛围。

（王　欢）

【社会粮油供需平衡情况调查】年内，区商务局完成2020年度社会粮油供需平衡调查工作，调查结果显示，2020 年度，全区粮油消费量呈增加态势，其中城镇居民口粮（油）消费明显增加。

（王　欢）

外资外贸

【外资利用】年内，门头沟区新增外商投资企业 23 家，同比增长 91.67%，增速创历史新高；实际利用外资 7613 万美元，同比增长 80.41%，超额完成全年指标。全区进出口 5.6 亿美元，同比增长 1.6%，其中出口 3.2 亿美元，同比下降 5.8%；进口 2.4 亿美元，同比增长 13.4%。

（马　洁）

【北京国际服务贸易交易会参展】9 月 2 日至 7 日，区商务局组织全区 87 家企业参加 2021 年北京国际服务贸易交易会。

（马　洁）

【外贸企业备案】年内，区商务局办理对外贸易经营者备案 106 件，其中新增 55 件，变更 51 件。

（马　洁）

名　录

单位名称：门头沟区商务局
党组书记、局长：杨少培
地　　址：门头沟区双峪路 39-1
邮　　编：102300
电　　话：69842571
传　　真：69842571

（陈洪伟）

房山区

概　述

房山区商务局（简称“区商务局”）原名房山区商务委员会，2019年3月25日依据《北京市房山区机构改革方案》更为现名。依据《中共北京市房山区委办公室、北京市房山区人民政府办公室关于印发〈北京市房山区商务局职能配置、内设机构和人员编制规定〉的通知》，区商务局是区政府工作部门，为正处级，加挂北京市房山区粮食和物资储备局（简称区粮食和储备局）牌子，下设办公室、规划发展科、外经贸发展科、市场调控管理科（粮食和物资储备科）4个内设机构。区商务局机关行政编制为18名。设局长1名，副局长3名。科级领导职数4正2副。

2021年，房山区商务局立足新发展阶段，紧紧围绕“一区一城”新房山建设和“三区一节点”功能定位，坚持“六为”工作思路，不断优化营商环境，持续改进作风，狠抓任务落实，圆满完成了年初确定的各项任务目标。全区实现社会消费品零售额373.9亿元，同比增长9.5%。外贸进出口总额完成11.3亿美元，同比增长11.1%。实现实际利用外资10001万美元，同比增长7.04%。生活性服务业“六化”（“规范化、连锁化、便利化、品牌化、特色化、智能化”）水平大幅提升，粮食安全扎实稳步落实，外经贸工作有序推进，全区商务工作总体保持稳中有进的良好发展态势。

商业流通规划与发展

【房山区社会消费品零售额保持较快增长】 2021年，房山区力排新冠肺炎疫情不利影响，实现社会消费品零售额373.9亿元，同比增长9.5%。

（宋祥博）

【生活性服务业“六化”程度稳步提升】 截至2021年底，全区社区共有各类便民商业网点2882个，其中便利店（超市）665个、蔬菜零售410个、早餐423个、美容美发419个、家政服务41个、洗染106个、末端配送741个、便民维修77个，城市社区基本便民服务功能覆盖率达到了100%，社区网点连锁化率达到49%。其中，2021年，全区累计建设提升蔬菜零售、便利店（超市）、早餐、美容美发等基本便民商业网点32个，根据业态分类，蔬菜零售8个、便利店（超市）12个、早餐8个、美容美发4个，全区生活性服务业“六化”程度（规范化、连锁化、便利化、品牌化、特色化、智能化）明显提升，服务功能更加完善，居民生活更加便捷。

（宋祥博）

【全区居民生活“便利性”不断提高】 2021年，区商务局统筹多方资源，利用地下空间补建便民商业网点，完成我区第一家地下便民商业网点——隆禧生鲜超市，覆盖西潞园、北潞园、拱辰星园等小区共计8000多户居民，有效弥补老旧小区商业设施短缺问题。鼓励本土商超企业华冠超市联合京东推出京心App，利用京东集团数字化优势，连通华冠线下直营门店，为消费者提供便利化服务。目前京心App已经在所有华冠超市上线，进一步丰富了生活性服务业供给，切实提高居民便利性。

（宋祥博）

【北京消费季之“乐享房山 快乐生活”活动举办】 2021年4月至12月，区商务局牵头协调相关部门，制定《2021北京消费季房山区活动方案》，利用劳动节、端午节、七夕节、中秋节、国庆节等节点，依托“新场景”“新趋势”“新能级”“新势力”“新体验”5大板块，围绕购物消费、时尚消费、数字消费、信息消费、美食消费、文化消费、旅游消费、体育消费8大主题，围绕夜经济、直播带货等消费热点，推出具有房山特色的消费品牌和活动，促进了人气回暖、销售回升。

（宋祥博）

【市场改造升级持续推进】 2021年，区商务局落实市商务局关于社区菜市场（农贸市场）转型升级方案，在奥莱、华冠、西路街道、长阳镇开展线下消费帮扶展销活动5次，升级改造东风、一里、五里、六里4家市场，市场硬件设施得到整体提升。

（宋祥博）

【文旅、体育、农业与消费领域融合发展持续推进】 2021年，区商务局协同举办“北京西山民俗文化节”、全民健身促消费主题展示等活动，全面推动服务品质升级，促进商体文旅全面融合发展。

（宋祥博）

【房山长阳商圈消费规模达十亿级】 2021年，龙湖熙悦天街顺利开业，房山长阳商圈各商业载体空间超50万平方米，年销售额约达44亿元，年税收贡献约7300万元，年吸引京内外消费群体达百万人次，《北京市商圈活力研究报告》显示，长阳商圈综合排名第四，成为引领京西南消费的新引擎。

（宋祥博）

【窦店物流基地建设有序推进】 2021年5月，高武军、周同伟两位副区长主持召开了窦店物流基地工作推进会，确定《窦店物流基地实施方案》，确定开发主体、土地开发模式、规划方案，并上报市政府批准实施。房山区商务局多次组织召开专题会议，确定窦店物流基地开发将以“集体土地自主腾退＋集体土地租用占地”模式开展。目前，《窦店物流基地一期产业用地规划综合实施方案》（初稿）制定完成。

（宋祥博）

【商贸物流体系建设持续推进】 2021年，华冠配送中心二期完工，启动京东亚洲一号物流园建设，《京东亚洲一号物流园一期地块规划综合实施方案》完成。

（宋祥博）

【《房山区推进落实北京国际消费中心城市建设工作方案（2021—2025年）》编制完成】 11月17日，副区长高武军同志在北京培育建设国际消费中心城市新闻通气会上介绍了方案的具体内容。该方案经八届区委常委会第259次会议讨论通过并正式印发，形成了“1+6”框架体系，即1个工作方案和6个配套文件，配套文件包括区级领导小组、消费空间布局图、重点项目清单、重点任务清单、重点服务单位清单、政策清单。《方案》推动实施八个方面27项重点任务，以商业、文化、教育、旅游、体育、医疗、信息等领域为重点，加快消费转型升级，增强消费对经济发展的基础性作用，助力北京建设成为具有全球影响力的国际消费中心城市，更好地满足人民日益增长的美好生活需要。

（宋祥博）

【《“十四五”时期现代生活性服务业发展规划》编制完成】《规划》将发展基础和现状分析作为重点环节，深入剖析生活性服务业发展不平衡、不充分问题，以及制约行业发展的痛点、难点，特别是农村地区的生活性服务业品质提升，结合我区优势提出具体发展思路以及可落地、可实施的具体措施，以此作为“十四五”时期生活性服务业发展重要依据。

（宋祥博）

市场运行与管理

【防疫物资保障供应有力】2021 年，区商务局继续发挥物资保障组成员单位作用，积极做好防疫物资保障供应工作，对荣康、康宇两家口罩生产厂生产储备情况进行日监测并报送市粮食和物资储备局，对政务局、城管执法局、交通局等重点单位进行口罩等防疫物资调拨供应，继续加强对 160 余万件库存防疫物资管理，保障应急之需，并做好数据统计汇总、核对审计、资金申请拨付工作。

（宋祥博）

【生活必需品市场监测供应持续加强】2021 年，区商务局认真做好生活必需品市场监测，每日收集、汇总 7 家连锁超市、4 家农贸市场和蔬菜园区的蔬菜、肉类、米面油等 48 种生活必需品的产销、库存和价格数据，汇总分析形成《房山区生活必需品价格监测情况》日报，每日向市生活必需品供应保障专班报送《房山区生活必需品政府储备调控计划表》。督促指导企业做好保供稳价工作，传达市区疫情防控工作要求，督促指导区内重点商业加大蔬菜等生活必需品备货力度，做好春节、五一、端午期间货源保障工作，确保生活必需品不脱销、不断档，保证市场供应。

（宋祥博）

【防疫防控专项检查持续强化】2021 年，区商务局履行市场防疫组成员单位职责，不定期组织对重点乡镇、冷链物流、商贸餐饮企业进行防疫防控专项检查。1 月牵头市场防疫组对大安山、河北、长阳等地检查督导；6 月组织市场监管局、卫健委等单位联合对重点冷链物流企业督导检查。疫情期间，区商务局依托商务局安全生产检查队，每天派出 2 个检查组，督导各企业严格落实员工上岗前测温、门口对顾客测温、劝阻不戴口罩顾客、经营场所定时消毒、拆除门帘、设置“一米线”、使用北京健康宝等防控措施，确保防控措施落实到位。

（宋祥博）

【重点行业从业人员核酸检测有序开展】2021 年，区商务局按照市疫情防控组要求，每周对快递外卖、农贸市场等重点行业从业人员、生产经营环境、货品进行核酸检测，同步抓好货物、环境检测，强化数据分析，做好监测预警，累计检测从业人员 406001 人，检测点位（外环境）129110 个，检测货品 35594 个，结果均为阴性。

（宋祥博）

【相关行业人员疫苗接种有效落实】2021 年，区商务局按照市、区两级文件精神，及时制定下发工作通知，明确责任分工，细化工作任务，及时做好疫苗接种工作，多次发送通知要求属地政府和行业主管部门对市场领域从业人员接种情况进行再摸排、再动员，做到应接尽接。全区市场领域从业人员 39905 人，加强针 37719 人，接种率 94.5%。

（宋祥博）

【全力护航乐活城、千禧家园防疫物资保障工作】2021 年 8 月，天恒乐活城和千禧家园社区出现疫情后，区商务局第一时间赶赴现场，并坚守抗疫工作第一线，负责疫情防控物资调拨和生活物资保障工作。按照区委、区政府工作部署和相关工作程序，分别从区救灾物资储备库、北京市房山粮油贸易有限公司、北京市宏联物资有限公司、北京华冠商业科技发展有限公司、中石化太平加油站等单位调拨各类防疫物资、生活必需品，为打赢本次疫情保卫战提供了有力的物资保障。

（宋祥博）

【粮食安全责任制有效落实】2021 年，区商务局按时、足额拨付粮食风险基金资金 700 万元；健全全区应急供应网点，87 个网点覆盖了全部 25 个乡镇（街道）；组建以 2 家企业为核心的粮食配送体系，日粮油应急配送能力达 1500 吨。采用竞价销售、竞价采购的方式完成 8000 吨区储备小麦轮换工作，有效落实了粮食安全责任制。

（宋祥博）

【粮食应急供应网点不断完善】2021 年，区商务局核实规范区保供企业北京华冠商业科技发展有限公司应急供应网点建设情况，将该公司在区内销售粮油的 60 家直营门店，全部确定为区粮食应急供应网点，将北京金点点商贸有限公司的 20 家超市门店也纳入区粮食应急供应网点，两家保供企业的应急网点共覆盖全区 18 个乡镇（街道）。对于网点未覆盖的 7 个深山区乡镇，区商务局要求当地政府明确 7 家单位作为粮食应急供应网点。目前全区共有 87 个应急供应网点，覆盖了全部 25 个乡镇（街道），确保了应急情况下的粮食供应需求。

（宋祥博）

【粮食宣传活动持续开展】2021 年 5 月 25 日上午，区商务局围绕粮食科技周“科技助力节粮减损，创新保障优粮供给”主题，在房山区首创奥特莱斯购物中心组织开展宣传活动，向市民发放粮食科普宣传系列材料，向居民宣传科技人才兴粮兴储、粮油健康消费、绿色仓储、节粮减损、现代仓储物流、物资能源安全等各项知识，累计发放宣传册 1000 份。

（宋祥博）

【粮食领域执法检查持续加强】按照“双随机、一公开”要求，区商务局持续开展行政检查，明确检查对象，突出重点，确保对纳入国家粮食局粮食直报系统的 9 家粮食企业监督检查覆盖率 100%。坚持日常监管、专项检查与“双随机”检查相结合，有计划、有重点开展粮食质量、储粮安全、生产安全、防汛安全检查，共组织检查企业 31 户次，出动检查人员 111 人次。经查，我区粮食质量安全稳定，政策性用粮使用规范，粮食应急管理工作落实到位。

（宋祥博）

【安全隐患督查检查持续强化】2021 年，区商务局督查检查队共出动检查人员 3396 人次，检查企业 1132 家次，开展防疫措施、消防、安全生产、反恐、有限空间、燃气、垃圾分类等行业检查，发现隐患 543 处，全部整改完毕。

（宋祥博）

【重点工作专项治理积极推进】2021 年，区商务局重点围绕政法系统“雪亮工程”、有限空间作业安全生产“清风行动”、国家安全发展示范城市建设、“高墙大院”专项整治等专项工程，积极与市场监管、城市管理等执法部门联合检查，认真落实安全生产工作的各项指示和要求，深入推进安全生产隐患排查整治，加强监督检查，及时发现并消除安全隐患，确保不发生安全生产事故，全力确保安全稳定。组织系统内 344 家企业上安全责任险，在各系统排名中位列第一。

（宋祥博）

【救灾物资管理工作有序开展】2021 年，区商务局完成救灾物资搬迁、原库区腾退、新库租赁、设备安装等工作，包括架子拆装、物资码放、分库分区、登记清点、办公用房拆除、办公物品处理、人员安排、隐患排查等，组织召开应急、财政、商务三家工作会，积极协调过期报废物资处理、轮换等工作，推动依法依规轮换、报废工作加快进行。组织进行救灾物资保险等工作，确保救灾物资安全。2021年房山区共调拨：12平方米棉帐篷296顶、单帐篷250顶、被子762床、褥子762床、行军床938张、脸盆600个、马扎1000个、苫布25个、军大衣50件。

（宋祥博）

【成品油行业管理有序开展】2021年，区商务局严格按照《国务院对确需保留的行政审批项目设定行政许可的决定》（国务院令第412号）有序开展审批工作。全年完成成品油行政许可事项30件（注销新设6件、变更24件）、延期歇业事项9件，依法将30件行政许可事项信息及时、准确地公开。按照《关于开展2021年度成品油零售经营企业年度定期检查工作的通知》，开展成品油零售经营企业定期检查工作，重点关注企业安全资质和油气回收、监控系统等方面经营设施情况，全年完成成品油经营资格年度检查事项123件。

（宋祥博）

外资外贸

【外资外贸超额完成年度指标任务】2021年，全区外贸进出口总额11.3亿美元，同比增长11.1%。实际利用外资10001万美元，同比增长7.04%。

（宋祥博）

【外资外贸审批备案有序开展】2021年，全区新设外商投资企业40家，合同外资金额13380万美元。企业年度报告共完成176件，其中，外商投资初始报告67件，变更报告109件；共办理对外贸易经营者备案登记业务企业203家，办理服务外包及软件合同登记事项共4家，合计合同金额397万美元。

（宋祥博）

【外经贸发展专项资金初审工作持续推进】2021年，区商务局继续落实市商务局关于申报支持外贸企业提升国际化经营能力项目的相关通知，组织区内外贸出口企业参与资金申报。已完成2020年度（第一批、第二批）支持外贸企业提升国际化经营能力项目资金拨付材料初审工作，共计52个项目，初审金额125.9万元。完成2021年第一批支持外贸企业提升国际化经营能力项目申报工作，涉及17家企业申报的45个项目。完成市局外贸高质量发展专项资金支持项目申报，4家企业符合资金支持标准。

（宋祥博）

【跨境贸易便利化培训工作】2021年，区商务局持续跟踪区内重点外贸企业生产经营情况，及时了解重点外贸企业诉求，开展“送政策入企业”工作，开展跨境贸易业务线上培训20次，推送培训课件20余次，培训区内重点外贸企业1000余家次。

（宋祥博）

【《房山区“两区”建设工作方案》完成】2021年1—4月，房山区商务局承担区服务业扩大开放综合示范区建设工作专班办公室工作，其间，《房山区两区建设工作方案》、“两区”建设机构设置及相关项目征集汇总等工作已全部完成。

（宋祥博）

【2021服贸会房山交易分团组织工作圆满完成】9月2日至7日，2021中国国际服务贸易交易会在北京举办，区商务局牵头起草《2021年中国国际服务贸易交易会北京市交易团房山分团工作方案》，依据《方案》做好组织报名、

活动保障工作，办理嘉宾、交易团、参会人员证件501件，申请公务用车证件4个，并完成北京日、房山集中签约活动涉及区领导行程的部分服务保障及防疫工作。

（宋祥博）

【第四届进博会房山分团组织工作圆满完成】2021年11月5日至10日，第四届中国国际进口博览会在上海举行，区商务局组织全区61家企业参展，139人上会观展、采购。

（宋祥博）

名　录

单位名称：北京市房山区商务局

局　　长：李雪生

地　　址：长阳镇昊天北大街38号

邮　　编：102445

电　　话：81312935

传　　真：81312984

（宋祥博）

通州区

概　况

年内，通州区商务局在区委区政府的正确领导下，全面贯彻落实党中央、市委市政府、区委区政府各项部署要求，进一步增强消费动力，改善民生品质，稳定外经外贸，强化服务保障，坚持融入新发展格局，坚持自主创新的核心地位，坚持聚焦主导功能，为推进城市副中心商务领域高质量发展埋头苦干、奋力拼搏。

（李京京）

商业贸易

【社会消费品零售总额稳步增长】年内，通州区实现社会消费品零售总额563.6亿元，同比增长6.5%。

（李京京）

【高位统筹国际消费中心城市体系建设】坚持国际导向、首都站位和副中心特色相结合，制定了《北京城市副中心推进国际消费中心城市建设实施方案》及清单材料，成立了由区长担任组长的工作专班领导机构，形成了区级专班工作制度，全力打造国际消费中心城市新增长极。主动顺应消费发展变化趋势，制定《2021年通州区促进商品消费增长工作措施》（17项）。

（李京京）

【持续营造促消费氛围】制定通州区2021年消费季策划方案，政企联动，形成2021年北京城市副中心消费季“1+5+8+N”活动框架；策划开展了北京城市副中心消费季欢乐通州欢乐购启动仪式、汽车嗨购节、东郎音乐啤酒嘉年华、“京彩奋斗者 数字嘉年华”数字人民币试点、苏宁百货线上活动等一系列促消费活动，其中“购车嘉年华”2000万汽车消费券两月拉动社零额约12亿元，有效激发副中心消费活力。

（李京京）

【推进特色商圈和传统商业升级改造】引进了一批首店、旗舰店、体验店等，形成一批高品质活力街区和夜间经济示范街区。全力推动环球影城商圈建设，成立“北京环球主题公园商业、餐饮配套服务保障工作专班”，加大环球影城消费外溢承接工作研究力度，构筑一体化发展格局。持续挖掘夜间经济潜力，满足多元化、个性化、品质化餐饮需求，“月亮河休闲小镇”成为北京市第二批“深夜食堂”特色餐饮街区。

（李京京）

【常态化疫情防控】年内，全力做好生活必需品保供稳价，建立了三级保供监测机制和“点对点”监测补货机制等5项工作机制，完成政府应急物资储备任务。紧抓商务行业疫情防控各项措施，开展经常性督导检查，滚动修订餐饮、批发市场等14个行业防控指引，压实商务企业疫情防控主体责任，牵头做好重点行业疫苗接种工作。

（李京京）

【生活性服务业品质提升】年内，建设提升各类便民商业网点110个，全市排名第一，发布《通州区生活性服务业品质提升专项资金项目的通知》，加强资金支持累计拨付奖励资金

751.44 万元。

（李京京）

【强化商业服务设施管理】年内，加强顶层设计，完成《北京城市副中心（通州区）“十四五”时期服务业扩大开放和商务服务业发展规划》《城市副中心运河商务区商业业态提升方案》和《城市副中心（通州区）物流设施选址规划及实施工作方案》。通过召开多次会议，推动于家务职工中心项目选址和综合实施方案编制工作。

（李京京）

【接诉即办出实效】年内，区商务局接诉即办工作始终坚持“为民服务”导向，全年工单共有 1287 件，退费金额累计 159 万元，切实解决了群众急难愁盼问题。

（李京京）

【落实粮食安全区长责任制】全面落实粮食安全区长责任制，制定《通州区 2021 年度落实粮食安全区长责任制考核工作实施方案》，“抓重点、补短板、强弱项”，切实提高粮食优质生产、安全储备、应急保供和流通现代化能力建设。做好粮食企业安全监管，对辖区内纳入国家粮油统计信息系统的 33 家涉粮企业执法检查覆盖率达到 100%。粮食应急网点数量达标且布局日趋合理，已协同属地设置 73 家应急供应网点，与 3 家应急配送中心签订协议，日配送能力达到 2400 吨。

（李京京）

【开展粮食专项巡察工作】开展“亮剑行动”“粮食购销领域反腐败问题”专项整治，制定了专项实施方案，成立两个专项整治的工作小组，向辖区粮食企业部署专项工作，开展“拉网式”“全覆盖”检查，对涉及的意见建议，区商务局照单全收，落实落细整改责任。

（李京京）

【优化提升营商环境】深化“放管服”，区商务局 40 项政务服务事项在副中心大厅全部落地，高质量开展两轮“局处长走流程”提升服务质量活动，圆满完成第八次国务院营商环境大督查迎检工作。制定了“两区”建设工作方案，着力构建“4+7+N”全方位开放发展新格局，统筹建立“两区”建设“一库三清单”，做好重点商务服务企业的“管家”式服务。

（李京京）

【落实总部扶持政策】年内，为甘李药业股份有限公司、中国烟草总公司北京市公司等 8 家企业申请发放总部企业奖励资金共计 688 万元。

（李京京）

【着力保障商务领域安全稳定】组织开展商业企业安全生产及疫情防控线上线下宣传培训，指导经营单位开展应急疏散演练。针对不同时期重点工作以及重要时间节点，对安全生产、市场供应、疫情防控措施落实情况等工作进行督导检查。开展集中夜查行动，加强电动自行车充电管理。全面部署《通州区商务行业安全生产大排查大整治百日专项行动方案》全力推动创城、创森、创卫、创慢等工作顺利开展。

（李京京）

【抓好宣传引导】年内，区商务局依规有效发布重要政府信息 73 条；主动发布商务工作信息 150 余条，微信公众号“商务通州”累计发布网宣文 195 篇；围绕国际消费中心城市建设，全媒体累计报道 137376 篇次，其中，中央、市级媒体报道 1592 篇。严格落实意识形态责任制，有效监测舆情信息 9000 余条，及时处置舆情，确保民有所呼，我有所应。

（李京京）

对外及对港澳台经济贸易

【参与2021年服贸会】通州区携“两展三活动”精彩亮相服贸会，区主要领导参加了服贸会峰会及“北京主题日”活动，并开展了巡馆活动。共完成线上参展注册企业341家，线上搭建展台企业256家，全市排名第二，共上报并通过审核成果类项目37个，其中投资类项目6个，成交类项目31个，合同总金额9.2805亿美元，一年可执行2.1484亿美元。另外，还上报协定协议类项目5个；发布类成果4个，其中权威发布类3个，联盟平台类1个。圆满完成了北京团下达的线上展台搭建及成果任务指标。

（李京京）

【外商投资企业情况】年内，通州区新设立外商投资企业125家，增资企业27家。注册资金合计85500.25万美元，合同利用外资67853.36万美元。

（李京京）

【实际利用外资】年内，通州区实际利用外资共21笔入资，共计40685.65万美元。

（李京京）

【境外投资备案】截至年底，通州区共有境外投资备案企业163家。年内，通州区13家主体企业进行境外投资，3家主体办理变更。其中新设主体企业的国别（地区）为中国香港6家、乌兹别克斯坦2家、德国、阿拉伯联合酋长国、越南、新加坡、韩国各1家；变更主体国别为俄罗斯联邦、乌兹别克斯坦、韩国各1家。

（李京京）

【服务外包合同备案登记】年内，通州区新审核合同数110笔，累计合同金额10996.17万美元，累计审核执行合同174笔，累计执行金额7890.65万美元。

（李京京）

【对外贸易经营者备案登记】2021年，通州区对外贸易经营者备案登记及变更的企业共627家，其中新备案对外贸易企业391家，变更企业236家。

（李京京）

【出口信用保险】年内，中国信保为通州区162家外贸出口企业提供出口信用保险服务，其中自付费投保企业11家，享受政府免费保单企业151家，小微企业占比超过93%，赔付通州区3家出口企业合计8.87万美元。

（李京京）

【外商投资企业年度信息报告】自1月1日至6月30日，通州区共681家外商投资企业登录国家企业信用信息公示系统完成企业年度信息报告。

（李京京）

名　录

单位名称：北京市通州区商务局

党组书记、局长，通州区粮食和物资储备局局长：李霞

地　　址：北京市通州区新华东街254号

邮　　编：101199

电　　话：69543319

传　　真：69521735

（李京京）

顺义区

概　况

顺义区商务局统筹做好疫情防控和经济发展工作。累计完成社会消费品零售总额609亿元，同比增长8.3%。完成实际利用外资8.75亿美元，全市排名第三名。累计吸引合同外资14.5亿美元。完成进出口额1217.4亿元，全市排名第七名。

（李聪新、张　曼）

商业服务

【“十四五”课题研究和规划编制完成】年内，编制完成《顺义区“十四五”时期商业发展规划》《顺义区“十四五”时期会展业发展规划》并对外发布。编制完成《顺义区“十四五”时期推进建设国家服务业扩大开放综合示范区和中国（北京）自由贸易试验区发展规划》。

（郭媛媛、吴雨露）

【国际消费中心城市方案编制完成】年内，研究制定《顺义区打造“双枢纽”国际消费桥头堡助力北京国际消费中心城市建设实施方案（2021—2025年）》，明确“5+8+5”的总体思路，确定102项任务清单、31项政策清单和42项项目清单。

（李聪新）

【商业服务业转型升级加快推进】年内，认真办理区人大《加快推进顺义区商业服务业转型升级，提升人民群众生活品质》议案，起草《加快推进顺义区商业服务业转型升级提升人民群众生活品质议案办理情况的报告》，通过区政府常务会议审议并由区政府提请区人代会审议并通过。

（郭媛媛）

【电子商务产业平稳发展】年内，持续加强对顺义区电子商务产业发展扶持力度，进一步推进线上线下融合发展，通过《顺义区促进电子商务暨五类进口商品指定口岸业务发展办法》，累计拨付项目7个，奖励金额570.95万元。

（王　单）

【顺义新市场规划建设】年内，按照《北京市“十四五”时期农产品流通体系发展规划》，有序推进顺义新市场规划建设工作。

（张天堃）

【重点商业项目建设】年内，通过月统计、不定期调度的工作机制，召开重点商业项目调度会9次。加快推进空港一号和锦荟港项目建设；注重补充城南地区商业不足，城建合院商业项目主体建筑封顶，临河棚改地块龙湖商业、旭辉商业陆续开工；新城商业加大供给，合景天汇项目开工建设，恒大御澜府项目取得建设工程规划许可证。推进“一店一策”改造，协调顺商集团及相关部门，稳推进国泰商场一店一策改造工作。

（郭媛媛）

【无障碍设施改造】年内，组织全区12家重点商场、餐饮、超市进行无障碍设施整改，主要针对无障碍厕位不标准，出入口无障碍通道不符合可达、可用标准等内容，同时为北京2022年冬奥会和冬残奥会做好服务保障。

（樊　非）

【创新模式促进消费】年内，组织顺义区商业企业成立顺义区促消费联盟，以区域电商平台顺品汇为依托，举办顺义消费季和汽车消费季活动，发放汽车消费券3994.58万元。带动线上4S店销售各型号车辆11321台，销售额26.11亿元。组织中粮祥云小镇、华联、新世界、顺商集团等重点商圈和重点企业开展170余场线上线下促销、文化活动（包含17项直播活动）。

（孙文龙、王 萌）

9月19日至10月7日，祥云小镇户外艺术季开幕

【消费扶贫工作】年内，消费帮扶产品销售4026.95万元，完成率125.6%。在全区范围内开展消费帮扶宣传活动，发布消费帮扶倡议书。组织召开本年度顺义区与内蒙古自治区东西部协作地区消费帮扶产销视频对接会。

（孙学维）

【生活性服务业品质提升】年内，建立便民连锁企业、镇街和商务局三方沟通协调机制，组织建设或提升蔬菜零售、便利店（超市）、早餐等八类基本便民商业网点47个，超额完成市、区两级任务。

（赵思清）

【连锁便利店、连锁超市发展加快】年内，制定《生活性服务业发展项目申报指南》《顺义区提高乡村流通现代化水平实施方案》等政策。截至年底，顺义区有盒马鲜生1家、7-11便利店2家、便利蜂25家、供销益家超市23家、鑫绿都便民连锁菜店21家、顺家便民连锁超市5家。

（赵思清）

【智慧物流体系建设】年内，按照《北京物流专项规划》，顺义区规划物流基地1个、日常综合型物流中心1个、专业类物流中心2个、配送中心2个。京北（大孙各庄）智慧物流园区建设完成项目综合规划实施方案编制及“一书四案”（建设用地项目呈报说明书，农用地转用方案、补充耕地方案、征收土地方案、供地方案）审批。

（王雪飞）

【展会服务保障】年内，完成2021年新国展27场展会服务保障工作。牵头世界智能网联大会餐饮服务保障工作，为全区工作人员和志愿者提供工作用餐、饮水等保障5589份。

（王雪飞）

【助力创建文明城区】年内，在17家大型商场、超市显著位置（进出口）展示行业规范；大型商超、餐饮在收银台前和出入口处均设有“一米线”提示标识。在11家大型商场设置母婴室，10家大型商场设置无障碍卫生间，22家大型商超设立“学雷锋志愿服务岗”，12家大型商超设置轮椅通道、扶手或缘石坡道等无障碍设施。向100余家商务领域重点企业发放垃圾分类宣传海报200余份。号召商务领域重点企业开展文明餐桌活动，宣传推广“光盘行动”。与区文明办、区创城办联合开展“公筷公勺 健康有爱”进餐厅活动，发放宣传海报、桌签1.5万个，覆盖大小餐饮企业40余家。通过微信公众号、微信工作群及时向商务领域重点企业餐饮企业转发倡导使用公勺公筷、践行“光盘行动”、文明餐桌和节约粮食的相关新闻报道和工作信息 50 余篇。

（杜莲红）

【防疫物资保障】年内，牵头区物资保障组，组织区内国有企业加大防疫物资采购力度，全面保证全区重要人群防疫防护，制定多项市场保供措施，实施物资集中管理调配。做好救灾物资储备工作，组织储备帐篷、棉大衣等各类救灾物资 34575 件。加强疫情防控物资保障协调工作，建立健全物资调配制度，为保障疫情防控做好各类储备物资出入库工作。为重大活动、一线工作者和隔离酒店等调配口罩 296.73 万只、防护服 23.18 万套、手套 63.67 万双、医用帽 24.94 万只、面罩 17.46 万个、护目镜 15.71 万个、鞋套 34.1 万双、消毒用品 13.85 万件等，相关防护用品共 648.49 万件（个）。

（李连军）

【生活必需品供应充足】年内，组织增储方便面 48 万袋、蔬菜 1000 吨、鸡蛋 45 吨、婴幼儿奶粉 2 吨、瓶装水 675 吨。组织建立生活必需品保障统筹协调专班、储备台账，鼓励商业企业增加自有储备，加强督促检查，定期储备单位检查物资储备情况，加强对重点农贸市场、商超监测力度，建立“点对点”供应机制，协调封闭社区（村）生活必需品保障工作，建立“点对点”配送机制。

（赵思清）

【商务行业安全有序运行】年内，组织商务领域安全生产培训会 18 场，培训企业 3200 余家，发放宣传材料 5900 余份，组织反恐、消防、有限空间应急演练 12 场，完成企业风险评估、三级标准化评审 32 家，保障商务领域全年运行平稳，未发生安全生产事件。

（赵　金）

【商务领域疫情防控工作落实落细】年内，持续加强全区重点商超、餐饮、农产品批发市场、农贸市场常态化疫情防控督导检查，严格落实“一米线”标识，通过张贴温馨提示、专人疏导、循环广播等形式做好人员疏散工作，实施进店顾客测量体温，定时进行店面消毒等防疫措施。组织开展人员排查，持续开展重点场所、重点人群的常态化核酸检测工作。自 2 月起，组织开展 33 轮农贸市场常态化核酸检测和 22 轮商超、餐饮企业核酸检测工作，完成 446443 人次和 184627 个环境点位的检测任务，检测结果均为阴性。全年出动 3100 余人次全覆盖开展督导检查，督导检查企业 1080 家次，发现并消除隐患问题 1300 余项。牵头商务领域从业人员疫苗接种工作，协调 191 家企业进行第一剂、第二剂、加强针的疫苗接种。

（王雅婷）

【粮油供需平衡情况调查】年内，开展粮油供需平衡情况调查工作，调查全区转化用粮企业 3 家，餐饮企业 50 家；抽样调查记账城镇居民住户 20 户，乡村农民住户 40 户；发放台账 300 余份。

（邓国军）

【粮食供应保障】年内，完成顺义区粮食应急保障工作，形成 2 家应急加工企业、4 家应急配送中心和 45 个应急投放网点为支撑的粮食应急保障体系。

（邓国军）

【市政府重点工程项目建设保障】年内，按照市、区两级政府关于加快顺义铁匠营粮食收储有限公司储备粮转运工作要求，在市粮食和物资储备局储备处、区商务局（粮食和物资储备局）、首农集团、中储粮顺义直属库、顺义粮油公司共同努力下，经过 30 余天，4.7 万吨储备粮完成出库，确保北京市顺义区人民政府天竺综保区围网建设项目按期推进。

（邓国军）

对外经贸

【概况】年内，完成进出口额1217.4亿元，全市排名第七名。其中出口162.7亿元，进口1054.7亿元。完成实际利用外资8.75亿美元，全市排名第三名；吸引合同外资14.5亿美元，其中新设企业吸引合同外资6.6亿美元，服务业、制造业分别占比76.4%、23.6%。

（张　曼）

【全市营商环境评价跟进】4月，会同区发改委制定《顺义区营商环境评价迎检工作方案》，按照《2020年北京市各区营商环境评价指标体系》，对应不同指标的数据来源，将每项指标内容逐条分解到区内相关部门，牵头落实迎评工作。2020年北京市各区营商环境评价中顺义区综合排名第七位（平原新城第二位）。

（王天野）

【“两区”建设】年内，顺义区牵头市级任务5项全部完成，区级85项政策任务完成84项，实施率超98%。围绕跨境医药、航空服务、文化贸易等优势特色领域，形成“免税、保税和跨境电商”政策衔接试点等12项“全国首创或首批”试点政策。顺义组团累计新增工商注册企业3577家。

（吴雨露）

【稳外资专班相关工作】年内，充分发挥稳外资工作专班作用，持续梳理潜在外资项目、合同外资项目2本台账，征集在谈外资大项目6个；梳理2018年以来合同外资500万美元（含）以上大项目90个，累计合同外资47.6亿美元。

（张　曼）

【搭建平台服务企业】年内，开展4场外资外贸系列“云”培训。摸排走访20余家重点外贸企业，及时了解企业进出口情况及诉求，协调相关部门解决企业问题；搭建平台扩大宣讲，邀请中国出口信用保险公司、阿里巴巴网络技术有限公司、共勤外贸服务有限公司及多家银行，讲解贸易便利化、出口信用保险、“易捷贷”政策等，覆盖企业160余家。

（张　璇）

【助力企业开拓国际市场】年内，鼓励外贸企业参与国际市场竞争，扩展产品销售渠道。指导企业申报提升国际化经营能力项目，共有38家企业获市级资金支持286.3万元。

（张　璇）

【国际航空物流工作落实到位】年内，按照按月统计、定时调度的工作机制，协调有关部门有序推进《顺义区国际航空物流发展工作方案》《23项任务清单》相关工作，任务基本全部落实。

（张　璇）

【承接自贸区境外投资备案】年内，做好自贸区内企业境外投资备案事项下放承接工作，协调区政务服务局做好大厅事项入驻，对综合窗口工作人员进行专题培训；梳理自贸区内对外投资企业名录。

（王成莉、郝　胜）

【区内营商环境评价有序推进】年内，联合第三方按月开展顺义区营商环境企业满意度调研工作，本年度累计调查区内309家办事企业，调研问题覆盖营商环境重点及薄弱领域，受访企业提出问题95条，区内各责任单位以问题为导向落实整改，企业回访均取得积极反馈。形成《营商环境调研结果月报》4份，《营商环境调研结果半年度报告》1份。

（王天野）

【世行评价、国内评价落实】年内，参加区工商联组织的营商环境4.0政策宣讲1场，解读跨境贸易领域新政；收集整理跨境贸易企业案例7个，进行宣传推广。

（王天野）

【企业服务包诉求应办尽办】年内，及时更新市、区“服务包”工作任务，填报市、区“服务包”双平台系统。作为行业管家，对接“服务包”企业79家。落实行业管家任务，走访对接区领导联系企业26家。协调各属地和承办部门做好市区双平台系统的更新填报工作。

（王天野）

名 录

单位名称：北京市顺义区商务局
党组书记、局长：杨蓬勃
地　　址：北京市顺义区复兴东街3号政务服务中心北楼5层
邮　　编：101300
电　　话：010-69443513
传　　真：010-69446407

（李聪新、张 曼）

大兴区

概　况

北京市大兴区便民商业体系规划发展管理中心职责调整。根据3月22日印发《中共北京市大兴区委编办关于印发〈北京市大兴区商务局事业单位改革方案〉的通知》（京兴编办〔2021〕49号）文件，北京市大兴区便民商业体系规划发展管理中心调整职责，不再承担“协助机关依法接收、监督管理全区商业网点配套用房；负责住宅商业服务业用房的房屋修缮及资金管理”职能。将原有“争取市级相关项目资金和区政府专项资金，以配套新建、回租、回购、合资共建、充实便民功能等方式，申请资金划拨，组织项目验收、督查与考核，监督经营主体依法经营，加快全区便民商业服务体系建设”职责，调整为“协助机关争取市级相关项目资金和区政府专项资金，加快全区便民商业服务体系建设”；将原有“建立健全便民商业设施建设、使用、管理标准，提升行业规范化建设水平”职责，调整为“协助机关建立健全便民商业设施建设、使用、管理标准，提升行业规范化建设水平”。同时，将“负责便民商业服务体系建设资金的统筹管理和便民网点的投资运行”职责并入“协助机关争取市级相关项目资金和区政府专项资金，加快全区便民商业服务体系建设”职责中。调整后仍为北京市大兴区商务局所属公益一类正科级事业单位。

北京市大兴区商务流通行业服务中心职责调整。根据8月6日印发的《中共北京市大兴区委编办关于北京市大兴区商务局机构编制调整的批复》（京兴编办〔2021〕115号）文件，北京市大兴区商务流通行业服务中心调整职责，增加承担京南物流基地管委会的京南物流基地规划、建设的组织协调职责相关具体事务性工作。调整后仍为北京市大兴区商务局所属公益一类正科级事业单位。

总消费及社零额完成情况。年内，大兴区总消费额累计实现1264.8亿元，同比上升10.2%；其中服务消费591.7亿元，同比增长11.9%。社会消费品零售额673.1亿元，同比增长8.8%。

外贸进出口完成情况。年内，大兴区进出口共完成700.5亿元，同比411.6%；进口完成66.3亿元，同比下降5.4%；出口完成634.2亿元，同比增长853.9%，增速全市第一。

实际利用外资完成情况。年内，大兴区实际利用外资完成1.98亿美元，同比增长55.9%，超额完成市级任务；新设立外资项目98家，同比增长113%，其中1000万美元以上重大外资项目8个。

（史文亮）

内贸流通

【总消费及社零额完成情况】年内，大兴区总消费额累计实现1264.8亿元，同比上升10.2%；其中服务消费591.7亿元，同比增长11.9%。社会消费品零售额673.1亿元，同比增长8.8%。

（史文亮）

【加大力度多措提振消费】启动“礼享大

兴·潮趣生活”消费季；推出首届线上年货节，发放消费券近1800万，拉动销售1.08亿；启动第一期“汽车嘉年华”，发放1000万大礼包，拉动消费10.3亿；打造六大品牌榜单，提升企业吸引力；制定商业及餐饮企业外摆管理办法，已有12家企业开展外摆经营；引入北京首店21家，位居全市新城之首。

（史文亮）

4月28日，北京消费季之“礼享大兴·潮趣生活”启动仪式

【中小微餐饮企业担保贷款】修订完善《大兴区中小微餐饮企业担保贷款政策实施细则》，安排1000万区级财政资金，为中小微餐饮企业提供贷款担保服务，对按期偿还贷款本息的企业给予贴息支持，助力餐饮行业渡过难关。年内共审批餐饮企业84家、担保贷款金额4945万元。

（史文亮）

【提升生活性服务业品质】全年新建和规范提升便民商业网点49个，完成市级任务45个的108.9%；全区基本便民商业网点6485个［蔬菜零售共997个，占比15.33%；末端配送897个，占比13.86%；便利店（超市）1825个，占比28.15%；粮油店169个，占比2.61%；早餐864个，占比13.31%；维修435个，占比6.70%；家政127个，占比1.96%；洗染252个，占比3.89%；美容美发919个，占比14.19%］，社区覆盖率达100%，实现覆盖率及市级排名双提升。引导星城菜市场完成升级改造。三合美邻坊、高米店便民综合体建成并投入使用，一站式满足居民购物需求。

（史文亮）

【国际消费中心城市建设】10月27日，经区委、区政府批准，正式组建大兴区培育国际消费中心城市领导小组，印发《大兴区培育国际消费中心城市实施方案（2021—2025年）》，方案立足全市、辐射津冀、面向国际，突出“特色培育、开放发展、高端供给、数字赋能”四项原则，围绕“打造临空消费新目的地、构建高能级消费新版图、拓展高品质消费新场景、完善跨区域消费新通道、营造国际化消费新环境”五大任务，开展14项专项行动部署（包括33类共96项具体措施），并从“建立健全工作机制、加强消费宣传推广、强化常态疫情防控、完善消费统计监测”四方面加强工作保障。

（史文亮）

【疏解整治“回头看”】严防已疏解物流企业反弹回流，督促属地加强对已疏解企业的巡查，对已疏解完成的物流企业做好“回头看”，强化事后监管，巩固疏解提升成效。

（王　超）

外资外贸

【外贸进出口】年内，大兴区进出口共完成700.5亿元，同比411.6%；进口完成66.3亿元，同比下降5.4%；出口完成634.2亿元，同比增长853.9%，增速全市第一。

（杨　燕）

【实际利用外资】年内，大兴区实际利用外资完成1.98亿美元，同比增长55.9%，超额完成市级任务；新设立外资项目 98 家，同比增长 113%，其中 1000 万美元以上重大外资项目 8 个。

（韩 猛）

【“两区”建设成效显著】入库建设项目 280 个，入选全市“五个一批”的“两区”建设成果 17 个，数量居全市第一。制定了“两区”建设工作方案、服务业扩大开放综合示范区建设实施方案，形成“1+4+6”开放格局；制定了全市首个支持“两区”建设高质量发展的《意见》和《落实措施》。形成政策清单 29 项，空间资源清单 74 个，目标企业清单 162 个。形成 6 个复制推广创新实践案例，其中 1 个为全国复制推广创新实践案例。通过开设微信公众号、举办一周年成效新闻发布会等多途径宣传，媒体报道 6.3 万余条，举办推介活动近 50 场。

（王军祥）

【出口退税资金池】结合疫情防控形势及时修改完善出口退税资金池政策，相关创新经验做法已被纳入《北京市商务局关于支持外贸稳定增长若干措施的通知》政策文件中，并向全市推广。

（杨 燕）

【鼓励外贸企业开拓国际市场】及时兑现外贸企业开拓国际市场资金，缓解企业资金压力，全年共兑现 21 家外贸企业开拓国际市场资金共计约 439 万元。

（杨 燕）

【组织企业参展 2021 年服贸会】2021 年服贸会大兴区注册参展企业 198 家，超额完成参展注册任务；其中 153 家企业通过图片、视频等形式搭建了企业展台，向世界展示企业形象、企业产品。服贸会期间签约项目 23 个，其中投资类项目 13 个，成交项目类 7 个，协定协议类 3 个，签约合同金额 15.09 亿美元。

（杨 燕）

【2021 服贸会 · 大兴综合产业全球发布会】圆满举办“兴光之夜”大兴综合产业全球发布会，发布 5 张产业名片、2 张开放名片，启动首届大兴航空旅游节，率先发布全市首个支持“两区”高质量发展的专项政策——大兴“两区”建设十五条。

（王军祥）

9 月 5 日，2021 服贸会 · 大兴综合产业全球发布会

【外贸企业服务】加强对外贸企业的调研和服务工作：送政策上门，邀请专家实地授课，提供管家式服务；利用新媒体技术手段，建立全区外贸企业交流平台，及时发布相关政策、国内外展会和相关外贸进出口信息，收集整理企业需求，协助企业解决出口通关、海外物流信息、资金流方面的问题；向企业推介国内举办的国际性展会（南博会、西博会、广交会、中非、东盟展会，共 22 家企业参展参会），拓宽企业产品在一带一路国家的影响力。

（杨 燕）

【加强外商投资权益保护】9 月，根据北京市商务局关于印发《北京市外商投资企业投诉工作管理办法（修订）》的通知要求，设立区外商投诉协调机构和区外商投诉受理机构，共同办理外商投资企业投诉事项。

（韩 猛）

消费帮扶

【推进消费帮扶】全年新建 4 个消费扶贫双创分中心，组织双创中心积极参加消费季活动及各类展销。全年大兴区内双创分中心、展销店、特色店等企业帮扶受援地共销售特色产品1.3亿元。荣获“北京市扶贫协作先进集体”称号及内蒙古自治区正镶白旗“京蒙扶贫协作突出贡献单位”荣誉称号。

（王　超）

粮食安全

【粮食安全区长责任制】推进粮食安全区长责任制落到实处，组织召开2021年度粮食安全区长考核工作部署会，制定2021年度北京市大兴区粮食安全区长责任制考核评分表，明确各单位职责，加强工作部署，逐条落实责任。2021年大兴区粮食安全区长责任制考核结果为远郊区排名第一。

（郭秀英）

【粮食轮换和价格监测】对5000吨硬质白小麦开展轮换，确保储备粮质量安全。完成涉粮相关统计调查，组织开展粮食流通统计工作，组织开展小麦粉、粳米等五种品类周价格审核、公示等工作；圆满完成2021年度大兴区社会粮油供需平衡专项调查和农村居民户存粮调查工作。

（郭秀英）

应急物资储备

【应急物资储备及管理】组织完成物资采购工作，共采购12平方米单帐篷444顶，12平方米棉帐篷500顶，50平方米棉帐篷110顶，50平方米单帐篷15顶，厕所帐篷29顶，棉大衣580件，被罩1120个，毛毯50个，折叠桌椅11套，毛巾被2000件，桶500个，已组织物资管理公司清点入库。

（郭秀英）

【应急物资调拨】配合区应急局，做好应急物资紧急调拨，2021年共调拨12平方米棉帐篷72顶，12平方米单帐篷20顶，50平方米棉帐篷11顶，棉大衣200件，为一线防控提供有力支持。

（郭秀英）

行业安全及服务

【商务行业安全】年内，完成安全生产检查800余次，消除各类安全生产隐患630余项，确保中国共产党成立100周年行业安全平稳运行；制定《大兴区商场超市反恐怖防范工作标准》，开展每月至少10家次反恐督导检查。

（蔡宏俊）

【优化政务服务】年内，窗口共受理政务服务事项887项，接受政务服务类咨询1799次，为企业和群众提供便利；20大项51小项全部实现“一网通办”，与市场监管、税务、政务服务等部门进行了网络办理对接，实现了“一网通办”率100%。

（孙　强）

【推动行业创城创卫】开展“发展绿色商业 创建文明城区”系列活动，发放海报10000余份，检查并监督90余家企业完成整改各类问题120余项；建立并推广“外卖快递综合休闲驿站”，已在5家商业综合体完成6处站点建设，为外卖骑手和快递小哥提供手机充电、电瓶车充电及无接触式智能外卖取餐等一站式服务。

（蔡宏俊）

6月18日，以“落实安全责任、推动安全发展”为主题的商务行业安全生产月综合应急演练系列活动在北京大兴龙湖天街购物中心举行，开幕式图

【首推“疫苗身份识别”】在全市首推“疫苗接种身份识别”，向完成接种的快递、外卖配送员发放胸牌车贴近2万个，助力构筑免疫长城，被人民网、《北京日报》等多个媒体宣传报道；协调永辉、物美等28家门店，首次采用政府协调、企业自愿让利的方式，为完成疫苗接种人员提供超2亿元的购物优惠，助力疫苗接种，促进企业销售回暖。

（蔡宏俊）

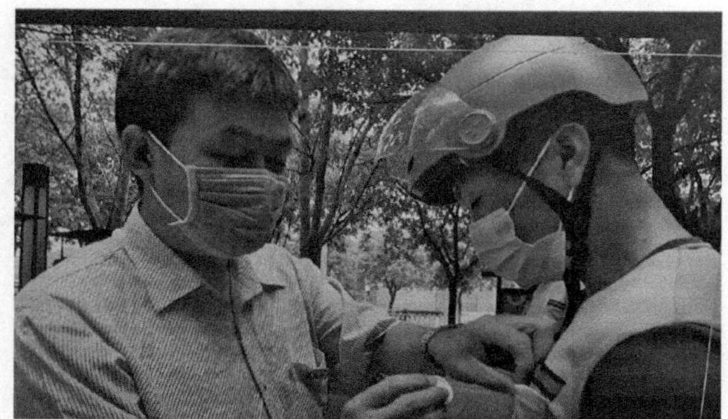

5月13日，大兴绿地购物广场，大兴区商务局为商场工作人员和外卖小哥授予了象征疫苗接种凭证的胸牌和车贴，持续深入推动疫苗接种“安心工程”创建

5月13日，大兴绿地购物广场，佩戴疫苗接种凭证胸牌的外卖小哥，张贴车贴的外卖车

疫情防控

【整体情况】以“保供应”“保防控”“保储备”“保应急”为工作主线，以“两保三查”（保供应、保防控、查人、查物、查市场）为切入点，确保区内生活必需品供应稳定，从严抓好商务行业常态化疫情防控措施落实。

（刘博文）

【保障封闭社区生活必需品供应】年初天宫院街道出现新冠肺炎疫情，多个社区封闭管理。针对生活必需品供应、配送问题，大兴区商务局牵头物资保供组，迅速统筹资源。设置“线上下单”的物资供应网点，安排专人进行分拣、配送并保证商品供应，扩充供应企业名单，通过多店联动保证生活必需品货源不断；要求线上平台加大货品供给种类、增加储备数量，为居民提供多样选择按照日均2～3倍的供货量进行备货，全力确保周边居民生活所需。协调9家商超及蔬菜直通车企业、共计150余辆保供车辆不间断送货，保障居民生活所需。疫情期间累计配送16万单，日均配送9000余单。要求永辉超市加大供货力度及配送运力，调集5家分店力量并投入13辆货车，分区域对10余个封闭社区提供线上供应保障。组建“小推车服务队”，协调80辆购物手推车和50组货架，用于生活物资存放及保障。

（史文亮）

【商务行业疫情防控】全面构筑疫情防控屏障，确保排查一人不漏，实行属地和行业主管部门双重管控，将54家企业及时报送的556名涉及中高风险地区相关人员的信息第一时间通知属地；发挥哨点作用，在商务行业点位开展人员核酸及外环境检测，共检测人员779人次、环境点位100个；成立四支企业疫情防控工作专项检查组，累计检查888家次，发现并督促企业整改完毕问题578个；以“促、盯、抓、比、查”五字工作法推动商超、快递、外卖等行业疫苗接种，全区商务行业所属符合接种条件重点人员已完成全程接种人数共12061人。

（蔡宏俊）

名　录

单位名称：北京市大兴区商务局
局　　长：肖雄
地　　址：北京市大兴区永华南里桐城办公楼甲14号
邮　　编：102600
电　　话：010-81298203
传　　真：010-81298204

（史文亮）

昌平区

概　况

年内，昌平区商务局在区委、区政府的坚强领导下，坚持以习近平新时代中国特色社会主义思想为指导，深入贯彻党的十九大和十九届二中、三中、四中、五中、六中全会精神和习近平总书记对北京重要讲话精神，坚持党建引领，强化“四个意识”，统筹抓好政治建设、思想建设、组织建设、制度建设、纪律建设、作风建设，紧紧围绕“两区”建设、国际消费中心城市培育建设、粮食安全、疫情防控、商业流通体系完善等重点工作，全力推动商务领域事业发展。全区实现社会消费品零售额711.6亿元，同比增长6.2%；实际利用外资2.45亿美元，同比增长51%；完成进出口额140亿元，同比增长74%。

狠抓制度创新，“两区”建设红利加速显现。推动63项制度创新任务落地，形成“首创案例”，承接自贸区3项市级行政职权下放。高标准完成2021年中国国际服务贸易交易会昌平全球推介会、昌平“两区”建设一周年新闻发布会等活动，服贸会签约项目额5.06亿美元。

强化供需改革，消费增长潜力逐步释放。坚持“五子”联动，稳步推进国际消费中心城市培育建设，着力推动商旅文体消费融合“十大工程”。完成龙德、龙泽、龙域三大商圈改造，新增3家网红打卡地和9家品牌首店。

主动靠前服务，疫情保障能力经住考验。修订完善《北京市昌平区商务局民用防疫物资管理办法》，牵头健全“物资调配”对接机制明确物资储备管理流程、调拨机制。加强部门联动、价格监测、舆论引导，抓住货源渠道、抓好政府储备、抓细配送方式、抓严市场监测、抓牢价格监管，保障生活必需品市场价格秩序稳定，圆满完成疫情保障工作任务。

坚持规划统筹，商业流通体系日趋完善。新增生活性服务业便民商业网点21个，编制完成《昌平区物流专项规划工作实施方案》，明确3级、5个物流节点的规划建设推进机制，编制完成《新昌平农产品综合批发市场前期规划研究与概念设计方案》，水屯市场平移改造建设已完成工程总量的80%。

（曾彦兴）

【“两区”建设工作】年内，统筹推进3项市级下派主责任务与60项区级自主任务，通过强化上下沟通、部门形成合力，目前昌平63项政策创新任务已全部落地。持续释放“两区”政策红利，并形成了一批“首创案例”。全国首家国际研究型医院落户昌平，主体结构提前封顶，成功入选全市首批复制推广最佳实践案例。全国首个去中心化临床试验（DCT）试点任务成功落地，搭建的医院数据一体化系统、数字化智能化临床运营系统达到国际领先水平。创新成立了电力大数据创新联盟等5家实体化运作社会组织，有力支撑了能源领域的国际标准创制和“走出去”。全市高新技术企业认定“报备即批准”政策首批试点的12家企业中昌平企业占11家。出台全市首个自贸区产业类扶持政策《支持医药健康产业发展暂行办法》和首个支持美丽健康产业发展的政策文件“美丽经济十条”；在全市率先发布了氢能产业创新发展行动计划及配套的“氢能十六条”。

（徐　丽）

【国际消费中心城市培育建设工作】年内，编制完成《昌平区培育建设国际消费中心城市实施方案》，明确提出打造“北京融合消费创新示范区”的总体目标。从供需两端合理规划商业空间布局，构建形成“一带三组团”高水平一体化消费版图，对标国际一流目标，开展消费融合创新“十大工程”。对照市级监测指标体系，制定完成昌平区国际消费中心城市建设统计监测指标体系，包括国际知名度、消费繁荣度、商业活跃度、到达便利度、消费舒适度五方面共43个指标。稳步推进“2021昌平消费季”活动，立足“炫购昌平 爱享生活”主题，贯穿春节、五一、端午、七夕、暑期、开学季、中秋、国庆、重阳等多个重要促消费节点，围绕购物消费、品质消费、美食消费、汽车消费、文旅消费等领域，开展了开运新春嘉年华、消费季启动仪式、北京亲子消费节、消夏嘉年华、国潮美好生活市集、惠暖金秋消费节等大型主题促消费活动。

（沈洪宇、张　含）

【生活性服务业品质提升工作】年内，新增提升规范化生活性服务业便民网点21个，包括蔬菜零售网点6个、便利店6个、早餐网点1个、美容美发网点5个、末端配送网点2个、家政1个，实现了便民网点功能全覆盖。其中“回天地区”新增生活性服务业便民商业网点12个，包含：蔬菜零售网点4个、便利店2个，美容美发4个、末端配送网点2个，实现了便民网点功能全覆盖。2021年我区共有有效蔬菜直通车46辆，服务于33个昌平社区。鼓励“叮咚”“每日优鲜”“美团买菜”等线上企业推广移动“菜篮子”新项目，便利居民消费。

（焦　健）

【商圈改造提升工作】年内，重点围绕龙域、龙德和龙泽三大商圈稳步推进改造提升工作。龙域商圈完成多点位园区美化陈列，投入建设儿童娱乐天地1块和篮球场2块，增加对外开放地下车位163个，南侧区域地面停车场增加车位49个，街区内入驻门店总数54家，连锁化率高达近80%；龙德商圈中的万科万优完成广场、停车场和外立面等改造项目，龙德广场完成“辣街”“女人街”、B1层和下沉广场等改造项目，华联天通苑店完成“全民食堂”改造；龙泽商圈中华联商厦、北店时代、泰华龙旗广场等重点商业企业进行商铺调整、设备设施改造。

（沈洪宇）

【商业流通体系建设】年内，编制完成《昌平区物流专项规划》，确定昌平区物流基地选址位于南口镇和流村镇，共计109.58公顷。其中A地块位于水南路和南雁路交叉口东南侧，为南口农场国有土地，用地面积为35.63公顷；B地块位于新昌平农产品批发市场北侧，为南口农场国有土地，用地面积为37.70公顷；C地块位于水南路南侧，北复路东侧，为流村镇黑寨村、古将村集体土地，用地面积为36.25公顷。编制完成《新昌平农产品综合批发市场前期规划研究与概念设计工作》，明确项目用地位于流村、南口两镇交界处，用地面积共约44.47公顷。

（沈洪宇、焦　健）

【粮食安全工作】年内，严格落实粮食安全区长责任制，全年检查企业90余家次，其中会同区市场监管局开展粮食流通“亮剑2021”专项行动37次，检查企业37家次，出动检查人员158人次，实现纳统企业全覆盖检查。对区级储备粮检查4次，通过北京市国家粮食交易中心平台公开竞价交易，顺利完成4876吨区储原粮临期小麦的轮换，实现价差盈利38.6万元全部上缴财政。委托北京市粮油食品检验所对区储备粮进行检测，通过扦样、检测，区储备粮全部合格、宜存。打造40个“优质粮油产品”销售专区，更新完善了80个粮食应急供应网点。严格做好粮食熏蒸作业和粮油仓储单位备案管理，分别备案20家次、6家次。

（张金水）

【商务行业安全管理工作】年内，严格落实安全生产行业管理责任，开展安全生产宣传、教育、培训。落实“党政同责、一岗双责”和市区工作要求，推动企业落实安全生产主体责任，在重大节日期间和专项活动时期部署落实安全生产工作。紧抓安全生产教育培训，共召开5次安全生产工作培训部署会；为督促企业落实主体责任，由局领导带队，区商务局联合区公安分局、区应急局、区消防支队、区市场监管局、区城管执法局、区城管委等部门进行节前安全生产、消防安全、燃气安全、疫情防控等联合指导工作4次；指导企业应急演练1次；全年持续开展行业安全生产指导，指导单位千余家次。

（尚　斌）

【2021年中国国际服务贸易交易会】年内，圆满完成2021年服贸会工作任务，组织百济神州、诺成健华、乐普、振东朗迪制药、汇佳学校5家企业参加首钢园专题线下展。线上注册参展企业200家，超额完成线上注册参展企业150家任务指标，其中182家企业完成线上展台搭建，比2020年64家参展企业同比增加184%。成功举办2021服贸会·昌平区全球推介会。立足“昌享开放　创见未来”主题，推介会上累计签约额32.7亿元人民币。

（闫　勋）

【外资外贸工作】年内，实际利用外资24445万美元，同比增长50.94%；外贸出口166.5亿元，同比增长64.5%。完成办理对外贸易经营者备案登记385家次，初审服务外包接包合同40个，接包执行317个。审核2020年支持外贸企业提升国际化能力资金项目239个，受益企业74家。制定完成《北京市昌平区商务局优化营商环境工作方案》，梳理并推广办理便利度高、惠民力度大、群众获得感强的典型经验。加强跨境贸易领域政策宣传培训，编制完成《外商投资昌平政策指引》。强化市区两级总部企业协同联动，确定全区3家市级示范总部企业，落实9家企业和2名重点人才的总部奖励政策。积极承接3项市级行政权力下放事项，包括牵头组织对外资研发中心采购设备免、退税资格进行审核认定，国内企业在境外开办企业（金融企业除外）备案（新设与变更）。

（李晓红）

名　录

单位名称：北京市昌平区商务局

党组书记、局长：李俊杰

地　　址：北京市昌平区南环路55号

邮　　编：102200

电　　话：69747123

传　　真：69746220

（曾彦兴）

平谷区

概　况

平谷区商务局（平谷区粮食和物资储备局）（以下简称区商务局）主要负责本区内外贸易、对外经济合作和粮食流通的区政府工作部门。年内实现社会消费品零售总额159.8亿元，同比增长2.3%。

（徐迎新）

【疫情防控】一是防疫保供扎实有序，按照平谷区委区政府统一部署，做好全区防疫物资供应，根据全区18类28个主要应用场景物资使用标准，对口罩、消毒液、棉帐篷、棉大衣、折叠椅等防控物资统筹采购调配发放。二是市场供应量足价稳。组织东寺渠批发市场和区重点商超企业抓好生活必需品市场供应，建立监测机制，快速响应市场需求，圆满完成大华山镇、平谷镇等社区村疫情封控期间的生活必需品物资供应保障任务。三是指导服务企业主动靠前。加强规上商超、餐饮等行业企业防控工作的检查力度，在落实佩戴口罩、扫码测温、通风消杀、防聚集等方面是否存在不规范行为进行检查，发现问题及时进行劝阻提示或移交有关部门处理。四是积极推进行管企业新冠疫苗接种工作。将企业分组，包片到每名机关干部，与属地联合督导，督促企业员工接种疫苗；倡导社区的连锁菜店制定相应的优惠活动，对已接种疫苗的人群开展专项的促销活动，激励居民尽快接种疫苗；开展疫苗接种回头看工作，对企业新入职员工进行全面摸排、查漏补缺，进一步提升商业服务业企业员工疫苗接种完成率。

（徐迎新）

【便民服务】加快推进蔬菜零售、便利店、美容美发等8类便民网点建设，更新维护生活性服务业网点电子地图，加快网点补建，全面提升平谷区生活性服务业便利化、连锁化、规范化水平。年内，新建或规范提升便民商业网点38个，超额完成全年任务，全区便民商业服务功能城市社区覆盖率达到了100%。完成国泰百货整体升级改造，引进达美乐、星巴克、斐乐、华为体验店等知名品牌，重新焕发传统商场的生机和活力。

（徐迎新）

【大桃销售】制定《平谷区2021年大桃销售工作方案》《平谷区2021—2023年大桃销售扶持政策》，营造大桃销售良好环境；成立区、镇、村三级工作专班，建立区、镇、村、合作社、种植户“五位一体”的组织保障体系；建立电商服务中心，深入推进“一桃带多果”的农产品线上销售新模式。建立电商、“1+15+46”市场、实体商超、城市社区、批发市场、旅游干路沿线、深加工等八大销售渠道，明确牵头部门及各单位职责，促进大桃销售顺畅。建立电商、市场、金融、运输、信息、疫情防控、宣传七项服务保障。全区大桃累计销售约3.4亿斤，销售基本顺畅。商务局牵头的电商销售成效显著，在前几年，大范围果农培训和搭建覆盖主产乡镇、村的物流体系基础上，通过成立电商服务中心，进一步提高以大桃为主的农产品电商销售服务水平，健全完善电商营销体系、产后供应体系、区域产品体系、人才培训体系、数据信息体系，促进农民增收。2021 年电商销售大桃超过 5000 万斤，其中果农自电商销售 3800 万斤。

（徐迎新）

【粮食安全】落实粮食安全区长责任制考核工作，考核成绩在十个远郊区排名第二。完成区级储备原粮小麦轮入轮出计划，维护全区粮食流通正常秩序。做好生活必需品储备，随时保证应急状态下重要生活必需品储得实、调得动、用得上。做好应急物资储备，按照《平谷区区级救灾储备物资及生活必需品调拨机制（试行）》开展相关工作，按要求随时做好应急准备。

（徐迎新）

【“两区”建设】一是印发《平谷区“两区”建设工作方案》；制定出台《平谷区关于“国家服务业扩大开放综合示范区”和“中国（北京）自由贸易试验区”政策任务的转化落实方案》，明确了 34 项可转化落地的任务和政策，并做好各部门任务分工，推动各项任务和政策加快落地。二是加强重点项目储备，对中关村科技园区平谷园、马坊物流基地、农科创示范区等重点产业园区进行实地调研，并挖掘储备一批重点产业项目。深入开展重点乡镇调研，召开 16 个乡镇两区建设项目入库培训会议，指导乡镇项目纳入两区建设招商引资项目库。年内已有 66 个项目入库，27 个项目落地。三是形成“平谷农业科技创新示范区农学商‘金三角’国际创新合作实践与探索”“两区”建设典型案例，并纳入市级案例库。四是举办专场新闻发布会，9 月 6 日在国家会议中心召开服贸会期间平谷区 2021 年“两区”建设专场新闻发布会。区发展改革委、峪口镇、马坊镇、区文旅局分别介绍平谷区概况、农科技创新、数智物流产业发展、全域旅游及休闲产业发展相关情况，中国经济网、新华网、北京新闻广播等多家媒体进行了宣传报道。

（徐迎新）

【国际消费中心城市建设】制定《北京建设国际消费中心城市平谷区配套实施方案》，完善《重点任务清单》《政策清单》等配套材料，成立工作专班，立足全区发展基础与资源优势加快推进国际消费中心城市建设；世界休闲大会主场馆－金海湖国际会展中心建设项目等重点项目、任务稳步推进，目前全部落地；策划开展消费季活动，打响“北京消费季”品牌，发挥平台引领作用，创新活动机制，推动商旅文体联动，激发消费新活力，在商业、文旅、消费、城市服务上取得了积极成果；筹划促销费措施，抓住双十一、双十二、圣诞等商机，举办“拥抱新消费、新生活，打造世界休闲谷”为主题的系列促销活动，促进消费增长；全力打造万德福商圈，会同区委宣传部制定《平谷区促进文旅商体产业发展的扶持办法》，以政策为依托吸引国际国内知名品牌入驻。其次，引导商业主体增加具有平谷特征的主题景观、灯光亮化及特色文化设施建设，营造商业氛围，提升商业活力。

（徐迎新）

【疫情防控和安全生产检查】按年度与管理企业签订安全生产责任书，每季度召开规模以上商零及餐饮等商贸企业安全生产专题培训会，督促指导企业开展应急演练。全体机关人员分为 10 组对重点商超、餐饮、连锁便利店菜店、快递、家政企业开展监督检查，要求企业严格落实安全生产、疫情防控主体责任。

（徐迎新）

【对外经济贸易】实际利用外资 5109 万美元，同比增长 2.14%，完成市级指标 5050 万美元。2021年全年完成进出口额29.7亿元，同比增长6.2%；其中出口额8.3亿元，同比增长11.3%，进口额21.4亿元，同比增长4.4%。

（徐迎新）

【行政审批】全面落实“四减一增”（减时限、减要件、减环节、减费用，增加透明度）。进一步优化政务服务事项办理条件、办理时限，全面清理“有关材料”等兜底条款，精心开展政务服务事项标准化梳理工作。对办理事项做到统一审批管理标准和服务规范，进一步提升平谷区的营商环境。全年共办理审批备案事项656件（其中对外贸易经营者备案142份，审核外资企业投资信息报告238家），业务按时办结率100%。

（徐迎新）

【对外交流合作】年内，组织企业参加中国国际服务贸易交易会，101家企业完成线上布展，“京东桃花源 世界休闲谷”平谷展台搭建成功。投资类、协定协议类、权威发布类项目均审定通过。组织客商参观考察我区农业科技创新示范区，参加服贸会世界原产地地理标志产品品牌分销服务大会主旨演讲。2021年服贸会京津冀展区在国家会议中心正式亮相，平谷马坊物流基地相关情况在该展区进行了展现。组织企业参加第四届上海进博会。制定并下发了《第四届中国国际进口博览会北京市交易团平谷区交易分团组织工作方案》，全区报名并审核通过企业35家，审核通过报名人数86人。11月5—9日，平谷分团达成3笔意向成交。

（徐迎新）

名　录

单位名称：北京市平谷区商务局（北京市平谷区粮食和物资储备局）

局　长：马玉兰

地　址：北京市平谷区府前西街17号

邮　编：101200

电　话：69962955

传　真：69962554

（徐迎新）

怀柔区

概　况

北京市怀柔区商务局，是负责本区内外贸易、对外经济合作和粮食流通工作的区政府工作部门。

年内，怀柔区商务局立足本职，围绕怀柔区中心工作，在统筹推进疫情防控和经济恢复发展上双向发力，同频共振。消费市场回暖向好，外贸经济势头稳健，会展和金融产业稳步提升，为全区经济高质量发展提供了重要支撑。全年实现社会消费品零售总额228.1亿元，同比增长12.3%，同比增速高于全市3.9个百分点，增速位居全市第一。完成实际利用外资7900万美元，超额完成指标任务；新设外商投资企业93家，同比增长66%。实现进出口总额77.1亿元，同比增长23.4%；出口22亿元，同比增长13.7%；进口55.1亿元，同比增长27.8%。会展企业实现会展综合收入9.88亿元，同比上升17%；其中会展直接收入1.95亿元，同比上升15%；接待会议3790个，同比下降6%；接待会议人数27.36万人次，同比下降2%；会均消费5.15万元，同比上升23%。“两区”建设交出亮眼答卷，超进度完成主要任务。国际消费中心城市“微中心”建设全面起步，怀柔商业规划有序落位，为怀柔在北京率先基本实现社会主义现代化新征程中展翅腾飞贡献商务力量。

（张　蕊）

【疫苗接种示范单位挂牌】3月8日，为怀柔区首家获得疫苗接种示范单位称号的商务企业——物美京北大世界挂牌，区宣传部、区卫健委、区疾控中心相关领导出席此次挂牌仪式。

（张　蕊）

【开展商务行业“3·15”消费者权益日宣传活动】3月15日，在京客隆超市广场开展怀柔区商务行业“3·15”消费者权益日宣传活动，共发放宣传资料200余份，接待群众咨询50余人次。

（张　蕊）

【德勤项目签约落户】3月27日，怀柔区“两区”建设系列活动——德勤大学项目签约仪式在北京市人民政府举行，北京市市长陈吉宁视频会见德勤全球董事长舒亚玟，北京市怀柔区委书记戴彬彬，北京市怀柔区委副书记、区长于庆丰，北京金隅集团股份有限公司党委书记、董事长曾劲，德勤全球管理委员会委员、中国首席执行官曾顺福等项目参建各方代表共同见证德勤（中国）大学项目签约落户北京市怀柔区。

（张　蕊）

【“惠怀柔　汇生活”消费季启动】4月28日，2021“北京消费季”正式启动，怀柔以“惠怀柔　汇生活”京禧怀柔为主题，围绕购物、餐饮、文旅、住行、体育、会议会展等9个方面，通过全景沉浸式体验方式打造消费新体验。

（张　蕊）

【荣获“最具影响力绿色会展目的地金手指奖”】5月21—22日，怀柔区商务局参加第十届中国会展产业交易会，现场做“怀柔城市专场推介”，并荣获“最具影响力绿色会展目的地金手指奖”。

（张　蕊）

【2021 雁栖湖科学仪器和传感器论坛举办】 7月21—22日，“2021 雁栖湖科学仪器和传感器论坛”在北京雁栖湖国际会展中心隆重举办。作为中关村论坛走进十六区的活动之一，本次论坛以“探究未知，引领未来”为主题，一起探讨科学仪器和传感技术新趋势、培育未来发展新优势、推动国内科学仪器和传感器产学研深度融合。本次论坛由中国仪器仪表学会副理事长兼秘书长张彤主持，北京市怀柔区委书记、怀柔科学城党工委书记戴彬彬、哈尔滨工业大学精密仪器工程研究院院长、中国仪器仪表学会副理事长、中国工程院院士谭久彬、中国科学院科技促进发展局副局长张鸿翔、北京市科委、中关村管委会党组成员、副主任许心超、北京市经济和信息化局二级巡视员张晶等相关领导在开幕式环节致辞。

（张　蕊）

【参与 2021 服贸会】 9月2—7日，怀柔区交易团线上注册 2021 年服贸会各类人员总人数 243 人，线上注册企业 82 家，线上展台搭建 67 家。我区企业亚马逊通、福田戴姆勒、春风药业、奥康达体育作为企业代表参展服贸会线下展览展示；我区以“怀山柔水　金凤起舞”为主题参与服贸会文旅版块。举办“怀柔区专场新闻发布会”，广泛宣传介绍怀柔科学城、国际会都、中国影都等资源。

（张　蕊）

【参展第十一届中外会展项目合作洽谈会】 9月17—18日，怀柔区以“国际会都　山水怀柔”为主题，参展第十一届中外会展项目合作洽谈会。本次大会上，怀柔区商务局组织了雁栖湖国际会展中心、中建雁栖湖景酒店、凯宾斯基（雁栖岛）和益田影人酒店联合参展此次洽谈会。共同向特邀买家和参展嘉宾介绍怀柔区国际会都发展情况、三大功能区建设及产业支持政策，大力吸引科技会议活动等高端会展落户。

（张　蕊）

【2021 年度怀柔区诚信兴商宣传月活动启动】 9月18日，区委宣传部、怀柔区商务局共同举行 2021 年度怀柔区诚信兴商宣传月活动启动仪式。区委宣传部副部长、区文明办主任张海玉，怀柔区商务局党组成员和区卫健委、区住建委、区市场监管局、区经信局、区文旅局、区应急局、区城管执法局的相关负责同志，以及怀柔区重点商业服务业企业代表共 80 余人参加活动。

（张　蕊）

【第四届国际综合性科学中心研讨会平行论坛在怀举办】 9月25—26日，第四届国际综合性科学中心研讨会平行论坛在怀举办。北京市政府党组成员、副市长隋振江，中国科学院副院长、党组成员周琪向大会致辞。中国科学院院士、北京怀柔综合性国家科学中心专家委员会主任王恩哥主持开幕式。国家科学中心国际合作联盟国内成员代表、北京怀柔综合性国家科学中心专家委员会部分专家、国家部委相关司局负责同志、北京市和中科院有关部门负责同志共计 100 余人参加线下会议，联盟国外成员代表线上参会。

（张　蕊）

【德勤（中国）大学提前办学首期培训开讲】 10月29日，德勤（中国）大学提前办学首期培训暨北京市“两区”建设大讲堂系列活动在怀柔区开课，全市 30 余家市级部门、16 区以及北京经济技术开发区近 300 名学员参加线上培训。

（张　蕊）

【生活性服务业品质提升工作】 11月，提前超额完成年度便民商业网点建设任务，新建网点21个，完成全年任务的140%。“七有”“五性”中“便利性”指标实现100%。

（张　蕊）

【参加第四届进博会】11月5—10日，怀柔交易分团共12家企业现场参加第四届进博会，参与现场洽谈、学习考察、招商推介等各项活动。

（张　蕊）

【北京市怀柔区国际消费中心城市“微中心”建设实施方案发布】11月17日，国际消费中心城市建设媒体通气会召开，怀柔区副区长焦宝军现场发布《北京市怀柔区国际消费中心城市“微中心”建设实施方案》。

（张　蕊）

【市“两区”办来怀调研】12月8日，市“两区”办联合北京海关、市财政局、市科委赴怀柔科学城进行调研。怀柔区商务局会同区科委、区税务局、区经信局（怀柔园）、科学城管委会设施平台处等相关部门及中科院、北京大学、清华大学相关院所领导参会。

（张　蕊）

【“两区”建设交出满意答卷】制定出台《北京市怀柔区“两区”建设工作方案》，成立“两区”工作专班，确定推动科学设施开放共享、国际会都扩容提升、中国影都创新发展等6项主要任务。全年举办3次“两区”建设主题培训，开展集中签约活动7次，签约项目79个，累计投资额59.8亿元。全力推进111项“两区”建设重点任务和可视化项目落地。目前，市级任务共一项已完成，国际影视摄制服务中心挂牌成立，作为全国首个专门服务国际影视项目专业机构，被选入北京市“两区”建设制度创新推广案例。区级任务完成机械研究总院怀柔科技创新基地、延锋海纳川、德勤（中国）大学、怀柔区高端人才服务大厅等38项。出台精准支持科学仪器和传感器产业创新发展14条措施。公司型创投企业所得税、北京市境外高端人才个人所得税、外籍高层次人才在华永久居留、接入国际互联网专线等8项优惠政策落地，营造了良好的产业发展环境。

（张　蕊）

【压实粮食安全区长责任制】推进粮食安全“五大体系”建设，守住粮食安全底线，全力维护地区粮食安全。一是粮食储备体系。7423.7吨区级储备落实到位，运行机制健全。出台《怀柔区区级储备粮管理办法》，制定了《怀柔区区级储备粮轮换管理办法》，进一步规范区储备粮的吞吐调节和轮换。二是粮食应急供应体系。20个网点覆盖全区，应急保障有力。合理构建由20个应急供应网点、2个应急储运企业、1个应急配送中心组成的粮食应急供应网络。达到每3万人至少有1个应急供应网点，成品粮运输接卸和存储能力满足本区1天以上口粮消费需求，确保应急状态下各环节的有效衔接，粮食应急体系运转高效。三是粮食流通管理体系。围绕储备粮安全管理需求，组织开展征集科技成果、观看科普展演等粮食科技周宣传活动和“世界粮食日”系列宣传活动。四是粮食市场信息监测预警体系。建立和维护辖区价格监测网点，定期公开发布地区粮食价格监测数据。严格执行粮食流通统计制度，按时按质完成粮食流通统计月报、季报、年报。完成我区社会粮油供需平衡及农户存粮等专项调查任务，从调查数据总体上看，我区粮食产量较上一年有所上升，居民粮油收支差异相对较小，供需大体平衡。五是粮食质量安全监管体系。“亮剑”行动执法检查全覆盖。对辖区入统涉粮企业14家开展“双随机、一公开”执法检查。重点检查在粮食收储，库存、销售等环节是否有违法行为，切实压实相关企业粮食安全主体责任，保护农民和消费者权益。

（张　蕊）

【疫情防控工作】持续做好我区粮油等生活必需品保供稳价等工作，保障市场运行平稳。坚持运行生活必需品日监测机制、市场实地走访查看机制及缺断货监测补货快速响应机制，指导区内各保供企业加强产销衔接，加大自有储备，确保生活必需品不脱销、不断档。全力保障应急物资储备供应。密切监测民用防疫物资和应急应季物资储备情况，针对常态化防控和雪天寒冷天气，及时加大物资储备力度，高效完成为隔离观察点和各相关单位提供“防疫爱心包”、口罩、手消、折叠床等应急保障任务，全力做好物资保障供应。筑牢商务行业防疫屏障。

一是加强国际快件管控。坚持台账化管理，强化行业防控指引，全面落实国际快件及涉件人员健康监测和快递、环境消杀等防控措施，对涉国际快件企业顺丰、邮政采取“双闭环”管控，针对内容物检测结果存疑邮件，立即启动应急预案，坚决阻断疫情传播链。二是加强对区内商超、餐饮、快递、粮食和金融等行业企业防疫措施和安全生产工作落实情况的监督检查，督促企业落实主体责任。三是开展行业内规模以上食品流通、餐饮、快递、家政、粮食重点环境及人群核酸检测工作。四是持续组织商场、餐饮、快递、金融等行业从业人员开展疫苗加强针接种。以增强粮食安全保障能力为目标，压实粮食安全区长责任制，推进粮食安全“五大体系”建设，守住粮食安全底线，全力维护地区粮食安全。

（张　蕊）

名　录

单位名称：北京市怀柔区商务局

党组书记、局长：王　鹏

地　　址：怀柔区迎宾中路21号

邮　　编：101400

电　　话：69645258

传　　真：69647234

（张　蕊）

密云区

概　况

年内，全区实现社会消费品零售额169.4亿元，同比增长5.3%。总量在生态涵养区中居第二位，增速居第四位。完成北京华远农副产品综合批发市场、程各庄吉祥集贸市场中心、石城云蒙风情集贸市场中心、不老屯永兴农副产品市场中心、马场村集贸市场中心5家农贸市场升级改造工作。引导和扶持大星发、檀州农业等蔬菜龙头配送企业在密云新城及周边共新建和规范便民商业网点50家，基本实现密云城区及周边“5分钟蔬菜便民服务圈”全覆盖。完成进出口总额16.1亿美元，同比增长44.5%，其中出口总额6.6亿美元，同比增长44.5%，进口总额9.5亿美元，同比增长51.3%。在五个生态涵养区中，出口总额绝对值和增幅名列第一。

（郝　桐）

【“两区”建设突破进展】年内，推进“两区”建设，确立“2+6+N”的工作思路，牵头起草《北京市密云区建设国家服务业扩大开放综合示范区方案》，印发《密云区落实市领导调研“两区”建设重点工作任务分解方案》，结合实际，细化梳理“三单”：梳理《北京市密云区促进农业电子商务发展办法》等全区支持企业发展、人才、金融、优化营商环境和政务服务等方面的政策清单18项；梳理涉及科学城东区、中关村密云园等可利用招商的资源清单116个共计10024亩，可利用楼宇（厂房）建筑面积141.6万平方米；梳理包括8家GAWC名录企业在内的目标企业清单12家。全力推进13项重点任务落实。年内，上报市级100个项目中，已落地21项，在推进79项投资额250.4亿元。服贸会上报签约项目6个，合同金额3.73亿美元。

（郝　桐）

【国际消费中心城市】年内，明确将密云建设成为“生态+”区域消费中心的总目标，按照“2+6+12”的总体消费空间布局推进北京国际消费中心城市建设。即充分发挥中关村密云园和怀柔科学城东区“一园”“一区”高端消费业态集聚的主体带动作用，重点围绕国际休闲旅游度假、高端商务会议中心、数字经济、健康医疗、通用航空、品牌体育赛事六大产业融合发展，积极推进12项重点任务落地。

（郝　桐）

【多措并举推动消费】年内，积极开展“生态密云 乐享消费”2021年消费季系列活动，助推万象汇、鑫海韵通等各商业企业举办多项主题促消费活动，激发消费潜力；为进一步丰富商业业态，增加居民生活消费选择，提升居民消费体验，积极推动“美团买菜”前置仓入驻密云，“美团买菜”密云服务站于5月27日正式上线运营，顾客从线上下单，配送半径周边2公里，服务周边80个社区约4.35万居民，30分钟送货到家，不断满足本区居民便利性生活消费需求，促进本区社零额不断增长。全区实现社会消费品零售额169.4亿元，同比增长5.3%。总量在生态涵养区中居第二位，增速居第四位。

（郝　桐）

【疏解整治促提升效果显著】年内，投入420.3万元，完成对北京华远农副产品综合批发市场、程各庄吉祥集贸市场中心、石城云蒙风情集贸市场中心、不老屯永兴农副产品市场中心、马场村集贸市场中心共计5家重点农副产品市场进行改造提升。为商户和百姓创造便利、安全、整洁的经商购物环境，切实提升人民群众的获得感和幸福感。

（郝 桐）

【生活性服务业网点建设超额完成】年内，为不断满足居民"七有""五性"指标中"便利性"生活消费需求，新建、规范提升便民服务网点50家，其中便民蔬菜网点24家、便利店（超市）3家、早餐店5家、美容美发店17家，洗染1家。

（郝 桐）

【优化营商环境工作稳步推进】年内，牵头起草《北京市密云区促进农业电子商务发展办法》（试行），并积极落实扶持政策，推动本区农业电子商务发展。截至目前，全区重点监测（年销售额500万元以上）电子商务企业共计58家，实现网络社会消费品零售总额29.28亿元，其中农产品电商17家实现网络社会消费品零售总额5.8亿元。

（郝 桐）

【农业电商工作全面铺开】年内，贯彻"坚持生态优先、绿色发展"的重要思想，持续促进电子商务发展。重点检测农产品电商17家（较去年新增4家），实现网络销售本地农产品零售总额2.5亿元。鼓励农业电商企业充分利用互联网信息技术，扩大我区蔬菜、杂粮、林果、禽蛋肉类及加工食品等优质农产品的销售范围，实现农村小生产与城市大需求之间的有效对接，努力形成密云自己的优势农产品。

（郝 桐）

【商务行业运行安全稳定】年内，督促企业落实安全生产主体责任，签订2021年商务企业安全生产责任制、推进安全生产专项整治三年行动计划和节日安全保障、瓶装液化石油气整治等各项安全专项活动责任制；全年开展安全生产大检查出动检查人员800人次，检查企业425家次，发现问题350个，整改350个，全部整改，整改率100%。

（郝 桐）

【消费扶贫促发展】年内，在万象汇组织秋季玉树农产品促销活动；建立消费帮扶基地，助推檀州农业利用库伦菌菇企业的技术、资源优势，在密云建设菌菇生产基地，形成从生产到销售的无缝连接。

（郝 桐）

【应急物资储备稳步进行】年内，发挥应急物资储备日常管理功能，建立台账、制定应急预案，保障应急物资存得实，管得好，关键时刻调得出；及时增加民用防护物资储备，涉及消杀用品、测控器具、口罩、防护服、84消毒液、护目镜、测温枪、帐篷等十六大类防疫物资；保证防疫需要，向云湖、华电隔离点和各个镇街及时配送防疫、防汛所需物资，总计价值约300万元。

（郝 桐）

【保供稳价有序开展】疫情期间，监测米、面、油、肉、蛋、奶等生活必需品市场价格、货源变动情况，积极引导我区连锁超市龙头企业檀州农业、大星发等企业提前备足货源，畅通补货渠道，保证我区生活必需品供应稳定。

（郝 桐）

【疫情防控多管齐下】疫情期间，严格落实常态化各项疫情防控措施，加强对各类商务企业的督促检查，年内共检查企业385家次，共出动770人次，出动220车次。开展重点商超和快递外卖行业企业的疫苗接种工作，接种率完成 100%。

（郝　桐）

【进出口总额增长显著】年内，外贸进出口总额 16.1 亿美元，同比增长 48.4%，其中出口总额 6.6 亿美元，同比增长 44.5%，进口总额 9.5 亿美元，同比增长 51.3%。在五个生态涵养区中，出口总额绝对值和增幅名列第一。

（郝　桐）

【新设立外商投资企业】年内，实现实际利用外资完成 3816 万美元，同比增长 663.2%，完成年度指标任务（2021 年指标：1800 万美元）212%；新注册外资企业 19 家，合同利用外资额为 6623.99 万美元；

（郝　桐）

名　录

单位名称：北京市密云区商务局（密云区粮食和物资储备局）

党组书记、局长：杨光辉

地　　址：北京市密云区檀西路 21 号

邮　　编：101500

电　　话：89089310

传　　真：89089320

（郝　桐）

延庆区

概　况

北京市延庆区商务局（北京市延庆区粮食和物资储备局）于2019年3月正式挂牌成立，负责贯彻落实市委关于内外贸易、外商投资、对外经济合作、粮食和物资储备工作的方针政策、决策部署和区委有关工作要求，在履行职责过程中坚持和加强党对内外贸易、外商投资、对外经济合作的集中统一领导。内设办公室、流通管理科、外经外贸科（行政审批科）、安全科（粮食和物资储备科）4个行政科室，粮食和物资储备中心、商务发展中心2个事业单位。2021年，区商务局坚持以服务保障冬奥会为主线，扎实推进赛事综合保障组和冬奥村保障组“双牵头”工作；牵头区“两区”建设工作专班，统筹推进各项工作任务；牵头区“国际消费中心城市建设”工作，多措并举促进消费，持续激发消费活力，发布实施《延庆区“十四五”商业和服务业发展规划》；围绕平安建设，持续开展行业安全监管；以保障粮食持续供给为底线，粮油市场保供稳价效果良好；会展产业发展迅速，对外开放水平不断提升；以健全基层治理体系为核心，不断深化行业管理，12345接诉即办成绩靠前；以保障物资稳定市场为责任，持续助力疫情防控，有效实现新冠疫情防控和经济发展同步推进。

（王玉冉）

【社零额情况】 2021年，全区社零额实现109.1亿元，同比增长9.4%，总消费完成209.9亿元，同比增长10%。

（李洪涛）

【冬奥会服务保障】 圆满完成2021年10—11月“相约北京”系列冬季体育赛事延庆赛区测试赛保障任务，确定冬奥会供餐保障点40个，包括场馆餐保障点位7个、驻地餐保障点位33个，为各利益相关方、工作人员及志愿者、赞助商及合同商、交通服务保障人员和安保等各类涉奥人员提供餐饮服务，约1.6万人，确定各点位供餐模式及方式。在延庆辖区内设置集体配餐中心，服务冬奥的同时做好应急储备。制定了北京冬奥会延庆赛区餐饮服务保障工作专项应急预案，共分为8大类13个具体场景，分别明确了报告机制、处置流程、处置权限和处置报告等内容。确定物美等商超企业做好冬奥应急保障，确保供应及时、有序。第一时间建立延庆冬奥村与外围保障团队对接机制，扎实做好疫情防控、证照办理、隔离点设置等工作。

（刘　越）

【生活性服务业品质提升】 完成20个便民网点建设任务。建立属地网点建设考核机制，会同各属地政府开展便民网点精准补建工作，全区基本便民服务功能社区覆盖率达到100%。完成延庆区“十四五”时期商业服务业发展规划，并纳入延庆区“十四五”重点专项规划。

（李洪涛）

【多措并举促进消费】 年内，牵头文旅、体育、农业农村等部门制定实施《2021年北京市延庆区暑期消费季活动方案》，充分挖掘长城、世园、冬奥三张金名片资源，通过线上线下布局、多业态联动、大力发展夜经济等举措，围绕“吃、住、行、游、购、娱”6大板块开展126项促消费活动。开展“喜迎丰收”“岁末感恩惠”“万达万味榜”“双十一、双十二”等88项冬季促消费活动，促进本土消费内生动能。打造“深夜食堂”，在金锣湾商圈推出“食光里”美食街。开展“大厨下乡”活动，结合延庆季节性食材，创新研发55道特色菜品，在井庄镇颁牌成立了北京市首个“大厨下乡”——“大师工作室”，标志着常态化工作机制的建立。

（李洪涛）

【全力以赴抗击新冠疫情】牵头区疫情防控物资和市场环境组，持续做好物资保供稳价。按照一个月（30天）的用量储备口罩120万只，及时支援社区村防疫工作，累计向各街乡镇发放口罩、帐篷等防疫及保暖物资约11万件，为全区打好疫情防控攻坚持久战提供坚实的物资保障。通过加强储备能力、每日供应监测、投放区级储备粮等措施，保障全区“菜篮子”“米袋子”供应充足、价格平稳。同时，依托“6+N”行业治理机制，领导班子成员分别牵头6个专项监督服务组，做好全区重点商超、市场、餐饮单位及“七小”企业新冠疫情防控统筹管理，累计出动2195人次，检查企业2994家次，组织核酸采样23208人次，完成加强针疫苗3536人，重点商业服务业符合第三针接种条件人员接种率和全区重点商业企业复工复产率均为100%。

（席小芳）

【行业安全监管】年内，结合新冠疫情防控，制定全年安全工作方案，明确安全责任制建设、法规宣传、专项督导为内容的量化工作目标。多次组织班子集中学习，落实党政领导干部安全责任制实施细则，并开展巡查指导，指导企业落实各项安全制度。落实行业管理职责，牵头开展安全检查、集中整治三年行动、燃气安全整治等工作，共出动检查指导人员520人次，检查企业197家次，下达安全生产告知书197份。全年，区商务局所辖领域在安全生产、防恐防暴、消防安全等方面未发生对延庆区经济社会发展造成重大不良影响事件，社会面总体情况平稳有序。

（王　佳）

【粮食和物资储备】年内，粮食安全区长责任制考核连续6年被评为优秀等次，2021年考核排名全市第三；玉米收购2670万千克，转储2350万千克；新增3个粮食应急供应网点；开展粮食购销领域腐败整治和“亮剑2021”专项执法行动。完成代储市级救灾物资储备库的管理权划转工作；全年出库棉帐篷304件，棉大衣6000件；开展世界粮食日、粮食科技宣传周和食品安全示范周等宣传活动，加强“放心粮油”“爱粮节粮”等宣传推广。

（胡秀华）

【消费帮扶】通过实地调研摸排、制定工作方案、广泛动员发动，推动销售帮扶地区农副产品1900万余元，2021年3月，区商务局荣获北京市扶贫协作先进集体称号。

（王清波）

【会展服务】年内，服贸会延庆分团共有62家企业注册线上线下参展，55家企业完成线上展台搭建，其中25家企业既参加线上展会又参与文旅、冬博会的线下主题展台展示，130人申请参会证件。收集申报桑普新源延庆新厂区项目、北京东方润泽节水科技有限公司股权收购项目等4个预筹成果项目，签约金额12166万美元。通过前期宣传动员，共组织37家单位81人申请参加本届进博会并完成线上专业观众证件注册申办。因受疫情影响，会期有2家企业2人前往上海参加进博会现场参观洽商，无交易额。

（郭向芳）

【接诉即办】年内，12345有效工单148件，解决率、满意率均同比上涨8%左右，月度、年度排名持续全区靠前，商务行业群众、企业幸福感、获得感进一步提升。

（席小芳）

【“光盘行动”】年内，落实“光盘行动”，定期检查各企业落实情况。全年发放“光盘行动”宣传材料、倡议书及工作指引2000余份。

（李洪涛）

【无障碍环境建设】年内，对区内重点商超、餐饮企业的无障碍设施建设情况进行整改，纳入区级整改计划共7家点位，包括3家商场、3家餐厅、一家超市，完成整改7家，销账7家。

（李洪涛）

【多举措推进外经贸发展】组织开展2021年度外经贸发展专项资金、服务外包项目申报，促进企业进一步发展，开展企业培训3次，培训企业60家次。

（吴广云）

【外贸进出口稳中有升】2021年1—12月，延庆区进出口企业完成直接进出口总额12.54亿元，同比增长1.1%。其中直接出口总额9.99亿元，同比减少0.5%，直接进口总额2.55亿元，同比增长8%。全年新设外资企业17家，实际利用外资939万美元。

（吴广云）

【“两区”建设成效显著】落实“一库四机制”，紧盯“三单”管理，梳理政策清单16项，空间资源清单19项，目标企业清单10项。在库项目108个，已经落地项目57个，在推项目51个。组织“两区”相关项目签约活动12场，共签约项目74个。成功举办“两区”建设重点企业入驻签约暨“两区”建设政策解读宣讲会等20余场大型活动，举办2期“两区”建设干部人才培训活动，累计培训超过1300人次，有效提升政策知晓率和干部“两区”工作能力。建立《聚焦“两区”建设》专栏、“两区建设大家谈”版块等，发布政策解读、工作动态等内容共计500余条次。延庆区《加快政务数据共享应用 优化营商环境 助力“两区”建设》入选北京市“两区”建设第一批改革创新实践案例。

（单　玲）

名　录

单位名称：北京市延庆区商务局

党组书记、局长：刘涛

地　　址：北京市延庆区新城街2号

邮　　编：102100

电　　话：010-69101551

传　　真：010-69144243

网　　址：http://www.bjyq.gov.cn/yanqing/zbm/sww/dwjj76/index.shtml

（王玉冉）

第六部分

统　计　资　料

一、商业流通

表 1－1　社会消费品零售额

项　　目	2021 年（亿元）	同比增长（%）
社会消费品零售总额	14 867.7	8.4
其中：限上批零业网上零售额	5 392.7	19
按商品用途分		
吃类商品	2 966.3	8.4
穿类商品	827.3	13.8
用类商品	10 472.5	7.3
烧类商品	601.7	21.9
按地区分		
城镇	14 146.3	8.5
乡村	721.4	6.3
按消费形态分		
餐饮收入	1 134.6	27.5
商品零售	13 733.1	7.1

数据来源：北京市统计局

（薛辛培）

表 1－2　社会消费品零售额（按功能区组分）

项　　目	2021 年（亿元）	同比增长（%）
全　　市	14 867.7	8.4
东城区	1 303.3	7.4
西城区	1 089.4	9.7
朝阳区	3 554.2	10.3
海淀区	2 920.8	7.5
丰台区	1 418.1	7.5
石景山区	439.9	10.1
门头沟区	113.0	11.6

（续）

项　　目	2021年（亿元）	同比增长（%）
房山区	373.9	9.5
通州区	563.6	6.5
顺义区	609.0	8.3
昌平区	711.6	6.2
大兴区	673.1	8.8
怀柔区	228.1	12.3
平谷区	159.8	2.3
密云区	169.4	5.3
延庆区	109.1	9.4
北京经济技术开发区	431.4	5.7

数据来源：北京市统计局

（薛辛培）

二、对外贸易

表 2－1　海关进出口商品类别及构成

表 2－1－1　北京地区海关出口商品类别及构成

金额单位：万美元

类　别	2021 年		2020 年		比重增（减）%
	金　额	比重（%）	金　额	比重（%）	
总　值	**9 464 147**	**100.0**	**6 701 444**	**100.0**	—
机电产品	4 165 636	44.0	3 207 098	47.9	-3.8
高新技术产品	4 035 896	42.6	1 974 189	29.5	13.2

注：数据摘自北京海关统计月报

（杜雨潇）

表 2－1－2　北京地区海关进口商品类别及构成

金额单位：万美元

类　别	2021 年		2020 年		比重增（减）%
	金　额	比重（%）	金　额	比重（%）	
总　值	**37 638 277**	**100.0**	**26 802 529**	**100.0**	—
机电产品	7 900 852	21.0	6 662 132	24.9	-3.9
高新技术产品	3 602 964	9.6	2 795 586	10.4	-0.9

注：数据摘自北京海关统计月报

（杜雨潇）

表 2－2 海关进出口商品分类金额

表 2－2－1 海关出口商品分类金额

金额单位：万美元

商品名称	2021 年	同比（±%）
总 值	**9 464 147**	**40.9**
第 1 章 活动物	1 245	-4.2
第 2 章 肉及食用杂碎	36	13.1
第 3 章 鱼、甲壳动物、软体动物及其他水生无脊椎动物	17	-54.3
第 4 章 乳品；蛋品；天然蜂蜜；其他食用动物产品	759	-23.1
第 5 章 其他动物产品	1 927	-29.6
第 6 章 活树及其他活植物；鳞茎、根及类似品；插花及装饰用簇叶	126	-12.1
第 7 章 食用蔬菜、根及块茎	1 764	-64.4
第 8 章 食用水果及坚果；甜瓜或柑橘属水果的果皮	1 251	28.0
第 9 章 咖啡、茶、马黛茶及调味香料	1 165	-35.2
第 10 章 谷物	89 706	14.7
第 11 章 制粉工业产品；麦芽；淀粉；菊粉；面筋	329	13.2
第 12 章 含油子仁及果实；杂项子仁及果仁；工业用或药用植物；稻草、秸秆及饲料	7 969	-3.2
第 13 章 虫胶；树胶、树脂及其他植物液、汁	3 718	14.0
第 14 章 编结用植物材料；其他植物产品	164	28.9
第 15 章 动、植物或微生物油、脂及其分解产品；精制的食用油脂；动、植物蜡	6 860	74.5
第 16 章 肉、鱼、甲壳动物、软体动物及其他水生无脊椎动物、昆虫的制品	3 836	-13.7
第 17 章 糖及糖食	1 335	1 417.7
第 18 章 可可及可可制品	4 038	32.8
第 19 章 谷物、粮食粉、淀粉或乳的制品；糕饼点心	6 266	0.6
第 20 章 蔬菜、水果、坚果或植物其他部分的制品	18 829	27.8
第 21 章 杂项食品	4 980	58.8
第 22 章 饮料、酒及醋	2 097	43.7
第 23 章 食品工业的残渣及废料；配制的动物饲料	840	4.8
第 24 章 烟草、烟草及烟草代用品的制品；非经燃烧吸用的产品，不论是否含有尼古丁；其他供人体摄入尼古丁的含尼古丁的产品	0.00	-100
第 25 章 盐；硫磺；泥土及石料；石膏料、石灰及水泥	3 522	-37.8
第 26 章 矿砂、矿渣及矿灰	247	-73.0

（续）

商品名称	2021年	同比（±%）
第27章 矿物燃料、矿物油及其蒸馏产品；沥青物质；矿物蜡	2 226 243	13.8
第28章 无机化学品；贵金属、稀土金属、放射性元素及其同位素的有机及无机化合物	46 418	3.1
第29章 有机化学品	130 413	35.6
第30章 药品	1 588 692	2 029.5
第31章 肥料	79 238	66.5
第32章 鞣料浸膏及染料浸膏；鞣酸及其衍生物；染料、颜料及其他着色料；油漆及清漆；油灰及其他类似胶粘剂；墨水、油墨	5 197	-3.4
第33章 精油及香膏；芳香料制品及化妆盥洗品	3 143	7.1
第34章 肥皂、有机表面活性剂、洗涤剂、润滑剂、人造蜡、调制蜡、光洁剂、蜡烛及类似品、塑型用膏、“牙科用蜡”及牙科用熟石膏制剂	4 964	31.8
第35章 蛋白类物质；改性淀粉；胶；酶	6 078	-24.7
第36章 炸药；烟火制品；引火合金；易燃材料制品	1 171	-60.7
第37章 照相及电影用品	1 777	32.4
第38章 杂项化学产品	64 285	6.0
第39章 塑料及其制品	72 923	8.2
第40章 橡胶及其制品	41 498	8.3
第41章 生皮（毛皮除外）及皮革	0	-99.7
第42章 皮革制品；鞍具及挽具；旅行用品、手提包及类似容器；动物肠线（蚕胶丝除外）制品	4 495	-23.1
第43章 毛皮、人造毛皮及其制品	377	-32.8
第44章 木及木制品；木炭	5 111	36.7
第45章 软木及软木制品	9	45.0
第46章 稻草、秸秆、针茅或其他编结材料制品；篮筐及柳条编结品	2 263	15.0
第47章 木浆及其他纤维状纤维素浆；回收（废碎）纸及纸板	713	-5.0
第48章 纸及纸板；纸浆、纸或纸板制品	5 265	-10.0
第49章 书籍、报纸、印刷图画及其他印刷品；手稿、打字稿及设计图纸	9 656	60.0
第50章 蚕丝	142	-12.8
第51章 羊毛、动物细毛或粗毛；马毛纱线及其机织物	2 503	22.7
第52章 棉花	6 489	-9.5
第53章 其他植物纺织纤维；纸纱线及其机织物	107	38.5

（续）

商品名称	2021 年	同比（±%）
第 54 章　化学纤维长丝；化学纤维纺织材料制扁条及类似品	8 561	25.8
第 55 章　化学纤维短纤	5 324	-1.6
第 56 章　絮胎、毡呢及无纺织物；特种纱线；线、绳、索、缆及其制品	14 983	3.5
第 57 章　地毯及纺织材料的其他铺地制品	12 296	28.0
第 58 章　特种机织物；簇绒织物；花边；装饰毯；装饰带；刺绣品	1 517	56.7
第 59 章　浸渍、涂布、包覆或层压的纺织物；工业用纺织制品	5 591	21.6
第 60 章　针织物及钩编织物	2 282	51.5
第 61 章　针织或钩编的服装及衣着附件	31 930	26.9
第 62 章　非针织或非钩编的服装及衣着附件	49 517	-66.3
第 63 章　其他纺织制成品；成套物品；旧衣着及旧纺织品；碎织物	31 573	-87.3
第 64 章　鞋靴、护腿和类似品及其零件	13 871	0.9
第 65 章　帽类及其零件	5 032	9.4
第 66 章　雨伞、阳伞、手杖、鞭子、马鞭及其零件	102	-16.4
第 67 章　已加工羽毛、羽绒及其制品；人造花；人发制品	324	98.2
第 68 章　石料、石膏、水泥、石棉、云母及类似材料的制品	13 681	24.2
第 69 章　陶瓷产品	20 076	2.7
第 70 章　玻璃及其制品	20 694	39.2
第 71 章　天然或养殖珍珠、宝石或半宝石、贵金属、包贵金属及其制品；仿首饰；硬币	187 050	112.0
第 72 章　钢铁	171 059	45.0
第 73 章　钢铁制品	216 378	0.3
第 74 章　铜及其制品	7 685	27.1
第 75 章　镍及其制品	2 695	84.5
第 76 章　铝及其制品	36 717	11.0
第 78 章　铅及其制品	206	-37.2
第 79 章　锌及其制品	92	-62.0
第 80 章　锡及其制品	74	72.2
第 81 章　其他贱金属、金属陶瓷及其制品	13 576	95.2
第 82 章　贱金属工具、器具、利口器、餐匙、餐叉及其零件	10 605	33.6
第 83 章　贱金属杂项制品	12 486	60.1
第 84 章　核反应堆、锅炉、机器、机械器具及零件	810 341	20.2

（续）

商品名称	2021年	同比（±%）
第85章　电机、电气设备及其零件；录音机及放声机、电视图像、声音的录制和重放设备及其零件、附件	2 208 048	34.8
第86章　铁道及电车道机车、车辆及其零件；铁道及电车道轨道固定装置及其零件；附件；各种机械（包括电动机械）交通信号设备	41 029	97.5
第87章　车辆及其零件、附件，但铁道及电车道车辆除外	291 652	58.2
第88章　航空器、航天器及其零件	45 362	51.7
第89章　船舶及浮动结构体	178 037	323.1
第90章　光学、照相、电影、计量、检验、医疗或外科用仪器及设备、精密仪器及设备；上述物品的零件、附件	367 357	-10.5
第91章　钟表及其零件	6 642	131.4
第92章　乐器及其零件、附件	4 053	29.4
第93章　武器、弹药及其零件、附件	268	-4.8
第94章　家具；寝具、褥垫、弹簧床垫、软坐垫及类似的填充制品；未列名灯具及照明装置；发光标志、发光铭牌及类似品；活动房屋	37 043	30.7
第95章　玩具、游戏品、运动用品及其零件、附件	16 775	80.7
第96章　杂项制品	12 948	10.3
第97章　艺术品、收藏品及古物	32 086	765.4
第98章　特殊交易品及未分类商品	44 331	-10.0

注：摘自北京海关统计月报

（杜雨潇）

表2-2-2　海关进口商品分类金额

金额单位：万美元

商品名称	2021年	同比（±%）
总　　值	**37 638 277**	**39.7**
第1章　活动物	52 484	5.0
第2章　肉及食用杂碎	135 358	-15.7
第3章　鱼、甲壳动物、软体动物及其他水生无脊椎动物	121 265	-10.0
第4章　乳品；蛋品；天然蜂蜜；其他食用动物产品	73 343	35.1
第5章　其他动物产品	8 256	38.0
第6章　活树及其他活植物；鳞茎、根及类似品；插花及装饰用簇叶	1 887	24.5
第7章　食用蔬菜、根及块茎	17 996	-20.7
第8章　食用水果及坚果；甜瓜或柑橘属水果的果皮	26 099	-24.0
第9章　咖啡、茶、马黛茶及调味香料	10 443	50.9

（续）

商品名称	2021 年	同比（±%）
第 10 章　谷物	979 424	150.4
第 11 章　制粉工业产品；麦芽；淀粉；菊粉；面筋	29 208	22.0
第 12 章　含油子仁及果实；杂项子仁及果仁；工业用或药用植物；稻草、秸秆及饲料	856 673	67.6
第 13 章　虫胶；树胶、树脂及其他植物液、汁	3 162	-13.5
第 14 章　编结用植物材料；其他植物产品	1 886	96.8
第 15 章　动、植物或微生物油、脂及其分解产品；精制的食用油脂；动、植物蜡	188 820	34.0
第 16 章　肉、鱼、甲壳动物、软体动物及其他水生无脊椎动物、昆虫的制品	1 709	-19.0
第 17 章　糖及糖食	61 050	-16.2
第 18 章　可可及可可制品	8 936	48.0
第 19 章　谷物、粮食粉、淀粉或乳的制品；糕饼点心	9 795	11.0
第 20 章　蔬菜、水果、坚果或植物其他部分的制品	9 910	30.7
第 21 章　杂项食品	19 211	15.0
第 22 章　饮料、酒及醋	38 090	59.2
第 23 章　食品工业的残渣及废料；配制的动物饲料	80 404	32.7
第 24 章　烟草、烟草及烟草代用品的制品；非经燃烧吸用的产品，不论是否含有尼古丁；其他供人体摄入尼古丁的含尼古丁的产品	123 839	46.6
第 25 章　盐；硫磺；泥土及石料；石膏料、石灰及水泥	40 726	33.3
第 26 章　矿砂、矿渣及矿灰	2 451 486	23.0
第 27 章　矿物燃料、矿物油及其蒸馏产品；沥青物质；矿物蜡	18 343 886	53.4
第 28 章　无机化学品；贵金属、稀土金属、放射性元素及其同位素的有机及无机化合物	175 875	-13.2
第 29 章　有机化学品	251 244	3.9
第 30 章　药品	1 368 457	37.9
第 31 章　肥料	177 135	7.5
第 32 章　鞣料浸膏及染料浸膏；鞣酸及其衍生物；染料、颜料及其他着色料；油漆及清漆；油灰及其他类似胶粘剂；墨水、油墨	23 063	39.0
第 33 章　精油及香膏；芳香料制品及化妆盥洗品	61 491	-6.1
第 34 章　肥皂、有机表面活性剂、洗涤剂、润滑剂、人造蜡、调制蜡、光洁剂、蜡烛及类似品、塑型用膏、“牙科用蜡”及牙科用熟石膏制剂	16 427	24.4
第 35 章　蛋白类物质；改性淀粉；胶；酶	29 588	26.4
第 36 章　炸药；烟火制品；引火合金；易燃材料制品	1 959	-15.4
第 37 章　照相及电影用品	13 179	22.9
第 38 章　杂项化学产品	159 157	17.7

（续）

商品名称	2021 年	同比（±%）
第 39 章　塑料及其制品	218 090	2.2
第 40 章　橡胶及其制品	50 869	-6.6
第 41 章　生皮（毛皮除外）及皮革	3 966	53.8
第 42 章　皮革制品；鞍具及挽具；旅行用品、手提包及类似容器；动物肠线（蚕胶丝除外）制品	14 395	-7.2
第 43 章　毛皮、人造毛皮及其制品	16 638	31.8
第 44 章　木及木制品；木炭	210 958	16.1
第 45 章　软木及软木制品	798	0.2
第 46 章　稻草、秸秆、针茅或其他编结材料制品；篮筐及柳条编结品	9	-67.6
第 47 章　木浆及其他纤维状纤维素浆；回收（废碎）纸及纸板	108 428	40.8
第 48 章　纸及纸板；纸浆、纸或纸板制品	62 508	47.7
第 49 章　书籍、报纸、印刷图画及其他印刷品；手稿、打字稿及设计图纸	80 862	2.1
第 50 章　蚕丝	113	78.1
第 51 章　羊毛、动物细毛或粗毛；马毛纱线及其机织物	34 275	21.4
第 52 章　棉花	188 583	-4.1
第 53 章　其他植物纺织纤维；纸纱线及其机织物	17 802	51.2
第 54 章　化学纤维长丝；化学纤维纺织材料制扁条及类似品	7 154	28.5
第 55 章　化学纤维短纤	10 344	20.4
第 56 章　絮胎、毡呢及无纺织物；特种纱线；线、绳、索、缆及其制品	5 877	-11.7
第 57 章　地毯及纺织材料的其他铺地制品	1 199	30.7
第 58 章　特种机织物；簇绒织物；花边；装饰毯；装饰带；刺绣品	530	3.6
第 59 章　浸渍、涂布、包覆或层压的纺织物；工业用纺织制品	4 297	12.8
第 60 章　针织物及钩编织物	499	53.0
第 61 章　针织或钩编的服装及衣着附件	11 973	-16.5
第 62 章　非针织或非钩编的服装及衣着附件	15 838	-28.4
第 63 章　其他纺织制成品；成套物品；旧衣着及旧纺织品；碎织物	1 974	-83.5
第 64 章　鞋靴、护腿和类似品及其零件	15 222	15.4
第 65 章　帽类及其零件	2 006	57.4
第 66 章　雨伞、阳伞、手杖、鞭子、马鞭及其零件	284	107.6
第 67 章　已加工羽毛、羽绒及其制品；人造花；人发制品	388	193.2
第 68 章　石料、石膏、水泥、石棉、云母及类似材料的制品	6 179	21.4

（续）

商品名称	2021年	同比（±%）
第69章　陶瓷产品	12 892	37.6
第70章　玻璃及其制品	27 719	8.4
第71章　天然或养殖珍珠、宝石或半宝石、贵金属、包贵金属及其制品；仿首饰；硬币	1 461 693	185.1
第72章　钢铁	207 013	14.1
第73章　钢铁制品	68 499	-7.5
第74章　铜及其制品	707 151	7.3
第75章　镍及其制品	51 280	-24.5
第76章　铝及其制品	31 210	157.9
第78章　铅及其制品	222	-18.0
第79章　锌及其制品	30 286	175.8
第80章　锡及其制品	2 294	-73.3
第81章　其他贱金属、金属陶瓷及其制品	7 679	-1.1
第82章　贱金属工具、器具、利口器、餐匙、餐叉及其零件	12 280	-14.4
第83章　贱金属杂项制品	22 829	-1.6
第84章　核反应堆、锅炉、机器、机械器具及零件	1 362 168	28.5
第85章　电机、电气设备及其零件；录音机及放声机、电视图像、声音的录制和重放设备及其零件、附件	1 459 166	19.2
第86章　铁道及电车道机车、车辆及其零件；铁道及电车道轨道固定装置及其零件；附件；各种机械（包括电动机械）交通信号设备	9 638	12.0
第87章　车辆及其零件、附件，但铁道及电车道车辆除外	3 625 255	16.5
第88章　航空器、航天器及其零件	63 881	117.1
第89章　船舶及浮动结构体	11 601	272.3
第90章　光学、照相、电影、计量、检验、医疗或外科用仪器及设备、精密仪器及设备；上述物品的零件、附件	1 216 363	15.9
第91章　钟表及其零件	15 910	-20.5
第92章　乐器及其零件、附件	3 761	32.4
第93章　武器、弹药及其零件、附件	624	-26.2
第94章　家具；寝具、褥垫、弹簧床垫、软坐垫及类似的填充制品；未列名灯具及照明装置；发光标志、发光铭牌及类似品；活动房屋	29 868	1.4
第95章　玩具、游戏品、运动用品及其零件、附件	18 689	-36.6
第96章　杂项制品	8 456	-14.9
第97章　艺术品、收藏品及古物	48 325	631.3
第98章　特殊交易品及未分类商品	56 542	10.9

注：摘自北京海关统计月报

（杜雨潇）

表 2-3　按洲别（地区）分海关进出口贸易额

表 2-3-1　北京出口到各洲情况一览表

金额单位：万美元

	出　口	同比（±%）	占总出口比重（%）
亚洲	5 527 956	39.3	58.4
非洲	709 669	61.5	7.5
欧洲	1 497 919	18.4	15.8
拉丁美洲	964 667	119.1	10.2
北美洲	496 524	26.6	5.2
大洋洲	267 412	28.4	2.8

注：摘自北京海关统计月报

（杜雨潇）

表 2-3-2　北京从各洲进口情况一览表

金额单位：万美元

	进　口	同比（±%）	占总进口比重（%）
亚洲	14 892 267	42.7	39.6
非洲	3 497 037	43.7	9.3
欧洲	8 621 207	30.6	22.9
拉丁美洲	2 914 152	30.8	7.7
北美洲	4 643 810	64.1	12.3
大洋洲	3 023 084	28.0	8.0

注：摘自北京海关统计月报

（杜雨潇）

表 2-4　按国别（地区）分海关进出口贸易额

金额单位：万美元

国别（地区）	进出口	出　口	进　口
合　计	**47 102 424**	**9 464 147**	**37 638 277**
美国	4 656 366	445 096	4 211 270
澳大利亚	2 949 404	205 095	2 744 309
德国	2 841 264	223 727	2 617 538
沙特阿拉伯	2 414 041	73 891	2 340 150
俄罗斯联邦	2 066 951	219 027	1 847 925
伊拉克	2 043 097	28 851	2 014 245
日本	1 998 629	355 239	1 643 389
巴西	1 645 503	162 230	1 483 273

（续）

国别（地区）	进出口	出　口	进　口
阿曼	1 467 795	6 470	1 461 325
安哥拉	1 455 061	19 462	1 435 599
科威特	1 159 701	6 573	1 153 128
中国香港	1 105 938	964 504	141 434
印度尼西亚	1 033 863	361 446	672 417
阿联酋	1 025 234	255 702	769 532
新加坡	821 992	517 515	304 477
瑞士	758 954	21 829	737 125
英国	738 663	81 609	657 054
土库曼斯坦	688 260	9 091	679 169
马来西亚	678 583	212 502	466 081
韩国	609 355	260 987	348 368
菲律宾	604 305	452 040	152 266
越南	565 280	222 161	343 119
南非	554 320	32 262	522 058
哈萨克斯坦	541 243	68 715	472 528
泰国	505 782	201 618	304 165
加拿大	483 945	51 405	432 540
法国	482 678	121 351	361 326
爱尔兰	444 845	3 014	441 831
哥伦比亚	428 967	92 336	336 631
秘鲁	404 771	103 430	301 341
意大利	403 130	102 939	300 191
印度	394 904	168 766	226 138
中国台湾	385 056	163 916	221 140
巴基斯坦	359 205	296 917	62 287
卡塔尔	343 369	10 415	332 954
刚果（布）	317 694	2 796	314 898
墨西哥	298 716	170 732	127 985
孟加拉国	284 765	274 285	10 480
奥地利	255 777	67 184	188 592
阿根廷	251 703	45 757	205 946

（续）

国别（地区）	进出口	出　口	进　口
厄瓜多尔	250 886	47 678	203 208
利比亚	246 745	1 826	244 919
智利	242 976	101 078	141 898
荷兰	240 404	74 094	166 310
中国	216 558	0	216 558
土耳其	209 957	182 009	27 948
挪威	205 692	8 353	197 339
巴布亚新几内亚	201 161	10 520	190 641
比利时	194 172	94 806	99 366
埃及	189 702	116 842	72 860
西班牙	186 632	92 125	94 508
乌克兰	179 918	28 578	151 340
尼日利亚	173 234	46 160	127 075
匈牙利	165 493	28 604	136 890
瑞典	157 119	20 482	136 638
缅甸	156 521	58 364	98 156
乌兹别克斯坦	140 193	19 068	121 124
阿尔及利亚	124 409	43 691	80 718
波兰	122 623	62 596	60 027
喀麦隆	119 641	10 442	109 199
柬埔寨	115 084	72 740	42 343
巴拿马	110 017	100 758	9 259
伊朗	108 952	54 596	54 356
加纳	102 335	12 606	89 729
刚果（金）	98 757	35 397	63 360
以色列	94 639	23 300	71 339
新西兰	94 291	13 159	81 132
加蓬	92 572	993	91 579
捷克	86 231	26 416	59 815
摩洛哥	83 749	80 275	3 474
津巴布韦	82 010	28 633	53 377
罗马尼亚	74 515	9 225	65 290
丹麦	73 031	13 473	59 558

(续)

国别（地区）	进出口	出　口	进　口
赤道几内亚	71 964	1 841	70 123
塞尔维亚	71 333	37 636	33 697
蒙古	67 399	27 673	39 725
芬兰	65 274	5 549	59 724
白俄罗斯	53 255	12 199	41 056
纳米比亚	51 064	1 855	49 209
利比里亚	47 797	47 796	0.3
乌拉圭	47 013	13 867	33 147
国别（地区）不详	46 721	0	46 721
保加利亚	46 666	10 324	36 342
老挝	44 680	26 571	18 109
坦桑尼亚	41 240	30 967	10 273
也门	40 238	991	39 247
科特迪瓦	38 264	17 143	21 121
多米尼加共和国	37 164	30 556	6 608
斯里兰卡	34 640	26 508	8 132
马绍尔群岛	32 907	32 905	3
希腊	32 471	16 481	15 990
特立尼达和多巴哥	29 246	2 468	26 777
古巴	28 476	11 626	16 850
克罗地亚	27 748	26 920	829
莫桑比克	27 443	20 375	7 068
斯洛伐克	27 130	11 189	15 941
埃塞俄比亚	26 966	23 165	3 801
葡萄牙	26 319	14 354	11 966
塞浦路斯	26 048	25 812	236
乍得	24 058	4 962	19 096
中国澳门	23 504	23 181	322
文莱	23 413	7 188	16 225
多民族玻利维亚国	23 050	17 740	5 310
南苏丹共和国	22 666	1 315	21 351
塞内加尔	20 622	6 237	14 385
立陶宛	19 453	14 971	4 482

（续）

国别（地区）	进出口	出　口	进　口
尼泊尔联邦民主共和国	18 053	17 723	330
肯尼亚	18 027	17 586	441
毛里塔尼亚	17 897	1 678	16 219
委内瑞拉	17 341	17 315	26
几内亚	16 362	11 162	5 200
塞拉利昂	16 117	6 425	9 691
约旦	15 678	6 322	9 356
马耳他	15 310	14 526	784
哥斯达黎加	15 113	4 724	10 389
吉尔吉斯斯坦	14 227	14 202	25
尼日尔	13 852	10 713	3 139
赞比亚	13 370	8 497	4 873
萨尔瓦多	13 198	11 041	2 157
贝宁	13 159	3 983	9 175
阿塞拜疆	12 819	9 521	3 299
塔吉克斯坦	11 255	11 213	42
乌干达	11 016	10 340	676
突尼斯	9 375	8 251	1 124
马里	8 753	2 963	5 790
格鲁吉亚	8 414	8 148	266
巴林	8 012	3 543	4 469
所罗门群岛	7 966	1 560	6 406
斯洛文尼亚	7 653	3 128	4 525
东帝汶	6 948	1 730	5 218
危地马拉	6 622	6 190	432
多哥	6 467	2 741	3 727
马达加斯加	6 088	4 688	1 401
苏丹	5 883	4 340	1 544
巴哈马	5 730	5 730	0.05
布基纳法索	5 720	1 404	4 315
几内亚比绍	5 597	5 597	0.0001
卢旺达	5 165	5 145	20
爱沙尼亚	5 130	632	4 498

（续）

国别（地区）	进出口	出　口	进　口
拉脱维亚	4 683	2 433	2 250
叙利亚	4 332	4 304	28
马尔代夫	4 177	4 176	1
吉布提	4 159	4 158	0.3
波多黎各	4 098	2 977	1 122
毛里求斯	3 712	3 134	578
巴拉圭	3 579	3 545	34
卢森堡	3 231	2 094	1 136
北马其顿共和国	2 927	2 072	856
洪都拉斯	2 876	2 690	186
圭亚那	2 831	2 691	140
摩尔多瓦	2 751	747	2 004
黎巴嫩	2 518	2 401	116
博茨瓦纳	2 472	1 425	1 047
布隆迪	2 463	2 463	0.1
阿富汗	2 457	2 393	65
尼加拉瓜	2 274	2 200	74
波黑	2 153	1 882	271
马拉维	1 876	1 295	581
斐济	1 637	1 045	591
莱索托	1 625	264	1 361
亚美尼亚	1 605	1 521	84
安提瓜和巴布达	1 477	1 477	1
苏里南	1 294	146	1 148
中非	1 285	505	779
阿尔巴尼亚	1 198	531	667
牙买加	1 163	1 070	92
冰岛	1 126	422	704
列支敦士登	1 125	73	1 051
索马里	1 055	1 011	45
黑山	981	942	38
巴巴多斯	880	874	6
佛得角	768	768	0.1

（续）

国别（地区）	进出口	出　口	进　口
汤加	750	750	0.1
瓦努阿图	703	703	0.04
科摩罗	646	646	0.01
格林纳达	623	623	0.3
厄立特里亚	554	550	4
法属波利尼西亚	480	480	0.1
海地	447	344	102
冈比亚	434	411	23
伯利兹	409	408	1
图瓦卢	259	259	0
基里巴斯	258	258	0.001
斯威士兰	225	221	4
新喀里多尼亚	205	205	0.1
帕劳	184	184	0.2
直布罗陀	180	180	0.01
巴勒斯坦	175	175	0.04
开曼群岛	163	155	7
萨摩亚	139	139	1
圣文森特和格林纳丁斯	134	134	0.01
不丹	107	106	1
圣多美和普林西比	99	99	0.003
留尼汪	99	99	0.3
密克罗尼西亚联邦	77	77	0.1
朝鲜	61	61	1
塞舌尔	54	53	0.3
摩纳哥	40	7	33
圣马力诺	39	5	34
大洋洲其他国家（地区）	35	35	0.04
库克群岛	27	27	0.1
圣其茨和尼维斯	23	23	0.04
百慕大	20	20	0.03
瓦利斯和富图纳	13	13	0.1
欧洲其他国家（地区）	9	0	9

（续）

国别（地区）	进出口	出　口	进　口
多米尼克	9	8	0.5
荷属安地列斯	8	8	0.3
阿鲁巴	8	8	0.2
加那利群岛	7	7	0.4
非洲其他国家（地区）	7	0.1	7
圣卢西亚	7	7	0.1
瓜德罗普	7	7	0.03
库腊索岛	7	7	0.02
法罗群岛	6	1	6
安道尔	6	3	3
马约特	3	3	0
英属维尔京群岛	3	3	0.1
马提尼克	3	3	0.03
北美洲其他国家（地区）	2	2	0.1
法属圭亚那	2	2	0
拉丁美洲其他国家（地区）	2	2	0.1
格陵兰	2	2	0.4
亚洲其他国家（地区）	2	0	2
圣马丁岛	1	1	0.04
特克斯和凯科斯群岛	1	1	0.02
瑙鲁	0.3	0.001	0.3
蒙特塞拉特	0.1	0.02	0.04
博内尔	0.1	0.1	0.004
梵蒂冈城国	0.01	0.01	0.01
圣皮埃尔和密克隆	0.004	0.004	0

注：摘自北京海关统计月报，按进出口额排序

（杜雨潇）

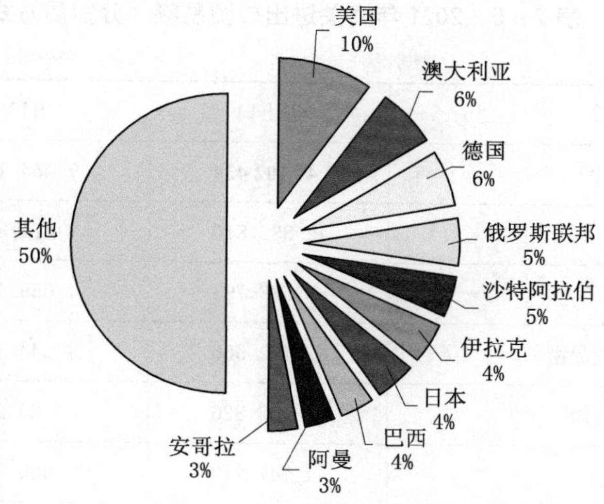

图 2-1　2021 年北京货物贸易前十位贸易伙伴

（杜雨潇）

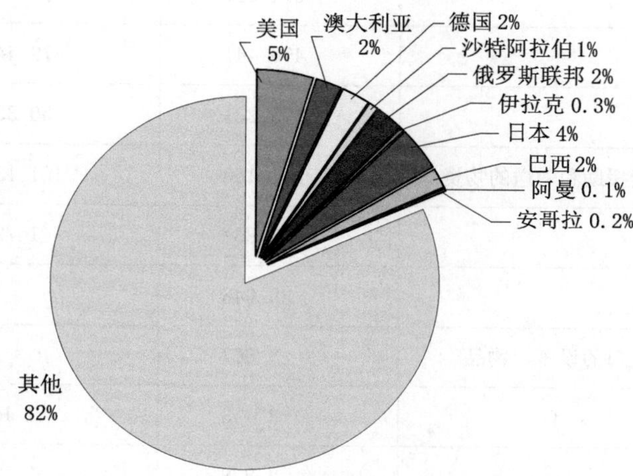

图 2-2　2021 年北京货物贸易前十位出口市场

（杜雨潇）

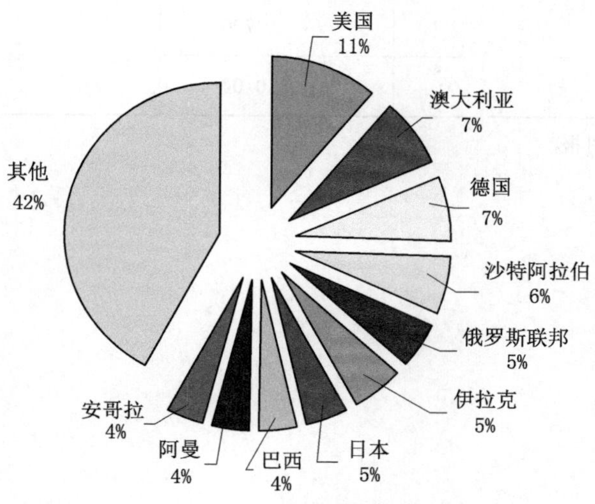

图 2-3　2021 年北京货物贸易前十位进口市场

（杜雨潇）

表 2－5 2021 年海关进出口贸易额（分贸易方式）

金额单位：万美元

贸易方式	进出口	出口	进口
合　计	**47 102 424**	**9 464 147**	**37 638 277**
一般贸易	40 832 810	7 671 393	33 161 416
保税物流	3 678 793	669 472	3 009 321
海关保税监管场所进出境货物	2 422 966	644 251	1 778 716
海关特殊监管区域物流货物	1 255 826	25 221	1 230 605
加工贸易	1 747 272	485 774	1 261 498
来料加工贸易	1 133 251	51 936	1 081 314
进料加工贸易	614 021	433 838	180 183
对外承包工程出口货物	479 441	479 441	0
其他贸易	175 361	50 336	125 024
国家间、国际组织间无偿援助和赠送的物资	101 156	101 156	0
租赁贸易	38 862	1 797	37 065
免税品	35 045	0	35 045
外商投资企业作为投资进口的设备、物品	3 667	0	3 667
其他捐赠物资	3 493	3 448	45
出料加工贸易	2 828	1 330	1 498
免税外汇商品	1 906	0	1 906
海关特殊监管区域进口设备	1 790	0	1 790
易货贸易	0.04	0	0.04

注：摘自北京海关统计月报

（杜雨潇）

表 2－6　2021 年北京各区进出口情况表

金额单位：亿美元

序号	区（功能区）	进出口			出口			进口		
		总额	同比（%）	占比（%）	总额	同比（%）	占比（%）	总额	同比（%）	占比（%）
	总计	**4 710.2**	**40.0**	**100.0**	**946.4**	**40.9**	**100.0**	**3 763.8**	**39.7**	**100.0**
1	朝阳区	2 249.4	41.5	47.8	177.7	16.9	18.8	2 071.7	44.1	55.0
2	西城区	763.8	28.7	16.2	141.8	3.4	15.0	622.0	36.4	16.5
3	海淀区	490.6	23.5	10.4	227.2	26.9	24.0	263.4	20.8	7.0
4	北京经济技术开发区	315.4	55.5	6.7	127.7	118.1	13.5	187.6	30.1	5.0
5	丰台区	208.3	39.3	4.4	53.1	21.9	5.6	155.2	46.4	4.1
6	东城区	205.2	39.6	4.4	32.0	20.6	3.4	173.3	43.8	4.6
7	顺义区	188.5	38.6	4.0	25.2	33.5	2.7	163.3	39.4	4.3
	其中：北京天竺综合保税区	132.5	47.6	2.8	7.1	117.1	0.8	125.4	44.9	3.3
8	大兴区	118.9	416.3	2.5	98.3	912.1	10.4	20.6	54.9	0.5
9	昌平区	88.1	98.0	1.9	25.7	76.0	2.7	62.4	108.7	1.7
10	通州区	27.5	28.4	0.6	11.6	38.6	1.2	15.9	21.8	0.4
11	密云区	16.1	48.4	0.3	6.6	44.5	0.7	9.5	51.3	0.3
12	石景山区	13.3	86.0	0.3	5.5	27.9	0.6	7.9	172.5	0.2
13	怀柔区	11.9	32.4	0.3	3.4	22.1	0.4	8.5	37.0	0.2
14	房山区	11.3	11.1	0.2	4.6	10.7	0.5	6.7	11.4	0.2
15	门头沟区	5.6	1.6	0.1	3.2	-5.8	0.3	2.4	13.4	0.1
16	平谷区	4.6	13.9	0.1	1.3	20.0	0.1	3.3	11.7	0.1
17	延庆区	1.9	8.1	0.04	1.5	6.3	0.2	0.4	15.9	0.01
18	其他	0.01	-26.9	0.0001	0.001	-82.0	0.0001	0.005	12.5	0.0001

注：1. 各区外贸统计口径按企业实际注册地（税务登记地）统计；

2. 顺义区数值含北京天竺综合保税区；东城区和西城区均指各自合并后的新区；

大兴区数值不含北京经济技术开发区；其他中含归属地不清及海关数据调整因素；

3. 进出口额是出口额与进口额之和；排序以进出口额为准；

4. 同比是指本年与上年相比的增长（下降）率，即：（本年值－上年值）×100/上年值；

5. 占比是指各区值占总计值（全市值）的比重，用百分数表示。

（杜雨潇）

表2-7 2021年北京进出口进度表

金额单位：亿美元

时间	北京			
	当月进出口		累计进出口	
	金额	同比（±%）	金额	同比（±%）
1月	—	—	—	—
2月	—	—	652.5	7.4
3月	388.5	35.3	1 042.4	16.5
4月	374.8	53.8	1 417.7	24.5
5月	359.3	65.2	1 777	31.1
6月	414.4	61	2 195.5	36.1
7月	405.2	45.3	2 602.6	37.5
8月	413.1	44.6	3 018.1	38.6
9月	428.2	41	3 449	39
10月	379.1	40.1	3 830.7	39.2
11月	443.8	48.3	4 277.3	40.2
12月	432.5	38.2	4 710.2	40

注：数据摘自北京海关统计月报。自2020年起，海关总署对1月、2月进出口数据合并发布，无1月和2月的月度数据。

（杜雨潇）

表2-8 全国各省市进出口贸易总额

（按经营单位所在地分）

金额单位：亿美元

地区	进出口额	出口额	进口额	同比（%）		
				进出口	出口	进口
总值	**60 514.9**	**33 639.6**	**26 875.3**	**30.0**	**29.9**	**30.1**
广东	12795.5	7819.1	4976.4	25.0	24.5	25.7
江苏	8068.7	5035.4	3033.3	25.5	27.1	23.0
浙江	6410.9	4661.2	1749.7	31.2	28.4	39.5
上海	6286.0	2433.1	3852.9	24.8	22.9	26.0
北京	4710.2	946.4	3763.8	40.0	40.9	39.7
山东	4536.3	2722.3	1813.9	41.7	44.1	38.2
福建	2855.0	1674.1	1180.9	40.2	36.8	45.4
四川	1473.2	884.1	589.1	26.0	31.5	18.6

（续）

地　区	进出口额	出口额	进口额	同比（%）		
				进出口	出　口	进　口
天津	1325.7	599.7	726.0	24.7	35.2	17.1
河南	1271.0	778.1	492.9	30.7	31.2	29.8
重庆	1238.3	800.1	438.3	31.5	32.2	30.2
辽宁	1194.8	512.5	682.3	26.0	33.7	20.8
安徽	1071.0	633.8	437.1	36.1	39.1	32.0
湖南	927.1	652.4	274.8	31.2	36.4	20.2
广西	917.0	454.5	462.5	30.2	16.0	48.1
河北	838.1	469.0	369.2	30.0	28.7	31.7
湖北	831.4	543.1	288.3	33.6	39.0	24.4
江西	770.8	568.2	202.5	32.8	35.1	26.8
陕西	736.4	397.3	339.2	34.9	42.5	27.0
云南	486.6	273.5	213.1	24.4	23.5	25.4
山西	345.1	211.4	133.7	58.0	66.7	46.0
黑龙江	308.8	69.3	239.5	38.9	33.5	40.6
新疆	243.0	197.1	45.9	13.7	24.5	-17.3
吉林	232.4	54.7	177.7	25.4	30.1	24.1
海南	228.7	51.5	177.2	68.3	27.9	85.3
内蒙古	191.2	74.1	117.2	25.6	46.9	15.1
贵州	101.3	75.4	25.9	28.0	21.1	53.7
甘肃	75.9	15.0	60.9	37.3	21.3	41.9
宁夏	33.2	27.1	6.1	86.2	116.7	14.3
西藏	6.2	3.5	2.7	100.5	85.5	123.6
青海	4.8	2.6	2.2	45.6	48.5	42.3

数据来源：商务部

（杜雨潇）

表2-9　历年进出口总额一览表

（1993—2021年）

单位：万美元

年　度	进出口总额	出口额	进口额
1993	2 826 683	672 105	2 154 578
1994	2 927 427	834 206	2 093 221
1995	3 703 513	1 024 977	2 678 536
“九五”时期	**17 417 315**	**5 010 231**	**12 407 084**
1996	2 931 833	811 975	2 119 858
1997	3 038 852	961 103	2 077 749
1998	3 050 609	1 051 293	1 999 316
1999	3 433 844	989 059	2 444 785
2000	4 962 177	1 196 801	3 765 376
“十五”时期	**39 273 900**	**9 269 879**	**30 004 021**
2001	5 154 131	1 178 687	3 975 444
2002	5 250 870	1 261 464	3 989 406
2003	6 846 262	1 685 173	5 161 089
2004	9 465 509	2 057 493	7 408 016
2005	12 557 128	3 087 062	9 470 066
“十一五”时期	**113 900 296**	**24 818 619**	**89 081 677**
2006	15 817 225	3 797 921	12 019 304
2007	19 294 630	4 892 328	14 402 302
2008	27 171 187	5 745 424	21 425 763
2009	21 476 276	4 836 261	16 640 014
2010	30 140 978	5 546 685	24 594 293
“十二五”时期	**196 175 679**	**29 893 938**	**166 281 740**
2011	38 949 480	5 902 502	33 046 978
2012	40 791 626	5 965 038	34 826 588
2013	42 910 333	6 324 622	36 585 711
2014	41 565 180	6 234 540	35 330 640
2015	31 959 059	5 467 235	26 491 824
“十三五”时期	**176 926 236**	**32 650 921**	**144 275 316**
2016	28 199 559	5 183 778	23 015 781
2017	32 372 058	5 850 305	26 521 753
2018	41 242 626	7 417 025	33 825 601
2019	41 608 020	7 498 368	34 109 652
2020	33 503 973	6 701 444	26 802 529
“十四五”时期	**47 102 424**	**9 464 147**	**37 638 277**
2021	47 102 424	9 464 147	37 638 277

（汪云云）

表 2－10　1995—2021 年北京进出口额在全国各地区的排名

年份	进口	出口
1995	2	3
1996	2	7
1997	2	7
1998	2	5
1999	2	7
2000	2	7
2001	2	7
2002	3	7
2003	4	7
2004	4	8
2005	4	7
2006	3	7
2007	3	7
2008	2	6
2009	2	7
2010	2	7
2011	2	7
2012	2	7
2013	2	8
2014	2	8
2015	2	8
2016	3	7
2017	3	7
2018	2	7
2019	2	7
2020	3	8
2021	3	7

（杜雨潇）

表 2－11 北京市 2021 年主要进出口商品情况表

表 2－11－1 北京市 2021 年主要出口商品情况表

金额单位：万美元

商品名称	金额（万美元）	增幅（%）	占出口总额比重（%）
成品油	2 067 218	10.2	21.8
医药材及药品	1 612 396	1 529.1	17.0
手机	1 317 707	39.6	13.9
集成电路	314 875	58.5	3.3
钢材	236 366	25.6	2.5
电工器材	221 198	-2.0	2.3
汽车零配件	201 091	53.0	2.1
文化产品	193 574	151.9	2.0
船舶	176 867	326.3	1.9
农产品	163 005	11.4	1.7
通用机械设备	152 157	9.2	1.6
计量检测分析自控仪器及器具	116 249	-5.0	1.2
汽车（包括底盘）	113 277	63.1	1.2
服装及衣着附件	107 240	-47.1	1.1
医疗仪器及器械	103 784	-36.1	1.1
合　　计	**7 097 005**	**53.5**	**75.0**

（汪云云）

表 2－11－2 北京市 2021 年主要进口商品情况表

金额单位：万美元

商品名称	金额（万美元）	增幅（%）	占进口总额比重（%）
原油	14 250 520	49.8	37.9
汽车（包括底盘）	3 144 299	17.4	8.4
天然气	3 152 035	65.6	8.4
农产品	3 055 292	50.1	8.1
铁矿砂及其精矿	2 280 605	24.1	6.1
医药材及药品	1 392 544	37.9	3.7
未锻轧铜及铜材	699 486	6.9	1.9
计量检测分析自控仪器及器具	595 405	7.6	1.6
汽车零配件	572 398	18.4	1.5
成品油	450 184	53.1	1.2
煤及褐煤	448 482	109.6	1.2
文化产品	419 736	42.9	1.1

（续）

商品名称	金额（万美元）	增幅（%）	占进口总额比重（%）
集成电路	348 636	32.7	0.9
电工器材	323 428	12.9	0.9
医疗仪器及器械	305 900	32.3	0.8
合　计	**31 438 948**	**41.3**	**83.5**

（汪云云）

表2－12　北京市2021年主要进出口市场情况表

表2－12－1　北京市2021年主要出口市场情况表

金额单位：万美元

排名	国家（地区）	出口金额（万美元）	增幅（%）	占出口总额比重（%）
1	中国香港	964 504	15.2	10.2
2	新加坡	517 515	-7.1	5.5
3	菲律宾	452 040	57.7	4.8
4	美国	445 096	25.8	4.7
5	印度尼西亚	361 446	240.0	3.8
6	日本	355 239	27.0	3.8
7	巴基斯坦	296 917	99.2	3.1
8	孟加拉国	274 285	145.0	2.9
9	韩国	260 987	23.9	2.8
10	阿联酋	255 702	149.0	2.7
11	德国	223 727	33.2	2.4
12	越南	222 161	2.2	2.3
13	俄罗斯联邦	219 027	22.5	2.3
14	马来西亚	212 502	37.4	2.2
15	澳大利亚	205 095	23.6	2.2
	合　计	**5 266 242**	**35.7**	**55.6**

（汪云云）

表2－12－2　北京市2021年主要进口市场情况表

金额单位：万美元

排名	国家（地区）	进口金额（万美元）	增幅（%）	占进口总额比重（%）
1	美国	4 211 270	63.4	11.2
2	澳大利亚	2 744 309	28.3	7.3
3	德国	2 617 538	9.6	7.0
4	沙特阿拉伯	2 340 150	54.2	6.2
5	伊拉克	2 014 245	55.0	5.4

（续）

排名	国家（地区）	进口金额（万美元）	增幅（%）	占进口总额比重（%）
6	俄罗斯联邦	1 847 925	42.5	4.9
7	日本	1 643 389	15.9	4.4
8	巴西	1 483 273	29.2	3.9
9	阿曼	1 461 325	68.8	3.9
10	安哥拉	1 435 599	49.6	3.8
11	科威特	1 153 128	77.3	3.1
12	阿联酋	769 532	52.0	2.0
13	瑞士	737 125	165.2	2.0
14	土库曼斯坦	679 169	12.7	1.8
15	印度尼西亚	672 417	80.1	1.8
	合　计	**25 810 394**	**43.2**	**68.6**

（汪云云）

三、服务贸易

表3-1　北京地区历年服务贸易进出口情况统计表

单位：亿美元

年　度	出　口	进　口	进出口额	顺（逆）差
2003	82.45	79.78	162.24	2.67
2004	121.12	114.58	235.70	6.54
2005	165.81	134.92	300.74	30.89
2006	198.54	194.68	393.23	3.86
2007	252.81	250.25	503.06	2.55
2008	341.69	350.23	691.92	-8.53
2009	331.60	332.50	644.10	-20.90
2010	388.22	410.10	798.32	-21.88
2011	414.99	480.38	895.37	-65.39
2012	445.11	555.09	1000.20	-109.98
2013	426.89	596.44	1023.33	-169.55
2014	435.05	671.09	1106.14	-236.04
2015	490.67	812.11	1302.78	-321.44
2016	532.13	976.47	1508.60	-444.35
2017	437.2	997.1	1434.3	-559.9
2018	562.75	1043.43	1606.2	-480.68
2019	539.3	1004.1	1543.4	-464.9
2020	506.7	711.5	1218.2	-204.8
2021	631.8	753.2	1385.1	-121.4

（马晓惠）

表 3－2 北京市 2021 年服务外包（离岸）外包类别情况

外包类别	2020 年执行金额（万美元）	2021 年执行金额（万美元）	同比增幅（%）
服务外包（离岸）合计	777 866.52	787 073.93	1.2
其中：			
信息技术外包	360 167.57	461 162.33	28.0
业务流程外包	152 408.08	47 797.03	-68.6
知识流程外包	265 290.87	278 114.57	4.8
其他服务产品	—	—	—

备注：自 2019 年商务部调整统计口径，2019 年至 2020 年用调整后口径数据。

（许　鑫）

表 3－3 北京市历年服务外包（离岸）情况

年　度	合同数（份）	执行金额（万美元）	同比增幅（%）
总　计	**45 273**	**5 577 659.06**	
2012	5 887	355 953.3	45.4
2013	4 586	482 575.57	35.6
2014	3 950	532 693.4	10.4
2015	3 450	449 931.48	-15.5
2016	2 842	490 592.22	9
2017	3 025	456 555.49	-6.9
2018	2 823	487 200.86	6.7
2019	5 811	757 216.29	26.4
2020	6 971	777 866.52	2.7
2021	5 928	787 073.93	1.2

备注：自 2019 年商务部调整统计口径，2019 年至 2020 年用调整后口径数据。

（许　鑫）

表 3－4　2021 年技术进出口合同登记情况

表 3－4－1　技术出口合同登记情况

一、按合同类型分

出口方式（合同类别）	合同数（个）	合同金额（万美元）	技术费（万美元）
合　　计	**551**	**774 087.17**	**601 025.22**
A: 专利技术的许可或转让（包括专利申请权的转让）	55	14 037.40	14 037.40
B: 专有技术的许可或转让	17	66 350.02	66 350.02
C: 技术咨询、技术服务	439	566 676.97	400 172.39
D: 计算机软件的出口	24	106 981.47	106 981.47
E: A、B 内容之一相关联的商标许可	0	0.00	0.00
F: 涉及 A、B、C 内容之一的合资生产、合作生产等	0	3 997.32	3 997.32
H: 其他方式的技术出口	16	16 043.99	9 486.63

（赵亚东）

二、按企业性质分

企业性质	合同份数（个）	合同金额（万美元）	技术费（万美元）
合　　计	**551**	**774 087.16**	**601 025.20**
国有企业	37	186 177.34	17 182.21
集体企业	0	0.00	0.00
外商投资企业	328	481 067.07	481 067.07
民营企业	146	94 137.39	93 307.39
其他	40	12 705.36	9 468.53

（赵亚东）

三、按国民经济行业分

行　　业	合同份数（个）	合同金额（万美元）	技术费（万美元）
合　　计	**551**	**774 087.17**	**601 025.22**
制造业	64	285 665.08	281 539.54
科学研究、技术服务和地质勘查业	127	156 485.51	155 224.49
信息传输、计算机服务和软件业	233	142 062.64	142 062.64
建筑业	5	120 731.35	3 161.80
电力、燃气及水的生产和供应业	8	26 389.14	1 013.98
居民服务和其他服务业	4	23 796.97	5 564.94
采矿业	52	14 111.45	7 612.80
其他行业	5	2 891.18	2 891.18
租赁和商务服务业	50	1 796.12	1 796.12
批发和零售业	1	150.00	150.00
农、林、牧、渔业	1	6.84	6.84
文化、体育和娱乐业	1	0.90	0.90

（赵亚东）

四、按国别（地区）分

国别地区	合同数（个）	合同金额	技术费
合　　计	**551**	**774 087.17**	**601 025.22**
瑞典	5	135 524.98	135 524.98
阿拉伯酋长国	24	99 804.27	5 429.26
德国	32	91 718.53	91 718.53
中国香港	95	90 611.60	90 611.60
美国	119	83 110.19	83 110.19
芬兰	1	42 400.00	42 400.00
法国	7	41 001.75	41 001.75
俄罗斯	4	21 728.83	3 322.94
开曼群岛	18	20 036.53	20 036.53
新加坡	32	18 028.19	18 028.19
日本	83	17 045.62	17 045.62
乌拉圭	1	16 993.66	547.00
爱尔兰	4	16 547.52	16 547.52
刚果（金）	5	8 069.07	1 685.57
吉尔吉斯	1	7 895.45	340.56
越南	8	6 945.45	861.19
瑞士	10	6 604.60	6 604.60
印度	2	6 126.69	6 126.69
赤道几内亚	1	6 119.88	996.44
乌兹别克	1	5 142.86	186.48
泰国	4	4 540.57	460.57
孟加拉国	1	4 168.34	156.45
意大利	4	4 022.03	4 022.03
印度尼西亚	3	3 797.31	3 797.31
中国澳门	2	3 643.05	406.22
韩国	11	2 496.76	2 496.76
丹麦	1	2 000.00	2 000.00
尼泊尔	1	1 673.89	49.45
英属维尔京	5	1 287.88	1 287.88
西班牙	2	1 082.60	1 082.60
亚美尼亚	1	794.61	15.84
以色列	4	579.34	579.34

（续）

国别地区	合同数（个）	合同金额	技术费
巴基斯坦	1	485.60	485.60
马来西亚	4	308.11	308.11
萨摩亚	1	257.40	257.40
菲律宾	1	205.67	205.67
希腊	1	188.30	188.30
中国台湾	10	185.65	185.65
英国	7	139.39	139.39
澳大利亚	1	121.94	121.94
埃及	3	117.36	117.36
乌干达	1	115.00	115.00
毛里求斯	1	111.02	111.02
老挝	2	78.07	78.07
沙特阿拉伯	2	54.24	54.24
卢森堡	3	50.20	50.20
斯里兰卡	1	32.34	32.34
蒙古国	9	26.96	26.96
哈萨克	1	25.00	25.00
保加利亚	1	16.90	16.90
挪威	1	11.84	11.84
赞比亚	1	4.35	4.35
百慕大	1	4.04	4.04
加纳	1	2.54	2.54
智利	1	2.27	2.27
新西兰	1	0.80	0.80
荷兰	2	0.10	0.10
加拿大	1	0.02	0.02

（赵亚东）

表3-4-2 技术进口合同登记情况

一、按合同类型分

引进方式（合同类别）	合同份数（个）	合同金额（万美元）	技术费（万美元）
合　计	**419**	**353 438.84**	**346 855.73**
A：专利技术的许可或转让（包括专利申请权的转让）	11	123 142.67	123 142.67
B：专有技术的许可或转让	53	107 253.90	107 253.90
C：技术咨询、技术服务	330	37 084.19	34 131.31
D：计算机软件的进口	12	67 562.69	67 562.69
E：A、B 内容之一相关联的商标许可	0	286.59	286.59
F：涉及 A、B、C 内容之一的合资生产、合作生产等	0	24.47	24.47
G：为实施 A 至 G 项内容而进口的成套设备、关键设备、生产线等	6	3 964.21	468.99
H：其他方式的技术出口	7	14 120.11	13 985.11

（赵亚东）

二、按企业性质分

企业性质	合同份数（个）	合同金额（万美元）	技术费（万美元）
合　计	**419**	**353 438.83**	**346 855.73**
国有企业	42	50 375.06	43 980.91
集体企业	0	0.00	0.00
外商投资企业	318	138 819.38	138 765.43
民营企业	35	98 343.14	98 343.14
其他	24	65 901.25	65 766.25

（赵亚东）

三、按国民经济行业分

行　业	合同份数（个）	合同金额（万美元）	技术费（万美元）
合　计	**419**	**353 438.84**	**346 855.73**
制造业	110	227 023.81	223 474.64
信息传输、计算机服务和软件业	177	79 753.87	79 753.87
科学研究、技术服务和地质勘查业	45	17 799.28	17 799.28
交通运输、仓储和邮政业	0	13 881.54	13 881.54
金融业	6	6 395.86	6 395.86
电力、燃气及水的生产和供应业	6	4 069.71	1 170.78
居民服务和其他服务业	65	2 932.66	2 932.66
批发和零售业	2	651.96	651.96
其他行业	4	444.28	309.28

（续）

行　业	合同份数（个）	合同金额（万美元）	技术费（万美元）
农、林、牧、渔业	0	196.5	196.5
建筑业	0	130.49	130.49
采矿业	4	74.57	74.57
水利、环境和公共设施管理业	0	48.24	48.24
住宿和餐饮业	0	36.06	36.06

（赵亚东）

四、按国别（地区）分

国别地区	合同数（个）	合同金额	技术费
合　计	**419**	**353 438.84**	**346 855.73**
美国	30	201 520.836 5	200 576.580 5
德国	43	44 384.536 9	41 321.412 3
日本	39	25 086.748	25 086.748
韩国	155	22 047.624 5	20 655.824 5
瑞士	3	21 182.725 6	21 182.725 6
丹麦	1	7 582.116 5	7 582.116 5
爱尔兰	2	6 587.726	6 587.726
加拿大	10	6 097.743 2	5 962.743 2
中国台湾	29	4 079.732 2	4 079.732 2
中国香港	68	3 972.266 8	3 972.266 8
英国	10	3 522.887 6	3 522.887 6
卢森堡	1	2 180	2 180
法国	7	2 018.962 2	1 328.943 4
俄罗斯	1	965.3	965.3
芬兰	1	531.208 2	531.208 2
澳大利亚	5	315.466 3	315.466 3
荷兰	1	239.191 4	239.191 4
西班牙	0	213.890 9	213.890 9
比利时	1	205.77	4.262
新加坡	5	186.394 8	186.394 8
英属维尔京	1	157.8	0.4
瑞典	0	151.227 8	151.227 8
马来西亚	1	61.36	61.36
意大利	1	57.310 9	57.310 9
安哥拉	1	47.638 7	47.638 7
奥地利	1	21.66	21.66
匈牙利	2	20.71	20.71

（赵亚东）

四、利用外资

表4-1 2021年1—12月外商投资分产业结构表

金额单位：万美元

产业名称	实际外资
总　计	**1 443 424**
第一产业	11 775
第二产业	29 552
第三产业	1 402 097

（巨振乐）

表4-2 2021年1—12月外商投资分行业结构表

金额单位：万美元

行业名称	实际外资
总　计	**1 443 424**
农、林、牧、渔业	11 775
制造业	27 661
电力、热力、燃气及水生产和供应业	1 168
建筑业	724
批发和零售业	61 899
交通运输、仓储和邮政业	2 810
住宿和餐饮业	43 842
信息传输、软件和信息技术服务业	390 513
金融业（不含银行、证券、保险领域）	37 361
房地产业	70 137
租赁和商务服务业	177 673
科学研究和技术服务业	591 825
水利、环境和公共设施管理业	18 582
居民服务、修理和其他服务业	80
卫生和社会工作	2 044
文化、体育和娱乐业	5 330

（巨振乐）

表4-3 2021年1—12月外商投资主要国别和地区结构表

金额单位：万美元

国别（地区）	实际外资
中国香港	1 223 722
新加坡	40 241
日本	33 159
英属维尔京群岛	29 108
美国	25 572
韩国	16 470
德国	16 216
瑞典	12 770
瑞士	11 048
开曼群岛	8 380

（巨振乐）

五、对外经济

表5-1 1979—2021年对外投资一览表

金额单位：万美元

年度	企业数（个）	中方协议投资额	中方实际投资额
1979	1	22	
1980	4	181.8	
1981	2	25.8	
1982	3	20.8	
1983	2	166.5	
1984	3	210.07	
1985	5	190.3	
1986	4	56.6	
1987	6	213.72	
1988	12	720.7	
1989	6	671	
1990	11	396.9	
1991	23	3 623.18	
1992	34	819.45	
1993	47	12 562.49	
1994	30	486.68	
1995	25	2 510.86	
1996	22	1 656.7	
1997	20	715.46	
1998	21	550.73	
1999	13	394.58	
2000	20	2 502.29	
2001	20	912.3	
2002	25	5 086.04	
2003	38	63 249.61	
2004	52	20 371.08	15 739
2005	52	24 216.24	11 306
2006	76	31 654.53	5 612
2007	87	36 642.53	15 295
2008	103	42 491.15	47 299
2009	140	49 958.39	45 185
2010	266	177 084.38	76 614
2011	237	209 700.08	117 503
2012	277	202 133.22	168 855
2013	393	—	413 010
2014	375	—	727 353
2015	—	—	1 228 033
2016	—	—	1 557 362
2017	—	—	665 126
2018	—	—	647 042
2019	—	—	826 601
2020	—	—	598 518
2021	—	—	704 790

表 5－2　2021 年 1—12 月我国对外承包工程和劳务合作业务分国别（地区）统计表

单位：份，万美元，人

国家（地区）名称	对外承包工程					对外劳务合作				累计派出各类劳务人员数量	期末在外各类劳务人员数量	雇用项目所在国人员数量
	新签合同份数	新签合同额	完成营业额	派出人数	期末在外人数	新签劳务人员合同工资总额	劳务人员实际收入总额	派出人数	期末在外人数			
甲	(1)	(2)	(3)	(4)	(5)	(6)	(7)	(8)	(9)	(10)	(11)	(12)
合　计	**181**	**476 823.2151**	**368 370.4541**	**1 735**	**8 738**	**16 079.9535**	**51 904.6671**	**17 940**	**34 959**	**19 675**	**43 697**	**23 871**
亚洲	114	199 410.6627	148 293.4747	1 085	3 093	14 822.0648	44 040.2204	14 715	31 858	15 800	34 951	5 753
巴林	0	0	42.3493	0	0	0	0	0	0	0	0	3
孟加拉国	0	1 658	13 072.47	120	575	105.964	14.77	32	48	152	623	1 457
缅甸	0	0	664.1	20	51	0	0	0	0	20	51	51
柬埔寨	3	5 995.7333	632.27	0	52	0	44.253	0	22	0	74	3
塞浦路斯	0	0	0	0	0	53.3938	248.5804	277	113	277	113	0
中国香港	15	3 380.12	37 755.7639	119	254	1 596.8378	13 856.1822	4 707	3 782	4 826	4 036	32
印度	6	593.57	164.92	0	7	3.0037	39.8045	23	8	23	15	14
印度尼西亚	5	808.81	119.27	28	11	1.81	1.81	3	1	31	12	0
伊朗	0	0	6.12	5	3	0	0	0	0	5	3	0
伊拉克	0	252	12 634.4557	21	221	0	0	0	0	21	221	122
以色列	7	14 352.26	8 034.36	358	377	9.735	79.7125	46	25	404	402	72
日本	0	0	0	0	0	815.2234	2 003.7118	821	2 799	821	2 799	0
科威特	0	0	0	0	7	0	0	0	0	0	7	0
老挝	0	0	2 294.73	0	56	0	0	0	0	0	56	58
中国澳门	4	1 259.18	1 098.4297	45	52	11 213.8248	18 803.2102	5 293	21 820	5 338	21 872	0
马来西亚	3	9 016.7	31 175.35	4	227	13.466	66.3319	104	107	108	334	94

（续）

国家（地区）名称	对外承包工程					对外劳务合作				累计派出各类劳务人员数量	期末在外各类劳务人员数量	雇用项目所在国人员数量
	新签合同份数	新签合同额	完成营业额	派出人数	期末在外人数	新签劳务人员合同工资总额	劳务人员实际收入总额	派出人数	期末在外人数			
马尔代夫	0	0	2 295	0	180	0	0	0	0	0	180	118
蒙古国	3	4 226.6472	8 570.5191	17	75	0	0	0	0	17	75	285
尼泊尔	0	0	10	0	0	0	0	0	0	0	0	0
阿曼	0	15 638.67	1 464.59	0	19	0	0	0	0	0	19	0
巴基斯坦	1	0.14	8 492.9463	34	163	0	0	0	0	34	163	278
菲律宾	2	29 740	634.0249	3	3	0.2832	16.3153	2	4	5	7	0
卡塔尔	0	0	0	5	12	2.8681	181.5804	29	133	34	145	0
沙特阿拉伯	0	11.42	3 214.625	19	144	0.96	3.192	1	7	20	151	38
新加坡	1	35.68	10	1	0	689.0817	5 339.7746	2 404	1 826	2 405	1 826	0
韩国	0	0	0	0	0	8.2817	371.4666	47	74	47	74	0
斯里兰卡	0	0	275.95	2	30	17.928	38.789	9	28	11	58	98
泰国	1	230	4 287.81	0	115	2.35	24.024	5	1	5	116	1 906
土耳其	0	0	0	0	0	22.5511	56.8267	55	21	55	21	0
阿拉伯联合酋长国	1	4 623.5702	183.94	0	1	23.5179	343.8988	38	256	38	257	0
越南	2	8 649.95	4 753.67	238	242	0	0	0	0	238	242	35
中国台湾	1	0.49	0.49	0	0	235.0146	2 502.2515	807	771	807	771	0
东帝汶	0	0	13.3	0	0	0	0	0	0	0	0	0
哈萨克斯坦	58	89 127.122	6 321.3705	41	214	5.97	3.735	12	12	53	226	1 087
乌兹别克斯坦	1	9 810.6	70.6503	5	2	0	0	0	0	5	2	2
非洲	48	256 316.5608	146 096.4002	507	4 736	206.5322	676.8763	348	465	855	5 201	16 556
阿尔及利亚	3	611	7 683.2748	0	692	0	0	0	0	0	692	772

（续）

国家（地区）名称	对外承包工程					对外劳务合作				累计派出各类劳务人员数量	期末在外各类劳务人员数量	雇用项目所在国人员数量
	新签合同份数	新签合同额	完成营业额	派出人数	期末在外人数	新签劳务人员合同工资总额	劳务人员实际收入总额	派出人数	期末在外人数			
安哥拉	1	22 911.5986	10 398.1	28	147	0	0	0	0	28	147	216
贝宁	0	0	160.96	0	4	0	0	0	0	0	4	3
布隆迪	0	0	0	1	1	0	0	0	0	1	1	1
喀麦隆	0	1 085	6 950	0	221	0	0	0	0	0	221	313
佛得角	1	664.6572	581.5069	0	0	0	0	0	0	0	0	0
乍得	1	1 950	8 686.4782	8	254	1.6346	0.106	3	3	11	257	1 206
刚果（布）	4	6 776.65	6 726.3932	3	439	0	0	0	0	3	439	330
吉布提	1	574.64	812.56	0	17	4.59	1.743	4	5	4	22	50
埃及	1	11.9	13.23	0	12	0	0	0	0	0	12	9
赤道几内亚	0	0	0	0	0	0	59.4	0	37	0	37	0
埃塞俄比亚	2	730	12 644.7194	0	635	12.91	7.896	20	28	20	663	767
加纳	0	0	1 029.51	0	4	0	0	0	0	0	4	0
几内亚	6	2 479.74	2 966.7159	14	22	1	1.162	1	3	15	25	1
科特迪瓦	1	477.9995	54.9733	1	2	7.98	4.158	5	8	6	10	5
肯尼亚	1	10 131.38	3 536.253	26	91	16.9	8.632	13	26	39	117	203
利比里亚	0	0	0	0	0	56.5526	460.3673	150	144	150	144	0
毛里塔尼亚	0	0	992.2	2	10	0	0	0	0	2	10	110
毛里求斯	0	0	4 732.6	9	95	0	0	0	0	9	95	19
莫桑比克	1	902	1 015	2	57	0	0	0	0	2	57	11
尼日尔	0	0	1 545.6941	0	57	12.5	3.7	15	15	15	72	328
尼日利亚	10	126 546.6555	28 714.004	92	574	38.446	38.005	65	103	157	677	5 875
卢旺达	0	0	1 381	1	54	0	0	0	0	1	54	94

（续）

国家（地区）名称	对外承包工程					对外劳务合作				累计派出各类劳务人员数量	期末在外各类劳务人员数量	雇用项目所在国人员数量
	新签合同份数	新签合同额	完成营业额	派出人数	期末在外人数	新签劳务人员合同工资总额	劳务人员实际收入总额	派出人数	期末在外人数			
塞内加尔	1	4 833.21	1 911.1629	0	115	3.984	1.496	2	3	2	118	201
塞拉利昂	1	595.74	289.15	4	8	0	0	0	0	4	8	7
南非	0	0	875.79	1	8	0	0	0	0	1	8	13
苏丹	0	0	0	0	1	0	0	0	0	0	1	0
坦桑尼亚	0	0	3 225.26	21	153	33.56	20.793	44	49	65	202	788
乌干达	0	0	940.3262	1	25	6.595	58.193	10	13	11	38	6
布基纳法索	0	14 304.95	2 485.4583	0	44	0	0	0	0	0	44	93
赞比亚	4	52 842.38	17 429.81	66	391	7.89	10.229	10	20	76	411	3 531
津巴布韦	2	26.08	26.6	12	10	0	0	0	0	12	10	30
南苏丹	0	0	49.83	0	35	0	0	0	0	0	35	25
刚果（金）	7	7 860.98	18 237.84	215	558	1.99	0.996	6	8	221	566	1 549
欧洲	10	18 932.13	55 666.4342	126	705	744.2302	4 322.0326	2 038	1 619	2 164	2 324	1 301
比利时	0	0	0	0	0	0.464	0.58	4	1	4	1	0
丹麦	0	0	0	0	0	11.39	58.6167	19	12	19	12	0
英国	0	0	7 420.3	0	8	24.337	163.034	152	141	152	149	480
德国	1	0.7	0.7	0	0	433.5079	2 231.97	819	1 007	819	1 007	0
法国	0	0	0	0	0	40.4406	221.1085	125	60	125	60	0
意大利	0	0	1.59	0	0	0	0	0	0	0	0	0
卢森堡	0	0	0	0	0	0.65	3.25	1	0	1	0	0
荷兰	0	0	0	0	0	32.4877	297.9465	105	45	105	45	0
希腊	2	10.42	6.72	0	0	101.2536	840.5352	283	167	283	167	0

（续）

国家（地区）名称	对外承包工程					对外劳务合作				累计派出各类劳务人员数量	期末在外各类劳务人员数量	雇用项目所在国人员数量
	新签合同份数	新签合同额	完成营业额	派出人数	期末在外人数	新签劳务人员合同工资总额	劳务人员实际收入总额	派出人数	期末在外人数			
西班牙	0	0	0	0	0	0	7.1208	0	6	0	6	0
阿尔巴尼亚	0	0	0	0	0	21.364	160.3739	60	29	60	29	0
保加利亚	1	3.29	2.95	0	0	0	0	0	0	0	0	0
匈牙利	0	0	1 024.66	27	15	0	0	0	0	27	15	3
马耳他	0	0	0	0	0	3.3737	18.2102	10	5	10	5	0
摩纳哥	0	0	0	0	0	12.175	80.655	59	1	59	1	0
挪威	0	0	0	0	0	27.9994	194.1444	157	133	157	133	0
瑞士	1	1 281	0	0	0	34.7873	44.3479	244	11	244	11	0
白俄罗斯	2	775.68	7 151.6114	0	450	0	0	0	0	0	450	356
俄罗斯联邦	0	4 383.66	34 590.4728	52	130	0	0	0	0	52	130	0
乌克兰	2	632	632	7	6	0	0	0	0	7	6	51
克罗地亚	0	0	0	0	0	0	0.1395	0	1	0	1	0
塞尔维亚	1	11 845.38	4 835.43	40	96	0	0	0	0	40	96	411
拉丁美洲	6	1 530.3516	14 704.3703	17	198	161.9268	1 460.5565	343	640	360	838	155
巴哈马	0	0	0	0	0	0	6.84	0	17	0	17	0
玻利维亚	0	0	5	0	0	0	0	0	0	0	0	0
巴西	0	0	4.32	0	0	0	0	0	0	0	0	0
哥伦比亚	0	273	493.3	0	6	0	0	0	0	0	6	0
厄瓜多尔	0	265.39	8 068.35	0	3	0	0	0	0	0	3	1
格林纳达	0	0	111.19	2	161	0	0	0	0	2	161	13
牙买加	0	0	0	0	0	48.29	388.56	29	338	29	338	0

（续）

国家（地区）名称	对外承包工程					对外劳务合作				累计派出各类劳务人员数量	期末在外各类劳务人员数量	雇用项目所在国人员数量
	新签合同份数	新签合同额	完成营业额	派出人数	期末在外人数	新签劳务人员合同工资总额	劳务人员实际收入总额	派出人数	期末在外人数			
墨西哥	3	332.9416	120.0303	13	14	0	0	0	0	13	14	77
巴拿马	0	0	0	0	0	113.6368	1 065.1565	314	285	314	285	0
秘鲁	2	652.2	542.56	0	0	0	0	0	0	0	0	8
萨尔瓦多	1	6.82	149.12	0	0	0	0	0	0	0	0	2
特立尼达和多巴哥	0	0	5 210.5	2	14	0	0	0	0	2	14	54
北美洲	0	0	2 924.5	0	1	24.3795	145.595	159	74	159	75	80
加拿大	0	0	0	0	0	13.8087	106.0107	104	45	104	45	0
美国	0	0	2 924.5	0	1	10.5708	39.5843	55	29	55	30	80
大洋洲	3	633.51	685.2747	0	5	57.297	676.1616	171	171	171	176	26
澳大利亚	2	54.42	20.52	0	4	0	0	0	0	0	4	0
库克群岛	0	0	0	0	0	0	5.887	0	0	0	0	0
新西兰	0	0	381.6	0	1	0	0	0	0	0	1	26
所罗门群岛	0	0	0	0	0	10.98	2.162	5	6	5	6	0
汤加	1	579.09	283.1547	0	0	0	0	0	0	0	0	0
马绍尔群岛共和国	0	0	0	0	0	46.317	668.1126	166	165	166	165	0
洲别不详	0	0	0	0	0	63.523	583.2247	166	132	166	132	0
其他国家	0	0	0	0	0	63.523	583.2247	166	132	166	132	0

（罗　群）

六、口岸通关

表 6－1　2021 年北京口岸运营情况一览表

项　　目	本年累计	去年同期	同比增长 ±%
北京首都机场口岸			
旅客吞吐量（人次）	32 638 573	34 514 639	-5.44
其中：进港（人次）	16 271 793	17 260 335	-5.73
出港（人次）	16 366 780	17 254 304	-5.14
出入境人员（人次）	530 560	2 925 692	-81.87
其中：入境（人次）	170 916	1 421 086	-87.97
出境（人次）	359 644	1 504 606	-76.10
其中：出入境外籍人员（人次）	45 202	552 838	-91.82
外籍人员入境（人次）	16 105	229 365	-92.98
其中：出入境港澳台同胞（人次）	25 696	106 963	-75.98
港澳台同胞入境（人次）	11 302	50 118	-77.45
其中：出入境内地居民（人次）	459 662	2 265 891	-79.71
其中：旅客过境（人次）	0	133 848	-100.00
其中：144 小时过境免签旅客（人次）	0	2 284	-100.00
飞机起降（架次）	298 179	291 497	2.29
其中：进港（架次）	149 101	145 739	2.31
出港（架次）	149 078	145 758	2.28
出入境飞机起降（架次）	33 960	42 684	-20.44
货邮运量（吨）	1 400 777.90	1 209 864.52	15.78
其中：国际货邮（吨）	672 456.40	589 571.85	14.06
国内货邮（吨）	728 321.50	620 292.67	17.42
北京大兴机场口岸			
旅客吞吐量（人次）	25 049 224	16 091 442	55.67
其中：进港（人次）	12 502 657	8 079 404	54.75
出港（人次）	12 546 567	8 012 038	56.60
出入境人员（人次）	667	83 589	-99.20

（续）

项　　目	本年累计	去年同期	同比增长 ±%
其中：入境（人次）	0	39 959	-100.00
出境（人次）	667	43 630	-98.47
其中：出入境外籍人员（人次）	24	16 297	-99.85
外籍人员入境（人次）	0	6 439	-100.00
其中：出入境港澳台同胞（人次）	0	595	-100.00
港澳台同胞入境（人次）	0	289	-100.00
其中：出入境内地居民（人次）	643	66 697	-99.04
其中：旅客过境（人次）	0	153	-100.00
其中：144 小时过境免签旅客（人次）	0	41	-100.00
飞机起降（架次）	211 264	129 966	62.55
其中：进港（架次）	105 621	65 006	62.48
出港（架次）	105 643	64 960	62.63
出入境飞机起降（架次）	90	662	-86.40
货邮运量（吨）	185 707.40	76 959.90	141.30
其中：国际货邮（吨）	1 698.00	1 382.50	22.82
国内货邮（吨）	184 009.40	75 577.40	143.47
北京西站铁路口岸			
出入境人员（人次）	0	2 082	-100.00
其中：入境（人次）	0	1 237	-100.00
出境（人次）	0	845	-100.00
其中：出入境外籍人员（人次）	0	82	-100.00
外籍人员入境（人次）	0	34	-100.00
其中：出入境港澳台同胞（人次）	0	782	-100.00
港澳台同胞入境（人次）	0	507	-100.00
其中：出入境内地居民（人次）	0	1 218	-100.00
其中：旅客过境（人次）	0	0	#DIV/0!
其中：144 小时过境免签旅客（人次）	0	0	#DIV/0!
北京天竺综合保税区			
实际进出口货物（吨）	77 664	74 557	4.17
北京口岸合计			
出入境人员合计（人次）	531 227	3 011 363	-82.36
其中：入境（人次）	170 916	1 462 282	-88.31

（续）

项　　目	本年累计	去年同期	同比增长 ±%
出境（人次）	360 311	1 549 081	-76.74
其中：出入境外籍人员（人次）	45 226	569 217	-92.05
其中：出入境港澳台同胞（人次）	25 696	108 340	-76.28
其中：出入境内地居民（人次）	460 305	2 333 806	-80.28
海关征收税款净入库税额（亿元）	568.80	596.42	-4.63

注：海关征收税款净入库税额是北京海关征收的税款合计，包含进出口关税和进口环节税。

北京口岸海关监管货物合计不包含北京天竺综合保税区。

（田　颖）

第七部分

大　事　记

大 事 记

一季度

1月1日，市商务局委托市政务服务中心综合窗口受理和进驻单位审批的政务服务事项均达85%以上，全面落实经办人、首席代表最多签两次办结工作机制，全部事项实现“最多跑一次”。

3月29日，北京“单一窗口”上线外贸单证智能管理区块链应用场景，实现数据智能归档管理，区块链存证、确权与链上共享。

二季度

4月13日，由市商务局、国家发展改革委国际合作中心、北京市人民对外友好协会共同主办的“北京－东盟投资合作日”在京成功举行。

4月28日，由商务部、中央广播电视总台、北京市政府共同主办的“第三届全国双品网购节暨2021北京消费季”在首钢园正式启动。

6月24日，2021年国别系列活动——“走出去”专业服务业论坛在京成功举行。

“七一”前夕，为庆祝中国共产党成立一百周年，全方位做好安全风险防范，市商务局印发《关于进一步做好商务行业安全生产工作的紧急通知》，联合东城、西城、朝阳、海淀区商务部门对庆祝活动周边重点经营单位用电、用气、油烟道清洗、消防安全、应急演练等隐患问题进行一对一安全生产巡查督导，确保了活动期间全市商务行业各项服务保障措施到位，安全生产和疫情防控形势平稳。

三季度

7月1日起，市商务局进驻市政务服务中心事项“两用物项和技术进出口许可”实现“全程网办”。

7月12日，商务部等8单位发布《关于公布第一批全国供应链创新与应用示范城市和示范企业名单的通知》，公布了第一批10个全国供应链创新与应用示范城市和第一批共94家供应链创新与应用示范企业。北京市入选首批全国供应链创新与应用示范城市，北京国联视讯信息技术股份有限公司等6家推荐企业入选供应链创新与应用示范企业。

7月19日，经国务院批准，在北京市等五个城市，率先开展国际消费中心城市培育建设。

7月24日，市委书记蔡奇主持召开部市合作推进北京国际消费中心城市培育建设现场会。

8月31日，10项北京市国家服务业扩大开放综合示范区建设最佳实践案例由商务部印发向全国复制推广。

9月2日至7日，由商务部和北京市人民政府共同主办的2021年中国国际服务贸易交易会在京举行，主题为“数字开启未来，服务促进发展”。

9月2日晚，国家主席习近平在2021年中国国际服务贸易交易会全球服务贸易峰会上发表视频致辞，宣示中国深化改革、扩大开放、与世界共谋发展的决心。

9月3日上午，中国国际服务贸易交易会“北京日”暨“两区”建设一周年主题活动在首钢园举办。市委书记蔡奇出席并讲话，十一届全国政协副主席、中国国际跨国公司促进会会长郑万通，商务部党组书记、部长王文涛，市委副书记、市长陈吉宁以及工业和信息化部、中国人民银行、中国证监会、中国银保监会有关领导出席活动。活动现场发布了“两区”建设成果，宣布了10个向全国复制推广的首批国家服务业扩大开放综合示范区案例和24个在全市复制推广的案例。涵盖金融、科技服务、商务服务、数字经济、健康医疗等产业的37个项目现场签约。

9月5日，由市商务局、市教委、市经济和信息化局、市文化和旅游局、市卫生健康委、市市场监管局、市体育局、市统计局共同主办，中国服装协会和意大利对外贸易委员会协办的“2021北京国际消费中心城市论坛”在首钢园举行。

9月6日，由市商务局与商务部中国国际经济合作学会联合主办，以“后疫情下的国际经济合作”为主题的2021年中国国际经济合作“走出去”高峰论坛在北京国家会议中心成功举行。

9月6日，“北京商务服务国际化发展地图”在“开放北京”平台和京企“走出去”综合服务平台正式上线。

9月6日，在2021年中国国际经济合作“走出去”高峰论坛上，“京企‘走出去’综合服务平台”正式启动。

9月9日、9月18日，市商务局先后对“从事拍卖业务许可”“外资研发总部认定”2个领域8项政务服务事项实行告知承诺，并在窗口落地实施。办理时限由原来的几个工作日缩短为当日办结，实现“最多跑一次”。

9月11日，北京市商务局发布了《北京市外商投资企业投诉工作管理办法（修订）》。

9月18日上午，市委书记蔡奇到“两区”展示会客厅调研指导工作。“两区”展示会客厅是集成政策发布、宣传推介、招商引资、展览展示等多元功能的综合体；同时是“两区”常态化宣传展示平台，主题展“千年之城 开放新篇”系统呈现了“两区”建设的背景、体系、框架及各区、各领域的阶段性成果。

9月28日，新国展二期会展项目建设正式启动，计划建设不少于20万平方米室内展览面积和约2.5万平方米会议面积的场馆设施，项目建成后将成为北京对外交流、国际交往的新名片。

四季度

10月9日，印发《推动物流基地和农产品一级综合批发市场建设工作方案》，成立工作专班，统筹推进全市物流基地和农产品一级综合批发市场建设工作，定期组织开展调度工作，推动重点项目落地实施。

10月15日上午，商务部市场建设司和市商务局承办的2021年全国“诚信兴商宣传月”主题展开幕式暨北京主题日活动在京举办。

10月16日，北京培育建设国际消费中心城市领导小组正式成立。

10月20日，专业服务业助力京港携手“走出去”投资促进交流会在京成功举行。

10月11日至21日，市委、市政府安全生产第十督察组对市商务局安全生产进行督察。市商务局党组对督察反馈发现企业存在的44项问题隐患，制定下发整改方案，明确局党组成员负责安全生产工作，明确局党组成员负责安全生产工作，研究细化各处室安全管理职责，将市粮食和储备局纳入局安全生产委员会，44项问题隐患如期完成整改。

11月5日，经市政府同意，印发《关于

推动建立在京国际商会联络服务机制的工作方案》，牵头建立在京国际商会联络服务机制。目前联络服务机制涉及16家成员单位和79家在京国际商会。

同日，首批通过北京“单一窗口”冬奥无纸化通关系统申报的冬奥物资在北京海关所属首都机场海关顺利通关。

11月8日，海关总署批复“同意在北京大兴国际机场设立进境食用水生动物、植物种苗指定监管场地”。

同日，北京市人民政府发布《关于支持综合保税区高质量发展的实施意见》。

11月10日，在本市自由贸易试验区所属的朝阳区、海淀区、通州区、顺义区、昌平区、大兴区、北京经济技术开发区全域范围内对“对外劳务合作经营资格申请”事项开展告知承诺审批。

11月29日，《北京市“十四五”时期开放型经济发展规划》印发。

12月7日，由市商务局、香港贸易发展局共同主办的“以国际消费中心城市建设为契机，推动京港合作迈出新步伐”专题活动在第24届京港洽谈会上成功举办。

12月9日，经市政府同意，市商务局印发《北京市关于进一步加强稳外资工作的若干措施》。

12月20日，北京大兴国际机场综合保税区（一期）正式通过由海关总署、商务部、发展改革委等8部门组成的国务院联合验收组现场验收。

12月27日，北京首都国际机场货运安全服务管理委员会发布《北京首都国际机场货运区服务质量标准（暂行版）》，并于2022年1月1日起试行。

12月29日，平谷马坊—天津港海铁联运班列路线成功开通，在货源稳定的前提下可以实现班列常态化运行。

12月31日，陈吉宁市长主持召开北京培育建设国际消费中心城市领导小组第一次全体会议。

第八部分

附　　录

北京市商务局（北京市人民政府口岸办公室）组织序列

（截至2021年12月31日）

序　号	内设机构
1	办公室
2	综合处（研究室）
3	法制与公平贸易处（世贸组织事务处）
4	综合协调处
5	制度创新处
6	运行指导处
7	统计信息处
8	督查评估处
9	规划建设处
10	流通发展处
11	服务质量促进处（流通秩序处）
12	消费促进处（北京国际消费中心城市建设协调处）
13	生活服务业处
14	储备调控处
15	市场建设处（京津冀商务发展协同处）
16	电子商务处（跨境电商促进处）
17	物流发展处
18	商务服务业发展处
19	商务环境协调推进处（总部经济发展处）
20	外贸运行处（北京市机电产品进出口办公室）
21	贸易发展处
22	会展处
23	服务贸易处
24	外资发展处
25	外资管理处（对港澳台经济合作处）
26	对外经济合作处
27	安全管理处

（续）

序　号	内设机构
28	口岸综合业务处
29	航空港处
30	陆港口岸管理处
31	电子口岸处
32	新闻宣传处
33	财务处
34	人事处
35	机关党委（党建工作处）
36	机关纪委
37	工会
38	离退休干部处
序　号	北京市商务局所属事业单位
1	北京市国际服务贸易事务中心（北京市会展业发展促进中心）
2	北京市商务局综合事务中心
3	北京市流通经济研究中心（北京国际消费中心城市研究中心）
4	世界贸易网点联盟北京中心
5	北京市商务举报投诉中心
6	北京市商务局行政审批服务中心
7	北京市商务局应急储备保障中心
8	北京市对外贸易学校（北京市商务局教育中心）
9	首都联合职工大学
10	外贸建外大楼管理处
11	北京市进出口协调发展中心

说明：2021年5月，根据北京市事业单位改革安排，完成北京市商务局所属事业单位改革。整合北京市国际服务贸易事务中心（北京市会展业发展促进中心）、市贸促会所属北京世界贸易中心，重新组建北京市国际服务贸易事务中心（北京市会展业发展促进中心）；整合北京市商务局信息中心、北京市商务局离退休干部活动中心、北京市商务局机关后勤服务中心、北京市口岸办综合管理服务中心，组建北京市商务局综合事务中心；北京市商务局行政事务服务中心更名为北京市商务局行政审批服务中心；北京市商务局教育中心加挂北京市对外贸易学校牌子，调整为北京市对外贸易学校加挂北京市商务局教育中心牌子。

北京市粮食和物资储备局组织序列

序　　号	内设机构
1	办公室
2	法规体改处
3	规划建设处（流通管理处）
4	粮食储备处
5	物资储备处
6	安全仓储与科技处
7	执法督查处
8	财务审计处
9	机关党委（人事处）
10	机关纪委
11	离退休干部处
序　　号	**所属事业单位**
1	北京市粮食和物资储备局军粮供应管理中心
2	北京市粮食和物资储备事务中心
3	北京国家粮食交易中心
4	北京市粮食和物资储备局综合事务中心
5	北京市经济管理学校（北京市粮食和物资储备局党校）
6	北京市燕谷粮油购销公司

北京市商务局（北京市人民政府口岸办公室）领导成员

（截至2021年12月31日）

闫立刚	党组书记、局长，中国（北京）自由贸易试验区（国家服务业扩大开放综合示范区）工作领导小组办公室副主任（兼）
孙　尧	党组副书记（2021年6月任职）、副局长，一级巡视员（2021年6月免职），机关党委书记、机关工会主席；北京市投资促进服务中心党组书记、主任（正局级，2021年6月任职）
柯永果	党组成员（2021年2月任职）
郭文杰	党组成员、副局长（2021年9月任职）
吴向阳	党组成员、副局长（2021年6月免职）
路金启	党组成员、驻局纪检监察组组长
刘梅英	党组成员，中国（北京）自由贸易试验区（国家服务业扩大开放综合示范区）工作领导小组办公室专职副主任
赵卫东	党组成员、副局长（2021年5月任职）
蔡小军	党组成员、副局长（2021年6月任职，2021年9月免职）
赵旗舟	党组成员，北京市国际服务贸易事务中心党委书记、主任（2021年12月任职）
缪增位	副局长（2021年10月挂职）
王洪存	一级巡视员（2021年8月任职）
张　钢	二级巡视员
丁剑华	二级巡视员
赵立宗	二级巡视员

北京市粮食和物资储备局领导成员

（截至2021年12月31日）

柯永果	党组书记、局长，一级巡视员（2021年2月任职）
朱　雷	二级巡视员（2021年4月退休）
张志刚	党组成员、副局长（副局长级）（2021年9月任职）
任昌坤	党组成员、副局长
王德奇	党组成员、副局长

北京市商务领域社团名录

序号	单位名称	单位地址	脱钩情况
1	北京市餐饮行业协会	西城区月坛西街东里 21 号院 8 号楼 5 门一层	第一批已完成
2	北京市进出口企业协会	朝阳区和平里小黄庄北街 2 号 C 座	第一批已完成
3	北京数字贸易协会	海淀区东北旺北京中关村软件园孵化器 1 号楼 B 座三层 1311 室	第一批已完成
4	北京市国际技术贸易协会	海淀区东北旺中关村软件园信息中心（一号楼 C 座二层）	第一批已完成
5	北京礼品流通协会	朝阳区林萃桥北 200 米路东	第一批已完成
6	北京国际经济技术合作协会	西城区广莲路 1 号建工大厦 1201 室	第二批已完成
7	北京品牌协会	朝阳区朝阳公园西里南区 6 号	第二批已完成
8	北京市印章行业协会	西城区新明胡同 2 号楼	第二批已完成
9	北京市洗染行业协会	东城区建国门内大街甲 18 号	第二批已完成
10	北京市美发美容行业协会	西城区珠市口西大街 120 号太丰惠中大厦 1137 室	第二批已完成
11	北京肉类食品协会	西城区广安门外广华轩 6 号楼	第二批已完成
12	北京蜂产品协会	北京经济技术开发区同济中路 7 号兴盛工业园 3 栋	第二批已完成
13	北京焙烤食品糖制品协会	西城区广安门外广华轩 6 号楼	第二批已完成
14	北京市调味品协会	西城区北礼士路 8 号	第二批已完成
15	北京市化工商业协会	丰台区永外宋家庄顺八条 1 号	第二批已完成
16	北京家政服务协会	西城区莲花池东路丙 1 号	第二批已完成
17	北京市豆制品协会	西城区枣林前街 19 号	第二批已完成
18	北京农业生产资料协会	丰台区西四环南路 30 号院 8-1 供销农资大厦 12 层	第二批已完成
19	北京文化用品行业协会	东城区永外管村 19 号 4 层 413 室	第二批已完成
20	北京孕婴童用品行业协会	朝阳区曙光西里甲 6 号院 8 号楼时间国际 708 室	第二批已完成
21	北京市石油流通行业协会	朝阳区康家沟 145 号锦裕写字楼 A 楼二层 233 号	第二批已完成
22	北京市摄影行业协会	西城区大酱坊胡同甲 26 号	第二批已完成
23	北京市国际货运代理行业协会	朝阳区博大路 3 号院自主城 3 号楼 1022	第二批已完成
24	北京中外企业人力资源协会	朝阳区朝阳门南大街 14 号 C307 室	第二批已完成
25	北京市眼镜行业协会	东城区天坛路 57 号院内东楼 4 层 401	第二批已完成
26	北京拍卖行业协会	西城区莲花池东路丙一号天宁寺综合办公楼三层 312 室	第二批已完成
27	北京物流与供应链管理协会	西城区莲花池东路丙 1 号	第二批已完成
28	北京市商业企业管理协会	东城区魏家胡同 20 号	第二批已完成
29	北京市商业联合会	西城区莲花池东路丙 1 号	第三批已完成

（续）

30	北京商务服务业联合会	石景山区石景山路22号万商大厦1318	第三批已完成
31	北京服务贸易协会	西城区南礼士路头条3号南楼325房间	第三批已完成
32	北京市茶业协会	西城区北礼士路甲98号	第三批已完成
33	北京市连锁经营协会	海淀区昆明湖南路11号院3号楼2层0009号	第三批已完成
34	北京国际会议展览业协会	西城区南礼士路头条3号	第三批已完成
35	北京电子商务协会	西城区莲花池东路丙1号312室	第三批已完成
36	北京口岸协会	顺义区首都机场货运路2号联检楼3016号	第三批已完成
37	北京国际经济贸易发展协会	丰台区芳星园三区16-17号楼207室	第三批已完成
38	北京国际经贸标准化促进会	朝阳区高碑店乡半壁店村惠河南街1008B四惠大厦2层西区2015到2017房间	第三批已完成
39	北京国际贸易与投资促进会	朝阳区建国路89号院华贸公寓3号楼509室	第三批已完成
40	北京国际经济管理技术促进会	朝阳区阜通东大街6号院5号楼7层805	专业类（暂不脱钩）
41	北京市国际生态经济协会	东城区建国门内大街18号恒基中心一座1404	专业类（暂不脱钩）
42	北京供销合作经济组织协会	西城区陶然亭路儒福里40号	专业类（暂不脱钩）
43	北京老字号协会	西城区西绒线胡同51号北门四川饭店内	专业类（暂不脱钩）
44	北京商业经济学会	东城区礼士胡同41号	学术类（暂不脱钩）
45	北京市商业文化研究会	东城区东四南大街礼士胡同41号	学术类（暂不脱钩）
46	北京京商流通战略研究院	东城区礼士胡同41号303、305房间	民办非（暂不脱钩）
47	北京市汽车流通行业协会	朝阳区小黄庄北街2号10号楼（C座）315室	新设